TANSUO · CHUANGXIN · JIANXING

探索·创新·践行

——广州市花都区大数据个性化教学评测创新应用成果汇编

骆应灯　主编

中山大學出版社
SUN YAT-SEN UNIVERSITY PRESS
·广州·

图书在版编目（CIP）数据

探索·创新·践行：广州市花都区大数据个性化教学评测创新应用成果汇编/骆应灯主编. —广州：中山大学出版社，2022. 11
ISBN 978 - 7 - 306 - 07555 - 0

Ⅰ. ①探…　Ⅱ. ①骆…　Ⅲ. ①课堂教学—计算机辅助教学—成果—汇编—花都区　Ⅳ. ①G434

中国版本图书馆 CIP 数据核字（2022）第 096200 号

出 版 人：王天琪
策划编辑：张　蕊
责任编辑：陈　莹
封面设计：曾　斌
责任校对：卢思敏
责任技编：靳晓虹
出版发行：中山大学出版社
电　　话：编辑部 020 - 84111996，84113349，84111997，84110779
　　　　　发行部 020 - 84111998，84111981，84111160
地　　址：广州市新港西路 135 号
邮　　编：510275　　传　　真：020 - 84036565
网　　址：http://www.zsup.com.cn　E-mail：zdcbs@mail.sysu.edu.cn
印 刷 者：广州市友盛彩印有限公司
规　　格：787mm × 1092mm　1/16　24.75 印张　513 千字
版次印次：2022 年 11 月第 1 版　2022 年 11 月第 1 次印刷
定　　价：65.00 元

本书编委会

主　编：骆应灯

编　委：李珏君　陈国雄　沈伟岸

序

"问渠哪得清如许，为有源头活水来。"

近年来，笔者所在的花都区教师积极参与教育教学改革和实践，许多教师均热情高涨地投入智慧教育的研究与探索中。他们严谨笃学、与时俱进；他们乐学善学，开拓进取，紧跟时代发展潮流，勇开先河；他们注重发挥个体与群体的整合优势，既提高自我又超越自我，既独到精进又共同进步；他们面向全体学生，朝着未来人才发展方向，因材施教，精准教学，充分发挥学生的内在积极因素；他们团结奋进、潜心研究、勤于实践，使花都区的教育信息化有了长足进步，以教育信息化有效地推动了全区的教育教学改革与发展。

众流合注，霈为大川；群山出材，巍成广厦。花都区智慧教育实验学校的教师们在教育教学改革实践中，积极学习、勇于尝试、大胆创新、不断总结，形成了花都区智慧教育初步的工作成果。借此，本书将花都区智慧教育实验学校的经验总结，以及部分教师的研究论文、教学随笔、教学案例、教学设计、学习体会和教育活动等结集成刊，以此勉励教师们继续革故鼎新，奋发进取，再创佳绩。

"佳作共欣赏，疑义相与析。"本书是在我区智慧教学改革园地中冒出的一株幼苗。这株幼苗让我们看到了教育教学生长在信息化大环境下的勃勃生机。但是，我们的智慧教育探索实践只进行了短短一年的时间，工作成效难免带着几分稚嫩，几分不足。正因为如此，我们才需要继续努力，不断试验，不断创新，不断总结与提升；我们才需要继续付出百倍的努力，共同用双手、心血和汗水浇灌这株刚刚破土而出的智慧教育幼苗，使它能够在大家的共同呵护下茁壮成长，花开不败、魅力四射！

编　者

2022 年 6 月

目 录

第一编 科研提效——智慧教育研究论文

大数据教学测评区域应用现状与策略研究
……………………………………………… 广州市花都区教育局 骆应灯 2
从实践中探索智慧课堂的上课模式 ………… 广州市花都区圆玄中学 徐国治 13
高中智慧课堂实践研究之数学复习课研究
——以复习课“导数的几何意义的应用”为例
……………………………………………… 广州市花都区圆玄中学 章志光 18
任务驱动教学法在初中语文活动单元智慧课堂中的运用
——以部编版语文教材八年级上册新闻单元为例
……………………………………… 广州市花都区秀全外国语学校 白 杨 25
HiTeach 系统在初中生物重要概念教学中的应用
……………………………………… 广州市花都区秀全外国语学校 苏 妙 29
智慧课堂与初中数学教学的有效融合
……………………………………… 广州市花都区新华街云山学校 卢翠连 35
初中语文名著阅读微课资源开发与应用研究
……………………………………… 广州市花都区新华街云山学校 杜小燕 39
基于智慧教室的初中英语“以读促写”教学课例分析
……………………………………… 广州市花都区新华街培新学校 郑素娟 46
HiTeach 互动教学系统在初中信息技术教学中的应用实践研究
……………………………………… 广州市花都区新华街金华学校 孔园花 55
小学英语智慧教室初级阶段发展核心素养探讨
——运用 HiTeach 互动教学系统
……………………………………… 广州市花都区新华街第三小学 杨泽纯 62

任务驱动教学法在小学品德课堂教学中的应用
——以“选出自己的当家人”一课为例
…………………………………… 广州市花都区新雅街新雅小学　吉庆燕　66
IRS 系统智慧助力初中数学课堂
——初中数学课堂应用智慧教室 IRS 系统的感悟
…………………………………… 广州市花都区新华街金华学校　王志伟　70
面向中小学生核心素养的微影视创作活动现状与策略研究
…………………………………… 广州市花都区教育服务保障中心　陈国雄　75
科技创新教育下的创客空间装备与课程建设的研究
…………………………………… 广州市花都区花东镇杨荷小学　刘梓健　85
利用剪映制作小学情境式微课教学案例探究
…………………………………… 广州市花都区新华街第四小学　廖秋波　89
“科学课堂”与“智慧教室”结合教学的探究
…………………………………… 广州市花都区新华街棠澍小学　郭丽丽　92
利用“一师一优课、一课一名师”活动提升教师信息技术应用能力
…………………………………… 广州市花都区教育服务保障中心　李珏君　97
翻转课堂在新课程高一数学的应用教学案例及效果探究
——以“函数的单调性”（第一课时）为例
…………………………………… 广州市花都区邝维煜纪念中学　桂倩倩　101
“互联网+”时代下的初中英语“智慧课堂”实践探讨
——以牛津英语八年级上册 Unit 5 More practice 为例
…………………………………… 广州市花都区邝维煜纪念中学　冯丽君　107
依托互联网大数据平台　提升物理常规命题效率
——以智学网细目表组卷为例 ………… 广州市花都区狮岭中学　汤儒彬　115
供给侧理念下阅读空间在云山学校的 3.0 时代
…………………………………… 广州市花都区新华街云山学校　骆艳红　120
基于钉钉的微课设计与应用
——以“化学能与电能”为例 ………… 广州市花都区圆玄中学　郑丽瑜　129
借力信息技术手段，优化电视课堂的教学案例研究
…………………………………… 广州市花都区花东镇莘田小学　董慧珊　137
基于核心素养的在线课程资源开发与应用探究
——以八年级信息技术第二章“程序设计初步”为例
…………………………………… 广州市花都区秀全外国语学校　钟惠文　144

混合式教学模式下初中地理有效复习的探索
…………………………………… 广州市花都区秀全外国语学校 许志勇 153
智慧课堂在初中英语听说教学中的妙用
——以沪教版八年级下册 Unit 7 The unknown world 为例
………………………… 广州市花都区秀全外国语学校 杜思思 吴映莉 162
信息时代下历史微课的设计与制作
——以部编版七年级历史下册微课“宋代商业贸易的繁荣”为例
…………………………………… 广州市花都区秀全外国语学校 余 琴 172
混合式教学在初中英语语法教学中的探究
………………………………………………… 广州市花都区秀全中学 葛小红 181
引导学生进行有效探究的策略 ……… 广州市花都区新华街棠澍小学 吴秀娴 187

第二编 探索之路——智慧教育管理案例

花都区秀全中学智慧课堂建设与展望 ……… 广州市花都区秀全中学 麦前辉 192
建设智慧课堂 促进教学改革
——邝维煜纪念中学智慧课堂工作阶段性总结
…………………………………… 广州市花都区邝维煜纪念中学 陈 宏 198
圆玄中学智慧教育实施经验总结 ………… 广州市花都区圆玄中学 许弼秦 202
秀全外国语学校智慧课堂的开发与使用
…………………………………… 广州市花都区秀全外国语学校 陈建平 207
云山学校智慧教育实施汇报
………………………… 广州市花都区新华街云山学校 黄 炜 于彩果 211
立足校本，面向未来，智慧前行 ……… 广州市花都区新华培新中学 李少芬 215
根植智慧课堂 培育智品师生
——花都区金华学校智慧教育实施的经验总结
………………………… 广州市花都区新华街金华学校 肖玉娴 王志伟 220
骏威小学智慧课堂管理与实施 ………… 广州市花都区骏威小学 毕婉敏 224
破除因循守旧，紧随革新步伐
——风神实验小学 2018—2019 学年第一学期智慧教室工作总结
………………………………………… 广州市花都区风神实验小学 谢韵菲 229

携手打造智慧校园
——棠澍小学智慧课堂试点项目工作总结
…………………………………… 广州市花都区新华街棠澍小学 李彩萍 231
乘智慧东风打造“云上跑的新雅校园”
——新雅小学智慧教育实施阶段性总结
………………………… 广州市花都区新雅街新雅小学 吉庆燕 李 静 233

第三编 创新整合——智慧课堂教学设计

牛津英语（广州版）七年级上册 Unit 7 School Clubs Speaking & Writing
教学设计 ……………………………… 广州市花都区秀全中学 徐 尤 242
牛津英语（广州版）七年级下册 Unit 7 Exclamations 教学设计
……………………………………………… 广州市花都区秀全中学 葛小红 246
“电能的输送”教学设计 ………………… 广州市花都区圆玄中学 徐国治 251
沪教 2011 课标版初中英语八年级上册 Unit 6 Ancient Stories 教学设计
…………………………………… 广州市花都区秀全外国语学校 杜思思 256
“整式的加减（1）——合并同类项”教学设计
…………………………………… 广州市花都区新华街云山学校 王惠群 261
沪教版英语七年级上册 Unit 6 Travelling around Asia：Writing 教学设计
…………………………………… 广州市花都区新华街培新学校 林月玲 266
“多位数乘一位数”的整理与复习 ………… 广州市花都区骏威小学 何亚枚 271
“分数的初步认识”教学设计 …………… 广州市花都区骏威小学 张秋霞 276
“图形的旋转”教学设计 ……………… 广州市花都区风神实验小学 熊淑贞 280
科教版四年级英语上册 Module 1 ～ Module 2 复习课 Dream House 教学设计
…………………………………… 广州市花都区新华街棠澍小学 方渊霭 288
花都区第二届智慧好课堂团体竞赛参赛教师教学设计
…………………………………… 广州市花都区新华街第三小学 黄春霞 292
“几分之几”教学设计 ……………… 广州市花都区新雅街新雅小学 吴海燕 296

第四编 拓展视野——智慧教学交流文章

中小学信息技术与课堂教学深度融合骨干教师培训心得
………………………………… 广州市花都区秀全中学 刘逸梅 麦前辉 302

对智慧课堂的重新认识 ………………… 广州市花都区邝维煜纪念中学 陈 宏 304
对用信息技术辅助中学数学教学的思考
——长沙智慧课堂学习心得 …… 广州市花都区邝维煜纪念中学 顾红梅 307
探索智慧课堂，助推教育提升
——智慧课堂学习心得 ………… 广州市花都区邝维煜纪念中学 利凤鸣 309
智慧课堂源于智慧的教师
——长沙智慧课堂学习心得 …… 广州市花都区邝维煜纪念中学 冯丽君 311
学“智”之行，悟智慧之道
——“智慧课堂”培训体会…… 广州市花都区邝维煜纪念中学 曾美颜 313
参观学习“智慧课堂”教学心得体会……… 广州市花都区圆玄中学 廖 锋 315
顺德一中“智慧课堂”学习心得………… 广州市花都区圆玄中学 任俊婷 317
有道者术能长久，无道者术必落空
——智慧课堂学习思想沙龙
………………………… 广州市花都区秀全外国语学校 智慧课堂实验组 319
关于智慧课堂的一点感想 …………… 广州市花都区秀全外国语学校 罗金友 324
成都智慧课堂培训学习心得体会 …… 广州市花都区新华街云山学校 危燕琼 326
用智慧，增智慧 ……………………… 广州市花都区新华街金华学校 王志伟 329
“信息中心校 融合创新”学习心得 ……… 广州市花都区骏威小学 刘冠男 330
参加花都区第一届智慧好课堂团队竞赛总结与反思
…………………………………… 广州市花都区风神实验小学 胡淬砺 332
“三高”与“三惑”
——观摩智慧课堂教学的体会 …… 广州市花都区风神实验小学 邓 琳 336
“第一届两岸智慧好课堂邀请赛”观摩心得
………………………………… 广州市花都区新华街第三小学 卢朋君 338

第五编 践行成效——智慧教育活动剪影

智慧课堂，为未来而来，为教育而来 ……… 广州市花都区秀全中学 麦前辉 342
智慧·高效·合作·分享
——记邝维煜纪念中学智慧课堂教学开放日活动
………………………… 广州市花都区邝维煜纪念中学 朱志文 陈 宏 345
智慧校园，我们在行动
………………………………… 广州市花都区秀全外国语学校 茹施华 351

共生课堂·智慧融合·精彩绽放
——“信息技术与共学课堂深度融合”智慧课堂教学开放日
………………………………… 广州市花都区新华街培新学校 张妍瑜 354
智慧花儿绽放骏威，经验积累共提升
——骏威小学智慧课堂“同课异构”研讨活动
……………………………………… 广州市花都区骏威小学 黄小宇 361
构建智慧课堂，创新教学模式
——风神实验小学荣获区第二届智慧好课堂团队竞赛一等奖
………………………………… 广州市花都区风神实验小学 汤丽敏 363
数学课程教学情况交流活动 ………… 广州市花都区新华街棠澍小学 张丽童 365
名师进课堂，助力创精品 …………… 广州市花都区新华街棠澍小学 郭丽丽 368
推进智慧课堂　探索智慧教学 ……… 广州市花都区新华街第三小学 王安琪 370
花都区智慧课堂试点项目阶段性工作总结会在新雅小学召开
………………………………… 广州市花都区新雅街新雅小学 孔燕好 376
新雅小学智慧课堂同课异构研讨活动
………………………………… 广州市花都区新雅街新雅小学 宣传组 381
花都区小学数学教学与信息技术深度融合教研活动在新雅小学举行
………………………………… 广州市花都区新雅街新雅小学 宣传组 384

第一编　科研提效

——智慧教育研究论文

大数据教学测评区域应用现状与策略研究

广州市花都区教育局　骆应灯

一、引言

2020年10月13日，《深化新时代教育评价改革总体方案》（以下简称《方案》）颁布。《方案》指出："创新评价工具，利用人工智能、大数据等现代信息技术，探索开展学生各年级学习情况全过程纵向评价……完善评价结果运用，综合发挥导向、鉴定、诊断、调控和改进作用。"在基础教育领域，如何快速、有效地对考试成绩进行统计与分析，并有针对性地推送学习资源以助力精准个性化学习是极受关注的重要议题。学习大数据具有规模大、数据类型多、处理速度快、质量高的特征。分析学习大数据，有助于印证和解释关于学生群体、个体有价值的教育教学规律，从而为群体层面和个体层面的教学干预提供科学依据。

在此背景下，花都区从2019年开始开展了大数据测评系统应用的试点，并在花都区七所高中学校推广、应用大数据教学测评系统。为深入了解大数据教学测评系统的应用情况，及时总结经验，本研究采用问卷调查法，对花都区大数据教学测评系统试点学校的教师、学生进行了深度调研，并针对发现的问题总结应对策略，以期推动大数据教学测评系统深入应用，助力精准个性化学习。

二、大数据教学测评系统应用的现状

（一）研究样本

本次调查共回收教师有效问卷472份。如表1所示，男教师占比为29.45%，女教师占比为70.55%。41～50岁教师占比最高，达到43.64%；31～40岁教师占比为31.57%，居于第二位。在学历方面，本科比例最高，占比为88.14%；硕士占比为11.44%。从教师所教学科分布来看，各学科比例较为均衡，说明所调查的数据能够覆盖各个学科。

表 1　有效样本基本情况

单位:%

<table>
<tr><td colspan="2">分类</td><td colspan="2">教师</td><td colspan="3">学生</td></tr>
<tr><td rowspan="2">性别</td><td>男</td><td colspan="2">29. 45</td><td colspan="3">46. 55</td></tr>
<tr><td>女</td><td colspan="2">70. 55</td><td colspan="3">53. 45</td></tr>
<tr><td colspan="2" rowspan="4">年龄</td><td>30 岁以下</td><td>8. 90</td><td colspan="2" rowspan="2">13 ～ 15 岁</td><td rowspan="2">25. 65</td></tr>
<tr><td>31 ～ 40 岁</td><td>31. 57</td></tr>
<tr><td>41 ～ 50 岁</td><td>43. 64</td><td colspan="2" rowspan="2">16 ～ 18 岁</td><td rowspan="2">74. 35</td></tr>
<tr><td>51 岁以上</td><td>15. 89</td></tr>
<tr><td colspan="2" rowspan="4">学历</td><td>硕士</td><td>11. 44</td><td rowspan="3">学段</td><td>高一</td><td>51. 32</td></tr>
<tr><td>本科</td><td>88. 14</td><td>高二</td><td>45. 50</td></tr>
<tr><td>专科</td><td>0. 21</td><td>高三</td><td>3. 18</td></tr>
<tr><td>专科以下</td><td>0. 21</td><td colspan="3" rowspan="14">—</td></tr>
<tr><td colspan="2" rowspan="13">任教学科</td><td>语文</td><td>14. 62</td></tr>
<tr><td>数学</td><td>17. 58</td></tr>
<tr><td>英语</td><td>14. 41</td></tr>
<tr><td>政治</td><td>5. 72</td></tr>
<tr><td>物理</td><td>8. 47</td></tr>
<tr><td>化学</td><td>9. 32</td></tr>
<tr><td>历史</td><td>6. 78</td></tr>
<tr><td>地理</td><td>7. 63</td></tr>
<tr><td>生物</td><td>6. 57</td></tr>
<tr><td>信息技术/通用技术</td><td>1. 91</td></tr>
<tr><td>体育</td><td>3. 18</td></tr>
<tr><td>音乐/美术</td><td>2. 33</td></tr>
<tr><td>其他</td><td>1. 48</td></tr>
</table>

（数据来源：广州市花都区七所学校师生调查问卷）

回收学生有效问卷2421份。其中，男生比例为46.55%，女生比例为53.45%，男女比例为0.87：1；13～15岁学生比例为25.65%，16～18岁学生比例为74.35%；高一学生比例为51.32%，高二学生比例为45.50%，高三学生比例为3.18%。

（二）教师数据分析

1. 大数据教学测评系统应用现状

在大数据教学测评系统使用频率方面，如图1所示，月考占比最高，为52.75%；其次是期中考，占比为19.92%；其余依次是基本不用（10.17%）、周考（9.11%）、期末考（8.05%）。整体来看，大数据教学测评系统得到了较为广泛的应用，但同时仍然有10.17%的教师基本不用该测评系统。因此，进一步深入挖掘其不使用的原因，并有针对性地对其进行干预是值得关注的重要问题。

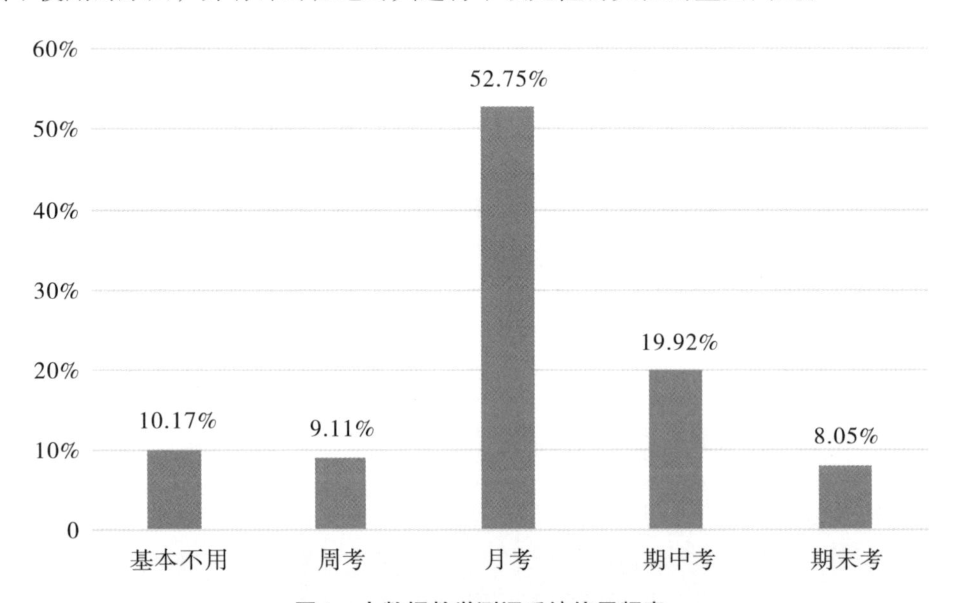

图1 大数据教学测评系统使用频率

（数据来源：广州市花都区七所学校教师的调查问卷）

对于常用功能，如图2所示，阅卷占比最高，为82.20%，然后依次是成绩分析（81.99%）、学生知识点掌握情况（60.59%）、班级共性错题（52.54%）、组卷（51.69%）、试卷讲评（49.79%）。从调查数据来看，教师能将大数据教学测评系统应用于测试组卷、成绩分析、知识讲解等方面，测评系统在教学中得到了一定程度的应用。

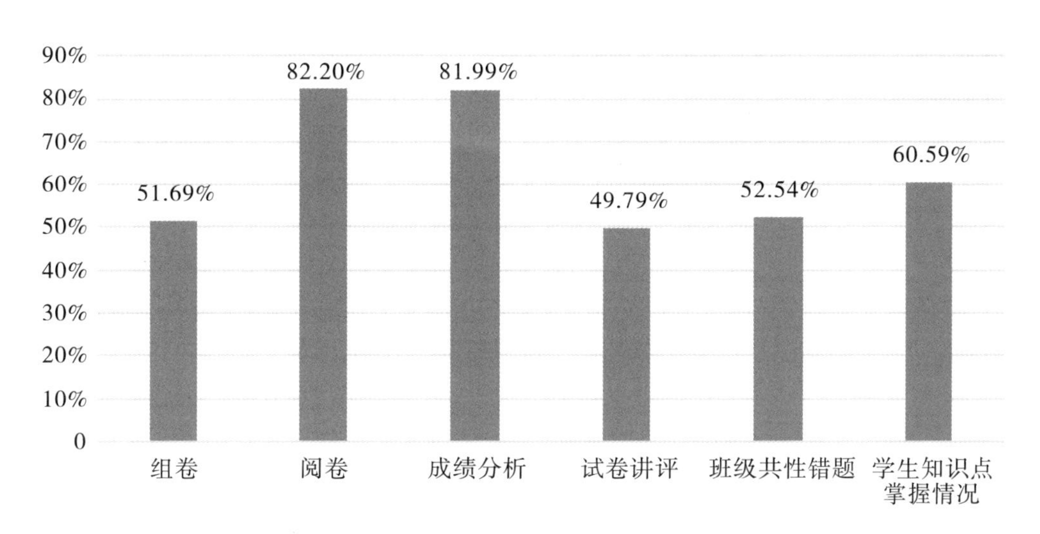

图 2　教师教学常用的功能

（数据来源：广州市花都区七所学校教师的调查问卷）

依托大数据教学测评系统完成试卷阅卷与分析之后，教师会查看和应用哪些数据是真正发挥系统实效，实现个性化、精准化教学的关键。关于这一问题，如图 3 所示，数据分析显示教师经常查看的数据包括：成绩单（86.23%）、试卷分析（82.20%）、学情总览（81.57%）、班级知识点掌握情况（66.53%）、试卷讲评（61.23%），说明教师较为关注的是班级层面的学习成绩变化，在应用统计数据有针对性地进行教学调整与改进方面仍然有待加强。

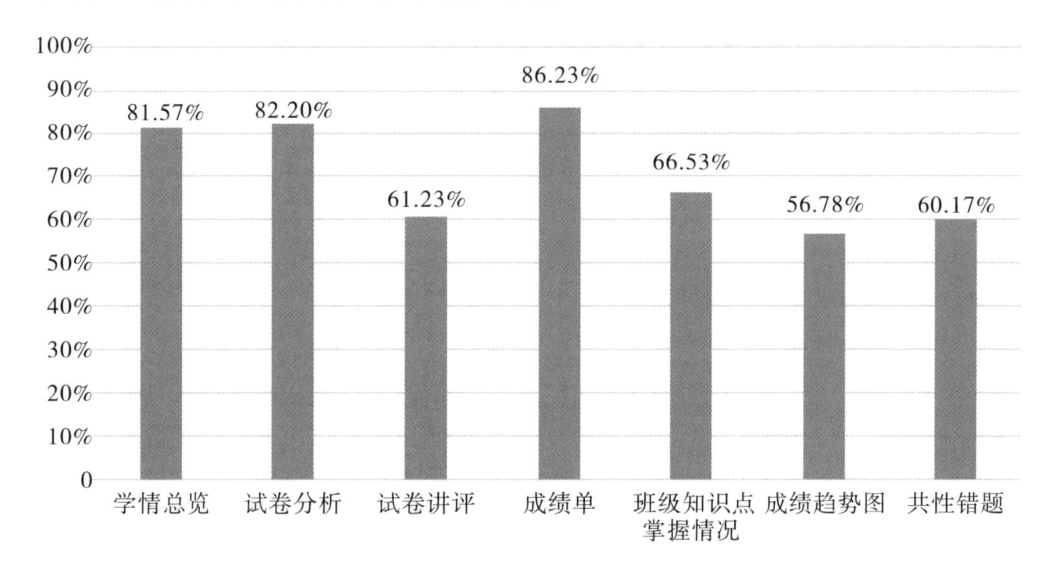

图 3　教师教学常用数据情况

（数据来源：广州市花都区七所学校教师的调查问卷）

如图 4 所示，对教学帮助最大的功能包括：成绩分析（83.26%）、阅卷（69.49%）、学生知识点掌握情况（61.02%）、班级共性错题（59.11%）。大数据教学测评系统能够实现快速阅卷、自动统计学习成绩、智能分析学习薄弱情况，从而为查漏补缺提供支持。我们在调研过程中发现，受限于系统功能以及教师应用水平，教师拿到班级数据后更多的还是凭借经验开展教学，因此，如何进一步发挥数据作用以助力精准教学仍值得关注。

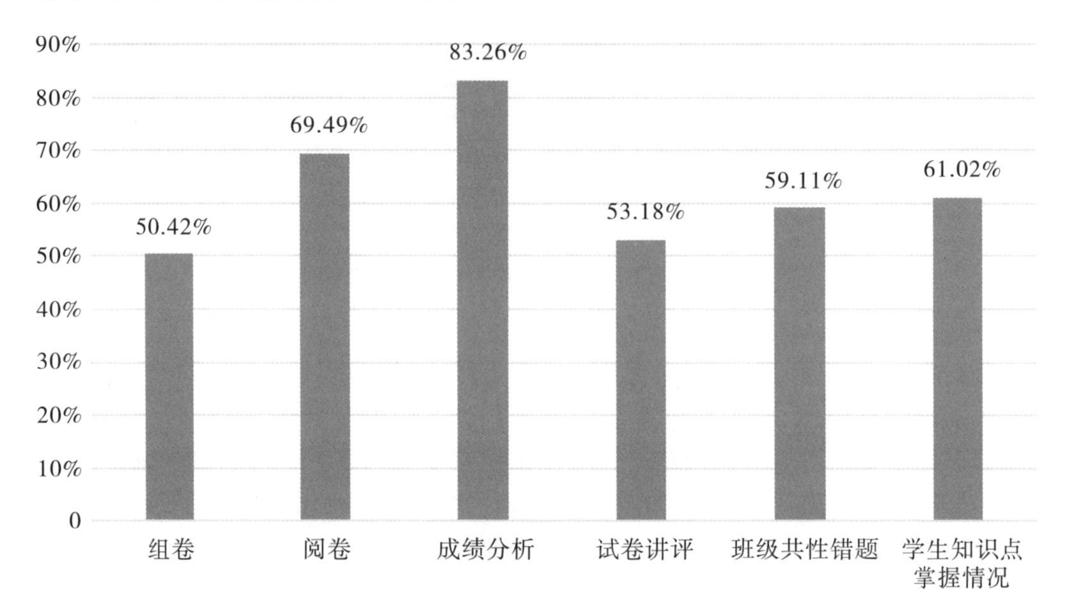

图 4　对教学帮助最大的功能

（数据来源：广州市花都区七所学校教师的调查问卷）

关于“在哪些环节使用大数据教学测评系统”，教师普遍在课中试卷讲评环节使用，占比为 76.48%，即教师会根据学生成绩分析结果在课堂进行有针对性的讲解；而在课前学情分析环节使用的占比为 47.46%，课后作业情况分析环节的占比为 46.61%，两者占比均相对较低。

2. 教师对大数据教学测评系统的态度

对于大数据教学测评系统的评价，认为“非常好”的比例为 16.53%，认为“好”的比例为 62.92%，二者共计 79.45%，说明超过 70% 的教师对大数据教学测评系统持有积极的态度，并认为系统对教育教学具有积极的帮助作用。在具体帮助层面，教师认为系统促进了精准的教学评价（49.58%），可帮助教师快速找到优质教学资源（26.48%），但也有教师认为系统在提高教学质量（13.56%）、促进教学模式创新（10.38%）方面的帮助不大，如图 5 所示。

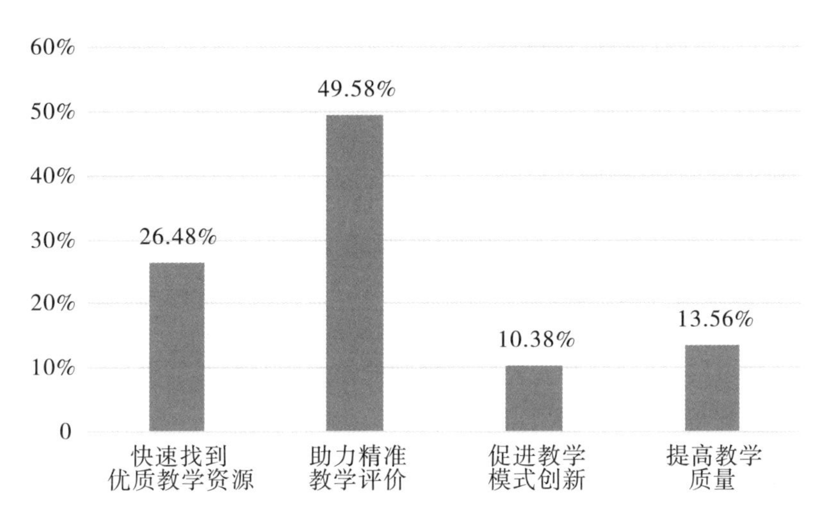

图 5　大数据教学测评系统对教师的具体帮助

（数据来源：广州市花都区七所学校教师的调查问卷）

关于“大数据教学测评系统对您的试卷分析是否有帮助”这一问题，63. 14%的教师认为有帮助，22. 25%的教师认为非常有帮助。由此可见，教师普遍认为应用大数据教学测评系统有助于开展试卷分析，提升试卷分析的效率，节省改卷、分析试卷的时间。

关于“大数据教学测评系统对分析学生学习情况的作用如何”，66. 53%的教师选择“有帮助”，17. 58%的教师选择“非常有帮助”，说明教师认为大数据教学测评系统在分析学生学习情况方面提供了较大的帮助，如图 6 所示。

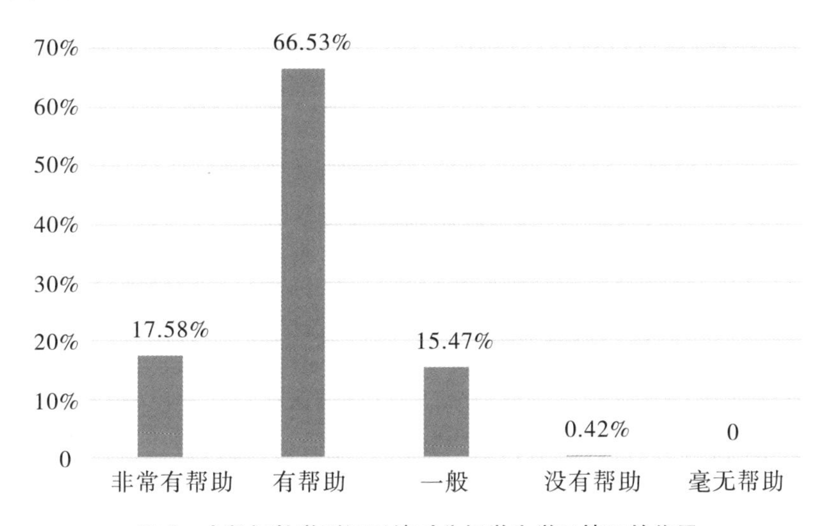

图 6　大数据教学测评系统对分析学生学习情况的作用

（数据来源：广州市花都区七所学校教师的调查问卷）

（三）学生数据分析

1. 学生大数据教学测评系统应用现状

在学生使用大数据教学测评系统频率方面，“经常使用”的比例为12.23%，“偶尔使用”的比例为65.34%，说明从学生角度来看，大数据教学测评系统使用频率较低。在经常使用的功能方面，如图7所示，“成绩报告”占比最高(74.85%)，说明学生普遍会查看学习成绩分析报告，了解学习成绩情况。而在“错题本”“练习中心”“智学网校”三项功能使用方面的占比相对较低，说明学生较为关注学习成绩结果，但在应用系统进一步查漏补缺、改进学习方面的功能则使用较少。

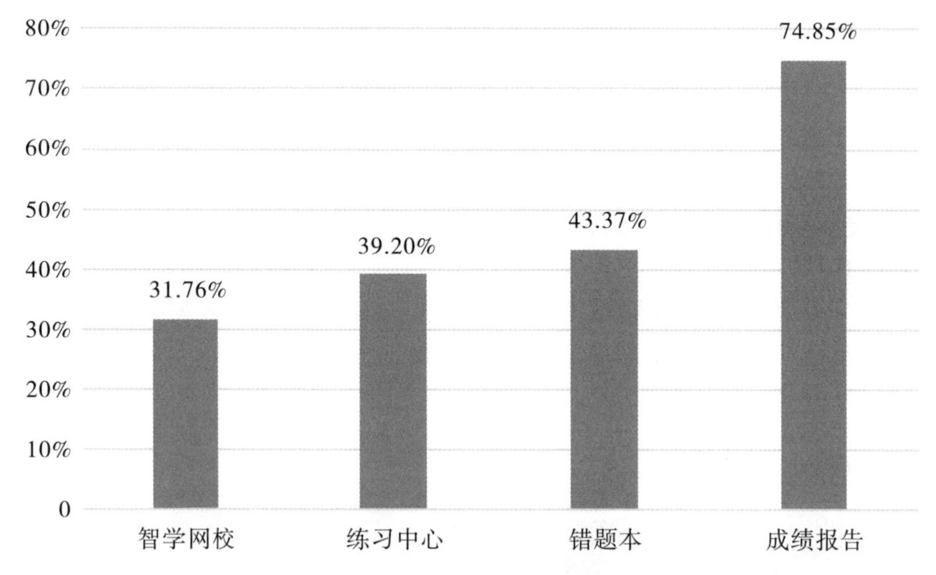

图7　学生常用的功能

（数据来源：广州市花都区七所学校学生的调查问卷）

关于“您通常应用大数据教学测评系统主要做什么”，如图8所示，学生主要用来查询成绩（79.72%），然后依次是看错题（39.90%）、做练习（35.48%）、看视频学习（31.23%）、考试（25.98%）。从数据结果来看，学生使用大数据教学测评系统主要用于查看测试结果，如何进一步引导学生深入应用系统相关功能，支持学生开展自主学习、个性化学习，是值得关注的问题。

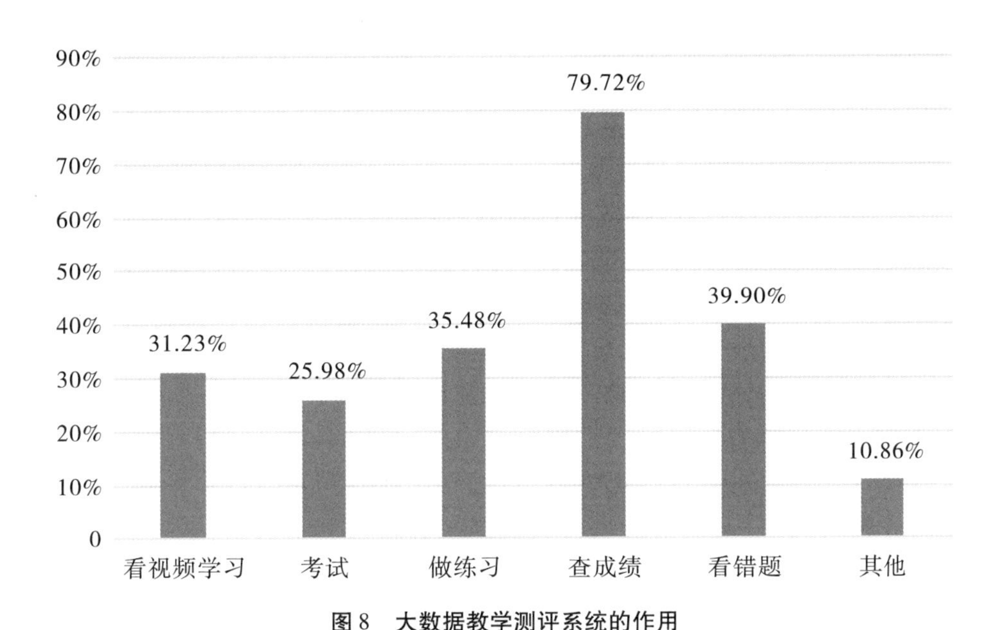

图 8　大数据教学测评系统的作用

（数据来源：广州市花都区七所学校学生的调查问卷）

在大数据教学测评系统使用环节方面，64.6% 的学生会在考试后使用，这也与学生较多使用系统查询学习成绩、获取测试结果的情况相吻合。在复习和自学环节使用的占比均为 30% 左右，说明在使用系统相关资源开展学习方面，学生使用率较低。

2. 学生对大数据教学测评系统的态度

从学生对大数据教学测评系统的评价来看，认为“非常好”以及“好”的学生占比达到了 64.07%，说明大部分学生对大数据教学测评系统持有较为积极的态度。关于是否对学习有帮助，接近 50% 的学生选择“非常有帮助”和“有帮助”，学生普遍较为认可大数据教学测评系统在学习方面提供的支持。但与此同时，认为“帮助一般”的学生占比达到了 40% 左右，表明未来仍需进一步关注学生对大数据教学评测系统的应用情况。

关于对学习有帮助的功能方面，学生普遍认为“成绩报告”（74.85%）对学习帮助最大，然后依次是“错题本”（43.37%）、“练习中心”（39.20%）、“智学网校”（31.76%），如图 9 所示。这说明在学习中，学生较为认可“成绩报告”这一功能。

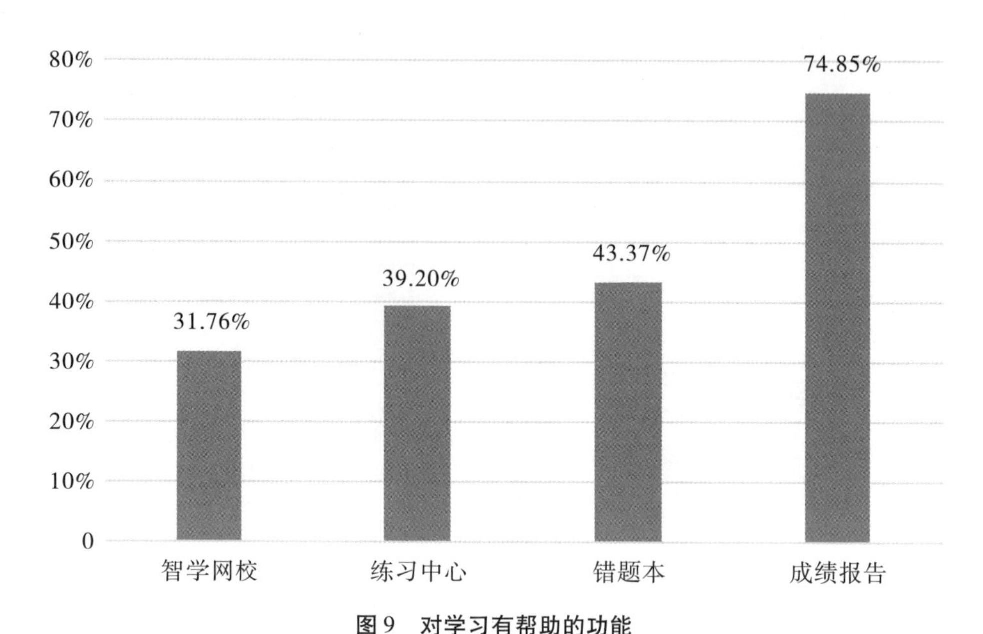

图9 对学习有帮助的功能

（数据来源：广州市花都区七所学校学生的调查问卷）

三、基于大数据教学测评系统的应用策略

调研发现，大数据教学测评系统在教师“教”和学生“学”的过程中得到了较好的应用，能为教师阅卷、成绩统计分析、教学干预提供极大的支持，同时学生也能合理应用系统查询学习成绩、查漏补缺，并且师生对大数据教学测评系统应用持有积极的态度。结合师生访谈，我们发现了一些亟待解决的问题：部分师生对大数据教学测评系统的认知存在偏差，对应用存在排斥心理；师生应用仍处于浅层次，对于如何深度应用仍然缺乏有效的方法；受限于经费问题，学校难以长期支付费用以采购个性化分析服务。基于此，笔者从理念认知、资源建设、教师教研和校企合作四个方面提出提升大数据教学测评系统应用的策略。

（一）理念先行：建立大数据教学应用的科学认知

祝智庭（2017）等提出，建立师生对大数据的科学认知是实现大数据教学应用不容忽视的要素，也是用起来、用得好的基础。在区域层面，可通过统筹规划、分步行动提升师生对大数据教学应用的认知，具体包括：第一，从区域层面制定大数据教学应用的规划，建立“初步应用—深度应用—创新应用”分步骤的推进计划，并通过多种手段积极宣传；第二，面向全区师生，不定期开展大数据应用讲座，将大数据应用的理念、方法、工具介绍给师生，从理念层面改变师生认知；第三，组织教师参访大数据教学应用优质学校，深入课堂一线，通过实地走访了解大数据教学测评系统应用实况；第四，区域层面组织大数据教学测评系统应用优质案例展示活动，以展促用，以展促教，加快教师思想观念的转变；第五，在大数据系统应用初级阶段，协同教育信息化企业提供精细化、手把手的技术支持服务，帮助师生解决大数据系统应用的“最初一公里”。

（二）分类分层：建设大数据教学测评系统应用案例资源库

建立教学测评系统应用案例资源库，不仅有助于刚接触大数据教学测评系统的“新手”通过模仿快速掌握应用方法，而且能够推动骨干教师不断探索将大数据教学测评系统应用于教学的创新策略和方法。在建立区域大数据教学测评系统应用案例资源库时，要关注不同学校、教师、学生的差异，采用分层分类策略进行建设，将案例分为基础型、提高型和创新型，同时，还要通过教学应用和探索来动态更新资源库，提高师生主动探索的积极性。在建设过程中还应当关注：第一，以师生应用需求为导向，采用问卷调查、访谈交流等方式，了解师生教与学的需求，建立面向不同需求的案例资源库；第二，应用案例资源库不仅可面向区域内的师生开放，而且可供区域外师生使用。因此，在建设资源库时可以适当使用区域外可以借鉴的案例和资源，同时注重资源的可拓展性并且定期更新完善，以保证应用案例的前沿性和稳定性。

（三）协同发展：组建区域教研共同体助力精准教研

区域教研共同体是指具有相同理念，围绕教育教学过程中存在的问题，借助多元化的资源、工具、方式进行专题研修活动，以发展专业能力的团体。将大数据教学测评系统应用于教育教学不仅仅是将其应用于课堂教学，而且要将其应用在教师“教、练、考、评、补”研修等环节。这样既可以建立跨学科的教研共同体，通过专家引领、同伴互助、个人反思等方式，围绕提升教学质量开展大数据测评系统应用的教研活动；也可以设计大数据测评系统教学应用比赛活动，通过说课、议课、评课等方式开展深度的教研活动。此外，还要加强教研共同体的示范引领作用，推动各个学校、各位老师透过现实困惑，真正研究和解决教学问题，提升自身的信息素养和专业能力，增强区域教研的内在影响力和外向扩展力。

（四）校企协同：校企合作推动教学测评系统可持续应用

大数据教学测评系统的建设和应用需要长期、持续的资金投入，只是依靠学校投入是远远无法满足的。因此，建议可以采用校企合作方式，即教育信息化企业发挥技术优势，提供技术与产品支持，学校采购企业的系统和服务以支持个性化学习，学校教师和学生在使用系统过程中生成的资源和对系统建设的优化意见可以反哺企业，帮助企业不断优化自身产品。同时，通过学校的试点应用和示范推广也能助力企业的发展。在建立校企合作基地时应注意：第一，要将大数据教学测评系统应用作为切入点开展合作；第二，可以利用大数据教学测评系统对合作的过程进行跟进，促使双方及时调整以保证合作顺利开展；第三，要对合作成果进行总结和评估，以保证其既助力学校教育教学，又帮助企业实现利益最大化。

四、结语

本研究采用问卷和访谈调查法对花都区七所大数据教学测评系统试点校开展调查，发现师生能有效应用大数据教学测评系统，并且对系统持有较为积极的态度，但同时也发现师生的应用理念有待更新、教学应用程度不深、系统应用的可持续性有待加强等问题。未来，我们将进一步探索上述策略在实践中的应用，以期推动大数据教学测评系统深度融入教学，助力实现精准、个性化教学。

参考文献

[1] 中共中央 国务院印发《深化新时代教育评价改革总体方案》[EB/OL]. http://www.gov.cn/zhengce/2020-10/13/content_5551032.htm.

[2] 甘容辉，何高大. 大数据时代高等教育改革的价值取向及实现路径 [J]. 中国电化教育，2015 (11)：70-76，90.

[3] 祝智庭，孙妍妍，彭红超. 解读教育大数据的文化意蕴 [J]. 电化教育研究，2017，38 (1)：28-36.

[4] 唐宝燕，李莹. 基于大数据的精准教学模式构建 [J]. 普洱学院学报，2020，36 (4)：137-138.

[5] 郭利明，杨现民，张瑶. 数据驱动的精准教学五维支持服务框架设计与实践研究 [J]. 电化教育研究，2021 (4)：85-92.

从实践中探索智慧课堂的上课模式

广州市花都区圆玄中学　徐国治

一、智慧课堂的定义

新的课程理念认为，课堂教学不是简单的知识学习的过程，而是师生共同成长的过程。随着新一轮课程改革的不断深化，课堂教学所呈现出来的前所未有的艰巨性、复杂性，以及教学活动自身的特异性、多变性和不确定性，都对教师洞悉复杂局面、应对复杂挑战的智慧品质和智慧水平提出了更高的要求。

智慧课堂是以追求学生的人格成长完善、促进学生的智慧发展、提高学生的综合素质为目标的理想课堂。按照现代课程理念，智慧课堂要求在课堂教学中要注重让学生“感受过程，习得规律，发展智慧”。由此可见，对于智慧课堂的理解和把握，最根本的就是要抓住“智慧”和“课堂”两个方面：一是要抓住课堂这个出发点和落脚点，任何内容选择和环节设计都必须充分考虑到课堂这一载体的可能性、现实性和需要性；二是在此基础上，要充分发挥教师的教育智慧，在教与学的互动过程中通过创新方法来展示智慧教育。

二、传统的课堂教学模式

传统的课堂教学模式是一种以教师、课本和课堂为中心的教学模式。传统的课堂教学模式往往形成了教师单向灌输、学生被动接受的局面，因此我们不难看出传统的课堂教学模式的缺陷是非常明显的，作为认知主体的学生在整个教学过程中往往处于被动接受知识的地位，学生学习的主动性往往被忽视，甚至被压抑。

三、智慧课堂实践中的现状

我国现阶段对智慧课堂的研究和实践还处于初级阶段，因而出现了很多对智慧课堂的错误理解。很多人认为智慧课堂是传统课堂+智慧平台，即把智慧平台当成了课堂的工具，实际课堂仍然是以教师为中心，学生被动接受知识。我们要改变这种现状，必须改变教师的观念，把课堂还给学生，真正体现以学生为中心的理念，改变传统的课堂模式。

四、利用智慧平台的两种课堂模式

为更好地研究智慧课堂的上课模式，笔者分别采取了两种课堂模式：传统课堂+智慧平台；智慧课堂分组合作探究。同时，对课堂的教学过程、教学方法、教学对象、教学效果和反馈进行了全方位对比，如表1所示。

表1　两种课堂模式对比

研究对象	高二（4）班	高二（3）班
课堂模式	传统课堂模式+智慧平台	智慧课堂分组合作探究
科目	物理	物理
内容	电磁感应单元测试三道大题评讲	电磁感应单元测试三道大题评讲
教学方法	讲授法，练习法	小组合作，分组展示，教师引导
教学效果	未知	基本掌握
技术应用	拍照讲解，平板提问，抢答，展示	拍照讲解，分组展示，讨论

1．传统课堂+智慧平台

传统课堂模式的中心是教师，智慧平台在授课过程中只起到了工具辅助的作用。和以往对比，教师可以利用平板电脑与学生进行互动，还可以及时统计出学生的答题数据，起到精准教学的作用。但在这个过程中，学生并没有改变自己的定位，仍然是被动接受知识。

在对高二（4）班实施教学的过程中，教师能高效地完成教学任务，学生也能配合教师完成学习任务。课堂气氛较传统课堂更活跃，学生积极性也有所提高。教师对学生整体情况的了解只能通过课堂气氛和部分学生的反应做出判断，并不能精确地了解课堂上每个学生的情况。对此，教师只能通过课后布置作业和练习，并通过智慧终端获取学生数据才能了解学生对知识的掌握情况。

2．智慧课堂分组合作探究

智慧课堂的课堂模式利用信息化平台采取小组协商讨论、合作探究等学习方式，可以帮助有相同学习需求和兴趣的学生自动形成学习共同体，其课堂的主体是学生。教师通过对小组合作进行实时的数字化评价和及时的反馈，指导、帮助学习小组进行讨论和合作探究。在这个过程中，教师与学生、学生与学生之间的沟通与交流更加个性化，从而提高课堂互动能力和教学效率。

在对高二（3）班实施教学的过程中，教师根据学生对知识掌握的基本情况，将全班学生划分为六个小组三个层次，每两个小组为一个层次。知识掌握度高的两个小组为A类，研究的课堂内容为第三题；知识掌握度在中间层次的两个小组为B类，研究的课堂内容为第一题；剩下的两个小组为C类，研究第二题。学生根据自己小组研究的内容进行合作探究，教师的主要任务则是引导。在规定时间内，学生完成探究，并挑选出本组代表利用智慧平台展示探究成果。通过互动交流，教师引导学生阐述自己对问题的认识过程、表达自己的观点，引导学生发现新的问题，并展开讨论、寻求答案。课后，教师让每组学生代表利用智慧课堂平台终端记录自己负责的研究内容，并发布到班级空间，使全班每个同学都能分享到研究成果。

五、评价与反馈

（一）问卷调查

本次问卷调查的对象是高二（3）、（4）班的学生共88人，目的是通过调查结果分析学生对本节课教学模式的评价，了解智慧课堂对学生的影响。

以下为问卷的部分题目，调查结果如表2、表3所示。

1. 你喜欢在平板电脑上学物理吗？（　　）
   A. 喜欢　　B. 不喜欢　　C. 说不清
2. 本节物理课气氛如何？（　　）
   A. 比较活跃，能有效参与　　B. 老师唱“独角戏”，没机会发言
   C. 纪律严明，“被”专心听讲　　D. 沉闷无趣，想睡觉
3. 在本节物理课上你的注意力一般能持续多长时间？（　　）
   A. 整节课　　B. 三十分钟左右
   C. 二十分钟左右　　D. 十分钟左右
4. 和以往相比，本节课教学过程中的师生互动情况是（　　）。
   A. 学生主动配合老师，师生互动多
   B. 老师留给学生思考的时间少，师生互动少
   C. 还是和以前一样，老师讲授，学生接受
   D. 个别同学有配合，师生互动面不大
5. 在本节课中，你最喜欢的教学活动是（　　）。
   A. 拍照上传作业或练习　　B. 教师提问
   C. 小组讨论　　D. 同学相互评价

6. 你喜欢这节课的上课模式吗？(　　)

A. 喜欢　　B. 不喜欢　　C. 说不清

表2　高二（3）班答题统计

单位：%

题号	选项			
	A	B	C	D
1	60.0	9.9	30.1	—
2	90.0	1.5	6.8	1.7
3	70.0	25.0	2.4	2.6
4	92.0	2.0	1.2	4.8
5	20.0	12.0	60.0	8.0
6	86.7	10.0	3.3	—

表3　高二（4）班答题统计

单位：%

题号	选项			
	A	B	C	D
1	65.0	7.5	27.5	—
2	43.0	40.0	4.4	12.6
3	20.5	52.5	24.2	5.8
4	24.7	43.0	5.4	26.9
5	45.0	50.0	0	5.0
6	56.0	25.0	19.0	—

（二）作业反馈

教师利用智慧课堂平板电脑作业端分别给两个班布置了相同的作业，作业类型为计算题，考查内容为电磁感应斜面导轨在磁场中运动、受力与能量变化。学生通过平板电脑学生作业端提交。教师通过平板电脑进行批改，并统计出答题数据，高二（3）班的答题正确率达到60%以上，而高二（4）班的答题正确率只有30%左右。

六、总结

从实践中，我们发现，学生更喜欢通过小组讨论探究的形式参与课堂，而不是由教师主导的“传统课堂+智慧平台”模式。智慧课堂的核心是给予学生智慧，以老师的智慧激发学生智慧的潜能，不应该只关注学生的知识、技能和分数，而应更关注培养学生发挥智慧，对未知世界进行探索的能力。所以，智慧课堂以学生为中心，让学生成为课堂的主人，教师则利用智慧平台和智慧手段增强学生的自主性和独立性。智慧课堂是引导争辩的课堂、充满疑问的课堂、凸显探究的课堂、走向生活的课堂和唤醒智慧的课堂，教师应通过不断实践和探索成为智慧的教师，从而引领学生成为智慧的学生。

参考文献

［1］孙曙辉，刘邦奇．智慧课堂［M］．北京：北京师范大学出版社，2016.

［2］于颖，陈文文．智慧课堂教学模式的进阶式发展探析［J］．中国电化教育，2018（11）：126－132.

高中智慧课堂实践研究之数学复习课研究

——以复习课“导数的几何意义的应用”为例

广州市花都区圆玄中学　章志光

《国家中长期教育改革和发展规划纲要（2010—2020年）》明确指出：“信息技术对教育发展具有革命性影响，必须予以高度重视。”《2018年教育信息化和网络安全工作要点》也明确提出：以促进深度融合为核心，坚持从教育改革发展面临的实际问题出发，有效促进信息技术与教育教学深度融合，充分发挥教育信息化对教育改革发展的引领作用。鼓励学生应用信息技术科技自主学习，主动学习，增强学生运用核心素养分析解决问题的能力。

智慧课堂是在云平台、大数据、网络学习空间、电子书包等现代信息技术的支持下，通过改变教学的互动方式，以生为本，将技术融入课堂教学，构建个性化、智能化、数字化的智慧学习环境，以有效促进培养学生智慧能力的新型课堂。那么，智慧课堂下的高中数学课堂是怎样的呢？笔者认为，智慧课堂是以关注学生的全面发展为核心，以完善学生的个性成长、提升学生的智能发展、提高学生的科学素养为目标的课堂。以生为本，就是还课堂给学生，建构创造性、智慧性、交互性的学习过程，促进师生、生生情智交流，最终实现以提升学生的数学核心素养、合作探究能力、创新思维能力为指向的智慧发展。下面通过“导数的几何意义的应用”复习课课例来分享笔者的实践与思考。

一、教学目标

1．通过GeoGebra动态图形展示，能直观地理解导数的几何意义。（概念性知识的理解）

2．会用导数的几何意义求已知曲线的切线方程。（程序性知识的应用）

①会求曲线 $y=f(x)$ 在 $x=x_0$ 处的切线方程。

②会求过曲线外一点且与曲线 $y=f(x)$ 相切的直线方程。

3. 通过数形结合思想，能初步运用切线方程解决切线中的动态问题。（程序性知识的应用）

二、教学重点与难点

教学重点：利用导数的几何意义求曲线的切线方程。

教学难点：根据求切线方程的步骤求出含参的切线方程，找到问题和含参切线方程的衔接点，提取有效信息（零点问题、最值问题）从而解决问题。

三、目标、教学与测评的一致性分析（见表1）

表1 目标、教学活动和测评在分类表中的位置

知识维度	认知过程维度					
	记忆	理解	运用	分析	评价	创造
事实性知识	—	—	—	—	—	—
概念性知识	—	目标1	—	—	—	—
程序性知识	—	—	目标2，目标3，探究一，探究二当堂检测	探究二巩固提升	—	—
元认知知识	—	—	—	—	—	—

四、教学手段

采用黑板板书、微课、智慧课堂平板电脑终端设备。

五、教学过程

前置作业：

1. 曲线 $f(x)=x^3-3x^2+1$ 在点 $x=1$ 处的切线方程____________________。

2. 过点（2，3）且与抛物线 $y=x^2$ 相切的直线方程____________________。

[设计意图] 通过智慧课堂终端给学生推送两道简单题，让学生在课前回顾导数几何意义的基本概念。第1小题是已知切点求相应切线方程；第2小题是过曲线外一点求切线方程，要求学生能判断出点（2，3）不在曲线上，不能用第1小题的方法解答。同时，一并推送知识点微课“利用导数求曲线切线方程”，基础好的同

学可以直接做题，其余同学可以先观看视频后做题。学生完成以后拍照上传自己的答案，教师利用教师终端批改学生答案，并根据学生的实际掌握情况决定教学方法和教学方向。

（一）引入

解决学生学习完微课后反馈的问题。

（二）复习知识点

1. 函数 $y=f(x)$，在 $x=x_0$ 处的导数等于在该点［x_0，$f(x_0)$］处的切线的斜率。

2. 过曲线 $y=f(x)$ 上一点 $P(x_0, y_0)$ 的曲线的切线方程为 $y=f'(x_0)(x-x_0)+f(x_0)$。

［设计意图］点明知识要点，结合 GeoGebra 的动态演示效果，以及学生通过智慧课堂终端设备滑动图 1 曲线上的 A 点改变切线的位置的演示，让学生直观地理解导数的几何意义，这种优越性是不言而喻的。

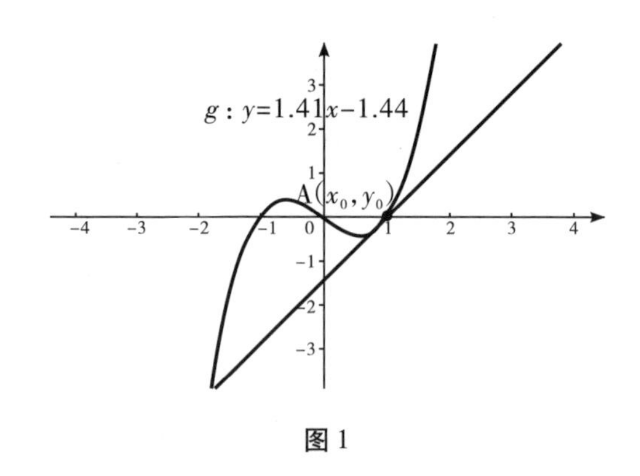

图 1

（三）典例精析

探究一：巩固导数的几何意义

例 1. 若曲线 $y=x^\alpha+1(\alpha\in R)$ 在（1，2）处的切线经过原点，则 $\alpha=$（　　）。

A. 1　　B. 2　　C. 3　　D. 4

例 2. 若曲线 $y=kx+\ln x$ 在点（1，k）处的切线平行于 x 轴，则 $k=$________。

例 3. 过曲线 $y=x^3-2x$ 上的点（1，−1）的切线方程为 =____________。

小结：

1. 在运用公式 $k=f'(x_0)$ 的时候，一定要明确已知点是否为切点。

2. 切点（x_0，y_0）满足3个方程：$y_0=f(x_0)$，$k=f'(x_0)$，和切线 $y_0=kx_0+b$。

［设计意图］通过以上3种题型，进一步巩固导数几何意义的基本应用，落实目标2的达成。3道例题都可以借助GeoGebra展示动态切线问题的雏形。其中，例1结合选项可以展现4幅图像，直接观察得到答案；例2为过度含参问题，已知斜率，求参数 k；例3进一步巩固学生对切点的正确理解，通过GeoGebra软件，输入函数解析式，自动生成函数图像，并通过切线的快捷方式快速做出过点（1，-1）的切线，让学生直观地感受第二种容易被忽略的情况，从而找到本质问题——已知点是否是切点？让学生明白在思考切线问题之前首先要考虑已知点是否为切点，从而突破目标2。

探究二：探究函数切线的动态问题

例4：已知曲线 C 的方程是 $y=x^2+1$，若 l：$y=kx$，且直线 l 与曲线 C 相切于点（x_0，y_0）（$x_0\neq 0$），求直线 l 的方程及切点坐标。

变式1：已知曲线 C 的方程是 $y=x^2+1$，若过点A（0，b）与曲线相切的直线相互垂直，求b的值。

变式2：已知曲线 C 的方程是 $y=x^2+1$，若曲线 C 上的两条切线相互垂直交于点B，求B点的轨迹方程。

小结：

1. 形如直线 $y=kx+b$ 的动态直线可以看成过点（0，b）的直线束，则切线方程问题可转化为过一点（0，b）求曲线的切线问题。

2. 把 x_0 看成变量，则关于 x_0 的切线方程 $y=f'(x_0)(x-x_0)+f(x_0)$ 的根即为切点的横坐标。可用方程或函数的相关性质解决相应的问题。

3. 关于轨迹问题，首先要找到动点运动的原因，然后根据原因用相应的方法（直译法、定义法、相关点法、参数法、交轨法）解决。

［设计意图］本专题研究动态切线的静态问题，这是高考常见的题型，分别考查化归思想、数形结合思想、函数与方程思想。两个探究“定点问题—动点问题—轨迹问题”由浅入深，层层递进，提升学生逻辑推理、直观想象、数学运算3方面的核心素养能力。此外，教师还可以把探究二中的变式2推广到一般二次函数的两条切线任意夹角问题，学生可以根据前面的方法在课后继续研究。本环节采用小组合作的方式进行，学生可以借助智慧课堂终端设备感受图像的变化（见图2），通过不断尝试找到满足问题的临界形状，把抽象问题通过技术手段转化成直观问题，提高学习兴趣。最后，进一步提出数学的严谨性证明——图形只能宏观地说明问

题，具体的答案还是需要完整的逻辑论证，使学生进一步明白数学说理的重要性，促进学生智慧的发展。

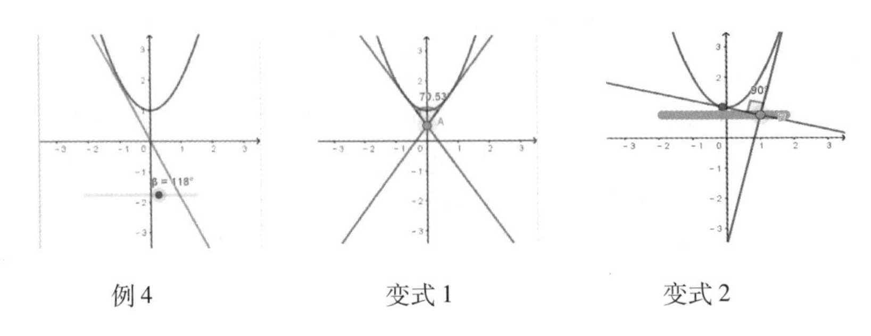

图 2　通过智慧课堂终端设备绘制的例 4 的图像

（四）当堂检测

1. 曲线 $y=-x^3+3x^2$ 在点（1，2）处的切线方程是（　　）。

　A. $y=3x-1$　　B. $y=-3x+5$　　C. $y=3x+5$　　D. $y=2x$

2. 设曲线 $y=e^x$ 在点（0，1）处的切线与曲线 $y=\dfrac{1}{x}$（$x>0$）上点 P 处的切线垂直，则 P 的坐标为________。

3. （2018 年全国Ⅲ卷第 14 题）曲线 $y=(ax+1)e^x$ 在（0，1）点处的切线的斜率为 -2，则 $a=$________。

4. 设曲线 C：$y=e^x-x$，则过点（1，0）与曲线 C 相切的直线有（　　）条。

　A. 0　　B. 1　　C. 2　　D. 3

［设计意图］通过 4 道小题评价本节课学生掌握的程度。第 1 题和第 2 题检测目标 2 的达成情况；第 3 题为 2018 年全国Ⅲ卷原题，此题已知斜率求参数，和例题 2 一致；第 4 题检测目标 3 的达成情况。第 4 题难度较大，学生可以借助 GeoGebra 直接显示图像以降低难度，并归化成 $y=f'(x_0)(x-x_0)+f(x_0)$ 有几个零点的问题。最后，教师通过智慧课堂终端设备后台统计学生的作答情况，可以利用设备对学生进行一对一批改和辅导，从而关注所有学生的学习状况。

（五）课堂小结

通过这节复习研究课，你学会了什么知识？解决了哪些问题？你的收获与感受是什么呢？

1. 切点（x_0，y_0）满足三个方程：$y_0=f(x_0)$、$k=f'(x_0)$ 和切线 $y_0=kx_0+b$。

2. 把 x_0 看成变量，则关于 x_0 的切线方程 $y=f'(x_0)(x-x_0)+f(x_0)$ 的根即为

切点的横坐标。可用方程或函数的相关性质解决相应的问题。

3. 数学思想：化归思想、数形结合思想、函数与方程思想。

（六）巩固提升

1. （2018 年全国Ⅰ卷第 5 题）设函数 $f(x)=x^3+(a-1)x^2+ax$，若 $f(x)$ 为奇函数，则曲线 $y=f(x)$ 在点（0，0）处的切线方程为（　　）。

A. $y=-2x$　　B. $y=-x$　　C. $y=2x$　　D. $y=x$

2. （2018 年全国Ⅱ卷第 13 题）曲线 $y=2\ln(x+1)$ 在点（0，0）处的切线方程为________。

3. （2018 年全国Ⅲ卷第 14 题）曲线 $y=(ax+1)e^x$ 在点（0，1）处的切线的斜率为 -2，则 $a=$________。

4. （2018 年北京卷第 18 题）设函数 $f(x)=[ax^2-(4a+1)x+4a+3]e^x$，若曲线 $y=f(x)$ 在点（1，$f(1)$）处的切线与 x 轴平行，求 a。

5. （2018 年天津卷第 20 题）已知函数 $f(x)=a^x$，$g(x)=\log_a x$，其中 $a>1$。

（1）求函数 $h(x)=f(x)-x\ln a$ 的单调区间；

（2）若曲线 $f(x)$ 在点（x_1，$f(x_1)$）处的切线与曲线 $y=g(x)$ 在点（x_2，$g(x_2)$）处的切线平行，证明 $x_1+g(x_2)=-\dfrac{2\ln\ln a}{\ln a}$；

（3）证明：当 $a\geqslant e^{\frac{1}{e}}$ 时，存在直线 l，使 l 是曲线 $y=f(x)$ 的切线，也是曲线 $y=g(x)$ 的切线。

［设计意图］ 通过采用 2018 年全国高考卷中关于切线的原题，再一次让学生重视本节内容的知识点，同时也说明这是高考的高频热点题型之一。全国卷考查的在某点处的切线问题，第 1 题、第 2 题是已知切点求切线问题，属于简单题型；第 3 题、第 4 题是已知切点和斜率求参数问题，属于中等难度的问题。

第 5 题是公切线问题，属于难题，结合函数的零点存在性定理考查切线方程根的个数问题，对学生的能力要求很高，是天津卷的压轴题。学生可以通过智慧课堂终端设备绘制合适的图像，找到符合条件的情况。

六、课例反思

本课的教学目标不仅包含了概念性知识的理解（通过 GeoGebra 软件直观感受导数的几何意义），还包含了对程序性知识的理解和运用（求曲线的切线，以及切线方程的应用）。学生在学习新课前已经掌握了公式，可以解决直接告知切点的切线问题。同时，学生也会因此进入一个误区，把题目给出的一个已知点默认为切点。而教师利用GeoGebra软件演示后，能让学生直观明确已知点并不一定为切点，从而突破难点。

本节课属于数学规则课，既是导数计算的延续和拓展，又是用导数几何意义研究曲线含参问题的基础，可以为后续复习导数在函数中的应用奠定基础，具有承上启下的作用。采用的教学策略是运用信息技术的优势，直观展示抽象问题，运用类比迁移获得解决新问题的途径。教学的重点是要求学生能判别出切点是否已知，并能写出切线方程；教学的难点是根据含参问题能提炼出有效的信息以解决实际问题。通过自主导学的教学方法，利用自制精品微课、GeoGebra动态数学软件、微客宝投屏互动技术辅助教学、移动终端一对一互动平台，激发学生的学习热情，启迪学生的思维。在整个教学过程，教师做到了精讲、少讲，给学生充分活动的时间与空间，并让学生互相评价，总结解题经验，充分尊重了学生的思维过程。

另外，通过设置例题和变式训练使学生的知识初步转化为技能。在此教学设计中，学生的学习起点定位准确，教师的教学目标设置和陈述规范准确，所开展的教学活动符合概念性、程序性和元认知知识原理的学习规律。

综观本课，采用了“先学后教，以学定教，小组合作，反馈评学”的智慧课堂教学模式，将传教式教学观念转变为“发展学生智慧”的互动式教学，成功实现了角色转变，充分发挥了学生的主体作用，落实了“生本教育”的理念。云教学增强了教生、生生、学生和平台间的互动，从而高效地促进了教师和学生在教与学之间的互通。此外，利用智慧课堂云教学改革数学课堂，教师可以充分协调数学的抽象性和逻辑性之间的关系，从而降低学生想象抽象问题的难度，在加深学生对数学的认识的同时提高课堂的效率。因此，智慧课堂是改变了传统教学模式，真正实现了为学生服务、为学习服务、为发展学生智力服务的新型课堂。

参考文献

[1] 孙曙辉，刘邦奇．智慧课堂[M]．北京：北京师范大学出版社，2016.

[2] 谭国华．高中数学教学设计的理论与实践[M]．北京：人民教育出版社，2012.

[3] 庞静．构建高中数学智慧课堂的思考[J]．数学教学通讯，2018（24）：62－63.

[4] 于颖，陈文文．智慧课堂教学模式的进阶式发展探析[J]中国电化教育，2018（11）：126－131.

任务驱动教学法在初中语文活动单元智慧课堂中的运用

——以部编版语文教材八年级上册新闻单元为例

广州市花都区秀全外国语学校　白杨

任务驱动教学法是一种建立在建构主义学习理论基础上的教学法，它将以往以传授知识为主的传统教学理念，转变为以解决问题、完成任务为主的多维互动式的教学理念。该教学法使学生通过对学习资源的积极主动应用而进行自主探索和互动协作的学习，并在完成既定任务的同时，引导学生开展学习实践活动。传统意义上的讲授式教学授课一般难以满足培养学生的实践能力的要求，即使学生进行实践活动，也会面临设备不足和效果不佳等问题，而智慧课堂的平板电脑可以很好地解决这个问题。所以，笔者将任务驱动教学法应用于新闻活动探究单元智慧课堂的教学过程中，将新闻单元的教学设置为由四个任务组成的教学任务群，力求用“新闻阅读”“术语理解”“新闻采访”“新闻写作”“新闻播报”这五个任务来完成对部编版语文教材八年级上册新闻单元的教学。

一、活动前调整师生双方教与学的角色

活动探究单元要求师生双方调整原有的阅读教学中讲授与接收的角色，改变过于偏重阅读、理解、赏析性的语文学习，让学生在综合、连续的语文活动中学习。教师要改变以教师授课、学生听课为主的传统教学方式，将学习的自主权真正还给学生，将当堂教授转为全程指导，变关注结果为关注过程，帮助学生自学，增强学生的创新意识。笔者在实践过程中，一改教师单纯式讲授、学生被动接收的状态，在课前制作任务导学案并使用平板电脑进行作业推送，设置多个任务环节，如在“我是新闻搬运工”环节中，学生使用平板电脑中的“星辰浏览器”查找最近两天发布的新闻，解决了住宿生查找新闻不便的问题。通过使用信息技术，学生均处于积极的学习状态，每一位学生都能根据自己对当前问题的理解，运用共有的知识和

自己特有的经验提出方案、解决问题，让学生真正做到了“以新闻的方式学习新闻”。

二、实践前创设情境并进行细致化指导

创设情境是任务驱动教学法的第一步，通过创设与新闻主题相关的、尽可能真实的学习情境，引导学生带着真实的“任务”进入学习情境，使新闻更加直观和形象化，使学生利用有关知识与经验去“同化”或“顺应”所学的新知识，从而提高学习效率。

在新闻单元的授课中，笔者采用“读新闻、看报纸、观采访、赏新闻”的方式为学生创设情境。这不仅可以使学习任务更加直观和形象，更是活动前细致指导的一部分。学生在学习具有较大自主性的任务型的单元时，教师很难掌控学生活动进行中的状态。这时，教师运用平板电脑实时监控任务完成情况并在活动前进行细致的指导工作，可以有效督促和帮助学生更好地完成任务，避免学生的自主学习活动缺少实质性内容或流于形式。同时，笔者为学生讲解新闻采访过程中的注意事项，用平板电脑同屏播放新闻记者工作过程的视频，利用课堂时间集中进行指导，将可能遇到的问题详细化讲解。比如，关于采访过程的集中指导：采访前的准备、采访过程中应注意的细节、采访后期应注意的细节。又如，撰写新闻稿的注意事项：一般包含“六要素”（即何人、何时、何地、何事、为何、结果如何）。再如，标题要新颖、醒目，如毛泽东《人民解放军百万大军横渡长江》，“百万”“横渡”这些字眼的使用极大地激发了人们了解具体内容的渴望。此外，还要合理安排结构，一般包括标题、导语、主体、背景和结语（后两部分有时暗含在主体中）五部分。

另外，设计单元任务群要有层级性和阶段性，其包括“新闻阅读”“新闻采访”“新闻写作”“新闻播报”四个环节，每一个环节都需要我们去关注。通过组织学生用平板电脑拍照上传、交流每一阶段的任务，教师在平板电脑的使用中适时指导和进行过程性评价，可以避免因过度关注某一阶段的学习成果而放松了对其他阶段的学习活动的要求的问题。

三、活动中自主学习与协作实践相结合

部编版教材为新闻单元安排了三个学习板块：课文学习、实践活动、写作表达。在具体实施中，笔者将三个板块具体确定为：新闻阅读、新闻采访、新闻写作。在此基础上，笔者在教学实施过程中为本单元增加第四个板块——新闻播报，力求培养、完善学生在“听说读写”各方面的素养。在四个板块的教学实施过程中运用智慧课堂平板电脑，可进一步促使学生自主学习、协作学习。

（一）自主学习

在四个板块中，“新闻阅读”是学生比较熟悉的。分析新闻的组成部分和主要内容、赏析新闻的语言对学生来说并不难，但部编版教材在原来只有两则消息的基础上，增加了新闻的另外两种体裁，即新闻特写和通讯。学生对这两种体裁比较陌生，容易将这两种体裁的文章看成新闻以外的其他文体，比如记叙类、描写类的文章，这就需要我们去引导学生注意消息、新闻特写、通讯的异同。于是，笔者制作了单元活动（任务一）导学案，学生自主阅读课文，将四篇新闻整合学习，并认识四篇新闻的体裁，根据新闻内容分析不同体裁的新闻的异同，完成平板电脑推送的任务表格。但是，学生的完成情况并不是很好，主要存在问题是不能准确判断除消息之外的新闻体裁，所以笔者设置了“新闻我知道”环节，使学生可以在平板电脑上自主查找感兴趣的新闻，并在课上对新闻进行拍照上传，进行分享式探讨。从效果来看，通过这个活动的设置，学生对新闻的体裁及其特点的了解更加深入。

（二）协作实践

在进行新闻采访前，笔者采取小组人员分工、成员之间协作的方式布置任务，把全班学生分成 8 个小组，每组 6 人，引导学生之间相互讨论和交流，通过不同观点的交锋、补充和修正加深每个学生对当前问题的解决方案的理解。由于新闻采访需要课下进行，教师很难掌控学生的采访行为，学生本身又缺乏新闻采访的专业素养，因此，教师将采访提纲（任务三）发给学生作为辅助，把提纲以表格的形式呈现，包括采访主题、采访时间、地点、采访背景、采访方式、采访器材、采访问题，让学生以“填空”的形式将采访内容填充进去，从而给予学生比较明确的采访方向，有助于学生明确采访流程和内容。此外，学生在“我是新闻小记者”环节中，使用平板电脑中“录音机”和“相机”的功能对采访对象进行采访；在互评新闻稿环节中，采用互动投票方式进行评选；在课上学生进行成果汇报或成果展示环节中，使用拍照上传的方式进行评价。通过这些活动的设置，学生的学习热情高涨。尤其在“新闻采访”“新闻写作”和“新闻播报”这三个任务中，学生通过亲身采访的实践，重视新闻文本的形成和文本的应用，文本的二次创作（即“新闻联播”环节）开展得很顺利。

四、活动后的效果评价与成果展示

任务之间环环相扣，使用任务群中的任务对已进行的任务进行评价是任务驱动教学法的一大特色，任务驱动教学法的关键环节即是否有有效且准确的效果评价。

笔者正是通过任务四“新闻写作”和任务五“新闻播报”对学生的前三个任务的完成情况进行评价。新闻写作尤其是消息写作有着比较明显的程式化特征，其在格式、结构和各部分写法方面都有比较明确的要求。新闻写作首先必须参照任务一选取新闻的体裁，其次夹杂着对任务二概念的理解，再根据任务三的采访提纲进行创作，任务四正是对任务一、任务二、任务三完成情况的检验。

最后，笔者采用学生使用平板电脑投票进行小组互评、自主修改的方式对新闻稿进行评价。任务五除了可以考查上述能力，还可以考查学生的口语表达能力。提升学生口语表达能力是部编版初中语文教材的特点，所以笔者增加了“新闻播报”环节。播报采用平板电脑的课件功能播放新闻联播的片头和音乐，给学生以强烈的新鲜感和仪式感。对以上任务进行考评，不仅是对学生完成当前问题的过程和结果的评价，更重要的是对学生自主学习及协作学习能力的评价。任务四结束后，笔者将学生的新闻作品进行整理，制成班级报纸进行张贴展示，并将任务五的新闻播报汇成一期“新闻播报”，在班级内部进行播报。制作报纸和“新闻播报”两个活动极大地调动了学生的积极性，尤其是“新闻播报”环节，学生们的表现非常精彩，值得回味。有单人播报、双人播报，有运用各种道具的，有直接表演新闻的视频内容的，学生们充分展现自己各方面的素质和才华，这也正表明了“新闻播报”是有意义的活动，新闻教学活动能够全面锻炼学生的语文素养。

《义务教育语文课程标准（2011 年版）》指出：“语文课程是一门学习语言文字运用的综合性、实践性课程。”针对部编版初中语文教材新闻部分的变化，运用任务驱动教学法能够很好地适应教育改革的新要求。在将任务驱动教学法运用于初中语文活动单元智慧课堂的过程中，需要注意调整师生间教与学的角色，活动前创设情境并进行细致化指导，将自主学习与协作实践相结合，重视效果评价与成果展示。运用智慧平板电脑可以更便捷、高效地完成探究活动单元的任务，能够使学生真正做到“在活动中学习，在活动中成长”。

参考文献

［1］范全越．任务驱动教学法在语文教学中的运用［J］．现代语文（教学研究版），2012（2）．

［2］李施．智慧课堂下语文阅读学习活动设计研究［D］．长春：东北师范大学，2018．

［3］周群．初中语文新闻单元项目式学习设计与实施［J］．中小学信息技术教育，2017（4）．

［4］鄢丽苹．浅谈高中语文教学中任务驱动教学法的应用［J］．现代交际，2014（3）．

HiTeach 系统在初中生物重要概念教学中的应用

广州市花都区秀全外国语学校 苏妙

《义务教育生物学课程标准（2011 年版）》在修订过程中，有一个重要的变化，就是凸显了对 50 个重要概念的学习，包括了对生命基本现象、规律、理论的理解和解释。初中生物新课程以重要概念为线索，突出重点，以减少教学内容的总量和难度，降低对次要内容的要求，从而减轻学生负担。其一方面反映了对生物学教育更深入的理解和认识，另一方面也对初中生物学教学提出了更高的要求。

一、初中生物新课标凸显重要概念的学习

生物学概念是生物学理论的基础和精髓，但生物学重要概念不同于一般概念，它是高度概括提炼出的学科核心知识，能够统摄一般概念。生物学重要概念既能展现学科图景，是生物学科结构的主干部分，也是学生养成生物科学素养的重要基石，在生物教学中有着不可替代的地位。围绕重要概念组织教学，是提高初中生物教学效益的有效途径。教师要根据学生思维能力、心理特点及原有认知水平设计有效的教学方法，引导学生充分理解和掌握这些重要概念。

二、我校基于 HiTeach 系统与学科教学深度融合的尝试

越来越多的教育工作者意识到信息技术对课堂教学的巨大促进作用，它能对教学过程进行有效的调控。HiTeach 是一套由互动电子白板（IWB）、即时反馈系统（IRS）和实物提示机（DC）等教学辅助工具整合而成的软件系统，其以强大的功能性、使用的方便性和高度的整合性，创新了教学模式，已经成为“醍摩豆（TEAM Model）智慧教室”设备整合运用的重要系统。

我校自 2015 年 9 月加入花都区“智慧教室”试点学校。通过实践探索，我们了解到 HiTeach 系统中的 IRS 是非常实用的一种学习装置，HiTeach 系统的核心优势如表 1 所示。当教师以 IWB 和 DC 进行教学活动时，搭配 IRS 则可与学生展开互动，让学生反馈其学习状态（见图 1），教师可以在很短的时间内收集到每名学生

的反馈信息，进而设计不同的教学策略。经过如此多次的修正或检测，可以快速实现预设的教学目标，提高教学效率，有良好的教学应用价值。

表1　HiTeach 系统的核心优势

HiTeach 系统	核心优势	传统教育设备的运用
互动电子白板（IWB）	可直接便利地标记，附带其他互动工具	费时费力，不便即时互动
即时反馈系统（IRS）	即时反馈学习状态，即时统计、呈现反馈信息	无法即时反馈与统计每名学生的学习状态
实物提示机（DC）	直接投射学生思考与表现的过程与作品，并通过摄影与录像保存备用	只能呈现静态的作品，无法现场录像与摄影等

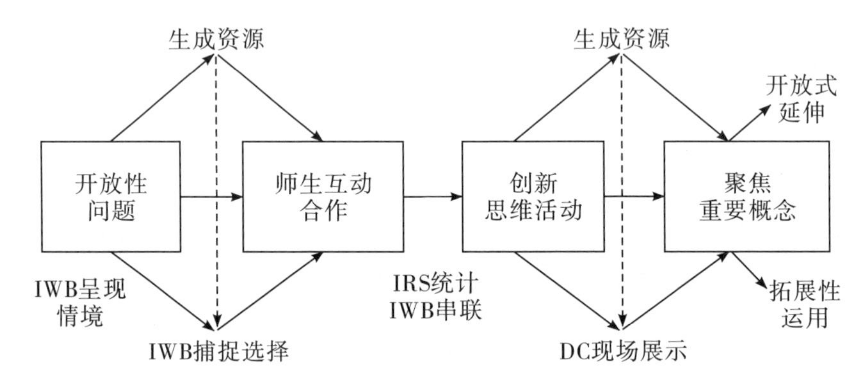

图1　HiTeach 系统的运作模式

通过学习培训、外出参观学习、同课异构和学科竞赛等活动，我校掀起了学习和使用 HiTeach 系统的热潮。基于 HiTeach 智慧课室环境与学科教学深度融合的科研项目在全校得以普及推广，教师的教学技能和应用能力得到迅速提升，我校教师推送的课例参加“一师一优课，一课一名师”评选活动并获得了国家级、省级、区级优课荣誉。经过一年多的基础学习、学术交流、课例展示和探索研究，学校在设备更新维护、课堂实践、案例研讨、资源库、学术成果等方面都积累了一定的经验，最难能可贵的是，除了本校骨干教师，我校还邀请了海峡两岸的智慧课堂研究专家就 HiTeach 系统使用的理论与技术运用作指导，同时也得到了花都区教育局教研室及区内外其他智慧教室试点学校的大力支持。

三、HiTeach 系统在初中生物重要概念教学中的应用

（一）全员参与，让重要概念的学习生动起来

传统课堂教学中，教师更多是以“教师问—学生答—教师答疑”的基本方式推进课堂教学。提问可以在一定程度上引发学生的思考，激发学生的学习兴趣，但由于课堂时间有限，能够站起来回答问题的往往只是个别学生，加上初中生的年龄特点和原有的知识基础有限，对生物概念的理解本身就很含糊，一般很难主动提出有价值的问题，学生的参与度较低。以 PPT 为代表的多媒体技术应用也曾一度抓住学生的眼球，但它毕竟无法从根本上改变师生问答的单向性的局限，久而久之，师生之间的交流在一定程度上变成了人机交流。学生们的课堂参与度从初一到初三呈现明显的递减趋势。

借助 HiTeach 系统中的 IRS 投票系统可以针对一个提问让所有学生同时作答，真正实现了“一问百应”的效果，它要求每一个学生参与到课堂活动中来，也能让每一个学生都可以参与到课堂活动中来。笔者曾在授课的班级中做过一个关于学生对八年级下册第一章“生物的生殖和发育”课堂参与度的调查（见图 2），在应用 HiTeach 的 IRS 投票器后，学生课堂参与度远高于传统教学模式下的课堂参与度，师生间的交流更加频繁，学生学习的主动性也得到很大的提高。尤其是 HiTeach 中的抢答、随机挑人、翻牌这三项功能，让学生的答题热情十分高涨，课堂气氛非常活跃。

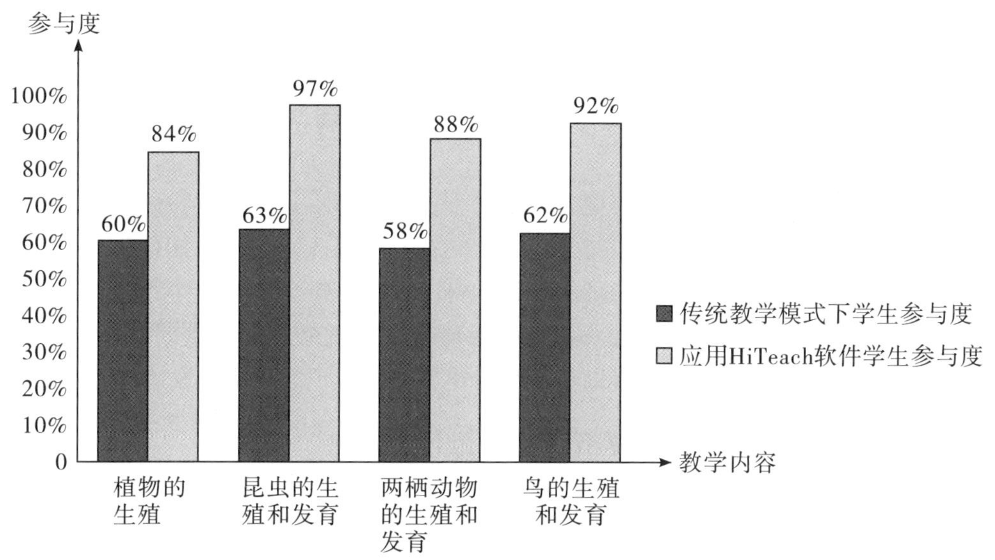

图 2　“生物的生殖和发育”一课的学生课堂参与度调查

生物课堂教学活动的重要目标之一，就是要让学生去理解或者领悟生物学重要概念的本质。教师在教学中要采用主动学习、合作学习以及以探究学习为核心的多样化教学方式，在学生全员参与的基础上给学生提供足够的事实和经历，了解和认识其背后的规律，帮助学生构建生物学重要概念。

（二）增强小组合作，让对重要概念的理解互动起来

小组合作是课堂学习的有效形式，在实践中，笔者发现学生的小组合作热情普遍高涨但合作效率不高。例如，在“观察鸡卵的结构”实验过程中，4 人合作小组都是一两个学生动手，其他组员在一旁观看，组员间的配合较少。而到了最重要的合作探究环节，需要把鸡卵完整地倒在一个透明的容器中，观察细胞核所在的胚盘结构时，学生也是漫不经心，有些甚至故意把卵黄搅烂，连系带、卵黄膜等其他结构也无法观察，教师只好借助其他小组完整的鸡卵结构让这部分学生重新认识“生物的有性生殖是通过两性生殖细胞的结合将遗传信息传递给后代”这一重要概念。

运用 HiTeach 系统则可以有效落实和深化这一实验的探究过程。首先，教师在实验开始阶段引入“计时器”功能，规定讨论实验步骤和进行实验操作的时间各为 4 分钟。在明确实验要求的基础上，学生参与实验的积极性更高，参与讨论更加充分，实验操作更加细致。这时，再引入“小组奖励功能”，能够完整地观察包括胚盘以内的鸡卵各部分结构的小组可以得到 3 个“大拇指”或者“五角星”。这样的做法大大提高了学生的合作意识，并在有限的时间内迅速找到实验的要素和关键点，体验到实验成功的乐趣。当然，更完善的小组合作还可以设立小组长、实验员、记录员、发言代表等角色，教师可以在课堂观察中对各小组给予有针对性的评价和奖励。最后，再借助 DC 展示小组成果，或通过手机、平板电脑等即时通信工具把各小组的实验成果呈现在 IWB 上，既节约了课堂时间，也让课堂教学变得更加精准、高效。

事实上，生物学科中的重要概念有很多个，它们都不是孤立存在的，而是相互联系、相互组合的，其构成了生物学科结构的骨架。因此，学生不能仅靠记住一两个孤立和零散的现象和事实，来理解生物学科中的重要概念。基于小组合作达成的共识以及师生互动生成的课程性资源是弥足珍贵的，既能加深对重要概念的理解，又能为后续的学习打下基础，有助于形成对重要概念认识的螺旋式发展。

（三）即时反馈，让重要概念的应用悦动起来

俗话说，“教无定法”。每一位教师在上课前肯定已经理清和设计好一整节课的思路和流程，但 PPT 等多媒体课件一旦做好，在课堂上就不方便再修改，学生只好

被多媒体课件牵着鼻子走。有时候我们会发现，学生的课堂反应跟我们预想的不太一致，或者这个班与另外的教学班的反应不尽相同，这就需要教师根据学生实际的课堂表现，有针对性地适时调整教学内容。但如何才能及时了解学生对知识点的掌握情况呢？HiTeach 的 IRS 就可以提供帮助。例如，在“基因在亲子代间的传递”教学过程中，笔者原来设计“基因、DNA 和染色体的关系”作为教学重点，通过 IRS 随堂检测，学生们的回答情况非常好，几乎全部都答对了，而对于原来没有列入重点的“精子和卵细胞是基因在亲子代间传递的桥梁”，学生在课堂作答时，正确率却不足 70%。为此，笔者立刻转变教学思路，调出基因、染色体和生殖细胞的结构示意图，再次明确决定生物性状的基因是在染色体上，基因通过父母生殖细胞中的染色体遗传给子女，从而实现在亲子代间的传递，解决了学生对“DNA 是主要的遗传物质，基因是包含遗传信息的 DNA 片段，它们位于细胞的染色体上”这一重要概念在应用中产生的疑惑。

基于 HiTeach 系统的 IRS 即时反馈功能，教师可以在极短的时间内通过投票、条形图等方式精确掌握学生的学习状态，轻松完成课堂前测、后测环节。教师借助 IWB 可以在原有课件上直接进行修改、批注、圈划、强调，做到即时反馈、即时调整，时刻跟进学生的思维变化。教师还能保留多次数据以进行针对性补救措施，即事先导入的分组名单和学生姓名能清晰地显示而让教师得以准确辨别，教师可以将一堂课中回答准确率较低的几位同学记录下来，在课后进行适当的个别辅导，既避免了做重复的无用功，又关照到小部分掌握不到位的学生，真正做到关注每一位学生。这样的教学带来的轻松感、优越性和愉悦性是十分明显的，而学生也享受到了教学科技及其创新带来的便利，进而有利于教师提升教学的效能，学生提升学习的品质。

诚然，日新月异的教学科技辅助开展学科教学，极大地冲击和影响着我们的课堂和教学模式，它就像一把双刃剑，因此，我们要善用它，让它有益于师生，有益于教学。巧借 HiTeach 系统，让学生悦动发展，生物新课程中的诸多素材才能以重要概念为主线串起来，最终形成完整的学科知识体系，让学生对生物知识的理解更深刻、更透彻。

参考文献

[1] 义务教育生物学课程标准（2011 年版）[S]. 北京师范大学出版社，2012：32.

[2] 陈坚，范新新. 从初中生物课程标准（2011 版）看概念教学 [J]. 教学与管理，2013 (3)：80－81.

[3] 杨青青. 重要概念在初中生物教学中的重要价值 [J]. 北京教育学院学报（自然科学

版)，2012（2）：22－26.

［4］吴成业. 基于HiTeach系统的课堂互动生成模式构建［J］. 中小学信息技术教育，2013（3）：76－78.

［5］陈卫东，叶新东，张际平. 未来课堂的互动形式与特性研究［J］. 课程与教学，2011（8）：91－97.

智慧课堂与初中数学教学的有效融合

广州市花都区新华街云山学校　卢翠连

随着信息技术的发展，国家在《教育信息化2.0行动计划》中提出，要通过实施教育信息化2.0行动计划，到2022年基本实现“三全两高一大”的发展目标。在这样的大背景下，初中数学教学应顺应时代的潮流，把信息技术融入日常的教学，提高教学效率，实现学生“人人、时时、处处皆可学”，教师“时时、处处皆可教”的目标。下面笔者对智慧课堂与初中数学教学的有效融合谈几点看法。

一、课前，利用信息技术实现“翻转课堂”

众所周知，课前预习是有效学习的关键一环。由于技术的局限，教师只能提出口头的提倡、建议，而学生做与不做，教师是监管不到的，更无法评估学生预习的效果。随着信息技术的发展，网络上出现了很多学习平台可以实现教师对学生预习情况的监控和数据的分析，如“一起作业”“神算子”等。笔者采用的是“畅言作业平台”。在讲新课之前，笔者可以利用作业平台录制一些微课或者分享一些相关的视频，指导学生预习第二天数学课学习的内容。为了检查学生预习的效果，笔者还会设计几道对应的练习，让学生在预习之后完成。因为作业平台可以对学生的预习作业进行自动批改，产生分析数据，这样笔者就可以根据学生学习的效果调整第二天的课堂教学了。经过一段时间的对比试验，使用智慧课堂的班级比没有使用智慧课堂的班级课堂容量要大很多。比如，有一节分类讨论专题课，课堂设计的线索是“绝对值的分类讨论—数轴的分类讨论—线段的分类讨论—角的分类讨论”，每一个环节的知识都由易到难，设计了三重变式，最后一重变式涉及点的运动问题，可谓是一节非常精妙和高水平的教学设计了。在利用智慧课堂上课的班级，教师把每个环节最基础的分类讨论思想让学生预习了，并且可以收到作业平台上精准的数据分析，教师在上课时可及时调整教学策略。对于80%以上的学生掌握了的知识，教师可以直接跳过这部分的讲解，以相对难一点的变式作为例题，这样课堂的高度和广度马上变得不一样了。而对于约20%的没掌握的学生，教师要在教学中特别关注他们的情况，有针对性地辅导他们，或者让成绩好的同学帮助他们。这样，经过一节课就可以完美地完成预设的教学任务。但是，在没有运用智慧课堂上课的班级，因为教师事先无法了解学生对分类讨论知识的掌握水平，只能从最基本的问题切入，一步一步深入，这样，一节课只能实现每个环节的两重变式，其课堂效率及教学的精准度均不如前者。

二、课中，利用信息技术实现课堂角色的逆转

传统的课堂是教师讲、学生听，稍微改进的版本是个别学生讲、大部分学生听。教育界一直提倡“把课堂还给学生”“让学生做学习的主人”，但多少年来，这些理念都还只限于理想状态。现在，利用信息技术，我们就可以实现课堂角色的有效逆转，让学生在课堂上更积极、更主动地学习数学。

信息技术在课堂上的运用，令抽象的数学变得直观、可感、可触碰。数学是一门需要抽象思维的学科，但有很多学生的抽象思维能力还达不到这样的高度，他们更需要直观的呈现才能理解抽象的数学。这时，信息技术就可以起到桥梁的作用。数学的几何动点类型题是学生最难理解和掌握的，学生把握不了运动中不变的东西。涉及这种抽象教学时，教师可以利用教学软件或者自己制作动态图形，在课堂上将其分享给学生，学生可以利用平板电脑动手去演示图形的变化和观察变化的规律。如“多边形的内角和”这节课，如果用纯几何语言的方式去推导它的公式，很多学生是难以真正理解的。但是如果利用信息技术，让学生动手在平板电脑上操作多边形分割、补全的动态过程，就会让学生更直观地感受那些不同辅助线的形成过程，进而通过抽象思考得出多边形内角和公式，甚至进一步思考几何辅助线的添加规律，在脑海中形成对某些类型图的“图感”。这就实现了数学教学由直观到抽象的顺利过渡。

教师都知道一对一的辅导是最有效的，但是一个教师要同时面对四五十个学生，根本做不到在课堂上的一对一精准辅导，而利用信息技术就可以做得到。关于数学的课堂练习，教师可以让学生完成后提交，之后动员学生去浏览其他同学的答案，还可以对关注的学生进行纠错、点评、建议、辅导等。在这个过程中，所有同学都身兼两个角色——评价者和被评价者。作为评价者，可以看到别人的优点和不足，选择优点来学习，并找出不足来警戒自己，这就使得一道题的练习能够达到更高的效益。实现一题多解的个性化学习和一题多种错误的呈现，可以让评价者总结出更多的解题经验和技巧。而被评价者都不希望自己在同学面前犯错，都希望把自己最优秀的一面展现出来，所以在做题的时候会更加认真，对于之前自己被纠出的错误或者别人犯过的错误会更上心，潜意识里会提醒自己不要犯之前的错误。这样

一来，学生的课堂训练更有质量。例如，学生的解题格式和数学语言的规范性问题是教师在教学中较为头痛的问题，大部分学生是因为懒而偷工减料，小部分学生是接受慢、没跟上。有了技术上的支持，就可以很好地解决这个问题。现在班上的解题格式是笔者教书十几年以来最规范的一届。

信息技术在课堂上的运用绝对不仅于此。利用微课录制的功能，把课堂上的难点讲解录制下来，分享给学生，让学生课后可以反复学习；利用随机、抢答、计时的功能，活跃课堂气氛，吸引学生的注意力；利用数据分析报告，精准地找出需要个别辅导的学生，实现精准辅导；利用学生讲的功能，实现学生在课堂上的反客为主，当课堂的主人；利用讨论区的功能，实现“师生互动”“生生互动”；利用拍照、录像等功能，实现学生对课堂学习笔记的整理与归纳。信息技术只是手段，教师运用技术服务课堂的智慧才是硬道理。

三、利用作业平台，实现对课后作业完成情况的监控、分析和指导

课后，让学生把作业按时上传到作业平台，教师可实现对学生课后作业完成情况的监控。作业平台的数据分析、错题收集与订正等功能，可以实现对学生一天、一个星期、一个学期甚至是一个学段的学习数据的分析和评价，使学生对自己的学习状况、知识的薄弱处掌握得更精准。

登录作业平台，教师可以随时随地批改作业，还可以对个别知识内容掌握不好的学生定点发送个性化练习。学生登录作业平台，也可以随时随地看到教师对自己作业的批改情况，针对不懂的地方还可以随时在平台上向教师请教，教师看到可及时回复。在作业平台上，这种包括文字、图片、语音、微课等多种形式的交流，拉近了师生的距离，避免了学生面对面提问的尴尬，方便了一些听一次还是不懂的学生进行反复收听，细细咀嚼，慢慢消化。这就打破了教与学的时间和空间的界限，使学生的学习更具个性化和有效性。

四、不迷信技术，让技术为我所用

信息技术的创造者是人，使用者也是人，人才是技术的主宰。作为一名数学教师，应该努力思考在数学教学中怎样用好技术，怎样才能把技术用得恰到好处。用一块黑板、一支粉笔能做到的事情就没必要非得用平板电脑、网络等，而既然用了就应该达到更好的效果。在数学教学的每个环节中，我们应该努力思考传统教学与信息化教学的优势与劣势，发扬优势，利用信息技术填补劣势，进而利用信息技术创新教学，达到信息技术与数学教学的高度融合。这是新时代数学教学的大智慧，也是信息时代对数学教师的要求。

技术、设备放在那里，不用它就是机器，用了就是“人工智能”，用好了就是智慧课堂。期待数学教师们发挥自己的大智慧，实现智慧课堂与数学教学的深度融合。

参考文献

[1] 教育部. 教育信息化2.0行动计划[EB/OL]. https://baike.baidu.com/item/教育信息化2.0行动计划/22501991.2018.

初中语文名著阅读微课资源开发与应用研究

广州市花都区新华街云山学校　杜小燕

《义务教育语文课程标准》（2011 版）明确指出：语文课程应激发和培育学生热爱祖国语文的思想感情，引导学生丰富语言积累，培养语感，发展思维，初步掌握学习语文的基本方法，养成良好的学习习惯，具有适应实际生活需要的识字写字能力、阅读能力、写作能力、口语交际能力，正确运用祖国语言文字。语文课程还应通过优秀文化的熏陶感染，促进学生和谐发展，使他们提高思想道德修养和审美情趣，逐步形成良好的个性和健全的人格。

随着社会和科技的飞速发展，网络和信息技术成为我们生活中不可分割的一部分，微课也逐渐成为课堂教学的重要辅助手段。“微课，是指按照新课程标准及教学实践要求，为使学习者自主学习获得最佳效果，以视频为主要载体，围绕某个知识点或教学环节开展的简短、完整的教学活动。”微课因教学时间短、主题突出、内容具体等特点迅速成为校园的时尚，受到教师们的青睐。

名著是数千年文化的积淀，是人类文化的重要表现形式和人类智慧的结晶，它反映着一定的历史、文化、宗教、科学、伦理，蕴含人类的文明与智慧。名著的价值在于典范语言的熏陶，在于心灵的滋养，在于对人类精神的终极关怀。学生阅读名著，有利于阅读素养、语文综合能力的提高，以及自身生活智慧和人生境界的提升。通过微课进行名著导读，可以有效提高课堂教学的效率。作为初中语文教师，我们要在课程的开发上重视名著阅读微课资源的开发，捕捉恰当、有效的教学点，结合课堂教学的有效时机，应用微课，使学生走进微课，并学有所成。

一、在名著导读中应用微课的妙处

（一）激发兴趣

部分初中生对名著缺乏兴趣和了解，缺少亲近感，因而很难与书中的人物形成共鸣。加之当今快餐文化的流行，使得以前只能从书上得到的东西，现在同样能从大众媒体中得到。为了应付考试，学生也乐于接受各类“名著速读本”，对原著望而却步。兴趣是最好的老师，利用电视等媒体观看影视作品是激发学生品赏名著的兴趣，引导学生进行名著阅读的有效途径。微课集教师的讲解、图片、音乐、视频等于一体，以其独特的视听效果，拉近了学生与名著的距离。教师制作的微课可以是鲜活灵动的画面、声情并茂的介绍、扣人心弦的音乐、夺人眼球的视频、调动思维的导图、激发想象的训练。制作时，教师可以充分利用信息技术将名著多元、立体地呈现在学生面前，充分调动学生多方面的感官来欣赏名著。例如，教师可以把文学名著《西游记》中的“三打白骨精”“女儿国遇难”“大闹天宫”“真假美猴王”“三借芭蕉扇”等精彩的故事情节制作成微课。短短几分钟的微课导读，便能将一本厚重的名著精彩纷呈、妙趣横生地展现在学生面前，于无形中激发学生阅读名著的兴趣。又如，教师可以把《海底两万里》中“勇斗鲨鱼”“被土人围攻”“章鱼袭击”等险情制作成微课，学生饶有兴致之余，可以迅速把握尼摩船长的形象特征：遇事头脑冷静、沉着机智、英勇顽强、不畏艰险。

（二）促进学习

微课作为一种新型的教学模式和学习方式，不仅打破了初中语文课堂教学的时空限制，创设了更为客观真实的教学情境，大大节约了教学时间，而且更加有效地促进了学生的学习，有利于学生对知识的消化。例如，在把握《骆驼祥子》中主人公祥子这一形象时，可以展现“三起三落”的文字和相对应的电影片段，引导学生进行讨论。关于祥子悲剧的原因有以下四种观点：其一，祥子自身的性格局限造成了命运的悲剧；其二，万恶的社会把祥子推向了悲剧的深渊；其三，善于玩弄心计、粗俗市侩、好逸恶劳的虎妞成为祥子悲剧命运的促成人物；其四，善良、要强、勤俭的小福子的自杀，使祥子彻底走进了生命的死胡同。你赞成哪种观点？请谈谈你的理由。学生各抒己见，从而加深了对祥子这一形象的理解：老实、健壮、坚忍的祥子经历了三起三落后，变得麻木、潦倒、狡猾、好占便宜，甚至成为自甘堕落的行尸走肉。而作品的主题也显而易见：当时的社会是一个“人吃人”的社会，它不让好人有出路。

二、在名著导读中应用微课的形式

（一）制作档案

阅读名著时，我们要知人论世。例如，在进行《朝花夕拾》这部名著的导读时，对于作者鲁迅这位重要作家，学生还是有些了解的，所以教师可以先让学生对鲁迅进行介绍，然后以微课的形式进行补充：《朝花夕拾》是鲁迅所写的唯一一部回忆散文集，最初以《旧事重提》为总题，后改名为《朝花夕拾》。《朝花夕拾》的“朝”是早上的意思，“夕”是晚上的意思。对《朝花夕拾》书名进行解析：早上的花晚上来捡，就是成年时回忆往事。《朝花夕拾》共收录了鲁迅先生记述他童年和青年生活片段的十篇文章，分别是《狗·猫·鼠》《阿长与〈山海经〉》《二十四孝图》《五猖会》《无常》《从百草园到三味书屋》《父亲的病》《琐记》《藤野先生》和《范爱农》。前五篇写于北京，后五篇写于厦门，是鲁迅回忆童年、少年和青年时期不同生活经历与体验的文字。它们既有温馨的回忆，又有理性的批判，充分显示了作者关注人生、关注社会改革的巨大热情。后来又加了《小引》和《后记》，基本写于1926年。当时鲁迅在北京工作，北洋军阀政府镇压进步学生，发生“三一八”惨案，鲁迅愤怒地写下了《纪念刘和珍君》而受到通缉，不得不四处躲藏，后到厦门大学任教，备受保守势力的排挤。当时的鲁迅是苦闷、愤懑的，正如《小引》中所说：“浪迹天涯，虽生之日，犹死之年。”于是便想起了往事。

而至于这部散文集为什么取名为《朝花夕拾》，教师可再用另一个微课进行展现：《朝花夕拾》原名《旧事重提》，1926年发表于《莽原》半月刊。鲁迅在《朝花夕拾·小引》中说：“带露折花，色香自然要好得多，但是我不能够。”作者所经历过的旧事，像花瓣一样散落在土壤上，现在把这些“花瓣”捡拾起来，这不就是像早晨的落花，到了傍晚才去把它拾取起来吗？故名为《朝花夕拾》。通过两个微课的展现，学生不但了解了相关的文学常识，而且也加深了对名著的印象，对以后学习《朝花夕拾》中的作品——《阿长与〈山海经〉》《从百草园到三味书屋》等起到导向的作用。

（二）品析人物

阅读时，学生大都只关注情节，把故事看完就算完事。其实，除情节之外，学生阅读名著时更要关注人物、欣赏人物、品味人物、评析人物，将人物作为名著阅读的突破口，因为人物是构成情节的重要因素，小说中的情节是以人物为中心开展的，人物的语言、动作、心理等构成了名著的主体。人物的喜怒哀乐、一言一行、性格命运揭示了作品深刻的主题，也往往深深地抓住了读者的心，吸引读者深入其中，与人物同命运、共呼吸。因此，抓住了人物，就抓住了名著的关键。关注名著实际上也必然会关注塑造人物所运用的一系列方法，如外貌、语言、神态、动作、心理、环境等的描写。人物的性格不是单一的，一千个读者就有一千个哈姆雷特，要从不同的角度给予评价，与之相关的许多问题也就迎刃而解了。如在阅读名著《城南旧事》时，中学生对“厚嘴唇青年是好人还是坏人”这一问题争论不休。为了让学生碰撞出思维的火花，教师可用微课展现以下这个片段："'小英子，你说我是好人？坏人？嗯？''好人，坏人，这是我最没有办法分清楚的事，怎么他也来问我呢？'我摇摇头。'不是好人？'他瞪起眼，指着自己的鼻子。我还是摇摇头。'不是坏人？'他笑了，眼泪从眼屎后面流出来。'我不懂什么好人，坏人，人太多了，很难分。'"

教师在学生互动后进行小结：他爱护弟弟，立志培养弟弟成材，为人和善，身上有善良的一面；他败光了家产，不得以做了贼，又有着不光彩的一面。所谓"仁者见仁，智者见者"大概就是这样，即无论评价一个人还是一件事，站在不同的角度去看结果也不同。

（三）巧用勾连

所谓勾连，是指在教学过程中，教师调动学生积极思维并运用联想的规律进行相近、相似、相反等多种思考以学习新知识的方法。在进行名著阅读时，我们会发现同一个人物会在不同篇目或不同篇章出现，这时可以进行知识勾连，从而引导学生从整体上把握人物形象，提升学生语文知识的整体认知水平。在阅读《朝花夕拾》这部名著时，我们不难发现"长妈妈"是鲁迅回忆中重要的人物之一，那么在这部名著里有哪些提到"长妈妈"的文章？我们又对长妈妈有怎样新的认识呢？微课可以显示不同篇目涉及"长妈妈"的语段。如，《二十四孝图》："那里面的故事，似乎是谁都知道；便是不识字的人，例如阿长，也只要一看图画便能够滔滔地讲出这一段的事迹。"《五猖会》："母亲、工人、长妈妈即阿长，都无法营救，只默默地静候着我读熟，而且背出来。"《阿长与〈山海经〉》："长妈妈，已经说过，是一个一向带领着我的女工，说得阔气一点，就是我的保姆。"《从百草园到三味书屋》："长妈妈曾经讲给我一个故事听；先前，有一个读书人住在古庙里用功，晚间，在院子里纳凉的时候，突然听到有人在叫他。"《狗·猫·鼠》："长妈妈，一个一向带领着我的女工，也许是以为我等得太苦了罢，轻轻地来告诉我一句话。这即刻使我愤怒而且悲哀，决心和猫们为敌……被她一脚踏死了。"经过知识勾连后，学生就会对长妈妈这个人物有更完整、更深刻的了解——一位愚昧麻木、爱管闲事、朴实善良、勤劳能干、关心儿童的劳动妇女。

（四）拓展延伸

《骆驼祥子》是老舍的代表作之一。为了让学生能深挖作品的主题，引起学生更深层次的思考，教师可制作以下微课视频。

假设在今天，有像祥子一样的人物，从农村来到城市，梦想着靠自己个人的努力寻求安稳的生活。

1. 我们会怎样对待他的奋斗？

2. 应当如何引导他们对社会生活产生更为深刻的认知？

3. 对于个人和集体的关系，我们能从《骆驼祥子》中得到什么启示？

教师小结：明代于谦在其《观书》中这样写道："活水源流随处满，东风花柳逐时新。"通过分析高妈和祥子这两个人物的形象以及对祥子命运悲剧的探讨，大家对上述三个问题一定有自己新的看法和见解。下面就请大家选取一个角度来对《骆驼祥子》这部小说进行一个简单的评析，写成500字左右的小论文。

三、在名著导读中应用微课的策略

（一）精选品味点、生长点

王荣生教授曾说过："当前最迫切的工作，可能应将突破口由对资源材料和教学法的依赖转到对语文课程与教学内容研制的注重上。"特级教师张晨晖也曾说过："书不读三四遍，绝不允许下手制作微课。"因此，教师在制作名著阅读微课时，必须对每部名著的品味点、生长点进行精挑细选，或是选择学生感兴趣的知识点，如对《海底两万里》中"潜水艇"相关知识的交流：①潜水艇是怎样完成上浮和下潜的？②潜水艇是依靠什么作为动力的？③最早发明潜水艇的人是谁？或是选择学生有争议的知识点，如在《西游记》中设计"取经路上该不该把猪八戒除名？"的辩论赛，从而引出对猪八戒这一人物形象的分析。微课视频播放"高老庄收八戒""八戒大战流沙河"等故事情节，可以让学生更全面地认识猪八戒这个人物形象。同时，教师应提示学生关于人物评价的原则：全面、辩证、一分为二、客观、公正、实事求是、学会欣赏别人、不能以偏概全、不能一叶障目。尔后，学生终于明白到取经路上的确少不了猪八戒这个角色。最后，教师进行总结：猪八戒的确很丑，不仅长得丑，还净做一些丑事，但正因为如此，我们才觉得他很有意思，他同样给我们带来了美的享受，正因为他的"丑"才增强了作品的幽默感和真实感，在艺术上才"美"起来。又或是选择学生有困惑、难以理解的知识点，如屠格涅夫的《蔚蓝的王国》就有不少环境描写的优美句子可以让学生进行品味："周围的一切：天空、海洋、微微飘动的风帆、船尾潺潺的流水——所有的一切都在倾诉着爱情，倾诉着无比幸福的爱情。"问题呈现：连续写天空、海洋、风帆、水流等没有生命的物来倾诉，而且要连续倾诉两遍，这样写有什么作用？学生回答后，教师进行评价并补充：作者连续写天空、海洋、风帆、潺潺流水等一些没有生命的物来表达爱情，并通过运用拟人的手法生动形象地表现了大海的可爱，充满了青春的魅力，带给人们无限的快乐和幸福，也表现了作者对大海的热爱和陶醉。由此可见，经典名著的价值在于典范的语言，它可以给予学生心灵的滋养。

（二）精选时间

在名著导读课上，教师可以在课前利用微课营造一种教学情境，愉悦氛围，吸引学生的注意力。例如，在进行《傅雷家书》名著导读前，教师可以录制一个“如何正确阅读《傅雷家书》”的课前视频，通过对相关内容的介绍，提出思考内容，解答疑惑之处，引导学生了解名著，拉近学生与名著的距离。

也可以在教学过程中利用微课进行教学内容重点、难点的突破。例如，在进行《钢铁是怎样炼成的》名著导读，解读“保尔对生命的态度是怎样的”这一问题时，教师可在微课中穿插史铁生的《秋天的怀念》：“又是秋天……我俩在一块，要好好儿活……”使学生了解到史铁生在困苦中战胜自己，在苦难中依然活下去的那种坚韧不拔的生命态度。小思的《蝉》：“那本来的生活历程就是这样。它为了生命的延续，必须好好的活着。”使学生通过蝉领悟到生命的意义。尔后，展现雷锋的语录：“人的生命是有限的，可是，为人民服务是无限的，我要把有限的生命，投入到无限的为人民服务之中去。”使学生懂得珍爱自己的生命，让自己的生命活得有价值。然后，引用顾炎武的《日知录·正始》：“天下兴亡，匹夫有责。”意即每一个老百姓都有义不容辞为国效力的责任。接着，展现新冠肺炎疫情期间最美逆行者的一些图片，盛赞最美逆行者不惜牺牲自己的生命去守护百姓安危的大无畏精神。之后，聆听冰心《谈生命》的音频，通过生气盎然的生命画面，抑扬顿挫的朗读声，使学生领悟到生命的真谛。课中内容如此丰富，从古到今，从文本到现实，可使学生从各个方面理解“生命”的内涵，认识到生命的意义。最后，教师小结：我们从保尔身上读懂了生命，即奉献让生命更精彩；生命不息，奋战不止；活下去更需要勇气。教师可让学生声情并茂地齐声朗读这三句话并将其摘抄积累，在升华文章主题之余，也达到了对学生进行德育教育的目的。

还可以在课程结束前利用微课进行拓展延伸，以拓宽学生视野，便于学生对知识的积累。父亲是小说中常见的形象，在我们初中阶段读过的名著中，亦有很多经典的父亲形象令人印象深刻。如进行《儒林外史》名著导读时，对匡超人之父匡太公这一形象分析之际，可联系《朝花夕拾》中“我”的父亲、《傅雷家书》中的傅雷进行比较，我们不难发现，这三位父亲既有共性，也有个性。《儒林外史》中匡超人之父匡太公——严于律己、以身作则、正直刚正、有气节、教子有方；《朝花夕拾》中“我”的父亲——严厉、迂腐、慈爱；《傅雷家书》中傅雷——教子有方、爱子情深、严格。最后，教师可以让学生谈谈自己父亲的形象，对学生进行亲情教育。

（三）精选微课

微课的特点是时间短、内容精、重点突出，它的主要功能是教师对重点知识或难点知识的再细化讲解。因为教师要在有限的40分钟内完成教学任务，所以微课的内容必须精益求精，力求在最有限的时间内完成最有效果的展示。微课是课堂教学的补充，我们可以取其精华，让它更好地服务于教学。因此，制作微课宜精不宜多。

在新一轮基础教育课程改革的背景下，作为一种新型的教学方法，名著阅读微课资源开发与应用改变了人们对教学的传统认识，有效弥补了传统教学的不足，不仅激发了学生阅读名著的兴趣，而且极大地提高了教学的效率，拓展了课堂的深度和广度，这无疑给传统的名著阅读教学注入了新鲜的血液。

参考文献

[1] 义务教育语文课程标准［S］. 北京：北京师范大学出版社，2012.

基于智慧教室的初中英语“以读促写”教学课例分析

广州市花都区新华街培新学校　郑素娟

一、问题的提出

随着社会对英语人才综合能力要求的不断提高，英语考试也越来越注重考查学生的语言综合运用能力。其中，阅读和写作能力是体现学生英语综合能力的重要组成部分，二者密不可分。阅读是学生获取信息的重要途径，是将语言资料输入大脑的过程；写作是学生内化吸收所获取的信息之后，将语言信息输出再现的过程。写作以阅读为基础，阅读质量的高低直接影响着写作能力的提高。由于缺乏科学、系统的指导，很多学生的写作水平不尽人意，有些甚至直接放弃了写作，导致零分作文屡屡出现。针对这一现象，国内外学者对如何通过阅读来优化提高学生英语写作能力做了大量的研究。Krashen（1985）的“输入假说”理论认为，接触大量可理解的、有趣的、关联性强的目的语是决定外语习得的关键。Widdowson（1978）认为，语言学习者应该通过写作来提高阅读技巧，并通过阅读来学习写作的技巧，提倡将阅读和写作进行有机结合。清华大学杨永林（2010）教授提出“以读促写，以写促读”的新方法，强调注重学生阅读真实文本的体验过程和师生真实互动的写作过程。刘烨（2007）采用实验研究的方法证明“以读促写”在高中英语写作教学中具有实际意义。

虽然国内外学者对阅读和写作的相互促进关系进行了大量有效的研究，先后提出了“以读促写”的教学模式，将阅读和写作巧妙地结合在一起，但是，由于传统课堂的限制，该教学模式往往因为耗时长、反馈慢、互动少而未能得到有效推广。

然而，智慧教室可以突破这个限制，为实现高效、即时、互动的“以读促写”教学模式提供条件。智慧教室是指配备了智能教学辅助设备与互联网通信的教室环境，它可以为课堂提供即时、多维、高效的交流和反馈，达到以学定教、师生互动、生生交流、组内互帮互助、合作探究、共同进步的目的。

接下来，笔者将以广州英语（上海牛津版）七年级下册 Uuit 4 Save the trees 中的第5个课时为例，探讨如何借助智慧教室的优势实施基于“以读促写”理念设计的读写课。

二、基于智慧教室的“以读促写”教学课例分析

（一）教材和教学设想分析

“以读促写”的读写课要求以学生现有的认知水平和心理特征为起点，以学生的发展为旨归，以“语言活动”（文本输入→知识内化→写作输出→互动评价）为课堂流程，通过学生与阅读文本对话、生生交流、师生互动等多种方式，主动地经历“语言活动”的全过程，愉快地促进综合语言能力的发展（哈默，2011）。

本课例的教学内容是广州英语（上海牛津版）七年级下册 Unit 4 Save the trees 中的第5个课时，是一节基于“以读促写”理念设计，借助智慧教室，建构在过程性写作框架下的读写课。本节课的重点在于指导学生通过阅读相关话题的篇章（Protect trees），提炼篇章的结构特点、段落发展、词汇、句型和句式，为后期写作提供语言图示。然后让学生通过小组讨论交流、制作思维导图的方式收集关于“What can we do to protect trees?”的答案，锻炼学生的思维能力，为后期写作奠定内容图示的基础。总体教学设想如下。

导入环节：运用智慧教室互动电子白板的聚焦功能，让学生自由发言，大胆猜测图片的内容，以引起学生的注意并迅速导入话题。

文本输入：学生在规定时间内（计时器功能）自主阅读文章“Protect trees”，并完成相应的练习，最后以书面问答模式输入答案。笔者则利用书面问答模式的知识点施测雷达图即时了解学生的作答情况，然后针对学生的薄弱之处进行难点突破。

知识内化：借助智慧教室互动电子白板的批注笔功能，学生上台归纳文章的结构特点，总结关于保护树木的词汇和句型，为后期写作建构语言图示。

语言输出：学生以6人小组为单位，制作思维导图，探究收集保护树木的措施。笔者首先通过手机 HiTA 软件上传每个小组的作品，让学生进行观摩；接着，利用智慧教室的挑人功能，随机抽取一个小组进行展示；最后，利用 IRS 抢权功能，让其他小组进行即时反馈补充，实现人人互动，并为后期写作建构内容图示。学生在获取大量的有关保护树木的语言和内容信息之后，以“How to protect trees”为题，写一篇不少于80词的文章。

互动评价：首先，学生根据评分标准，自行修正自己的作文；然后，学生进行组内交流互评；接着，利用智慧教室的 IRS 抢权功能，挑选个别学生上台，从内容准确性和连贯性的角度评价组员的作文；最后，学生运用 IRS 即问即答功能进行投

票，选出他们心目中的最佳展示者。

（二）教学过程及评述

Step 1　Lead-in

1. 教学过程。互动电子白板上出现一幅有关树木的图片，笔者提前采用智慧教室聚焦的功能，遮挡住大部分图片，然后提问："There is a picture on the screen. Can you guess what it is?"笔者一边移动聚光灯，一边鼓励学生大胆猜测图片的内容，自由发言，然后导入话题"Save the trees"。接着，电子白板呈现第二个问题："What do you know about trees?"鼓励学生根据自己的实际经验回答。同时，笔者利用批注笔和计分板在电子白板上进行记录，激活学生的背景知识，活跃课堂气氛。

2. 评述。①本环节借助智慧教室的聚焦功能，让学生大胆猜测图片的内容，不仅缓解了学生紧张的情绪，而且提升了学生的专注力和学习兴趣，让他们尽快投入学习当中。②第二个问题和学生已有的知识相契合，激发了学生极大的兴趣和表达欲望。笔者借助智慧教室的批注笔功能，在电子白板上记录学生的观点，激活了学生的背景知识，为后续的文本阅读输入做好了情感和知识铺垫。此外，笔者还利用计分板，将学生抽象的课堂表现进行具体的小组量化评价，激发了学生的学习积极性和集体荣誉感。

Step 2　While-reading

活动一：在规定时间内阅读有关保护树木的文章，并完成相应的练习，然后以书面问答模式输入答案。

1. 教学过程。互动电子白板上呈现阅读规则（见图1），学生在规定时间内快速阅读文本，完成相应的练习（见图2），然后借助智慧教室的书面问答模式输入答案。笔者则利用书面问答模式的知识点施测雷达图即时了解学生的作答情况（见图3），然后针对学生的薄弱之处进行难点突破。

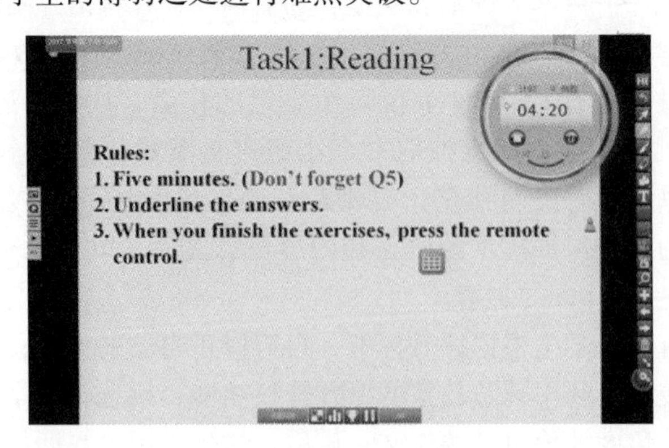

图1　呈现阅读规则

(　　) ①According to the passage, trees are important to us in ________ ways.
A. two　　B. three　　C. four　　D. five
(　　) ②According to the passage, the forests CANNOT ________.
A. make medicines　　B. protect the Sun　　C. protect the Earth　　D. protect the sea
(　　) ③What will happen if we destroy the forests?
A. Only the trees will disappear　　B. The weather will be cold and wet.
C. All the animals will die at once　　D. The animals in the forests will lose their home.
(　　) ④To save the trees, we should ________.
A. stop cutting trees to make things we need.　　B. not eat the fruit from trees.
C. not go into the forests.　　D. use less paper.

图 2　阅读练习

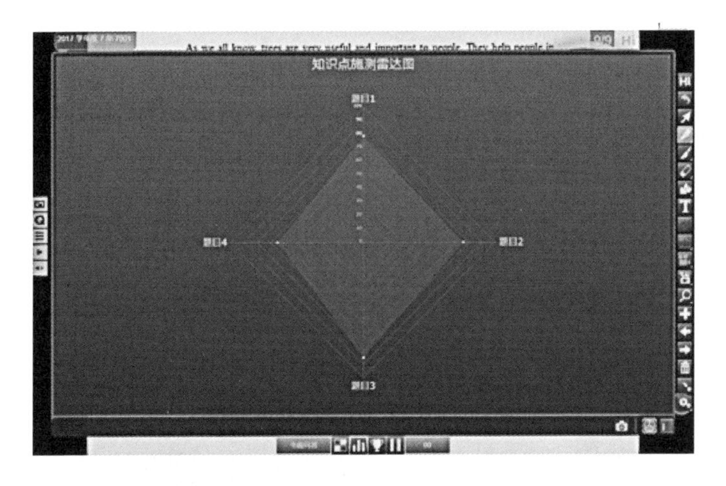

图 3　书面问答模式的知识点施测雷达图

2. 评述。①在引入环节，笔者已经为学生的阅读输入做好情感和知识铺垫。本环节利用学生迫切想要获取信息的心理特点，引导他们在规定的时间内迅速、主动地进行文本阅读，并完成相应的练习。练习的设计涵盖了树木的作用和保护树木的措施，可让学生的主体性从认知和情感等维度得到充分体现。②借助智慧教室的书面问答模式生成知识点施测雷达图，笔者可以即时了解学生的作答情况，然后针对学生的薄弱之处进行有的放矢的重难点突破。同时，笔者还可以点击书面问答模式的奖杯图标（见图 4），进一步了解每位学生的做题情况，从而达到以学定教、提高课堂实效性的目的。

图4　书面问答模式的奖杯

活动二：学生再次阅读文本，归纳文章的结构特点，总结关于保护树木的词汇和句型。

1. 教学过程。学生再读文本，归纳出文章的结构特点、时态特征、词汇和句型，并划出自己欣赏的句子。然后，教师借助智慧教室互动电子白板的批注笔功能，邀请个别学生上台进行分享（见图5）。

图5　学生上台分享

2. 评述。①本环节要求学生提取文章的结构特点、时态特征和好词好句，使学生在阅读的过程中感知、提取和运用词块，从而实现知识素材的积累和获取，为实现语言知识的内化提供重要条件，并为后期的写作构建语言图示。②借助智慧教室的批注笔功能，学生可以快速地在电子白板上进行书写、涂改和标注。同时，在其书写的过程中，笔者和其他学生也能同步关注和参与，以提高信息交流反馈的实效，这样既实现了课堂民主，也实现了课堂的多维互动。

Step 3　Post-reading

1. 教学过程。学生以6人小组为单位，制作思维导图，探究收集更多保护树木的措施。首先，笔者通过手机HiTA软件上传每个小组的作品，全班观摩学习（见图6）；接着，利用智慧教室的挑人功能，随机抽取一个小组进行展示；最后，利用IRS抢权功能（见图7），让其他小组进行即时反馈补充，从而实现人人互动、信息交流，为后期写作建构内容图示。

图6　全班观摩学习

图7　IRS抢权功能

2. 评述。①该环节要求学生以6人小组为单位制作一份思维导图，从而收集更多保护树木的措施。小组合作的方式，有利于扩散学生的思维，让学生在合作分工的过程中碰撞出更多灵感的火花，为后期的写作建构内容图示。②在传统的教室环境中，教师的反馈、纠正和答疑只能针对一小部分学生，导致大部分学生对知识点甚至易错点印象不深刻。而借助智慧教室软件支持，全体学生可以通过手持终端连接教师终端，师生可以实时获取课堂生成资源，教师因而得以全面、实时地了解每一位学生的学习状态，并且有的放矢地解决问题。在本课例中，学生以小组为单位完成思维导图之后，通过手机HiTA软件上传每个小组的作品，全班进行成果观摩学习。接着，教师可以利用智慧教室的挑人功能，随机从班里抽取一个“幸运小组”进行成果展示，既体现了教育的公平性，也给“幸运小组”带来愉快的情感体验。最后，利用IRS抢权功能，让其他小组进行即时反馈补充，从而实现生生互动、师生互动，强化学习效果，提高课堂效率。

Step 4　While-writing

1. 教学过程。学生在获取大量的有关保护树木的语言和内容信息之后，开始以“How to protect trees”为题，针对三个方面，①树木对人类和环境的贡献，②树木面临的问题，③保护树木的措施（至少2点），写一篇不少于80词的文章。

2. 评述。在多次阅读文本之后，学生对文章的结构、时态特征、句式特点和词汇构成有了一定的了解和积累。经过小组讨论交流，学生实现了语言知识的内化，为写作奠定了基础。

Step 5　Assessment

活动一：学生根据评分标准（见图 8），自行修正自己的作文，然后进行组内交流互评。

	写作评分细则	得分	批改人
内容 （4分）	紧扣话题，内容要点齐全，有适当拓展，够字数（漏一个要点扣1分，字数不够扣1分）。		
准确性 （4分）	①语句通顺，无语法错误（单复数，时态，人称等），无拼写或标点错误，得4分； ②两个错误扣 0.5分，重复错误不累计扣分。		
连贯性 （2分）	①书写工整、漂亮得1分。 ②行文流畅，结构完整（开头、中间、结尾），使用恰当的关联词和句型得1分。		
	总得分		

优点（并划出你最欣赏的句子）：________________

待改进之处：________________

图 8　作文评分标准

1. 教学过程。学生完成写作之后，首先根据评分标准，从内容、准确性和连贯性三个方面自行修正自己的作文；然后，在组内进行交流互评。在评价的过程中，学生要简单评析所评作文的优点和待改进之处，并在文中划出好词好句。

2. 评述。①学生写作后自行修正的环节往往会被省略或者忽视，然而，这是一个非常重要的环节。在对照评分标准自行修正的过程中，学生可以发现自己写作的问题所在，加深对易错点的印象，避免下次犯同样的错误。②在传统的课堂中，作文的批改修正都是教师对学生单向的评价。由于工作量过大，教师很难做到对每位学生进行一对一的面对面指导，因此，很多学生不能即时发现自己的错误，同样的错误屡犯屡错。即使教师对每篇作文都做了详细的批注，学生拿到手之后也会觉得事不关己，更不会认真阅读批注，根据老师的批注重新修改作文。在本课例中，组员之间相互修改作文，让学生成为评价的主体，能够带动学生发挥主观能动性。为了能够让自己的评价更加具有说服力，学生会对于一些不是很确定的词句进行讨论；有些同学甚至会质疑同伴的评价，双方会根据某个知识点或者句子展开讨论。这样的评价方式让学生在互评的过程中相互观察、相互学习、相互研究，不仅发挥了学生的主观能动性，让学生成为课堂评价的主体，而且加深了学生对易错点的印象，大大降低了重复出现错误的概率。

活动二：个别学生上台，从内容、优点和待改进之处评价组员的作文。

1. 教学过程。①借助智慧教室的 IRS 抢权功能，个别学生（2 名）上台，从内容、准确性、连贯性、优点和待改进之处评价组员的作文。②全班同学利用IRS即问即答功能对上台展示的同学进行投票，选出心目中最好的展示者（见图9）。

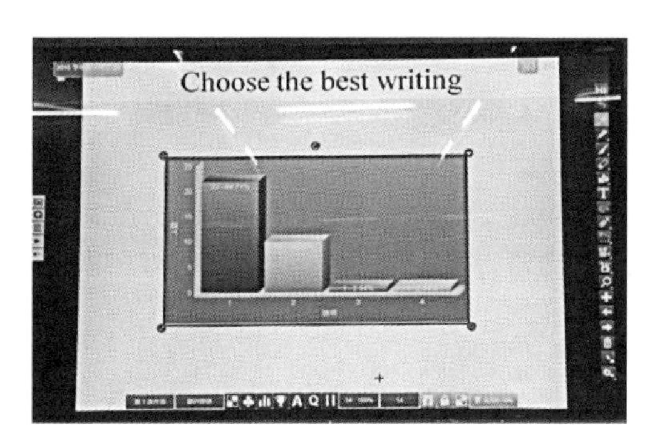

图9　投票选出最佳展示者

2. 评述。①该环节是学生互评环节的检验和延伸。通过这一环节，笔者可以了解到学生对写作要求的掌握情况。同时，这种生生互动的方式，可以为学生提供优秀的作文批改范例，使学生明白如何去批改、修正作文。②借助智慧教室的抢权和投票功能，可以让学生得到展示和评价的机会，契合学生“喜欢展示自己”的心理，不仅可以增强学生自信心，还可以提高学生对课堂的专注度和兴趣。

活动三：课堂总结评价。

1. 教学过程。笔者根据互动电子白板的计分板，对学生的课堂表现进行量化评价（见图10）。

图10　计分板量化评价学生课堂表现

2. 评述：借助互动电子白板计分板的加分功能，笔者可以以小组为单位给学生进行加减分，对学生抽象的课堂表现进行具体的小组量化评价，及时反馈评价学生的课堂行为，以此激发学生的学习积极性和集体荣誉感。

三、结束语

借助智慧教室的优势，将信息技术和英语课堂深度融合，实施“以读促写”教学，可以让学生在环环相扣的学习过程中始终保持足够的积极性和专注度，在学习任务和互动评价的驱动下主动获取信息，实现语言的内化，打造高效的英语课堂。本文仅提出了基于智慧教室的“以读促写”教学模式的初步框架，还很不成熟，有关细节和深层次的问题还需要各位同人以及专家作进一步探讨。

参考文献

[1] 哈默. 英语教学实践 [M]. 王蔷，译，北京：人民邮电出版社，2011.

[2] 刘烨. “以读促写”在高中英语写作教学中的应用研究 [J]. 基础教育外语教学研究，2007 (5)：43 – 47.

[3] 杨永林，董玉真. “以读促写，以写促读”：“体验英语”视角下的教学模式新探 [J]. 中国外语，2010 (1)：13 – 21.

[4] Widdowson H C. Teaching Language as Communication [M]. Oxford：Oxford University Press，1978.

[5] Krashen S. The Input Hypothesis [M]. London：Longman，1985.

HiTeach 互动教学系统在初中信息技术教学中的应用实践研究

广州市花都区新华街金华学校　孔园花

一、HiTeach 互动教学系统与 TEAM Model 智慧教室的关系

智慧教室是一种应用科技改善教学环境，让师生在进行教与学的活动时更能展现智慧的教室。智慧教室的环境必须具备教与学所需的软硬件系统，是指根据教师的教学需求，设置各项通信（ICT）设备，达到兼具便利（convenience）、智慧（intelligence）与效能（efficiency）的教学环境。TEAM Model 则是由中国台湾吴权威、王绪溢以及梁仁楷所带领的教学科技研发团队，历经十多年的研究开发，结合硬体、软体、网络、服务等最先进的教学科学技术精炼而成的教学专家系统模式，它提供了完整的教学与学习服务环节。而包含课堂教学服务（e-Teaching）、评量服务（e-assEssing）、诊断服务（e-diAgnosing）、补救教学服务（e-reMediation）四大 e 化工程的智慧教室，就称为 TEAM Model 智慧教室（见图 1）。

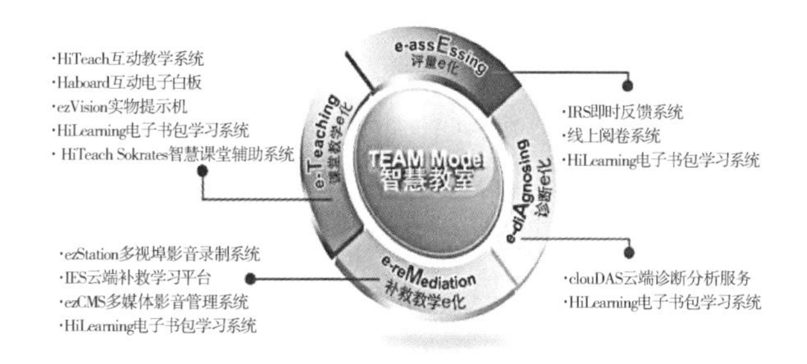

图 1　TEAM Model 智慧教室的构成

TEAM Model 智慧教室的 e-Teaching 根据 IT 辅助教学设备进教室的趋势来看，电子白板（interactive whiteboard，IWB）、实物提示机（document camera，DC）、即

时反馈系统（interactive response system，IRS）是最优先进入教室的教学辅具，很多教室也已经安装了这些设备，但是这些设备却面临教师在使用上的问题。过去每个设备都有一套独立的应用软件，教师们要学多套软件，不仅造成教师应用这些辅具的学习门槛太高，而且不同软件间也欠缺互通性与便利性。而 HiTeach 三合一教学软件则将这三项主要辅具整合在一套软件上操作，这也是 TEAM Model 智慧教室的最大特色之一。

二、HiTeach 互动教学系统的构成要素

新一代的互动电子白板（IWB）连接投影机和电脑，整合成具有触控功能的大型互动板，是一种大型的互动显示装置。投影机将电脑画面投影到白板上，使用者在白板上以手指或笔来操控电脑或书写文字。即时反馈系统（IRS）是一种让教室里全班学生即时反馈信息给教师的教学应用系统。学生每人手持一个反馈装置（遥控器），当学生根据教师的问题按下按键时，教师可以即时统计学生的回答情况，绘制统计图表，以此决定后续的教学内容、教学进度及教学方式等。实物提示机（DC），也称实物投影机，是课堂教学中最简便的教材（教学）展现工具，它可以立即抓取图书、照片、3D 实物等多种媒体材料，将高解析度信号输出到投影机、IWB 等装置中。HiTeach 系统的构成要素如图 2 所示。

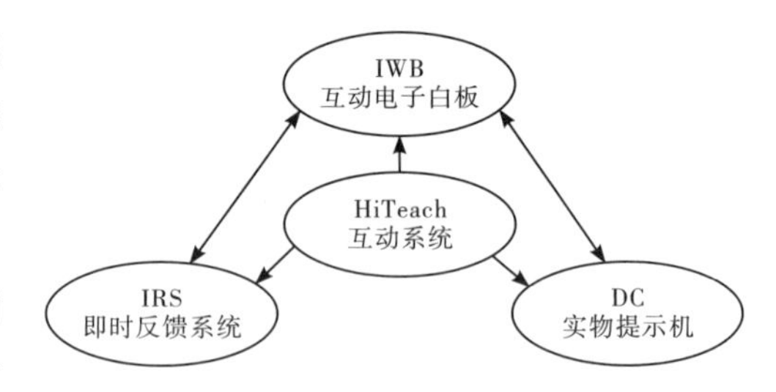

图 2　HiTeach 互动教学系统的构成

三、HiTeach 互动教学系统的价值取向

基于 HiTeach 系统，教师可以采用不同的教学方法与策略，发挥其便利、效能与智慧的价值，帮助学生更容易感受到生动、互动与主动的学习情境。也就是说，HiTeach 系统可以更容易引发学习动机，使学生能够更专注地学习，创造互动的学习情境，借以突破“教师讲，学生听”“教师问，学生答”的单一情境，并由此触发学生主动学习、合作学习的意愿，从而实现 HiTeach 系统的价值取向，即使学生形成对知识内涵的丰富认识与体验，发展与提升学生的思维水平，形成元认知意义上的学习习惯与思维方式，进而提升学习品质。另外，HiTeach 系统还可以辅助教师实现以下价值意义：对每一位学生的学习给予即时反馈，从而激发并强化学生的学习成效；运用“决策树”精致化教学决策；调整已有的教学方法与策略，发展更有效能的新的教学方法与策略；等等。

四、HiTeach 互动教学系统在信息技术学科教学中的应用成效

（一）激发学习兴趣，提高学生课堂参与度，让课堂成为大家的课堂

初中信息技术课的课时有限，内容较多，很多教师为了节省时间会采用“满堂灌”的方式来开展课堂教学，再加上信息技术学科理论知识本身就比较枯燥，这样的教学模式极大地降低了学生的学习兴趣。

在传统课堂教学中，教师更多是以“教师提问—学生回答—教师解答”的基本模式推进课堂教学。然而课堂时间有限，能够站起来回答问题的学生往往只有少数，容易导致课堂成为个别学生的课堂。这时，借助智慧教室软件中的 IRS 即时反馈系统，就可以实现针对一个提问，所有学生通过手中的遥控器同时作答，即“一问百应”的效果。它让那些平时不敢举手回答问题的学生也能参与其中，大大提高了他们的课堂参与度。此外，利用 IRS 即时反馈系统还可以在课堂内开展抢答竞赛，让学生有一种置身于益智类电视节目的感觉，从而提高学生的学习兴趣。

此外，HiTeach 系统还有投影拍照、画笔、计时器、分组加分等功能。投影和拍照功能可以将学生的作品进行多图展示，以树立学生的模范作用；画笔功能可以让学生在电子白板上板书或批改其他同学的作品，从而增强学生的主人翁意识，充分发挥学生的主体地位；计时器功能可以增强竞赛氛围，提升学生的答题速度，同时可让教师对课堂进度的把握更精准；分组加分功能可以极大地激发学生的团队意识和合作精神。这些功能的应用使得学生可以最大程度地亲身体验、互动学习、激烈讨论，极大地活跃课堂气氛，激发学生主动学习的积极性，达到知识和能力的双提升。

例如，笔者在“数学表达式与算术表达式”知识点的教学环节中，先让学生独立完成表格（见图3），然后用投影拍照功能，同时展示4个学生的表格完成情况，最后用挑人功能选出1名学生代表上台运用画笔功能在电子白板上批改所拍下来的4份表格。对做错的地方，学生代表可以直接在旁边批注改正。运用挑人功能，任何学生都有被挑中的可能，这样一来，可以一改以往学生“浑水摸鱼”应付作业的状态，大部分学生都能认真思考作答。而被挑选中的学生代表既能从改正他人错误中获得知识提升，又能体验到做“小老师”的喜悦感和成就感。

数学表达式	VB 中的算术表达式
$\frac{a+b}{c+d}$	
a^2+b^2	
$a[x+b(x+c)]$	
	a * b/c + d
	(a^2 + b^2)/(a * b)

图3 数学表达式与算术表达式间的转换

（二）即时反馈，因势利导，精确洞察学生思考状态

牛津大学互联网研究所教授维克托·迈尔－舍恩伯格在《与大数据同行》（*Learning with Big Data*）一书中曾说过，“迄今为止，我们的教育系统依然沿袭远古教育的范式，主要依靠教师的个人教学经验对课堂上学生的学习行为进行判断和制定教学决策。21世纪后，世界各国的教育改革都倡导针对学生个体差异实施个性化教学，力争做到像医学一样根据学生的学习行为大数据来调整教学策略，在课堂教学中采用基于证据的教学”。

然而在传统课堂中，教师大都是通过个别学生的举手情况或回答情况来推断全班整体对知识的掌握情况，这样的结果往往会导致教师对课堂重难点或学生对知识的掌握情况的把握产生偏差。而利用IRS即时反馈系统，学生通过手中的遥控器答题后，教师可使用HiTeach系统的图表功能准确掌握学生答题的正确率和错误率，使用翻牌功能则可以准确找到答错的学生。这样教师就可以有针对性地进行讲解和辅导，从而解决在使用传统多媒体时，教师无法精确了解学生对知识的掌握情况，而只能根据个别学生的反馈推断全班整体掌握情况的问题，并可有效地在课堂上进行师生互动。

此外，HiTeach系统还可以记录学生在课堂上的答题情况，积累学生的学习数据和学习轨迹；配合使用TEAM Model智慧教室的云端诊断服务，可以获取教学的诊断分析报告；再配合使用补救教学服务，可以为学生制订个性化的补救方案，真正做到“基于证据的教学”。例如，笔者在“print语句”知识点的教学中，有一个巩固练习的环节（见图4）。对于前三题，笔者先让学生独立思考并完成练习，然后使用挑人功能挑选学生回答，再使用IRS即时反馈系统让所有学生通过遥控器选择“他答得对还是不对（认为对按1键，认为错按2键）”；对于最后一题，则由全班学生直接通过遥控器选择答案。由于每个班的学生的能力水平都不尽相同，这个班觉得容易的题目，在其他班也许是错误率较高的题目，这样就很容易出现该讲的题目没讲的情况。而利用HiTeach系统的图表统计分析功能，笔者就可以准确把握学生对练习题目的真实思考状态，并决定是否要对该题进行分析讲解，这样就可以避免盲目猜测导致该讲解的题目没讲的情况。

1. Print "4+5" 的运算结果为（　）
2. Print 4+5 的运算结果为（　）
3. print 45 的运算结果为（　）
4. 如果变量i的值为9，则print i 的运算结果为（　）

A. 0　　B. “4+5”　　C. 45　　D. 9

图4　print 语句巩固练习题

（三）HiTeach系统让课堂小测和复习后测操作性更强、效率更高，学生对学科更重视

初中信息技术课的课时安排是每班每周一节课，由于课时量少、时间跨度大，学生对学习内容的遗忘率也高。而高遗忘率成为信息技术学科教学有效开展的最大障碍，也是造成学科教学成效低的重要原因之一。因此，在新课讲授前进行课堂小测，准确掌握学生对旧知识的掌握程度并适当复习回顾尤为重要。

初中信息技术学科一般一学期只有一次考核测试，即期末考，这也是造成学生不重视信息技术学科的一个重要原因。笔者通过实验发现，在每节新授课前进行课堂小测，并将小测成绩纳入期末考核，可以在一定程度上提升学生对学科的重视程度；学生为了顺利完成小测，大都会在上课前翻开书本快速回顾上一节课的知识内容，这也在一定程度上帮助学生复习旧知识，从而提高学科教学的成效。然而，在HiTeach系统引进之前，笔者都是通过纸质的形式，每节课利用前5分钟进行课堂小测的，但由于时间短，每次小测的题目数量和难度均有限，因此，小测的效果不甚理想。有了HiTeach系统之后，借用IRS即时反馈系统，笔者省去了分发、回收小测卷纸的时间，大大提高了课堂小测的可操作性和有效性，同时也节省了笔者批改纸质小测的时间，使笔者拥有更多的时间和精力钻研教学。同样地，笔者利用该系统大大提高了复习后测的可操作性和有效性，既提升了学科教学成效，也提高了学生对信息技术学科的重视度。

（四）采用TBL小组合作学习模式，使信息技术课小组合作更紧密，学习更高效

“小组合作学习”是新课程所倡导的学生学习知识的重要方式之一；小组合作学习因其具有使学生优势互补、形成良好人际关系，促进学生个性健全发展的优点，现在，越来越多的教师在课堂教学过程中采用这一方法。但是，要真正将小组合作学习行之有效地开展绝非易事，由于大多小组合作学习时间过长，学生并不能充分有效地利用时间，且由于授课时间有限，将各小组的合作成果在课堂上进行一一展示也会有一定难度，从而影响了学生学习的兴趣与信心。HiTeach的计时功能可以帮助教师督促小组成员进行合作学习，同时方便教师把握时间。HiTeach的TBL小组合作模式（见图5）可以让学生通过电子书包HiLearning系统的飞递或飞讯功能将本组的合作成果汇总到电子白板，教师也可以在最短的时间内完成各小组学习成果的展示。此外，HiTeach软件还具有计分板功能，对于小组合作学习表现较好者，教师可以给予“小红花”“大拇指”“小星星”等作为奖励，从而激发其

进行小组合作学习的兴趣，增强其团队合作的能力。

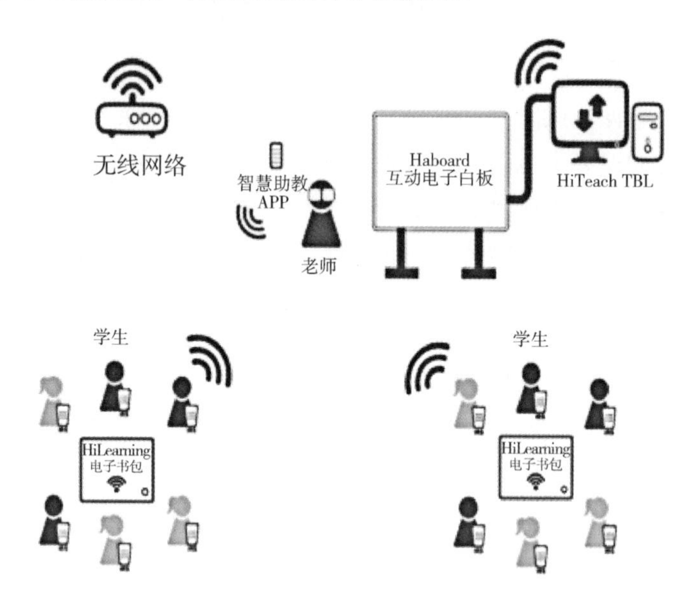

图5 TBL小组合作模式

例如，在讲解“print方法”知识点时，笔者使用计时器功能让每一个小组在规定的时间内尝试利用print语句编写代码，同时在窗体上输出“5”和“6”。这个时候，有些小组会出现不同的程序输出效果。有的小组是用一个print语句来实现同时输出（见图6），有的小组则是用两个print语句分两行输出（见图7），还有的小组虽然也是用一个print语句来实现同时输出，但用的分隔符号不同，输出效果也不同（见图8）。这时，笔者就可以让各小组使用电子书包将他们的程序代码及输出结果拍照，然后用飞递功能将照片发送到电子白板。这样既能达到展示所有小组成果的目的，又能让学生通过直观的比较分析，归纳出print语句的使用方法。

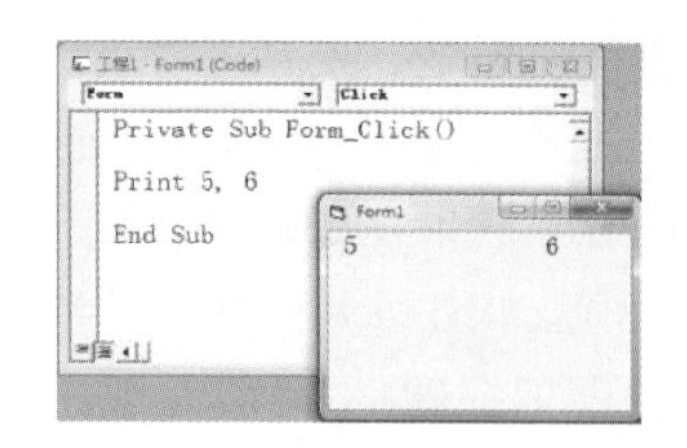

图6 用一个print语句同时输出“5”和“6”（分区格式）

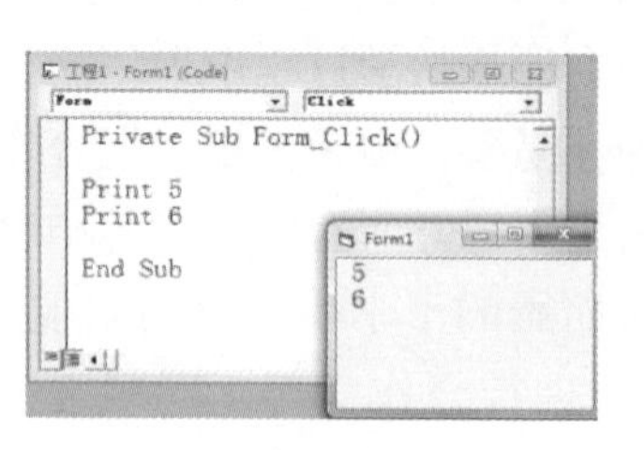

图7 用两个print语句同时输出“5”和“6”

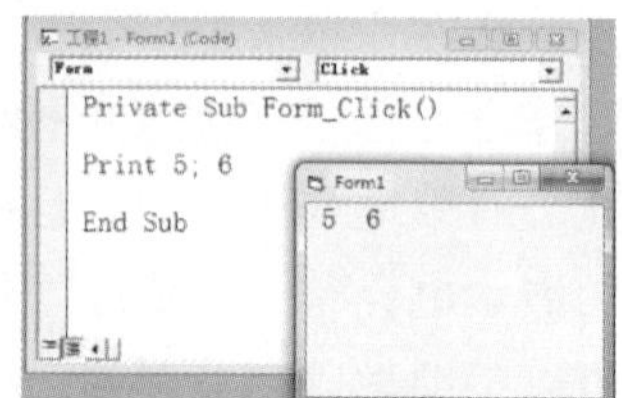

图8 用一个print语句同时输出“5”和“6”（紧凑格式）

五、结束语

HiTeach 互动教学系统在信息技术教学中的应用，可以激发学生学习信息技术的积极性，帮助学生在课堂上充分展示、交流的同时，让原本在课堂上开小差的学生无所遁形，从而使每一名学生都能在教学活动中被倾听、被关注，让原本枯燥的课堂变得生动且有效能，使学生更加重视信息技术学科。

参考文献

[1] 吴成业. 基于 HiTeach 系统的课堂互动生成模式构建 [J]. 中小学信息技术教育，2013 (3)：76 – 78.

[2] 刘艳娜. HiTeach 智慧教室在中小学课堂中的初步实践探究[J/OL]. https:// wenku. baidu. com/view/b335378aa3c7aa00b52acfc789eb172ded6399c1. html?fr = income4 – wk_ app_ search_ ctrX – search.

小学英语智慧教室初级阶段发展核心素养探讨

——运用 HiTeach 互动教学系统

广州市花都区新华街第三小学　杨泽纯

智慧课堂的概念是从智慧教育的理念衍生而来的，目前，国内外对智慧课堂的概念还没有统一的界定。华东师范大学祝智庭教授在提出智慧教育的理念时，主张借助信息技术的力量，创建具有一定智慧的（如感知、推理、辅助决策）学习时空环境，旨在促进学习者的智慧全面、协调和可持续发展。东北师范大学钟绍春教授提出，智慧课堂应以主动、轻松愉快、高质高效和提升学生智慧为根本目标。具体而言，智慧的培养应贯穿整个智慧课堂，通过经历过程、积累相应的思维经验以提升智慧，从而达到用创新思维发现问题、用智慧方式解决问题的最终目标。

如果说智慧是教育教学的本质特性，构成了教育教学的内在方面，那么，智慧教室则构成了教育教学的外在方面。智慧教室，又称未来教室、未来课堂、数字教室，是典型的智慧学习环境的物化，是多媒体和网络教室的高端形态。智慧教室是智慧课堂最明显的外显特征和最重要的判断标准。电脑、交互式电子白板及平板电脑的有效整合，构成了智慧教室的硬件条件；全网络系统、教师控制平台系统和学生学习平台系统，构成了智慧教室的软件平台。基于平板电脑开发的电子教材层出不穷，如东师理想开发的电子书包系统、“学正宝”系统、HiLearning 电子书包学习系统等。但在智慧教室初级阶段只有电子白板而没有平板电脑的情况下，如何将教师控制平台系统与我们的课堂完美结合，是我们目前迫切需要解决的问题。笔者以 HiTeach 互动教学系统为例，希望通过不断的尝试与改进，让学生的核心素养在小学英语智慧课堂中得到更好的发展。

一、随机性测评增强学习动力

在课堂教学中，评价具有重要的教育功能，它是对教学过程及结果进行价值判断并为教学决策服务的。小学阶段的学生正处于认知能力培养的关键时期，他们对这个世界存在的万事万物是以一种尚未发展成熟的认知能力来进行了解的，在学习过程中难免会存在犯错现象。为数不少的学生担心自己会在活动中出错，甚至不容许自己在别人面前犯错，认为这样会很丢脸，以致不敢积极举手回答问题或表演。而当很多孩子举手回答问题时，教师又只能自行抽取一些学生，没有被选中的学生就会容易产生失落的情绪，更甚者会认为教师有所偏袒，不再积极举手。HiTeach互动教学系统中的随机挑人功能让每一位学生都集中注意力思考问题，都有机会表达自己，为自己或小组加分。在习题讲解时，教师可运用随机挑人进行观点阐述，让学生成为点评者，提高学生参与研讨的积极性；在对话练习中运用随机挑人进行对话，既能节约选择的时间，又能将课堂的焦点大范围地移动，调节课堂氛围；在小组展示环节运用随机挑人同时挑选两个或两个以上小组进行竞赛表演，有利于增强小组凝聚力，提高学生主动学习的积极性。此外，在教学的导入、呈现、操练、巩固、展示等环节，教师都可以运用随机挑人功能，让学生在充分准备的前提下参与课堂活动，在自我评价与评价他人中积极开展有效的探索式学习，实现自身学习能力的提高。

加分板是随机挑人成效不可或缺的记录辅助，由于加分板具有可即时增减、缩放的特性，因而随机测评可以更好地以加分的形式提高学生学习的动力。普通教学黑板受空间限制，多以四大组进行加分，在一定程度上可以增强学习动力，但笔者认为还有提高的可能性。比如，通过 HiTeach 互动教学系统加分板细分成四人小组进行加分，座位毗邻更有助于学习交流，也更有助于全面地调动小组成员。也就是说，基于形成性评价的学习机制能够提升学生在移动学习环境中的学习绩效和学习兴趣。

二、可视化教学引导学习思维

现代心理语言学研究表明，学习语言的感知模式有视觉学习模式（visual learning）、听觉学习模式（auditory learning）、体验学习模式（kinesthetic learning）和动手操作学习模式（tactile learning），其中视觉学习模式是学习者运用最多的模式。罗伯特·霍恩（Robert Horn）在其著作《可视化语言》（*Visual Language*）中指出，人脑80%的功能都用于处理视觉信息。教育教学资源呈现“多元化”“多维度”趋势，除纸质教材教辅以外，还有相应的电子书、视频动画等，现代教育技术多媒体应用的日趋成熟使得小学英语课堂教学呈现日益多样的“可视化”，将丰富的教学资源与教学设计整合，即将教学的思路“可视化”。“可视化”教学不是将所有视觉信息原封不动地呈现给学生，而应该让学生自己去探索，由求知欲引发的学习将更有成效。HiTeach 互动教学系统中的遮罩功能可以最大限度地启发学生的想象力。通过全遮罩或部分遮罩，学生可以根据教师提供的线索进行主题或内容猜测，以作者的身份开发自己的设计思路。HiTeach 互动教学系统中的聚光灯功能适用于集中引导学生的关注点，屏蔽或者逐步呈现其余信息，培养学生捕捉信息的能力。比如在教授“What's your favourite day?”时呈现一周课程表，学生同时接收星期与科目信息，语言处理难度较大。这时，可以通过条形聚光灯效果浏览其中一天的课程，再将聚光灯效果缩小为圆形以考验学生的记忆力，回顾当天课程，在验证的过程中反复使用句型“We have…lesson on…”为下一步回答“Why do you like Monday/Tuesday…?”做铺垫。当视觉信息太少难以聚光捕捉时，HiTeach 互动教学系统中的截图和放大功能就成为最佳助手。截取信息以图片形式展示于电子白板上，清晰度没有降低，而放大功能可便于展示教学重难点，或引导学生独立思考寻找解决问题的办法，加深学生对知识的理解和掌握。通过 HiTeach 互动教学系统中的遮罩、聚光灯、截图和放大等功能，可实现“可视化”教学，把本来不可视的思维（思考方法和思考路径）呈现出来，使其清晰可见。教师将自己设计教学的思路“可视化”，可以帮助并引导学生在学习过程中整体感知语言，学会整理思路，用英语思考，建立起自己的思维导图。

三、反馈性工具提升学习成效

针对智慧教室初级阶段只有电子白板，学生没有平板电脑的情况，如何实时掌握孩子的学习情况是一大难点。评价手段（assessment）、教学方法（pedagogy）、技术工具（technology）是信息化环境下有效教学中不可缺少的三要素，应将三者有效融合。HiTeach 互动教学系统的上传功能需要技术工具，如果没有平板电脑则可以借由教师的手机下载 HiTA 软件连网，通过拍照上传作品的形式展示学生的学习过程与成果。其与实物投影的最大区别是，教师可以拼图的形式同时展示多个学习成果，分别单击图片即可全屏展示，在节省切换电脑与投影的时间的同时，方便教师调用加分板根据学生投票加分。比如，小组交流前置作业“What do you want to be when you grow up?”，教师此时便可随拍各组成员手抄报并上传至 HiTeach 互动教学系统，当小组上台分别展示时，背景即可马上切换为该成员的职业梦想图，使小组展示更加丰富多彩，更有吸引力。学生在通过实时图片结合小组演示有效地掌握知识点的同时，也拓展了课外知识。学习成果的展示属于静态捕捉，而智慧课堂教学则是动态的。教师可以随时捕捉学生的学习过程，如个人演讲、同桌对话、小组表演，甚至是全班学生认真做笔记的画面，在适当的时候上传至 HiTeach 互动教学系统，这既是组织或活跃课堂的方式，也可被视为另一种方式的赞赏和评价。

HiTeach 互动教学系统的最佳反馈工具非 IRS 即时反馈系统莫属。通过人手一台反馈器，可实现 HiTeach 互动教学系统的即问即答功能，并实时做出统计图。这种随机检测可帮助教师更好地了解每一个学生，正确、科学地掌握学生的学习情况，根据随机抽中答对的概率判断知识点的习得率。同一道题在二次作答时还可呈现学生的学习成效，也可以采访两次作答选择不同的学生，让学生自主思考变化的原因。对仍未能有效掌握知识点的学生，系统会清楚记录下其学号，方便教师对其及时进行补救，同时也便于教师进行自我反思。IRS 选择器还可充当投票器，评选出最优作品，以激励学生，提高其学习效率与学习成就感。

“智慧课堂”的核心是培养学生“主动性的学”。它要求教师尊重、理解、信任、关怀每一位学生，促进学生的知识的自主建构，注重学生自主学习能力的发展，关注学生的个性发展，提升学生的学习力。英语学科的核心素养包括语言能力、思维品质、文化品格和学习能力四个维度。随机性测评给予每位学生运用语言的机会；互动性教学让学生在运用语言的同时进行分析、推理、判断等多元思维的活动；反馈性工具让学生在比较异同中汲取精华，尊重差异，也能更直观地感知自身学习能力的变化。信息技术正以不可抵挡的趋势影响着各阶段的教育、教学。英语智慧课堂如何能够真正地让学生的主体性得到进一步的发挥，需要英语教师有更多的智慧和更多的努力，并在实践中提升自身专业行动能力，推动自身的专业成长。

参考文献

[1] 祝智庭，贺斌. 智慧教育：教育信息化的新境界 [J]. 电化教育研究，2012 (12).

[2] 唐烨伟，庞敬文，钟绍春，等. 信息技术环境下智慧课堂构建方法及案例研究 [J]. 中国电化教育，2014 (11).

[3] 黄荣怀，胡永斌，杨俊锋，等. 智慧教室的概念及特征 [J]. 开放教育研究，2012，18 (2).

[4] 孔企平. 关于评价与教学过程有机结合的探索 [J]. 全球教育展望，2014，43 (12).

[5] 唐颖心. 小学英语智慧课堂教学中的“融错”应用 [J]. 课程教育研究，2017，47.

[6] 康红兵. 英语可视化教学设计及其特征、价值和实现路径 [J]. 中小学英语教学与研究，2014 (10).

[7] 熊频，胡小勇. 可视化思维支架：概念图研究的新视角 [J]. 信息技术教育，2005 (10).

[8] 喻萍，翟厚文. Prezi 与小学英语可视化教学初探 [J]. 疯狂英语·教学版，2016 (2).

[9] 范福兰，张屹，周平红，等. “以评促学”的信息化教学模型的构建与解析 [J]. 电化教育研究，2015 (12).

[10] 孙丽霞. 智由学而启，慧于“云”上发：“云”环境下小学英语“智慧课堂”例谈 [J]. 中国农村教育，2017 (11).

任务驱动教学法在小学品德课堂教学中的应用

——以“选出自己的当家人”一课为例

广州市花都区新雅街新雅小学　吉庆燕

任务驱动教学法是一种建立在建构主义教学理论基础上的教学法。其根本特点是“以任务为主线、教师为主导、学生为主体”，改变了以往“教师讲，学生听”“以教定学”的被动教学模式，创造了“以学定教”、学生主动参与、自主协作、探索创新的新型学习模式。目前，通过大量的教学实践发现，实施围绕任务展开学习的任务驱动式课堂教学，能为学生提供体验实践的情境和感悟问题的情境，有利于激发学生的学习兴趣，培养学生分析问题、解决问题的能力，提高学生自主学习及与他人协作的能力。

部编北师大版《道德与法治》学生用书中安排了许多如“我们共同生活的地方”“说说我们生活的社区”“社区需要我们共同参与”等学习任务，充分应用任务驱动教学法，变革品德课堂教师教与学生学的方式，打破品德课堂上教师照本宣科与学生被动接受的“教条式”教学，教师可以更多地结合学生生活和实践来设计教学、创新教学方式、创设生活情境，充分调动学生的生活经验和参与体验，提高品德课堂教学的实效性，使品德课堂真正成为学生习得良好习惯和品德养成的重要阵地，达成品德学科的课程教学目标，是每一位品德学科教师义不容辞的责任。本文以“选出自己的当家人”一课为例，从五大策略来试论任务驱动教学法在小学品德课堂教学中的应用。

一、任务驱动，激发学习热情

设计科学有效且能激发学生学习积极性的任务是任务驱动教学法的关键环节。围绕“社区需要我们共同参与”中“选出自己的当家人”需达成的教学目标（包括：①了解居委会选举在社区居民生活中的重要性；②了解居委会选举的不同方式进而了解直接选举的优越性；③养成关心社区事务、热心社区服务的态度；④初步养成社会生活中民主、平等的意识等），结合学校及学生家庭所处的社区实际，教师布置了“居委会是如何产生的”调查问卷设计、“居民对居委会有什么期待”调查问卷设计、小记者行动起来、居委会选举模拟表演、居委会宣传海报的设计与制作等任务，并在课前将标注有“每项任务需三人以上共同完成”的“任务认领表”粘贴在班级宣传栏上。十几分钟后，所有任务都被学生认领了。但教师在详细浏览认领表后，发现有几位学生没有参与到任务认领中。于是，教师重申小组合作的基本原则：团结协作、互帮互助；合理分工、取长补短；虚心学习、共同进步。教师在发挥学生长处的基础上，对任务小组进行了微调，并将还没认领任务的学生穿插到不同的任务小组中，以保证人人参与学习。这种做法的目的是，在关注学生个体不同需求、不同知识经验、不同认知水平、不同信息技能的前提下，组织分组，确保每位学生都受益，同时使特质不同的学生在执行任务的过程中能够取长补短，碰撞出思维的火花，从而实现共同进步。

二、导航路径，明确学习方向

只知道任务名称，而不知道任务路径，是难以高效完成任务的。学生认领“选出自己的当家人”的各项任务后，教师不对任务的主要意图、具体要求和内容等做明确的说明，而需要学生通过自主学习与协作探讨得出答案，在此过程中教师会进行过程性引导。首先，教师将与“居委会选举”等任务相关的文本、视频资料及网页链接等，以学习资源包的形式上传至班级主页，由学生自主下载或点击阅读进行独立思考、初步感知。然后，组织各任务小组结合资源包内容及各自已有的相关知识与技能经验，紧紧围绕“居委会选举方式种类”“直接选举的好处有哪些”等学习重点，展开积极的学习和探究，通过对比分析任务的具体环节、执行任务的方式方法及各环节的时间节点，形成初步的解决方案。在任务驱动教学过程中，教师要善于引导学生充分发挥网络平台、信息技术图片和视频等资源的作用，为学生提供必要的学习资源与学习路径，让学生在更加形象、生动的教学情境中通过自主学习发现问题、解决问题，不断加深对“居民选举方式”及“直选优越性”等学习任务的认知和理解，为更加高效和优质地完成学习任务奠定基础。

三、跟踪指导，挖掘学习资源

学生在执行任务的过程中，会遇到这样或那样的困难和疑虑，如“居委会直接选举有怎样的优越性”“居民平等和民主地参与社区事务有什么好处”等小学生难以理解的问题。这时，教师就要承担起任务指导者的角色，为学生提供必要的支持和引导。但教师不可以给学生提供现成的答案，只可以提供思路与建议。如在执行

“居委会选举模拟表演”任务时，经过前期讨论，小组已经找到了“调查居委会选举制度—调查候选人的任职资格—调查选举流程—草拟竞选发言稿”的任务路径。但在跟踪任务小组草拟竞选发言稿的过程中，教师发现三位“候选人”的发言稿大同小异，亮点不多，原来他们都是根据在网络上查询到的政府部门颁布的居委会换届选举工作的通知要求来撰写“个人优势”的。于是，教师建议他们采访社区居民，了解居民心中的好居委会工作成员都具备哪些优点及工作品质，比如关心民生、服务热情周到等，并提醒他们要善于挖掘学习资源，看看其他任务小组（如“‘居民对居委会有什么期待’调查问卷设计”小组、“小记者行动起来”小组）的一些可以共享的任务成果。在教师的引导和鼓励下，“居委会选举模拟表演”任务小组圆满地完成了任务，表演获得了大家的称赞。此外，教师还要关注学生之间的个体差异、任务的难度差异及任务小组的能力差异，因为这将导致任务完成得有快有慢，有好也有坏。对于那些任务完成得既快又好的任务小组，教师要适时引导其思考一些扩展性的问题，并将此作为附加任务布置给他们，如此便可为能力强的学生提供发挥特长的机会。在附加任务的执行过程中，教师不应给学生过多的限制，而是要让他们自由地设计与创新，从而实现因材施教。

四、成果展示，拓展深化体悟

成果展示环节是学生展示、分享学习成果的舞台，是学生对任务驱动学习体验过程中的感悟、习得的回顾与小结。成果展示前，教师应要求学生充分利用多方辅助资源，例如软件设备、社区物理空间等，将各自小组在执行“选出自己的当家人”各项任务时如何克服困难、鼎力合作、收获体验的过程呈现出来，并与其他小组分享成功经验，以此满足学生的成就感及拓展学习视角的需求。展示成果后，各任务小组将任务执行过程记录单及成果展示的 PPT、文稿、舞台表演照片或视频等上传至班级主页，用于成果共享。任务驱动教学法打破了教科书“学习结果范例”的设限，在学生心中树立起“即使任务结果不尽人意，但任务分析与执行过程中每位组员都为此付出了智慧与力量，那么整个任务就是有意义的”的意识。如此，学生参与任务的积极性和创造性将会不断得到激发和强化。

五、创新评价，提升学习能力

《道德与法治》课程标准明确提出，教师要对学生参与教学活动的情况作出评价，以激励每位学生的发展。评价时既要关注过程，又要追求多元。因此，教师在“选出自己的当家人”任务驱动的最后环节设计了评价对象及评价主体均多元的任务评价表。评价对象分别为任务小组与学生个人。其中，任务小组评价表的评价项目有“成员之间具有协作意识”“成果展示方式富有创意”“附加任务视角独特且有意义”“为其他小组提供了帮助（做到了资源或成果共享）”及“附加项目”，学生个人评价表的评价项目有“具有协作意识与奉献精神”“积极出谋划策，想法独特、有创意”“能够帮助其他同学”及“附加项目”。两份评价表的评价方式均分为自评与他评，让每位学生都成为评价的对象和主体，充分展现了促发展的教学评价意图。其中，两份评价表的评价项目均设计了“附加项目”（如：评评自己和小组成员在完成本次学习任务中表现最棒的地方；说说自己小组团队在完成本次学习任务中最成功的做法和最突出的成果；等等），其目的就是让学生个体或任务小组挖掘自身的闪光点，将评价的尺子掌握在自己手中，如调查问题设置合理、调查结果呈现清晰、舞台表现富有张力等都可以成为其展示优势、获得较高评价的“筹码”。可见，多元、创新的评价设计丰富了学生多元的学习收获。

综上所述，在小学品德课堂中应用任务驱动、导航路径、跟踪指导、成果展示与创新评价五大任务驱动教学法策略，使学生在主动学习与亲身实践中不断丰富经历、养成习惯、提升德性、学会做人、收获成就，求知欲望和学习自信不断增强，自主探究、团结协作、开拓创新的学习能力不断提升，学生学习的主动性、创造性以及品德课堂教学方式的多元性和教学实效均得到了大幅提高。

参考文献

［1］李志琴．网络环境下“任务驱动”的初中思想品德教学模式研究［D］．桂林：广西师范大学，2011．

［2］朱灿明．“任务驱动—案例引导—活动探究”：激扬德育课堂活力［J］．江苏教育，2014（8）．

［3］杨明喜，任伟，徐洪涛．任务驱动法教学组织的有效性实践［J］．亚太教育，2015（24）．

IRS 系统智慧助力初中数学课堂

——初中数学课堂应用智慧教室 IRS 系统的感悟

广州市花都区新华街金华学校　王志伟

教育信息化要求在教育过程中较全面地运用以计算机、多媒体和网络通信为基础的现代信息技术，促进教育改革，从而适应信息化社会提出的新要求，对深化教育改革、实施素质教育具有重大的意义。在教育改革的推动下，我校引入了 HiTeach 智慧教室 IRS 系统。

一、HiTeach 智慧教室 IRS 系统引入的前提

进入初中阶段后，由于学科的增加，学生负担加重，加之数学本身的学科特点及其难度的加深，学困生在数学学习上更加困难，易形成挫败感，从而失去对数学的学习兴趣。

花都区教育局大力提倡和实践教育信息化，计划借助信息力量来提升教学质量。结合本校教育实际和学生基础，以及 HiTeach 智慧教室 IRS 系统的优越特点，我校主动申请并成功获得花都区第一批 HiTeach 智慧教室试点学校的机会，希望借助信息技术，提升我校的教学质量和学生素质，促进学生适应时代发展的需要。

二、HiTeach 智慧教室 IRS 系统的简介

即时反馈系统（Interactive Response System，IRS）是透过电子载具（如个人计算机、平板电脑、手机或遥控器），让全体学生在课堂中可以实时反馈信息给老师的一种教学应用系统。IRS 即时反馈系统，是近几年来改善课堂教学质量最重要的信息应用设备之一，欧美国家和我国台湾地区已经普遍应用这项科技于课堂教学活动中。我校引入的 HiTeach 智慧教室 IRS 系统就是由我国台湾某科技公司提供硬件和技术支持，是一款基础版本的系统。该系统的基本组成部分如图 1 所示。

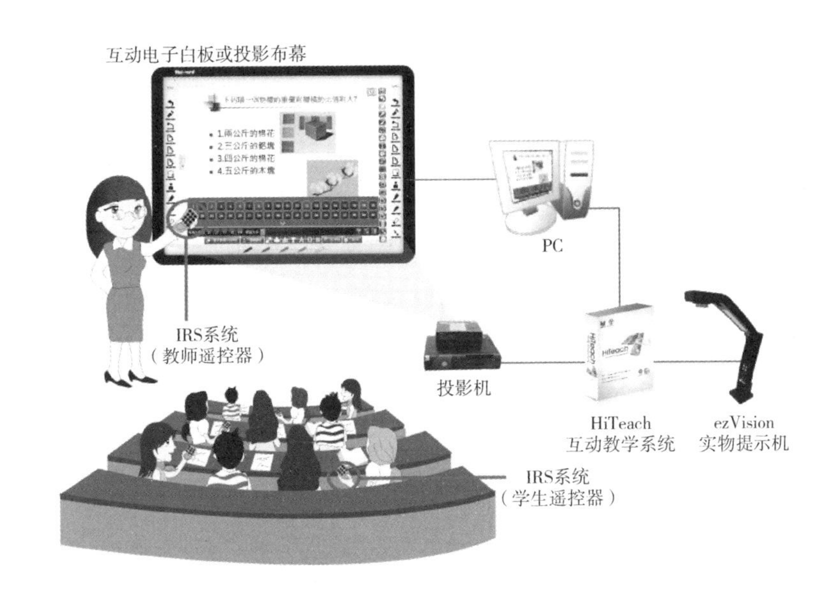

图 1　IRS 系统的基本组成部分

IRS 系统主要应用于教室课堂，学生每人手持一个反馈装置（IRS 遥控器），教师则手持专属遥控装置，加上与电脑连线的接收器，就可以在教学过程中，随时进行提问、随堂测验及其他互动式教学。它是课堂教学有效的辅助工具。即时反馈系统与电子白板、交互式一体机、实物提示机共同构成 HiTeach 智慧教室 IRS 系统。

三、HiTeach 智慧教室 IRS 系统带来的变化

在对 HiTeach 智慧教室 IRS 系统的实践和摸索过程中，笔者觉得自己已经走进了智慧教室，并渴望借助智慧教室让学生动起来，参与到课堂和讨论中，在课堂上得到知识的积累和能力的提升。下面，笔者将从“给予”的角度，谈谈 HiTeach 智慧教室 IRS 系统给自己带来的感悟，以及给数学课堂带来的变化。

1. 给予教师新的形象、新的尝试、新的视野、新的思考。智慧教室首先改变的是教师。利用智慧教室，教师的教学形式多元化、教学手段智能化，让学生感觉到教师的教学出神入化，树立了教师在学生心中的地位，提升了教师的形象。对于课堂调控，借助智慧教室，教师可以大胆开展不同形式的互动、讨论、竞赛，教师的教学思维因此得到了新的尝试。通过翻拍、统计等功能，教师可以掌控学生的作答情况，看到原本看不到的信息，从而提升了教师的洞察力，能够更加灵活地掌控课堂。对于教学内容，教师可以将图片、视频、作业等各种形式的内容直观地展示

给学生；对于几何图形，教师能根据需要随时调整，从而更简单便利地进行教学。随着课堂改革的进行以及智慧教室带给我们的强大冲击，对于今后的课堂将会变成什么样子，课堂教学的开展将会提升到哪个层次，对于教师的本身素质有哪些新的要求，这些问题都是我们无法想象的。这就使一线教师有了新的思考：如果没有赶上信息化的节奏，会不会被时代无情地抛弃？会不会阻碍课堂改革的步伐？而这些都将成为我们接下来思考和讨论的话题。

2. 给予学生最大的吸引力，提高学习的兴趣。一个小小的遥控器便能深深地吸引了学生的目光。选择环节中，学生注视着自己的答案是否正确；抢答环节中，学生你争我抢，并为自己抢到机会而自豪（见图 2）；竞赛环节中，学生每题都认真作答，最后胜出的获得荣誉，中途被淘汰的也能深刻地记住自己的错误和正确答案。这些，都是利用智慧教室开展的。通过运用智慧教室软件，学生的注意力被吸引住了，这既活跃了课堂的气氛，又提高了学生的学习兴趣。

图 2　在 IRS 系统中，教师用抢答器随机挑选学生作答

3. 给予学生参与课堂的机会，展示自身的能力。课堂是学生的，学生学到多少，掌握多少，是评价一堂课质量好坏的标准。智慧教室为学生创造了很多展示的机会。互动模式让每一位学生都参与进来，照顾到了不喜欢举手回答问题的学生；抢答环节不仅锻炼学生的反应速度，而且提升了学生的荣誉感；投影功能将学生的作品进行多图展示，以树立学生的模范作用；画笔功能请学生在白板上板书，或批改其他同学的作品，增强了学生的竞争意识，提升了其对知识的灵活掌握；计时器功能增强了竞赛的氛围，提升了学生的答题速度；分组加分功能培养了学生的团队

意识和合作精神。这些功能的运用，极大地活跃了课堂气氛，学生在这些功能的运用上，亲身参与，互动学习，激烈讨论，认真作答，从而达到了知识和能力的双提升。

4. 培养小组的规则意识，提高团队协作。引导学生使用 IRS 反馈器，可以在细节上培养学生的规则意识和团队意识。比如，作答前反馈器的摆放，或统一放在小组的中央，或放在课桌的右上角。作答时，教师发出明确的口令：请选择、请抢答、请判断、请看结果。学生能够辨别不同的指令并在规定时间内作答。在管理反馈器的过程中，每个小组都有自己的组名，并有学生专门进行反馈器的分发和保管。如此使用反馈器便能够培养学生的团队意识。

5. 营造民主的课堂气氛，打造和谐的师生关系。在应用 HiTeach 智慧教室 IRS 系统的同时，教师需要转化本身的角色，通过互动性学习，从“以讲为中心”变成了“以学生为中心”。教师走到学生中间，了解学生的情况，精确掌握学生的进度；学生均具有参与课堂的机会，对教师的提问灵活思考，积极解答。这样的氛围，激发了学生的学习动机，点燃了学生思维的火花，实现了师生间与生生间思维的互动，着力培养了学生解决问题的理性思辨和创造性思维，活跃了课堂气氛，营造了良好的师生关系。

四、HiTeach 智慧教室 IRS 系统工作开展的展望和不足

HiTeach 智慧教室 IRS 系统只是该科技公司开发的基础版本，还有 tbl 版本、pro 版本、电子书包版本、HiTA 助教等高阶产品需要我们不断进行探索。但是，IRS 系统是最基础、最庞大的系统，是所有技术的支持，只有熟练掌握了 IRS 系统，才能更好地去实践更多的技术。在接下来的工作中，笔者会继续努力探索 IRS 系统与课堂教学的融合，积极带动学校教师的学习和研讨，使其成为课堂的助力，从而推进我校的教学改革，提升我校的教学质量。同时，在熟练掌握 IRS 系统的基础上，探索更多的技术产品。

在实践中，我们也存在着很多不足的地方，需要不断去改进。如网络环境的保障不足，软硬件的维护工作不及时，学习培训和实践操作不协调，缺乏强有力的领导引领，等等。

教育信息化是一项庞大的工程，需要我们转变思想，提升理念，积极应对。只有这样，才能从根本上弥补传统课堂的不足，进而实现教育改革的有效、有益、有获。

参考文献

[1] 黄荣怀，胡永斌，杨俊锋，等. 智慧教室的概念及特征 [J]. 开放教育研究，2012 (2).

[2] 胡卫星，王洪娟. 交互式电子白板课堂教学应用研究的现状分析 [J]. 中国电化教育，2012 (5).

[3] 杨滨，任新英. 基础教育阶段交互式电子白板教学应用现状及发展研究 [J]. 电化教育研究，2014 (6).

面向中小学生核心素养的微影视创作活动现状与策略研究

广州市花都区教育服务保障中心 陈国雄

一、引言

随着新媒体技术和移动通信技术的快速发展，人类逐渐迈入了“视频时代”，以视频为核心载体的教育教学方式逐渐受到重视。2018 年 11 月 21 日，教育部、中共中央宣传部印发《教育部 中共中央宣传部关于加强中小学影视教育的指导意见》，要求各省充分发挥优秀影片在促进中小学德智体美劳全面发展中的重要作用，让中小学生在看电影、评电影、拍电影、演电影中收获体会和成长。微影视创作因具有门槛低、易传播、个性化的特点，成为落实中小学影视教育的重要方式，也成为助力学生核心素养提升的重要课外实践活动形式。同时，微影视创作活动过程对创作者的人文底蕴、技术素养、创新能力提出了较高的要求。

在上述背景下，从 2019 年开始，花都区以校园电视台作为微影视创作基地，积极推进微影视创作活动。截至 2020 年 9 月，花都区中小学校共建有 20 个校园电视台，各类学校积极推动微影视创作活动，但同时也发现了一些存在的问题。本研究试图通过调研系统梳理目前微影视创作活动中存在的问题，并总结有效的解决策略，以期更好地推进微影视创作活动。

二、微影视创作活动现状及需求调研

（一）问卷设计与基本情况分析

为深入了解广州市花都区中小学微视频创作活动的现状与需求，研究者分别针对教师和学生群体进行了问卷调查。问卷涵盖微视频创作环境、微视频创作资源、微视频创作活动以及活动效果四个方面。问卷设计完成后，通过网络发放电子问卷，共回收学生问卷 321 份、教师问卷 74 份。

（二）微影视创作活动现状及需求分析

1. 教师数据分析

（1）微影视创作设备与环境。

教师普遍认为学校支持开展微视频创作活动的设备不够齐全，占比为64.86%，认为较为齐全的占比为35.14%。进一步调查发现，教师认为开展微视频创作活动最为短缺的是“专用场室”（24.00%），其次是“稳定器”（20.00%）、“后期编辑软件”（17.00%）、“DV机”（15.50%）等，如图1所示。因此，在微影视创作设备与环境方面，学校仍需继续加强建设以更好地支持微视频创作活动。

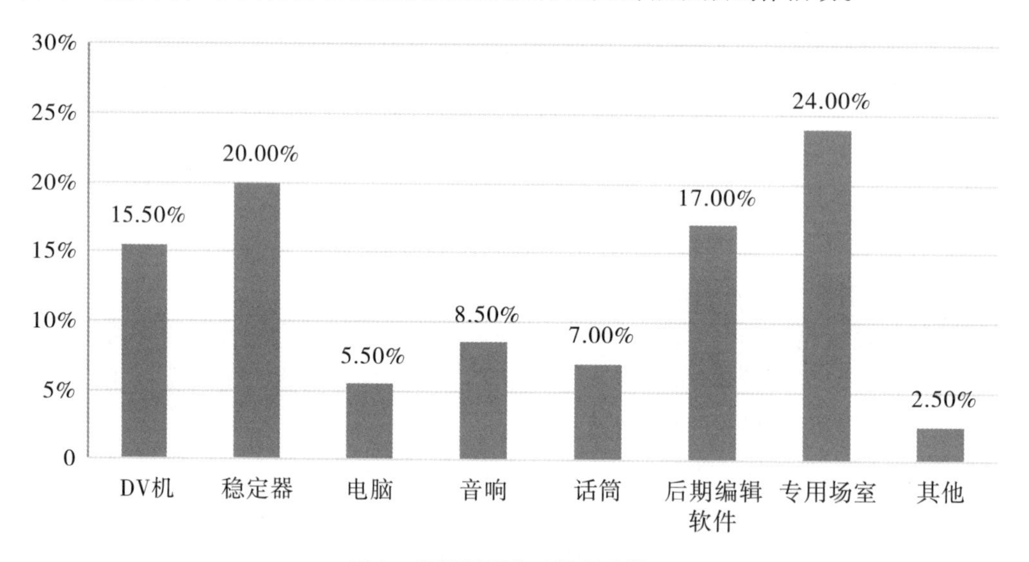

图1 微影视创作环境需求情况

在已有设备使用情况方面，如图2所示，40.54%的教师认为“设备陈旧，但还能使用，可定期维护，利用率较稳定”，认为“设备不完善，无法使用，应更新”的占比达27.03%，而认为设备齐全的占比不到30%。以上数据说明，一方面，已有设备需要进一步的维护；另一方面，部分设备需要及时更新以更好地满足当前需求。因此，为推动微视频创作活动，十分有必要进一步加强微视频创作环境建设，更新或改造已有场室，为视频创作提供稳定的物理空间，同时应加强对已有设备的定期维护、及时更新设备，为微视频创作提供良好的支撑条件。

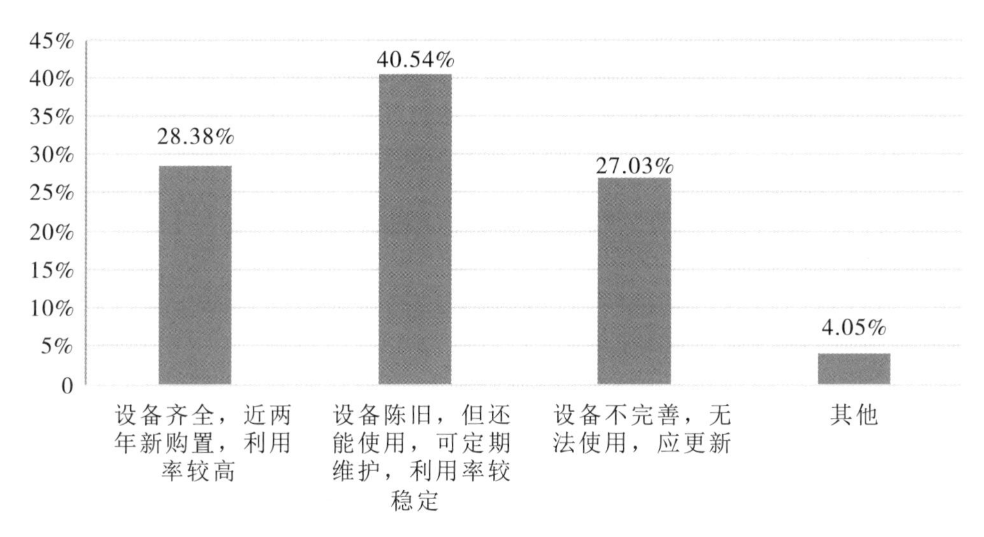

图 2　微影视创作设备与利用情况

（2）课程与活动。

校本课程或教材是支撑微影视创作的软环境。从图 3 的数据来看，50% 的学校没有计划开发校本教材，即实践中，学校在开展微影视创作活动时往往处于无教材的状态。准备或正在开发校本教材的学校占比为 33. 78%，说明有部分学校已认识到微影视校本教材的重要作用，并积极推进校本教材开发。此外，在推进校本教材开发的同时，加快开设校本课程、引入第三方课程也是当务之急。

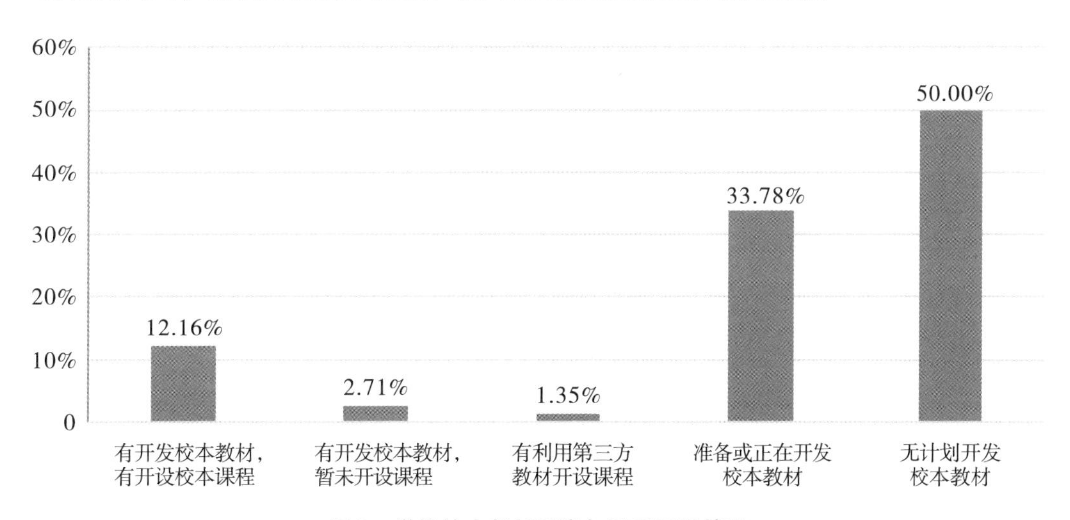

图 3　学校校本教材开发与课程开设情况

在教师参加或辅导的微影视创作活动的主题方面，如图4所示，校园文化相关作品占比最高，达到32.41%。此外，还有微电影创作（18.52%）、传承中华传统美德的微视频作品（14.81%）等，说明结合校园文化开展相关微影视创作仍然是当前的微影视创作的主流方向，而其他形式的微视频创作活动（19.45%）也同样值得关注。

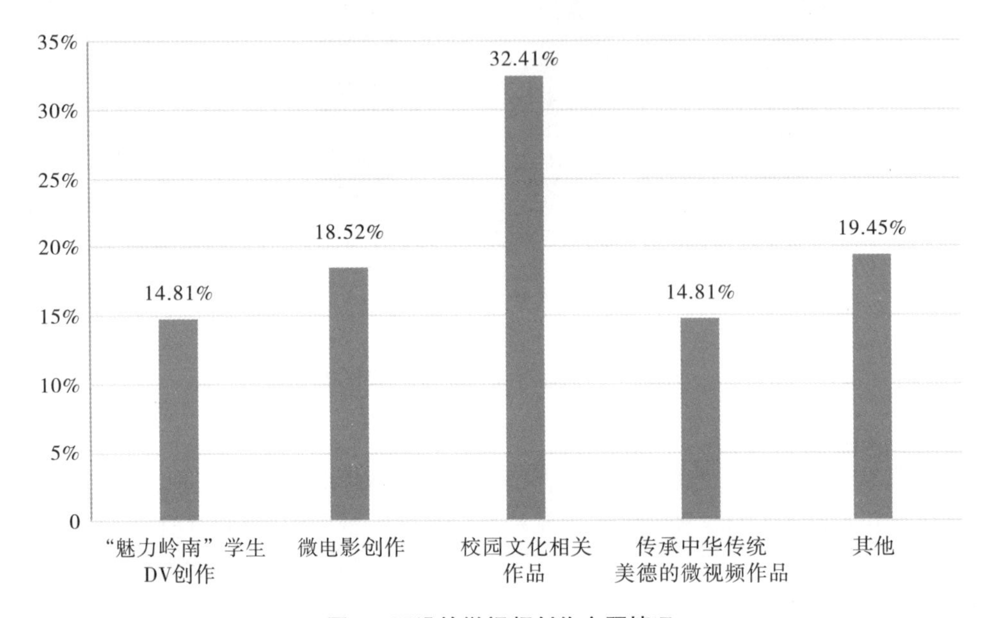

图4　开设的微视频创作主题情况

（3）效果与作用。

针对“微影视活动在培养学生核心素养中的作用”，有68.92%的教师认为作用明显。如图5所示，教师认为通过开展微影视创作活动有助于推动学生在实践中发展核心素养，特别是动手实践能力（25.69%）、创造性思维能力（25.69%）、观察能力（24.90%）、团队合作能力（23.72%）均能得到不同程度的提升。

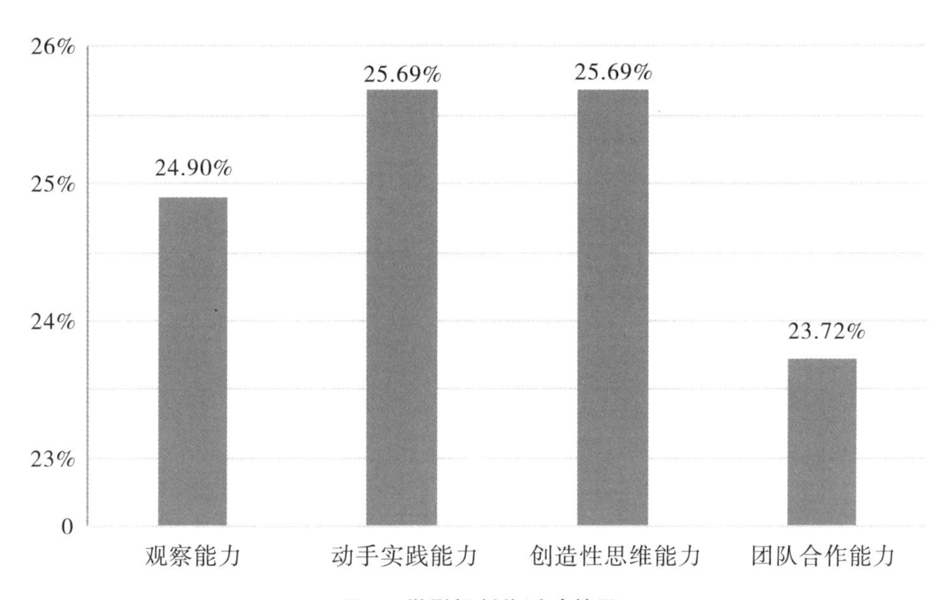

图 5　微影视创作活动效果

2. 学生数据分析

（1）微影视创作活动参与情况。

如表 1 所示，针对“是否参与过微影视作品创作”，参与过的学生占比为 58. 26%，未参与过的学生占比为 41. 74%。而选择“对微影视活动兴趣浓厚”的学生占比为 64. 17%，说明学生对微影视创作较为感兴趣，但受一些因素的限制，导致学生的参与程度并不高。在课程内容学习方面，有 59. 50% 的学生参与过相关课程内容的学习，这一点与参与过微影视作品创作的学生占比较为接近。

表 1　学生参与微影视创作活动情况

单位:%

选项	是	否
你是否参与过微影视作品创作	58. 26	41. 74
你对微影视创作活动兴趣浓厚	64. 17	35. 83
你是否学习过微影视创作相关的课程	59. 50	40. 50

（2）微影视创作主题。

在微影视创作主题方面，如图 6 所示，“青春励志”占比最高，达到 26. 01%，其次是“幽默搞笑”（23. 24%），然后是“故事改编”（19. 19%）、“亲情友情”

（17.06%）等。因此，在开展微影视创作活动时，学校可重点关注以“青春励志”以及“幽默搞笑”为主题的创作。

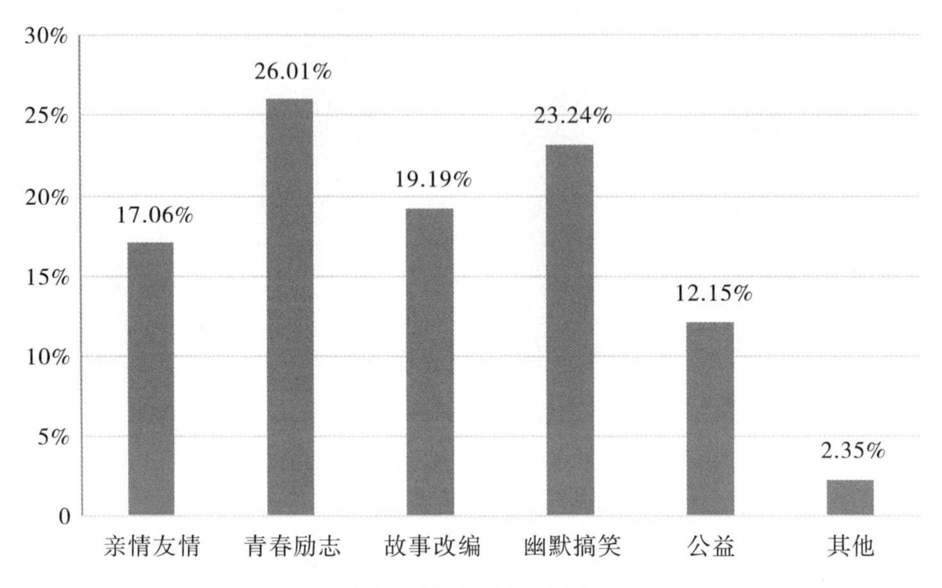

图6　微影视创作主题

在提升微影视创作能力学习方式方面，学生较普遍倾向于采用“理论学习和操作实践相结合”的学习方式，占比接近60%。其中，引导学生“观摩欣赏优秀作品”以及“操作实践”是必不可少的重要学习方式。

（3）效果与作用。

从调查结果来看，如图7所示，在参与微影视创作活动后，学生的视频剪辑加工（23.58%）、拍摄（22.35%）、项目策划（18.66%）、撰写剧本（16.42%）、表演（16.31%）等能力均有所提升。

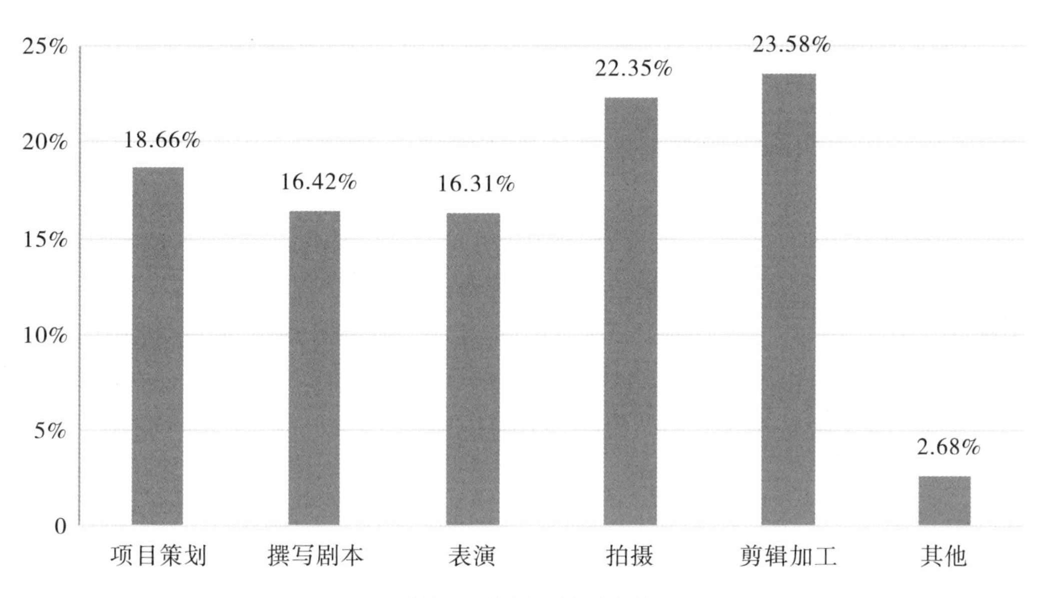

图7　学生能力发展情况

在核心素养方面，如图8所示，学生普遍认为通过参与微视频创作活动，其实践创新（20.68%）、学会学习（19.11%）、责任担当（17.02%）、人文底蕴（16.40%）等素养均得到了提升，这也说明了微影视创作活动在助力学生核心素养提升方面具有非常重要的作用和积极的意义。

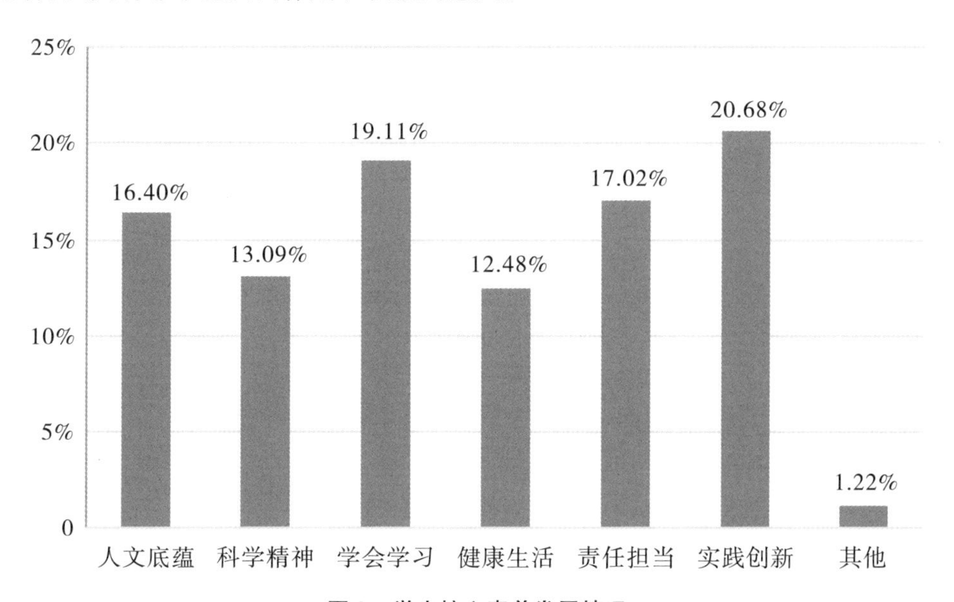

图8　学生核心素养发展情况

三、面向核心素养提升的微影视创作活动实施策略

（一）德育为先，引领微影视创作实践活动

2019年6月，中共中央、国务院颁布《关于深化教育教学改革全面提高义务教育质量的意见》。该意见指出："坚持'五育'并举，全面发展素质教育。"微影视创作活动应以立德树人为根本任务，以培养德智体美劳全面发展的社会主义建设者和接班人为最高目标，发挥微影视创作的特点和优势，实现与德育、智育、体育、美育、劳动教育的深度融合。例如，传统德育多以说教为主，学生主体地位低、参与度不高。东北师范大学刘洋教授指出："德育要以学生为主体，以实践为途径，旨在构建良好的道德品质、提高生活质量的德育理念。"推动德育与微影视创作深度融合，有助于发挥学生的主观能动性，从而提升德育效果。实践中，在老师的指导下，学生通过自编自导的小品、情景剧等形式，将镜头对准不良行为，比如，在走廊上追逐、打闹，攀爬栏杆或扶手，倒滑滑梯，随地扔饮料瓶和纸屑，等等。在制作此类关于不文明行为的微视频时，可在潜移默化中起到很好的警示作用，从而生动形象地展现文明行为习惯的重要性，让学生学会自我反思、自我管理，逐渐养成良好的文明行为习惯。再如，微影视从本质上来讲是光影和声画的艺术，在创作过程中，学生要综合运用光影、构图、声乐等方面的知识，这也是非常重要的美育过程。学生通过深度参与创作过程体会美育的魅力，可以进一步提升自身的艺术素养。

（二）多维并举，创建立体的微影视创作环境

开展微影视创作离不开创作环境的支撑。创建立体的微影视创作环境应以文化建设为引领，以硬件基础为支撑，以软件环境为抓手，助力微影视创作活动顺利开展。在文化建设方面，应以理想信念教育为核心，引导学生树立正确的世界观、人生观和价值观；以爱国主义教育为重点，深入进行弘扬和培育民族精神的教育；以基本道德规范为基础，深入进行公民道德教育。依托理想信念教育、爱国主义教育、公民道德教育打造校园文化，培养学生社会主义核心价值观，为微影视创作创建一种健康向上的文化环境。在硬件环境建设方面：第一，学校需建立微影视创作基地，为微影视创作提供平台、场所；第二，学校需引进或更新微影视创作硬件工具，包括：DV、稳定器、补光灯等拍摄设备，为微影视创作提供基础工具支撑。在软件建设方面，应重点关注提供微影视编辑、处理的软件及资源，方便学生开展影视后期制作；提供模块化、可组合的影视创作素材，丰富微影视创作形式；提供

优秀的微影视创作案例，为学生模仿和创新提供支架。

（三）协同指导，搭建“1+2”的教师指导团队

微影视创作是一项综合性很强的课外实践活动，离不开教师全方位的指导。推进学生开展微影视创作，应改变由单一教师指导的传统，组建“1+2”的指导教师团队，发挥不同教师的专长，协同推进微影视创作。“1+2”微影视创作指导教师团队，包括一位主导教师，一位内容审核教师，一位技术支持教师，三者通力协作共同服务学生的微影视创作。其中，各角色分工如下：第一，主导教师。主导教师可由学科教师担任，全程跟进微影视创作，主要负责项目的管理和组织实施微影视创作，及时为项目实施协调所需的资源。第二，内容审核教师。内容审核教师可由负责思政教育的教师担任，负责对微影视内容、主题和意识形态方面进行审核，引导学生挖掘积极向上、传递正能量的微影视主题。第三，技术支持教师。技术支持教师可由信息技术教师或学校相关技术人员担任，负责解决学生创作实践中遇到的拍摄、剪辑、表演等的技术问题，并在技术设备、场所等方面提供支持。通过建立“1+2”教师指导团队，从项目管理、内容审核、技术支持三方面提供指导，确保微影视创作活动顺利开展。

（四）能力先行，提升师生微影视创作素养与技能

微影视创作活动需要师生具备扎实的微影视创作知识、技能和素养，因此，提升师生的微影视创作技能与素养显得尤为重要。在知识层面，微影视创作涉及的影视基础知识、摄影摄像知识、后期剪辑与制作理论知识等都是微影视创作的基础；在技能层面，脚本编写、设备操作、后期剪辑等技能是微影视制作的关键；在素养方面，人文底蕴、积极的价值导向是微影视创作的核心。师生可通过多种方式提升自身的微影视创作知识。例如，依托在线课程及资源，经过二次开发建设为校本课程或资源，组织开展微影视创作共学、共研、共创；开展微影视知识竞赛，提升师生的基础理论知识；邀请行业企业技术专家进校培训，讲解微影视创作新理念、新方法。在微影视创作技能提升方面，可组织师生参观电视台或影视创作基地、观摩优秀微影视作品、开展摄影摄像大赛，通过实地参观、现场指导培训，提升师生的微影视创作技能。在微影视创作素养提升方面，可加强社会主义核心价值观宣传，加强校园文化建设，引导学生树立正确的人生观、价值观，从而创作积极、向上的微影视作品。

（五）学用并重，创新微影视创作活动形式

阅读是一项吸收知识的活动，影视创作则是一项输出知识的活动。结合阅读与

微影视创作，开展“读—创—荐”活动，不仅能丰富学生知识，还能推动学生在动脑、动手实践中发展核心素养。首先，学生自主阅读一本好书，撰写好书推荐语，编写关于书籍的微视频脚本，根据脚本进行视频录制、配音、后期视频剪辑，最后渲染合成，创作好书推荐微视频。在这个过程中，能更好地提升学生的文字书面表达能力、口头表达能力、音画审美情趣、信息意识、微视频制作能力等。然后，从师生上传的荐书视频中筛选出符合学生需求、整体制作美观、有创新点的微视频，通过校园电视台进行固定时间段展播，比如在全级每周的阅读课、文学欣赏课、选修课等进行文化宣传，通过自媒体（朋友圈、微信公众号等）进行展示与宣传，并将播放量高、评分高的作品进行展示或奖励，激发学生参与微影视创作的兴趣和积极性。

“读—创—荐”活动为学生建立了一条学习、内化和展示的路径，使学生在耳濡目染的书香环境下，参与名著经典好书阅读活动，以微影视的形式输出阶段性的阅读学习成果，并通过校园电台、新媒体等方式展示和宣传，形成了一个学习循环圈。在这种不断输入、输出的过程中，学生逐渐养成阅读习惯，学生的阅读品质和品位也将得到一定的提升。

四、小结

本文对花都区中小学微影视创作活动现状进行了调研，针对所发现的问题，从育人理念、创作环境、教师指导、素养技能、活动形式五个方面提出了解决策略。未来，本研究将采用实证方法验证上述策略的有效性，并不断修正解决策略，以期更好地推动微影视创作活动。

参考文献

[1] 中共中央　国务院关于深化教育教学改革全面提高义务教育质量的意见[EB/OL]http://www.moe.gov.cn/jyb_xxgk/moe_1777/moe_1778/201907/t20190708_389416.html.

[2] 陈烨伟，韩玮．微电影创作教学“课程思政”实施路径探索［J］．大众文艺，2020，486（12）：190－192.

[3] 娄志刚．校园微视频在大学生思想政治教育中的价值思考和实践运用［J］．黑龙江高教研究，2020，38（1）：134－137.

[4] 李鼐，梁辰．新媒体视域下的网络微视频创作探析［J］．戏剧之家，2018，267（3）：92.

[5] 孙晨，赵佳．融媒介视野下手机“微影视”创作的特征初探［J］．新媒体研究，2019，5（21）：106－107.

科技创新教育下的创客空间装备与课程建设的研究

广州市花都区花东镇杨荷小学　刘梓健

随着创客教育的不断深入，学生不再是被动的知识接受者，而是身兼“科学家”“发明家”等多重角色。创客教育所倡导的提出问题并利用自己的创造力解决问题的过程，对学生能力的培养至关重要。国内的中小学开展创客教育面临诸多挑战，如师资问题、硬件软件问题、学习空间与环境问题、教育装备问题、课程建设问题等。虽然创客课程以及创客教育的未来还存在着许多未知的领域，但有一点是可以确定的，那就是创客正在以越来越快的速度影响着教育的未来。

一、创客空间装备配置与场地需求

（一）创客空间装备的配置

“创客”一词来源于英文单词“maker”，是指出于兴趣与爱好，努力把各种创意转变为现实的人，尤其是指那些能够利用互联网将自己的各种创意转变为实际产品的人。创客空间指的是社区化运营的工作空间，在这里，有共同兴趣（通常是对电脑、机械、技术、科学、数字艺术或电子技术）的人们可以聚会、社交、展开合作。

在中小学开展创客教育，最不可缺少的就是学生们的参与。当然，创客教育也需要良好的创客空间以及其中的软件、硬件，以包括3D打印在内的各种工具和材料为基础，这些创客空间和工具与材料为学习者的动手创造奠定了坚实的基础。因此，创客空间的装备配置也是一个学校发展创客教育的基石，有了实物的支持才有发展的方向。现在，创客装备种类繁多，这就要求我们根据学校的空间需求进行配备，例如机器人设备类、3D打印类、手工创作类等，都是大多数学校可以配备的，所需场地空间也较小。创客教室可以给学生动手制作的机会，学生可以使用各类金属、木制、塑料以及电子工具进行创作，实现自己的设想。因此，3D 打印机和小型车床、焊台、万用表、机器人套件等工具应该是标配。另外，学校还要购置一些常用的模块供学生做实验使用，如 LED 模块、光敏传感器、拾音器、可变电阻等。为了提高教师的教学水平，有条件的学校还可以购买信号发生器、示波器等器材。

（二）创客空间的场地需求

根据笔者的经验，开展创客教育的场地有一百多平方米就可以满足需求，能够容纳二十名学生同时上课。实验期间以小班形式进行，除了有位置摆放各种套件和工具，还要有一个区域专门用来摆放学生的作品。另外，如进行机器人创作，就需要搭建制作区、创意制作区和作品展示区，多媒体设备是必须具备的，它可以方便学生和教师进行分享和交流。对中小学而言，创客空间的成员还要学习一些基础的创客类课程，如 3D 建模、3D 扫描和打印操作等编程入门课程，而这些课程都将用到电脑。所以总体而言，创客空间大致可分为以下五个区：学习区、测试区、器材存放区、作品展示区、3D 打印区。

二、创客课程的建设

开展创客教育，需要一套完整的教学课程纲要。在中小学开展创客教育，还应当在现有课程体系中独辟蹊径，以信息技术课程和科学、技术、工程、艺术为基础，基于 Scratch 等可视化编程工具，结合机器人教学，采取基于项目的合作学习与探究，将当前的互联网技术结合起来，立足于解决现实问题和真实问题，在合作探究和问题解决过程中鼓励学生探究和创造，将自己的创意和想法变成作品的同时，拓展学生的思维，培养学生的创造能力，让学生在这个过程中感受到快乐和成就感，培养独立思考的习惯和创新的精神。

（一）3D 打印课程

3D 打印是快速成形技术的一种，是一种以数字模型文件为基础，运用粉末状金属或塑料等可粘合材料，通过逐层打印的方式来构造物体的技术。3D 打印作为创客类的一种，其课程建设对于一些刚刚开始发展创客教育的学校是较为合适的，一方面是场地设备需求小，另一方面是比较容易开展。3D 打印创客课程基本分为认识 3D 打印机、初步熟悉建模软件、进行简单建模、进行实物打印等步骤，学校可以以社团形式进行教学。也就是说，可以在校内召集对 3D 打印感兴趣的学员组建兴趣小组进行小班授课，开设简单的 3D 理论课程，让学生对 3D 打印有全面且直观的认识。然后，使用专业的中小学建模软件——3D One，让学生动手学习设计专属于自己的3D模型，从而激发学生的学习兴趣，并通过与同学进行相互探讨、相互学习，以小部分学生带动大部分学生的形式进行推广。最后，在学校形成氛围和特色，让3D打印课程得到全面的开展。这是3D打印课程建设的基础和关键，有利于培养学生的创新兴趣、创新意识、创新思维与能力。

（二）机器人课程

开展机器人搭建、编程、创意等实践活动课程，有利于开发学生的创新思维，培养和提高学生的动手实践能力，加快中小学校机器人课程的普及。机器人课程相对于3D打印来说，其类别较多，有简单的机器人拼装类、创意机器人类、编程机器人类等。在学校开展机器人课程可以按照学生的年级进行划分，低年级进行机器人拼装类学习，中年级进行创意类学习，高年级进行编程类学习，循序渐进地开展创客教育，并可以利用“简易机器人”制作教材，配合机器人制作手册开设必修和选修的课程。在低年级开设必修课程，给学生讲解机器人知识；中高年级的学生可以进行选修课，根据自己的兴趣选择机器人课程。如果没有学生积极参与学习、参加活动，机器人课程就难以开展，所以机器人的教学应该进行大班教学，这能够从客观上激发学生的灵感，让学生知道如何去选择平台、工具进行机器人的制作。在开展机器人课程的基础上，还可以组织成立机器人兴趣小组，利用信息技术教育和校本课程的时间，以班级为单位，进行技术教育，全面锻炼学生的能力。在让机器人创客教育走进校园的同时，形成学校的特色。应让学生认识到，机器人不仅仅是用来比赛的工具，更重要的是把机器人作为研发、学习和应用的工具，与其他学科结合在一起，使自己收获更多的知识，提高自己的创新能力。

三、结语

教育的发展要适应社会的发展，在当前社会发展形势下，“大众创业，万众创新”带来的是机遇和挑战。培养有创新能力的人才，是社会发展的需要。创客教育正好可以弥补传统教育对培养学生动手能力不足的缺失。创客教育的空间装备与课程的建设是发展创客教育的关键，配置空间装备、建设课程、把创客空间整合到现有的教育项目中，这些都是发展创客教育的重要条件。让学生动手做是创客课程的重点所在，可培养学生大胆尝试、迭代设计、注重美学，使学生开展个性化学习。教师应以创客教育形式，开展基于建构主义的学生创新型信息技术课堂，利用多学科综合特性，培养学生善于发现、勇于创新、踏实、勤思、善做的科学品质。创客教育强调的创新精神和综合运用知识技能解决实际问题的能力，是学生全人发展中必不可少的能力，是一种精神，是课堂的灵魂。只有结合实际把创客教育的空间装备和课程都建设好，才能进一步实现创客教育的目标。

参考文献

[1] 刘文迪. 创客教育在小学科学中的运用 [J]. 中国教育技术装备, 2015 (3): 74-75.
[2] 卢秋红. 创客教育与教育创新 [J]. 中小学信息教育技术, 2014 (4): 9.
[3] 祝智庭, 孙妍妍. 创客教育: 信息技术使能的创新教育实践场 [J]. 中国电化教育, 2015 (1): 14-21.

利用剪映制作小学情境式微课教学案例探究

广州市花都区新华街第四小学　廖秋波

云课堂、微课等各类网络形式的课堂是现代教育信息化的趋势，要求一线教师必须更新教育理念，学习并驾驭现代教育技术工具。要在最短的时间内吸引学生眼球，唤起学生的求知欲，引起学生情感的体验，重视情感教育的微妙浸透，小学情境式微课教学能满足小学阶段学生的学习需要。随着微课在教学中的普遍运用，教师对微课制作的便捷性、即时性的要求不断提高。短视频剪辑工具——剪映，其应用简便，功能强大，对教师制作微课有很大的帮助。

一、选取情境教学目标，紧扣课标

在设计情境式微课的过程中，教师需紧扣课程标准和教材教学目标，结合学科特点、教学内容以及学习者特点来构思。对于不同的教材和教学内容，教师应采用不同的课堂情景方法，有效合理地应用多种方法和技巧，全方位地调动学生的学习热情，而后结合教学内容进行差异化的情景设计。

例如，语文课文《巨人的花园》描画了一个神奇、景色至美、令人向往的花园，而在巨人赶走孩子们后，花园景色被寒冬的雪、霜、北风包围，使读者走进童话故事奇妙的幻境中。要立足童话语言，开启儿童的想象世界，就必须设计好学生心目中的花园。这时，可以灵活地利用剪映特效按钮中的“氛围”工具，它自带星星灯和雪花细闪的特效；突出季节的变化可以调用“自然”工具，增加花瓣飞扬、落叶和飘雪等特效。通过营造微课故事氛围，引入教学内容，以童话故事为主线，层层递进，环环相扣，可提高学生的学习热情。

二、可视化情境课堂，形象直观

在制作课堂情景式微课时，可通过图片、声音、视频等多种媒体手段呈现视觉和听觉的直接冲击，运用多媒体的优势，给学生一种“百闻不如一见”的感受，使其迅速把兴奋点转移到教学内容上。情境课堂如何才能对学生产生强烈的吸引力？

可视化情境形象、直观的导入就可以吸引学生的注意力。

例如，课文《望庐山瀑布》中庐山瀑布的网络视频有很多。如何表现出庐山瀑布的恢宏气势？首先，将一组以绿幕为背景的教师讲授视频与庐山瀑布视频进行组合。然后，利用剪映导入瀑布视频，使用“画中画”按钮把绿幕的教师视频导入另一个轨道，选择“色度抠图”，粗略地对视频进行抠图处理，再适当调节“强度”和“阴影”。最后，把抠图设置在瀑布情境下更能形象和直观地呈现“飞流直下三千尺”的震撼人心的情境，让学生在身临其境的情况下展开学习。

三、导入新课堂情境，承上启下

“温故而知新”是常用的教学方法。在情境式微课中，教师可以以复习旧知识为铺垫导入新课，承上启下地过渡到新知识，避免让学生对新知识产生冷漠、生疏的态度。

例如，在小学信息技术课上讲“图像的拉伸与扭曲”时，教师可以选取上节课“图像的旋转与翻转”作为旧知识导入型微课，引导学生从已有的“图像的旋转与翻转”操作知识出发，通过剪映的“画中画”功能凸显旧知识点。利用“变速”功能把握时间，巩固旧知识。在新旧知识衔接处，利用剪映的“转场”功能渐变叠加，顺理成章地引入新知识。这样，不仅能帮助学生巩固旧知识，将旧知识与新知识联系在一起，还能减少学生在学习新知识时可能会碰到的困难。

四、激发兴趣点，吸引力大

兴趣是学生最好的学习动力。教师在设计课堂情景式微课时，可以从学生的兴趣点入手。那么，如何才能在课堂情景式微课中散发磁铁般的吸引力？使用游戏进行导入，是一个不错的选择。游戏环节是学生喜欢的一种活动，利用游戏导入能充分激起学生的好奇心，让他们“未入其文，先动其情”，再进入新课的学习。

例如，在信息技术 App Inventor 的“变量和列表的使用”的学习中，教师可以选取好知识小达人的游戏作为导入型微课，利用剪映关键帧制作卡通动画。由浅入深地设计游园闯关游戏，有利于学生在游戏中掌握变量和列表的条件判断方法。在参与闯关游戏的过程中，学生可在轻松欢快的气氛中逐渐增强学习的兴趣和欲望。

五、巧设悬念情境，引发思考

美国教育家杜威说：“在很大程度上，教学的艺术在于使新问题的难度大到能激励思考，小到自然注意到的新奇因素能引起疑惑，能使学生从熟悉的事物中获得一些启发点，并从中产生有助于解决问题的建议。”在微课中巧设问题进行导入，把问题贯穿于整个教学过程，可提高学生踊跃猜想、独立思考的能力。

例如，在五年级数学课“奇怪的遗嘱”中，老人的遗嘱规定：老大得总数的二分之一，老二得总数的三分之一，老三得总数的九分之一，牛要全部分完，不能杀牛分肉。通过剪映的引用贴纸功能导入牛的 GIF 动图，制作牛被分割的特效，再利用入场动画增加牛群的效果，通过剪映的“声效”巧设悬念情境，从而引发思考这个遗嘱的难题，最后得出当遇到被除数不是除数的公倍数时，“借一还一”可以简单地解决这个问题。

情境式微课教学不仅能让学生在学习过程中对所学常识有直观、形象的认识，有助于学生灵感的迸发，获得情感的体验，而且可以培养学生独立思考和自主学习的能力。从开展直播课堂和微课设计制作的实际出发，剪映仅作为其中一个工具，教师应该把多种教育技术与其相结合，从而达到“一加一大于二”的效果。今后，教师更应该进一步开拓创新，继续探索教育信息化，把研究深深地扎根在实践的土壤中，让每一个学生都能接受最适合的教育。

参考文献

[1] 冯卫东. 情境教学操作全手册［M］. 南京：江苏教育出版社，2010.
[2] 李文德. 情境微课开发［M］. 北京：电子工业出版社，2016.

“科学课堂”与“智慧教室”结合教学的探究

广州市花都区新华街棠澍小学　郭丽丽

一直以来，我们都在追求一种卓越、高效的教学手段，以帮助我们更好地提高课堂效率与教学质量。在经过“杜郎口”“生本”“先学后教”等一系列教学模式的实践后，我们似乎并没有找到很好的办法，而只是在努力地模仿他们的模式与做法，并没有形成自己的特色。2013 年 9 月，华东师范大学教授、著名教育心理学家皮连生教授以科学取向教学论为理论依据提出“科学课堂”区域教学理论，才让我们有了科学的理论指导。这是一种客观反映学与教规律的先进教学理念，不仅给我们的课堂教学指明了方向，而且给我们的教学工作提供了科学的指导。

“智慧教室”是一种新型的教育形式和现代化教学手段，是融合了数字教室和未来教室的一种形式，是我区教育局于 2014 年引进的现代化高科技教学手段，它颠覆了以往教师对现代化教育技术的看法，课堂不再是单纯的 PPT 播放或实物投影，而是一个综合应用的体系。“智慧教室”的应用，使我们在教学设计上有了更多、更方便、更得心应手的展示形式，学生只需通过手中的遥控器进行作答，教师只需通过图表或翻牌功能就能了解到学生的答题情况。学生在课堂上的参与度达到了 100%，课堂因此真正成为学生展示的舞台。

一、“科学课堂”理念指导目标准确定位

科学取向教学论是基于科学心理学并有别于基于哲学和经验取向的教学理论。科学取向教学论是建立在科学心理学，尤其是学习心理学的基础上的教学理论，是指导“科学课堂”理念的核心理论。它分别从加涅的学习层次分类和布卢姆的二维认知目标分类指导我们对教学目标进行准确的定位，让每个目标的描述更清晰、准确，也更切实可行。

教学目标不是描述教师教学的过程，而是描述学生的学习活动。因此，无论是加涅的学习层次分类还是布卢姆的二维认知目标分类，都清晰地给我们划分好了知识的不同维度和不同层次，把设定好的目标嵌于表中可让我们明确所学知识所要达

到的程度，便于课后检验目标的达成情况。以布卢姆的二维认知目标分类（见表1）为例，笔者在设定 Success with English Book 2 Unit 5 Happy birthday 第一课时的教学目标时，就分别根据《英语新课程标准》（见图1）和布卢姆二维认知目标分类表（见图2）设计了两份不同的教学目标。

表1　布卢姆的二维认知目标分类

知识维度	认知过程维度				
	记忆	理解	运用	分析	评价
事实性知识	目标1 目标2	目标3 目标4	目标2 目标3	—	—
概念性知识	—	—	—	—	—
程序性知识	—	—	—	—	—
反省性知识	—	—	—	—	—
动作技能：目标5					

三、知识与技能

1. 语言知识目标：

（1）“四会”单词：little，one，two，three，four，five，six，seven，eight，nine

（2）句型：How old are you? I'm ...

（3）日常生活用语：Happy birthday! Thank you.

2. 语言技能目标：

（1）能熟练运用“How old are you?”句型询问他人的年龄；

（2）能在生日情境中使用“Happy birthday! Thank you.”

图1　根据《英语新课程标准》设计的教学目标

三、知识与技能

目标1：通过歌曲理解单词 little

目标2：通过歌曲认读单词：one，two，three，four，five，six，seven，eight，nine

目标3：能使用“How old are you?”有礼貌地询问他人的年龄

目标4：能在情境中正确使用日常生活用语“Happy birthday!”

目标5：能正确、流利地朗读课文

图2　根据布卢姆二维认知目标分类表设计的教学目标

其中，图1的教学目标在设定上显得比较笼统，例如，单词统一要求达到“四会”，但没有描述清楚通过哪种方式可以达到“四会”，而且单词 little 与其他9个数字单词并不属于同一类型，它们在学习方式上也应有所不同。图2的教学目标则是根据布卢姆的二维认知目标分类设定的，每个目标都清晰地描述了学生的学习活动、采用的方法及达到的层次，可让教师在课堂上准确把握学习活动应达到的程度。

二、“智慧教室”系统实现高效课堂

HiTeach 交互式“智慧教室”系统集合了电子白板（触摸屏）、实物投影仪、反馈系统等几大重要功能，它所特有的即问即答功能、评分功能、挑人功能、抢权功能、剪裁功能、拖放功能、照相和录影功能以及素材库，为课堂教学提供了很多很好的教学素材与教学手段。科学合理地选择功能的应用，能更好地激发学生的学习兴趣，充分调动每个学生在课堂中的参与度，课堂也因此变得更加丰富多彩，更加高效。

笔者在教授 Success with English Book 1 Module 5 Toys 的单元复习课时，教学活动的设计上就利用了很多“智慧教室”的功能，如评分功能保持了学生学习的热情；挑人功能增添了活动的趣味性；抢权功能培养了学生的竞争意识；还有 IRS 即时反馈系统，使教师能通过条形统计图掌握学生的答题情况，并及时针对错误率较高的题目进行分析讲解（见图 3 至图 6）。

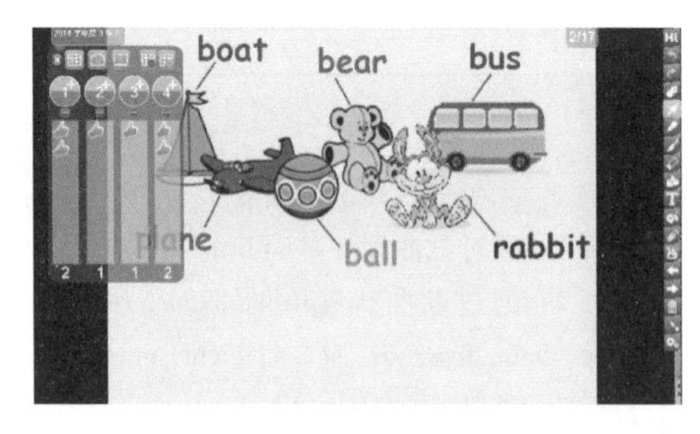

图 3　灵活多样的奖励方式

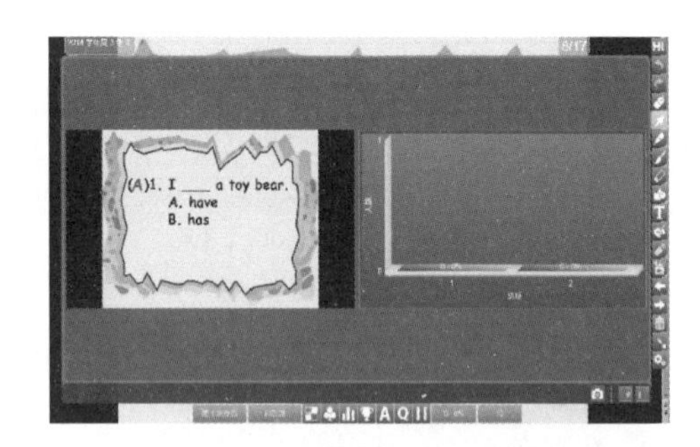

图 4　即问即答，及时反馈

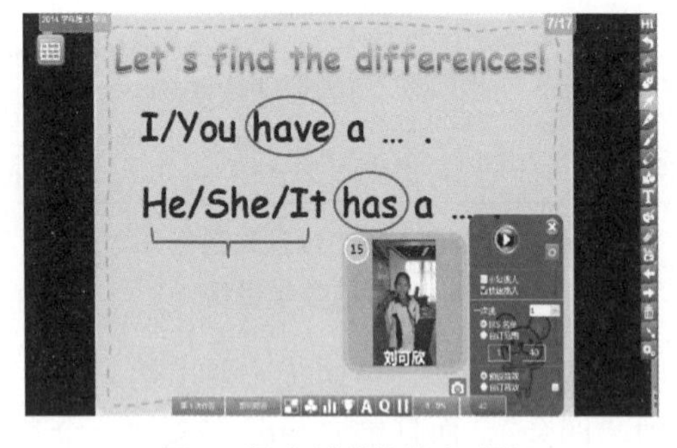

图 5　紧张刺激的挑人功能

图 6　抢权功能激起学习热情

“智慧教室”系统在课堂上的应用，不仅可以达到生生参与的目的，还能激发和保持学生学习的积极性。通过 IRS 即时反馈系统对选择、判断等练习题型进行直接按键回答，给予了每位学生独立思考的空间及即时参与的机会，那些平时不敢举手回答问题的学生也能参与其中，大大提高了学生的课堂参与度。教师根据学生的答题情况，利用图表、翻牌等功能可以进行即时分析，还可以结合知识的重难点和易错题进行及时反馈与点评。整个课堂活动的过程既有利于调动学生主动学习的积极性，又能减少学生注意力分散、开小差等现象的发生，为构建师生、生生互动的和谐课堂提供了优质、高效的平台。

三、理念与高科技在教学过程中的有机融合

仅有清晰准确的目标定位或单纯地使用高科技，并不代表其就是一堂成功、优质的课。其关键是要把设定的目标内容通过高科技手段呈现于教学活动之中，并能将它们有机地融合在一起。

"科学课堂"作为一种指导教学的理念，与"智慧教室"这种高科技教学手段相结合进行教学，可让我们更准确、更清晰地对教学目标进行定位，并能根据其目标内容及"智慧教室"系统的各项功能设计更丰富的教学活动，使课堂教学更具趣味性和实效性，学生的课堂参与度也可因此得到明显的提高。

笔者在教授 Success with English Book 1 Module 4 Family 第七课时的时候，就是采用这种方法。即在撰写教学设计时，首先根据布卢姆的二维认知目标分类清晰、详细地描述教学目标，然后根据目标内容设计教学过程，选取合适的 HiTeach 功能应用于相应的教学环节。

由于是单元巩固课，大量使用 IRS 即时反馈系统的即问即答功能、抢权功能和评分功能，能让目标设定的内容高频率地呈现。通过遥控器的使用和图表的分析，不仅提高了答题的正对率，而且学生的学习积极性越来越高，参与度达到了 100%，课堂效率得到了有效的提升（见图 7 至图 8）。

图7　遥控器的使用提高了学生活动的参与度

图8　学生使用实物投影仪呈现并介绍作品

总之，无论是“科学课堂”理论，还是“智慧教室”系统，都不能脱离学生、教学环节和教学过程等而独立使用。它们分别是理论和方法上的指导，以及先进现代化教育技术在教学活动中的运用，必须与教学的各要素有机地融合才能造就优质、高效的课堂。

参考文献

［1］皮连生．学与教的心理学［M］．上海：华东师范大学出版社，2009（5）．
［3］朱婉平．智慧教室建设与应用的实践探究［J］．教育信息技术，2014（12）．

利用“一师一优课、一课一名师”活动提升教师信息技术应用能力

广州市花都区教育服务保障中心　李珏君

教师信息技术应用能力是教育信息化的基础，是迈向教育现代化的重要保障。教育部从2014年开始开展“一师一优课、一课一名师”活动（以下简称“优课活动”），全面贯彻落实党的十八届三中全会提出的“构建利用信息化手段扩大优质教育资源覆盖面的有效机制”以及《教育部关于全面深化课程改革落实立德树人根本任务的意见精神》。优课活动的开展，一方面，是为了激发教师将信息技术与课堂教学深度融合的热情，提高教师利用信息技术和优质数字教育资源的积极性和使用能力，推动优质数字教育资源的开发与共享，形成一批信息技术与优质课深度融合的精品课，进而转变教育观念，推进课堂教与学的方式转变，提高课堂教学效率；另一方面，能及时分享先进的教学理念、教学模式和教与学的方式，推广评选出一批优秀课堂教学案例，形成更丰富、完善的示范性资源体系，供广大教师学习应用推广，促进教师的专业发展。信息技术素养是在教学中对教师信息技术应用能力的要求。信息素养不仅包括利用信息工具和信息资源的能力，还包括选择、获取、识别信息，加工、处理、传递信息并创造信息的能力。2019年3月，教育部发布的《关于实施全国中小学教师信息技术应用能力提升工程2.0的意见》明确指出，到2022年要构建教师信息素养发展新机制，以实现教师能力素质的持续提升。优课活动对提升教师信息素养及信息技术应用能力有着重要的推动作用。

一、更新教师教学理念及教学模式，提升教师信息技术应用水平

（一）优课活动促进教师更新教学理念、模式

优课活动要求教师体现学科特点和信息技术应用的融合性，突出展现数字教育资源的课堂应用及如何利用信息技术和数字教育资源创新教学方法、有效解决教育教学的重点难点等课堂教学内容。如今，传统的教学模式已经不能满足教师与学生

的需求，提高教学效率与质量成为教师教学研究的重点。在新一轮基础教育课程改革（以下简称“新课改”）的理念之下，课堂教学呈现以学生为主体、以教师为主导的新教师教学方式和学生学习方式，如翻转课堂、项目式学习等。优课活动落实了新课改理念，积极倡导自主、合作、探究的学习方式，提出了“以学定教”“问题导学”“体验式学习”等教学观点，教师需要通过学习研修这些新的教学理论知识，更新观念，推动教师学习新技术的应用水平，进而提高教师的课堂教学效率。

（二）优课活动促进教师提升多媒体应用水平

优课活动为教师提供了丰富的工具，包括认知工具、资源搜索工具、交流互动工具等。“以赛促用，以用促学”成为教育行政部门推动教师专业发展的指导性思想。以前大部分教师的教学技术应用都停滞于PPT课件的简单播放，而且大多教学资源直接从网上下载，课件水平质量参差不齐。随着优课活动的开展，教师在教学辅助工具的选择上有了较大改进，如教师能够使用录屏软件进行微课录制，在课堂上使用课堂互动工具、大数据测评系统、AR/VR教学、智慧课堂等多样技术，不仅信息技术应用水平得到了提升，而且创新了信息技术教学方式。优课活动还在国家、省、市、区不同层面评选出优质课，发放优质课证书，充分体现了教育部门对该活动的重视。同时，该活动能使教师自身在课堂设计、录播实录等方面锻炼自己的业务能力。其中，课堂设计要求教师把教学理念和教学内容进行融合，通过学校科组教研、名师指导诊断以及自身反思，修正完善教学设计，最后利用录播设备录制课堂实录，锻炼自身的课堂调控能力和多媒体应用水平；网上晒课则需要教师在线上、线下通过充分的理论学习与实践研究，形成可行性教学设计与课堂实录，使教师在备课、授课、磨课、研讨的过程中获得专业成长。

（三）优课活动提高教师信息技术技能

优课活动要求教师具备一定的信息技术技能，包括如何搜索、利用网络资源，如何共享网络资源以及如何管理网络资源。活动中的晒课、评课、交流都需要教师进行网络操作和管理。设计一节优质教学课，需要教师查阅资料，除了教材、教参等纸质书籍，还需要网络上的信息与资源来支撑。如何甄别、筛选优秀的教学资源、素材、课件等成为考验教师信息素养的难题。

二、推动优质教育资源库建设与应用，促进教师专业成长

（一）创建优质教育资源大平台

优课活动课例资源涵盖了基础教育阶段所有学科的配套教育资源，建构“人人

用资源、课课有案例”的格局。教师在优课活动中既是活动参与者，也是教育资源平台的开发者和建设者。晒课活动要求上传的课堂教学实录要恰当使用信息技术，体现信息技术的使用有利于提高课堂教学效率，视频要求画面清晰、美观等。这对教师信息技术和数字教育资源在教学中的应用提出了更高的要求，有利于促进数字教育资源的开发和应用。例如，花都区教研室联合花都区信息装备中心要求区内全体教师均参与晒课活动，每位教师至少上传教学设计1份，不少于30%的教师上传实录课，同时使用的课件、微课资源等也一并上传，以此形成区域的优质教育资源集合。此外，教师亦可同时查阅其他省、市、区各地的优秀课例，打破以往的信息闭合壁垒。这为全国中小学教师学习、借鉴先进的教学案例提供了范例。

（二）共享优质资源，促进教师专业成长

在传统教学环境下，教师与其他学校、其他地区的同行交流学习的机会很少，无法突破时空界限以获取更多优质资源。通过建立大数据平台，所有教师均可上传自己的课例，也能随时搜索下载各年度获奖的优秀课例资源。教师可以通过查阅、学习各地优秀案例，开阔眼界，学习名师的优秀教学方法，从而促进了教师之间的相互交流与学习借鉴。此平台给全国教师提供了一个交流平台，大大增强了教育公平性。为使课例更优质，教师会对自己的专业知识和技能作更深入的思考和钻研，在学习他人优秀教学案例与自我反思的过程中，不断提高自己的信息素养与专业素养。尤其是优课评价的四个指标（教学设计、教学实施、教学效果和技术规范），不仅是对青年教师的专业能力在课堂教学具体实施中的考量，更是促使其成长的动力。

三、对于优课活动提升教师信息技术应用能力的思考

优课活动鼓励教师多利用信息化手段，但同时也存在部分教师盲目应用技术的现象。对于信息技术与教育教学的融合，信息技术的使用要恰如其分，要避免依赖性、替代性、过渡性与形式性，做到信息技术与教学深度融合。对此，教师要加强技术融合的有效性研究。信息技术应用水平高低取决于信息技术与教育教学的融合程度，以及融合的有效性、科学性，因此，教师要避免陷入为使用技术而使用技术的困境。技术使用的合理性及有效性应作为教师思考的一个重点，同时还要明确技术的辅助性功能。

课堂是教学提升的根本，优课活动给教师提供一个很好的展示、交流、研讨、提升的平台。通过优课活动，可以进一步增强教师对信息技术推进教学改革、提高教学质量重要性的认识，充分调动各学科教师在课堂教学中应用信息技术的积极性和创造性。教师也应该不断更新课堂理念，在活动中以提升促发展。

参考文献

[1] 陈宝生. 落实 落实 再落实：在2019年全国教育工作会议上的讲话［J］. 人民教育，2019（Z1）：6－16.

[2] 王俊卿. 利用“一师一优课、一课一名师”活动提升教师信息素养［J］. 西藏教育，2017（3）：62－64.

翻转课堂在新课程高一数学的应用教学案例及效果探究

——以“函数的单调性”（第一课时）为例

广州市花都区邝维煜纪念中学　桂倩倩

一、问题的提出

根据《新课标》的要求，学生学习数学知识的一般心理过程可分为三个阶段：新知识习得阶段、知识的巩固和内化阶段、知识的迁移和应用阶段。其中，第二阶段主要依靠学生对知识的复述加工和变式练习来实现。但传统的课堂教学较着重新知识的习得阶段，而往往忽视了第二阶段。多数知识都是靠“死记硬背”，学生没有真正实现“内化”就接受了知识，导致学生对知识的理解不够深入，对知识的应用只限于模仿，一旦时间长了或者知识内容多了，学生就会忘记或者出现知识之间的“张冠李戴”的现象。学生连基本的数学知识都记不住，更谈不上培养数学核心素养了。

怎样提高学生课前自学的效率？课后遇到学习困难怎么办？在这种情况下，寻求一种高效、针对性强的方式帮助学生开展课前自学、课后复习显得尤为重要。笔者尝试用微课解决上述问题。

二、微课与翻转课堂

翻转课堂是指在课前让学生先根据教师的提示进行自学并完成导学案，在课堂上开展汇报和讨论，接着进一步深入探究，通过学生之间的合作交流以达到学习知识的效果以及对知识的内化，最后课堂和课后分别进行巩固提高训练。翻转课堂的课前自学环节的教学目标主要是识记、理解知识，课堂教学目标则侧重于培养学生的数学学习能力。

微课把教学内容以 5 ～ 10 分钟的视频的形式展现出来，学生可以随时播放自己不理解的部分，从而自主学习。在翻转课堂的课前自学环节中，微课给学生呈现了数学学习内容，引导学生建立数学模型和解决问题；在翻转课堂的课后复习环节中，学生可以借助微课整理知识、巩固提升。这对学生理解知识、进行知识的延伸和数学思维的训练都有很大的帮助。微课在翻转课堂中的设计是怎样的？怎样使用才能让翻转课堂的教学效果最大化？笔者使用微课对翻转班实施翻转课堂教学，从学生学习态度、解决问题能力、知识拓展能力等方面与同层次对照班进行分析比较，并得出相应的结论。

三、“函数的单调性”（第一课时）的教学案例

本课例选取人教版高一新课程 A 版必修一“函数的单调性”（第一课时）的内容，该课例是一个理论联系实际的好素材，充分体现了数学的应用价值。学生已学习了函数的概念，本节课将进一步学习函数的性质，它既是前一部分知识的应用与巩固，也为今后学习函数的奇偶性等知识奠定基础。在这个学习过程中，可以培养学生分析问题、解决问题的能力，以及数形结合能力、信息迁移能力等。本节重点：理解函数的单调性及其几何意义。教学难点：会用函数单调性的定义判断（或证明）一些函数的单调性。

本课例采用翻转课堂的形式，课前制作好导学案，让学生看微课视频自学，然后完成导学案的探究和问题。上课时，学生先汇报研究结果，然后探讨题目以加深理解，最后做堂上作业题，巩固新知识；课后再辅以习题加以巩固和提升。下面分别从课前自学环节、课堂学习环节、课后训练环节进行阐述。

（一）制作微课——提高课前习得知识的效率

1. 制作微课

具体操作：利用录屏软件录制微课——“函数的概念（1）”，时间长度为 10 分 04 秒。微课教学过程主要有知识分析、疑点点拨、例题演示、小结与归纳共 4 个环节，每个环节环环相连，并通过点拨环节突破本节课的难点。

2. 制作目的

引导学生利用初中学习的 y 随 x 的增大而增大（或减小）知识点来理解高中函数的单调性。例题演示对学生的自学起到引领的作用。整个微课针对性强，学生能够很容易地接受。例如，学生对单调性概念不理解，微课便利用了具体的函数来进行分析，帮助学生理解单调性并开展课前自学环节。

3. 具体操作

在翻转班要求学生课前在家自学必修一第 76 ～ 77 页内容的同时，利用手机观

看微课“函数的单调性（1）”（教师提前把微课发布在班级 QQ 群中），并完成“课前自学导学案”；在对照班则要求学生自学必修一第 76 ～ 77 页的内容。

4. 设计意图

开展课前自学环节，实现翻转课堂中的课前习得知识的过程。在两个同层次班级中开展实验研究，探究微课在翻转课堂中的使用效果。

（二）“翻转课堂”模式帮助学生实现知识“内化”

1. 环节设计

本课的教学环节分为交流、汇报、答疑、探究、巩固提高共 5 个环节。这 5 个环节主要实现学生学习数学知识的第二和第三阶段。每个环节都设计了学生“说题”的时间，其中汇报、探究、巩固提高环节都有学生与学生之间讨论交流的时间，以及学生总结解题方法、解决问题的过程。在课堂上实现知识的巩固和转化、迁移和应用，可使学生对单调性的定义分析更加透彻，从而实现学生对这一知识的内化。

2. 设计意图

观察学生在知识内化过程的学习效果：在课前自学环节使用微课进行自学的翻转班学生参与课堂讨论更深入，对问题的理解更深刻，解决问题的方法也更多。例如，在课堂中探究“函数 $y=\frac{1}{x}$在定义域上是减函数吗？利用定义来证明”这个问题时，翻转班学生提出了不同的证明方法，如特殊值方法、图像法、定义法，参与讨论的学生积极性高；对照班有相当一部分学生给出结论，但没有参与到课堂的讨论中来。在利用定义法证明时，翻转班能很快自主总结出 5 个步骤，并且抓住变形时要化成几个因式的乘积才能判断作差的正负；而对照班需教师带领一起完成 5 个步骤，在变形时不能化成几个因式乘积从而无法判断作差的正负。

（三）课后训练——实现知识的进一步巩固和拓展

设计课后训练题，让学生进行课后习题巩固提高，要求学生课后整理上课的知识并完成课后导学案。设计意图：对本节知识内容的巩固，培养学生的数学解题能力、运算能力、建模能力。对于还不能很好掌握知识的学生，可以利用微课视频进行复习、巩固训练，从而达到更好的学习效果。

四、教学效果分析

（一）翻转班学生的学习积极性和信心度比对照班高

为了解学生课堂参与度与学习探究活动积极性，笔者统计了两个班参与探究题讨论的人次，如表1所示。

表1　翻转班与对照班参与课堂的人数比率

	积极参与的学生	有参与但不积极的学生	基本上不参与的学生
翻转班	94.35%	5.65%	0
对照班	67%	20%	13%

数据分析：

（1）在探究题目的讨论环节上，翻转班积极参与率达到94.35%，而对照班积极参与率只有67%；翻转班有参与讨论但不积极的学生占比为5.65%，而对照班则达20%；翻转班不参与的学生占比为0，而对照班为13%。

（2）在展示环节上，翻转班的学生相对对照班的学生更大胆，表达也更清晰，对解题方法理解得更深刻。翻转班的学生对作图掌握得比对照班要好，解题的方法也相对多和灵活，如在课堂探究题上，翻转班的同学能对老师的函数单调性证明提出不同的意见和方法。在5分钟限时检测中，翻转班的准确率达85%，明显高于对照班的52%。

结论1：在自学环节使用微课的学生学习目标明确，学习知识的积极性高，在课堂交流探究中更为自信，知识内化的效果更好。

（二）翻转班学生的建模能力比对照班强

为了检测学生自学效果，笔者设置了两道求面积的问题：第一题是不需要分割求面积的问题；第二题则是需要分割来求面积的问题。解决问题需要学生作图建立数学模型，联系定积分几何意义，找出被积函数，再计算出结果。翻转班和对照班作答情况对比如表2所示。

表 2 翻转班与对照班作答情况对比

单位：人

		找出等量关系	建立增长率/下降率模型	解对方程
第一题（增长率）	翻转班	27	28	23
	对照班	7	9	5
第二题（下降率）	翻转班	30	32	28
	对照班	8	10	7

数据分析：第一题能够得出正确结果的翻转班人数与对照班人数的比是 23 ∶ 5；第二题能够作图建立模型的翻转班人数与对照班的比是 32 ∶ 10。

结论 2：应用微课学习后，能够按照要求作图来解决问题的学生较多，学生的建模能力也相对较强。

（三）翻转班学生的计算能力、抽象思维能力比对照班更有优势

课程结束 3 天后，笔者设置了检测题目，让翻转班和对照班的学生进行测试。数据分析 3 道检测题，翻转班与对照班的得分率对比如表 3 所示。

表 3 翻转班与对照班得分率对比

	题 1	题 2	题 3
翻转班	83%	83.5%	57%
对照班	65%	67%	42%

数据分析：翻转班的得分率分别是 83%、83.5%、57%，对照班的得分率分别是 65%、67%、42%，显然，翻转班的得分率均超过对比班。

结论 3：翻转班对函数单调性证明的应用掌握得比对照班要好，对方法的理解和计算均有所提高，翻转班在这个内容上的数学建模能力、运算能力、抽象思维能力都体现出了优势，微课在翻转课堂中的介入起了重要的作用。

（四）翻转班学生对知识的拓展和延伸能力比对照班好

两周后，笔者设计了本课内容的拓展题让翻转班和对照班的学生进行检测。表 4 是翻转班与对照班得分对比。

表4　翻转班与对照班拓展题得分对比

	平均分（满分为5分）	得分率
翻转班	3.5	67%
对照班	1.5	35%

数据分析：翻转班的学生拓展题的得分率是67%，对照班的得分率是35%。

结论4：翻转班的学生对知识的拓展和延伸能力，以及在学习过程中对知识的“内化”效果较好。

基于以上结论，结合笔者与学生的访谈，可以看出：合理的微课设计使学生在知识的获得、知识的内化、知识的延伸等方面获得显著的提升效果。同一起点的两个班级，翻转班的学生在课堂上的投入度和自信度明显高于对照班，其课堂讨论更有深度，学习积极性更高，对数学知识和方法掌握得更好。

五、课例总结

翻转课堂教学模式下的新课程高一数学的新授课，依据学生的实际情况，注重课前自学、把握课中探究、巩固课后提升，从而构建了以学生为主体的课堂。翻转课堂有助于学生调控学习，把先学过程中遇到的问题、困惑放到课堂上交流探究、重点突破，提高了课堂上师生、生生的互动性，实现了个性化学习。这种课前主动、课上互动的翻转课堂教学模式可以大大提高教学的有效性。

翻转课堂教学模式优势明显，但也存在一定的不足。其不足之处在于教学活动的形式设计较为单一，主要是学生的个人探讨和小组的合作交流两种形式。与传统课堂教师一步步引领学生从如何构建模型到正确求解相比，本文的设计更注重对学生数学模型思路方法的启发，而对学生求解的引导相对较弱。因此，教师在今后的课堂中应注意更多地发挥学生的主体性。

“互联网+”时代下的初中英语“智慧课堂”实践探讨

——以牛津英语八年级上册 Unit 5 More practice 为例

广州市花都区邝维煜纪念中学　冯丽君

随着“互联网+”时代的到来，信息技术已经渗入社会的方方面面，它给教育带来的颠覆性变革正在悄无声息地进行中。不断发展的各种新兴信息技术也正在融入我们的课堂，慕课、微课、微信、希沃白板、翻转课堂等学习终端和平台的出现，使教师的教学方式和组织形式发生了很大的改变。被称为互联网时代“原住民”的新生代，他们的信息素养已经赶超教师，加之网络上海量的优质、权威、新鲜、有趣的资源触手可得，学生眼中的教师再也不是知识的“权威者”，学生已经不再满足于“老师讲、学生记”的学习模式，也逐渐对枯燥乏味的课本教材失去兴趣。因此，教师需要抛开老一套的教学理念，重新定义教师的角色定位，明确学生的“学习主体”地位。教师需不断提升信息技术教学的意识，以现代信息技术为支撑，丰富自己的教学组织形式，提升教学技能，使英语教学朝着个性化、主动式学习方向发展，实现从单一教学模式到混合模式的教学转变。本文将以一节初中英语“智慧课堂”为例，解析如何在课前、课中、课后实现信息技术与初中英语教学的深度融合，并探讨“互联网+”时代给初中英语课堂带来的革新性影响。

一、什么是“智慧课堂”

科大讯飞率先对“智慧课堂”进行了全新的定义，即“智慧课堂是以建构主义学习理论为依据，利用大数据、云计算、物联网和移动互联网等新一代信息技术打造的，实现课前、课中、课后全过程应用的智能、高效的课堂”。也可以简单地将其归纳为“互联网+课堂”。其实质是基于动态学习数据分析和“云、网、端”的运用，实现教学决策数据化、评价反馈即时化、交流互动立体化、资源推送智能化，创设有利于协作交流和意义建构、富有智慧的学习环境，通过智慧的教与学，促进全体学生实现符合个性化成长规律的智慧发展。从传统课堂到“智慧课堂”的演变过程如图1所示。

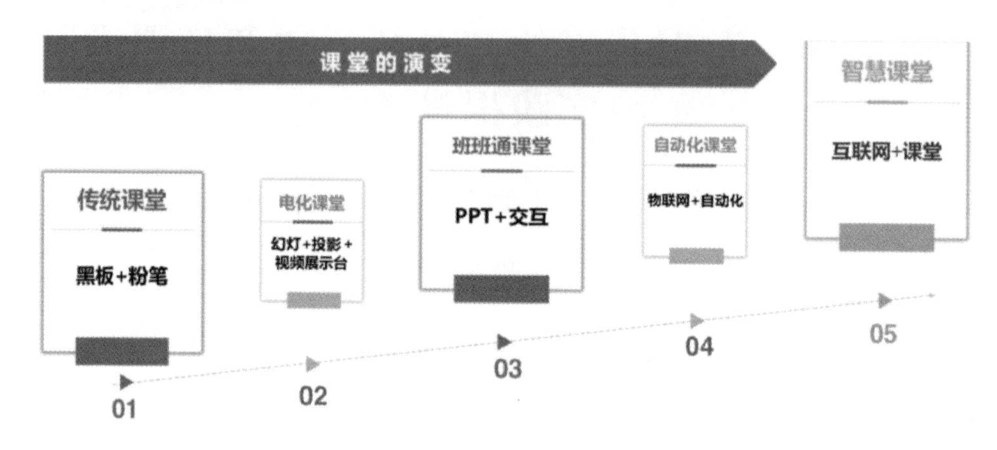

图1　课堂的演变

二、信息技术与初中英语教学融合的“智慧课堂”课例

（一）课例背景

本课例选自牛津英语八年级上册 Unit 5 More practice—Take part in our educational exchange 阅读篇章是一张招募学生参加教育交流项目的海报，海报体裁的篇章在初中的教材以及考试中均有出现。作为一种重要的宣传方式，海报的体裁特征明显，如大标题、副标题、丰富的图片以及清晰的版面设计，都是抓住人们眼球的主要亮点。本课海报所呈现的内容包括了此次教育交流项目的亮点、具体内容和申请条件等，同时配以与 educational exchange 相关的图片，文本特征十分明显。因此，对于本课材料处理，主要以分析文章体裁、篇章大意以及篇章结构为着手点，借助信息技术手段，设置不同类型的学习任务，引导学生理清文章的脉络和框架，落实海报语篇策略教学。

（二）教学目标

本课例教学目标如表 1 所示。

表 1　教学目标

语言知识	1. 词汇（认读 + 理解） educational exchange, fantastic, experience, social skill, local, reference, adventure, geography 2. 词组和句型（理解 + 运用） take part in, learn a new language, improve, make friends, stay with, apply for, learn about, wait for
语言技能	1. 能运用简单的词汇和句型就话题进行提问或描述； 2. 观察并分析海报的篇章特征； 3. 能根据标题、插图等归纳文章大意； 4. 能运用思维导图归纳篇章结构； 5. 能根据文本内容作信息判断和推理
学习策略	1. 利用标题、插图等信息理解篇章主题； 2. 分析并归纳篇章内容
情感态度	通过本课的学习，学生对"Educational exchange"这一话题有了进一步的认识，并体会到学习英语的乐趣，意识到学习语言的重要性，以及在小组实践活动中学习如何与他人合作
文化意识	借助本课的学习，了解不同的风土人情，激起对不同文化的热爱

（三）教学资源

本课用到的信息技术手段：希沃白板 5、科大讯飞畅想智慧课堂、启明 E 听说平台。

（四）教学过程

1. 前置作业

通过启明 E 听说平台发布本课的单词、课文跟读任务，设置"可重复练习"模式，学生根据自己的需求朗读并提交作业。

【说明】通过启明 E 听说平台，学生可以根据自己的需求决定跟读新单词和课文的次数，并按照教师设置的最低分数限制提交作业，自行扫除部分单词障碍。教师可以在后台监控学生的完成率，及时把未完成的名单复制，通过微信群发布给家长，以便家长提醒学生及时提交。此外，教师还可以通过“完成情况”选项，了解学生的整体作答情况，如班级平均分、最高分和最低分、各分数段的学生分布、平均用时、高频错题等信息，以及学生个人的作答情况。在备课过程中，教师能通过平台反馈的数据清楚了解学情，并以此为依据确定本课词汇教学的重难点。

2. 课堂教学步骤

Step 1 Lead in the topic（引入话题）

① 提问与本话题相关的问题。

Do you love to travel and make new friends?

Have you ever lived or studied in another country? If not, you can take part in an educational exchange.

② 邀请学生分享自己的游学经历，其他同学倾听并对发言者提出问题。

（Students' questions: Are the people in Australia friendly? Is the food delicious? What did you have for dinner? etc.）

③ 欣赏视频片段，了解 Educational exchange 的相关知识。

【说明】在提问环节，教师采用了科大讯飞畅想智慧课堂中的“随机抽取”功能提问部分学生，了解学生对该话题的认识。在回顾旧知识的同时，教师也可以了解学生是否专注于课堂。此项功能对学生的课堂专注度有一定的约束力，由于系统随机抽取，因此，学生需要时刻做好准备。对比经典的 PPT 课件，采用希沃白板 5 课件中穿插的视频播放功能播放视频片段的优势在于，穿插的音频和视频可以与课件融为一体保存，即只需保存一个课件，而无需把课件和音频、视频单独分开保存，可以避免出现使用不同的 PowerPoint 版本而导致原先设置的链接无法播放的尴尬局面。此外，穿插的音频播放按钮可以实现随时“暂停”“快进”或“快退”，方便教师根据教学需要调整播放的进程。

Step 2 Observe & Summarize（观察语篇，概述语篇体裁和特征）

① Students observe the passage and try to tell the genre of the writing.

（What type of writing is the passage? A. Story B. Advertisement C. Poster D. Poem）

② Please summarize the main idea according to the title and pictures.

③ Show the students another poster and they try to summarize the main idea.

【说明】第一步为观察文本并猜测篇章体裁，该环节采用了科大讯飞智慧课堂的“客观题作答”功能，学生在平板电脑中键入选项，教师机上可即时显示学生的答题情况。数据显示，80% 的学生选择了选项 B，很少学生能键入正确答案，由此说明学生不太清楚海报和广告的区别。为此，教师对学生的错答情况做了分析，同时介绍了 poster 和 advertisement 两者的区别。第二步让学生观察海报的篇章特征，并采用智慧课堂“抢答”的功能提问学生，学生大致能说出海报的特征（big title, pictures）。设置第二个环节旨在引导学生根据标题、图片归纳出这篇文章的写作意图。学生基本能从标题“Take part in our educational exchange”推测出文章的大意是讲 Educational exchange，但未能观察到标题使用了祈使句，表达的是一种建议，带有宣传的性质。第三个环节呈现另一幅海报（见图 2），目的是检测学生能否根据图片、标题以及副标题推测同类型篇章的大意。

Step 3　Read for the structure（读篇章结构）

① Teacher demonstrates how to draw a mind-map according to a poster.

② Group work: Students work in groups to draw a mind-map according to their understanding of the poster.

【说明】该部分侧重处理篇章的结构部分，采取思维导图阅读法，把文章图解化。“思维导图阅读法”是“用思维导图抓到重点及逻辑”的思考技术。将思维导图运用到阅读层面，能增进以下五种阅读能力：检索、删选、排序、分析、创新（胡雅茹，2016）。首先，教师以一篇课外的 poster 为例（见图 2），使用希沃白板 5 附带的思维导图进行分步讲解（见图 3），如 poster 的主题分为几个部分、每个部分包含的细节和内容等，让学生观察并初步感知如何根据文章内容设计思维导图。

图 2　海报范例

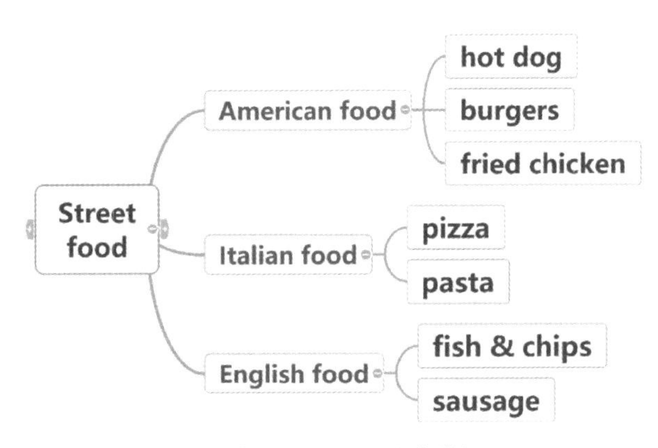

图 3　海报思维导图分步讲解

然后，让学生借鉴教师的示范讲解，通过小组合作的方式，深入阅读本课的 poster，讨论文本架构，再根据讨论结果共同设计一幅思维导图。教师通过智慧课堂的“主观题作答”功能发布习题，学生完成思维导图设计后拍照上传。教师使用“随机抽取”功能抽取两个小组上台分享自己的思维导图，师生共同评价。最后，教师根据学生作品出现的问题，重新把篇章的思维导图进行示范整理，让学生比对教师和其他同学作品的异同。

Step 4　Read for information

① Read the passage carefully and try to decide whether the statements are T or F.

② Check the students' answers through a competition.

【说明】经过前期对文章大意、篇章结构的梳理，学生对文章的内容有了一定的理解。为检测学生对文本信息的理解和辨析，该环节采用了“T or F”的阅读任务，先让学生完成纸质的练习，再邀请两位同学上场进行 PK（对决）。该环节采取的信息技术手段是希沃白板 5 附带的“判断对错”游戏（见图 4），其余同学则作为两位参赛者的智囊团，辅助他们答题。最后，系统统计两位参赛者的作答情况。

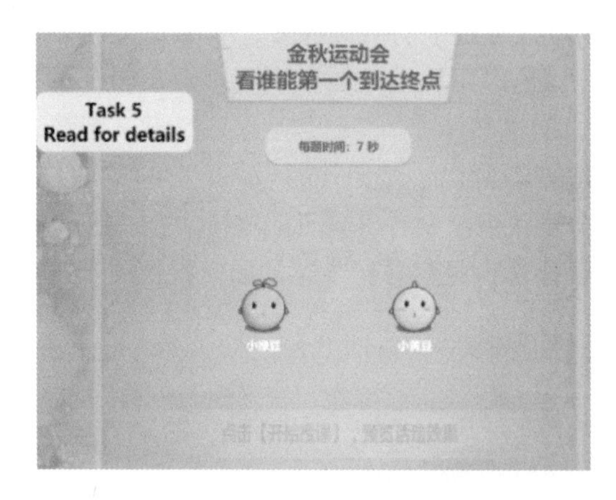

图 4　希沃白板 5 自带的课堂游戏

Step 5　Extensive reading（拓展阅读）

Provide another poster for the students and they try to summarize the main idea and structure of the poster.

【说明】此部分的内容为拓展阅读活动，选取的篇章为“教育交流”的一幅海报，难度较本课的篇章有所提升。此环节使用的信息技术手段是科大讯飞畅想智慧课堂的“分享”功能，教师把海报分享给学生，学生可以在自己的平板上根据所需随意放大、缩小、移动图片，以便更好地捕捉图片的信息，解决了用 PPT 播放无法放大图片的不便。

Step 6　Homework

① Review the content by watching the Micro class shared by the teacher.

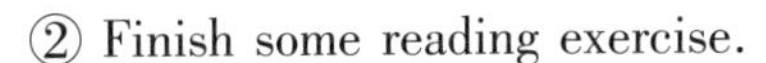

② Finish some reading exercise.

【说明】科大讯飞畅想智慧课堂附带有“录屏”功能，教师只要在上课的过程中点击“录制”按钮，就可以边上课，边进行课堂录制。课后，教师可以把本节课的课堂实录分享给学生，学生就可以在家复习当堂课的内容，如果不懂还可以反复多次观看，直到弄懂为止。此外，教师还可以用“录频”功能来制作微课，操作简单方便。借助微课，“个性化教学”变得不再遥远。

三、“互联网+”时代给初中英语课堂带来的革新性影响

“互联网+”时代带给初中英语课堂的改变，不仅是技术的革新，更重要的是让教育更加体现人文性和差异性，真正把学生当成课堂的主人，使个性化教学变成可能。相比传统的“黑板+粉笔”课堂，“智慧课堂”给初中英语课堂带来的全新改革主要体现在以下几个方面。

一是教学方式的改变。有了大数据、云平台的支撑，教师可以实现精准备课，不再只根据已有经验来进行教学预设。

二是交互方式的改变。传统课堂学生通过举手表达自己的观点，对于善于表达并且热衷表达的学生，这种方式并没有什么不妥之处；但对于一些性格腼腆、内心又有表达欲望的学生来说，智慧平板的使用能解决学生“碍于面子问题”而不参与课堂的问题，在很大程度上激发了学生的表现欲望和学习的自信心。此外，通过交流平台，学生可以随时随地畅所欲言，不再受时间、空间的限制。

三是评测方式的改变。传统教学中，分数是评价学生学习效果的唯一工具，只能大致概括学生的总体学习情况，而不能对测试的结果做详细的、个性化的分析。现在借助技术手段，基于大数据分析及应用，教学测评实现了从结果性评价到过程性评价的过渡，为更好地实现因材施教提供了技术支持。

四是教学内容丰富度的改变。借助互联网海量的资源，教师教授的内容不再局限于教材，而是可以在网络上搜索有用、有趣、与教学内容相关的资源为我所用。此外，教师运用各种多媒体手段设置符合学生兴趣和性格特点的课堂活动，能最大限度地激发学生的学习热情，提高课堂实效性。

“智慧课堂”顺应时代的潮流，对教师而言，它意味着巨大的机遇和挑战，同时也给教师提出了更新、更高的要求。教师在教育教学过程中，应提高“互联网+教育”的意识，充分利用信息技术手段，丰富和拓展自己的教学手段和教学内容，合理地将各种优质资源纳入课堂。为顺应时代的发展，教学应树立“终身学习”的理念，不能因为学习新技术需要花费一定的时间和精力而将其拒之门外。

参考文献

[1] 唐俊红. 互联网+英语教学 [M]. 北京：新华出版社，2018.
[2] 孙曙辉，刘邦奇. 智慧课堂 [M]. 北京：北京师范大学出版社，2016.
[3] 金丰年，郑旭东. 智慧课堂创新 [M]. 南京：南京大学出版社，2017.

依托互联网大数据平台　提升物理常规命题效率

——以智学网细目表组卷为例

广州市花都区狮岭中学　汤儒彬

常规测试是教学过程中诊断教学效果、反馈教学情况必不可少的环节。所谓常规测试，是指在教学过程中，因诊断教学效果、反馈教学情况所需而进行的各种测试，如周测、月考、单元考、期中考、期末考、调研考等。这样的考试在整个教学周期中往往具有频次高、测试点细、要求反馈速度快等特点，尤其对毕业班的教学需求更甚。

一份高质量的试卷往往要求有较高质量的专业指标（如难度、区分度、信度和效度等）水平，其命制过程也需要相对严谨而科学的命制程序。但教师们大多平时工作较为繁重，频繁的测试需求和快速反馈要求，使得他们在命题时更愿意凭个人经验从网上或自有题库中东拼西凑，组合成套题。这样组合的套卷方式，往往会出现题目来源不足、难度把握不准、命题程序不科学等情况，造成组卷效率低、效果不理想，最终影响了对教学的有效诊断和反馈。

一、信息技术互联网＋时代，大数据技术的加持能大大提升命题效率

时下国内有众多基于互联网的大数据平台，如智学网、学科网e卷通组卷系统、影课AI分层教学系统、一起中学网等。这些平台具有强大的大数据算力、大数据评价累积、各种信息技术整合等优势，使得题目来源更丰富、题目难度评价更稳定、试卷结构更精准等。通过这类平台组卷可以大大提升选题的精度，提升命题效率。甚至有不少平台还自带阅卷和数据分析系统，并能提供题库—组卷—阅卷—数据统计—分析（自带数据分析报告模板）—学科教学监控和学生个人数据跟踪等一系列服务功能。由于利用此类系统能实现数据分析结果的直观呈现和精准的诊断、跟踪功能，正受到越来越多学校和师生的青睐。

以智学网为例，其能提供上述题库—组卷—阅卷—数据统计—智能分析报告—学科教学监控和学生个人数据跟踪等一系列技术支持，在组卷模式中能提供如细目表组卷、学情组卷、专项组卷、模拟组卷、知识点同步组卷等多种组卷模式，在当下众多基于互联网大数据的组卷平台中有一定的代表性。考虑到各种考试的通用性，下面笔者以智学网的细目表组卷模式为例，谈谈依托此类互联网大数据技术平台组卷的一般程序和特点。

二、基于智学网细目表组卷的程序和步骤

基本的程序为制订细目表—按细目表找题—审题修改—组卷—试卷再调整—成卷。

步骤1　制订考试信息与结构。根据页面信息设置好考试的名称、考试内容范围（可选使用教材版本）、各题型的题数、分值等。路径：选题组卷—细目表组卷。

步骤2　确定要考查的知识点，编制细目表。设置好题号、题型、知识点、难度、各题分值等信息。

步骤3　系统按细目表要求进行智能找题。

步骤4　对所找题目进行逐题审查、换题、调整、生成试卷。

以上智能找题和换题两个环节最能体现大数据算力优势，其中，选题过程还可以在题目考情中看到此题在过往考试中的使用次数、作答人数和得分率，对控制难度有一定的参考价值。

步骤5　试卷再调整。对试卷版式进行订制，对题目顺序进行调整，继续选题，对题目或答案进行改编。如果对系统提供的个别题目不满意，可以在继续选题环节进行选题，或者可以选择试题上传选项上传自编试题。

步骤6　保存试卷，成卷。

整体而言，该流程简单易操作。

三、运用上述平台组卷的主要优势

1. 借助互联网大数据平台的海量资料和强大算力进行找题、换题，可选择空间更大、更精准，命题效率更高。

2. 目前题库提供的参考答案大多经过人工再整理，答案相对严谨、详细，方便师生参考与校正。

3. 基于互联网的阅卷系统提供网阅卡和手阅卡等多种阅卷模式，使用电脑、手机均可进行阅卷，教师阅卷自由度更高。

4. 数据分析更便捷。上述平台往往自带强大的数据分析系统和质量分析报告

模板，有利于教师快速、高效地进行各维度数据分析。

图 1 是高一物理期中考试根据各班知识点得分生成的雷达图，通过该图可直观、快速地找到年级整体薄弱知识点和各班的优、劣势知识点。多次使用后，还能累积生成学生个人数据档案，方便教师后期进行个性化精准辅导。

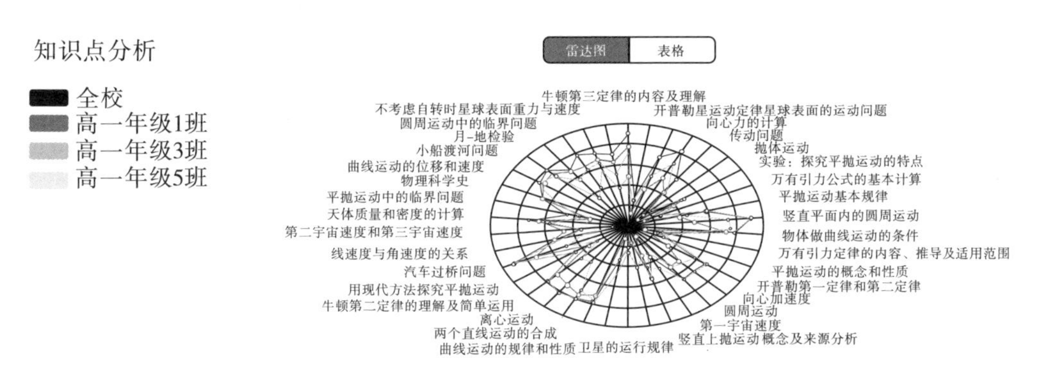

图 1　高一物理期中考试知识点得分分析

图 2 是高三学生个体在本学年同一知识点多次考试的累计整体得分率，教师可以快速了解学生物理知识结构的弱点，方便教师进行个性化精准辅导。

高三年级高三年级1班物理学生学情　行政班　教学班　图表二　本学年　高三年级高三　导出

其他　0–0.6　0.6–0.7　0.7–0.85　0.85–1

物理关注	匀变速直线运	圆周运动中的	超重和失重	互动摩擦力和	力的分解及应	匀变速直线运	直线合成挖解	伏安法则量电	操作
方杰									查看详情
玉菲									查看详情
庞欣									查看详情

图 2　同一知识点历次考试得分率

综上所述，利用此类互联网大数据平台，借助其强大算力、海量资源和强大数据分析能力，在常规测试命题组卷、考后分析、数据跟踪方面有着巨大的优越性。

四、存在的不足与建议

（一）基于知识点—难度维度的双向细目表二元评价不能有效体现新课标所强调的对学科核心素养和学业水平质量等级的考查

双向细目表是一种考查内容和考查目标之间的关联表。目前多数平台提供的细目表组卷大多仅限于考点—难度二元评价，只能体现知识点与难度两个维度的整体协调，而不能根据新课标所强调的学科核心素养进行组卷，这也是此类平台组卷命题最明显的短板。

因此，建议命题老师可先订制基于“四层四翼”和学业水平质量要求评价的多维度细目表。所谓“四层四翼”，指的是高考的四层考查目标和四个方面的考查要求。所谓学业水平质量要求，指的是《普通高中物理课程标准（2017 年版）》中关于高中物理学科的核心素养的四个主要方面的概括，即“物理观念、科学思维、科学探究和科学态度与责任”，同时，该标准还详细划分了四个方面、五个学业质量水平等级。

根据以上指导性分类，可对细目表进行改进，如表 1 所示。

表 1　改进版命题细目

题号	章节	题型	考查内容 （“四层”）		考查要求 （“四翼”）			学业质量等级	满分	预计得分	难度系数
			必备知识	关键能力	学科素养	核心价值	基础性 综合性 应用性 创新性				

教师可在命题前，先参考表 1 进行命题细目表订制，在系统选题后的审题环节，依据细目表进行选题把关，以满足对考生的多维度考查需求。

（二）各平台已有题库陈题多，个别题目还存在科学性问题

1. 陈题问题。物理题库陈题多是自然的。所谓题库，就是大量题目汇聚积累而形成的集合。作为一门相对成熟稳定的自然学科，物理学科由于其“自然”属性，很多陈题也能考查物理的本质问题和学科核心素养。因此，“陈题”并不意味着一定是“过时题”。但时代在发展，社会在进步，生产、生活情景也日渐丰富，为体现考查解决实际问题的能力的理念，对个别陈题加入新情景进行改编是一个不错的选择。

在此，笔者建议：一是对陈题进行改编，尤其是结合生产、生活情景进行改编，从“四翼”角度进行考查，更能体现新课程理念。陈题改编的操作路径为，在试卷调整环节对原题进行改编。二是自有题源上传，即命题老师如果有更好的题目，也可以采用试题上传的方式加入组卷。其上传路径为，在试卷调整环节对原题所在位置进行“试题上传”操作，把自有题目编进试卷也可以选择操作路径：选题

组卷—我的资源—我的上传—上传试卷功能。

2. 个别题目科学性问题。笔者建议：一是选题审题时，要对每一道题每一选项进行审查；二是试卷生成后，出题老师要进行模拟作答，除了预估难度外，还能及早发现试题存在的科学性问题。

五、结束语

依托互联网大数据平台强大算力、海量资源进行组卷，能大量节约教师们的时间，大大提升常规测试命题组卷效率。此外，平台还具有强大的数据分析统计和跟踪能力，能为考后试卷的数据统计、质量分析报告提供更准确、直观的呈现，可大大减少一线教师的数据统计分析的压力，帮助他们做到更精准的教学诊断和及时的反馈。另外，经多次测试后，还能根据考生累积的大数据描绘出学生个体知识（能力）图谱，为后期个性化精准辅导提供便利。但受限于多数平台题库资源的知识点和难度二元分类体系，目前在体现高考“四层四翼”和新课程学科核心素养理念下的多维度学业水平质量评价方面还相对滞后。因此，若要命制更高质量的测试卷，需要教师通过包括命题前先制订多维细目表、题目改编或自带题源上传等辅助手段进行优化。

参考文献

[1] 程慧. 编制双向细目表优化道德与法治教学 [J]. 教师，2019（12）：89-89.
[2] 教育部. 普通高中物理课程标准（2017年版）[M]. 北京：人民教育出版社，2018.

供给侧理念下阅读空间在云山学校的3.0时代[①]

广州市花都区新华街云山学校　骆艳红

“供给侧”是经济学中的术语，在此，我们把“需求决定供给”引用到教育管理中，从而指引我们进行顶层设计的一个理论支撑。也就是说，别人需要什么，我们就供给什么，这里的需要有社会发展的需要、学生成长的需要、教师的需要、家长的需要等。阅读，正是现阶段及未来人们的需要，根据这样的需要，我们结合教育供给侧理念的核心，扩大优质教育资源供给，优化教育资源配置，给受教育者提供更多、更好的教育选择，实现教育在更高水平上的供需平衡。这种资源就是阅读，它不仅是一种普及资源，更是一种优质资源。

云山学校是一所集团化办学体制学校，总校有龙珠小学部、田美小学部、龙珠中学部约4800多名学生，集团成员校有新雅街广塘小学、狮岭镇旗新小学、赤坭镇白坭小学，区域帮扶结对有两所九年制民办学校，分别是凤凰中英文学校、龙华学校。学校办学体制的变化也是现阶段人民日益增长的对美好生活、对美好教育的需要。时代的变迁及时代的未来发展，呼唤着我们需要高品质的集体生活，云山学校的阅读时代从过去的1.0时代——局限于图书馆的阅读，进化到2.0时代——图书馆以外的阅读课程。随着时代快速发展的步伐，阅读时代也俨然进入3.0时代——云上的、深度的、舒适的阅读空间。我们利用阅读时代的变迁历程，发挥其泛在的作用，均衡集团校的教育资源，形成九年一贯制的阅读文化体系。

基于以上的理念支撑，作为学校的阅读推广人，我们组建了学校阅读素养项目团队，建立三大平台：智慧科研平台、智慧阅读平台、阅读课程平台；打造“学校（school）—家庭（family）—社区（community）”的S·F·C阅读空间；形成集团办学的阅读流程：集团总校—成员校—图书馆—课堂—课间—家庭—社区；提炼阅读的创新概念：舒适阅读。

---

① 本文系2020年度广州市“十三五”规划课题“薄弱城乡学校小学数学双师课堂流程优化的研究”（课题编号：202012694）、2020年度广州市教育政策课题“集团化办学体制下项目式教研的策略研究”（课题编号：ZCYJ20021）的研究成果之一。

一、建立三大平台：智慧科研平台、智慧阅读平台、阅读课程平台

我们这里的平台指的是：供人们施展才能的舞台；为操作方便而设置的工作平台；进行某项工作所需要的环境或条件。

（一）智慧科研平台

我校是广州市智慧阅读试点学校，有了这个平台，我们以课题为引领，根据课堂实践与智慧阅读的融合，合力生成了一个个智慧阅读的学科课题（见表1），包括了中、小学全学科，一共15个课题，在2020年成功立项为广州市智慧阅读课题，约占全区体量的25%。

表1 2020年度广州市智慧阅读课堂教与学小课题立项公示名单

课题承担单位	小课题名称	学科	课题负责人	学段	课题组成员
云山学校	小学英语阅读教学中的词汇理解策略研究	英语	盛丽辉	小学	徐英梅、徐晓君、叶碧霞、江小燕
云山学校	基于智慧阅读的课堂教学中教师角色的研究	语文	陈彩莲	小学	李彩锋、王见容、龚玉莲、梁秀媚、郭清霞
云山学校	课堂学生深度阅读引导策略研究	语文	梁秀媚	小学	郭燕霞、徐小燕、郭清霞、李彩锋、陈彩莲
云山学校	智慧课堂“1+X”阅读教学实践研究	语文	吴祺	中学	汤浅浅、黄晓红、梁婉蕊
云山学校	通过智慧阅读发展初中英语学科阅读核心素养的实践研究	英语	杨琼	中学	徐少芳、钟云、全晓霞、孙爱群、刘燕丽
云山学校	美术教师阅读教材的策略研究	美术	吴馥芳	小学	郭笑艳
云山学校	巧妙运用绘本阅读教学开展音乐活动研究	音乐	张雯云	小学	许俏敏、高颖彦、骆艳红
云山学校	小学音乐课堂中阅读教学策略研究	音乐	高颖彦	小学	张雯云、于彩果、张潇、王力、张蕊
云山学校	时事新闻中地理知识智慧阅读教学实践研究	地理	何芳	中学	廖城妹、杨瑞玲

（续表1）

课题承担单位	小课题名称	学科	课题负责人	学段	课题组成员
云山学校	以体育作品培育体育人品的研究	体育与健康	何秀丽	小学	骆艳红、危婉玲、陈锐、陈恒、俞奥光
云山学校	“读懂”数学问题的导教研究	数学	骆艳红	小学	文美瑛、陈小君、钟贞、徐妙兰、梁蓝天
云山学校	中学智慧阅读下学生信息技术自主学习能力提升的方法与策略研究	信息技术	梁慧	中学	骆艳红、梁妙祥、卢桂湟、温宇君
云山学校	提高学生阅读物理科技类材料识别物理知识能力的教学策略研究	物理	徐艳玲	中学	汤灿辉、洪红妹
云山学校	初中物理非连续性文本阅读与表达研究	物理	刘晓彬	中学	陈冬梅
云山学校	基于阅读素养的初中化学教学案例研究	化学	骆淑萍	中学	许伟智

我校带动全体参与智慧阅读课题研究的教师组建了智慧科研平台，扩大了研究参与面和研究的深度。课题的实践与研究促使教师们形成一个个研究的群落，以课题为依托，以课堂为现实主场，落实阅读在全学科的植入和渗透。有了这个平台，教师们可以系统地组织开展深入的阅读活动研究和实践。（见图1）

图1　数学教师参与组建智慧科研平台会议现场

（二）智慧阅读平台

广州市教育研究院方晓波、谭健文、袁志芬在《中小学智慧型成长阅读：实践构想与行动路径》一文中提到：智慧型成长阅读是基于人工智能算法，建立“学生成长阅读平台”，以促进学生“爱读书、读好书、会读书”为目标，以促进学生全面发展为旨归的阅读活动。同时，以学生在生活中阅读为主要方法，通过阅读供给的改革促进学生全面发展。我们每个月发布不同系列主题的阅读活动，合理科学地引导学生在周一至周五进行纸质书的阅读和批注等阅读活动，在周末时间，要求学生在家长的正确引导下进行智慧阅读平台的打卡和输入活动，效果显著。龙珠小学部的梁老师还自设了班级“书鸽子的空间”，使学生的读书感言、教师的好书推荐都能在云上空间收录和查阅。由此，校园、家庭、社区内形成了浓厚的阅读文化氛围。（见图2）

图2　智慧阅读平台及班级阅读空间

（三）阅读课程平台

从常态课程的设置，再到校本课程的特色阅读课程设置（见图3），我们生成了云山学校的阅读课程平台，针对不同校区、不同学部，课程平台俨然成为一个阅读超市。

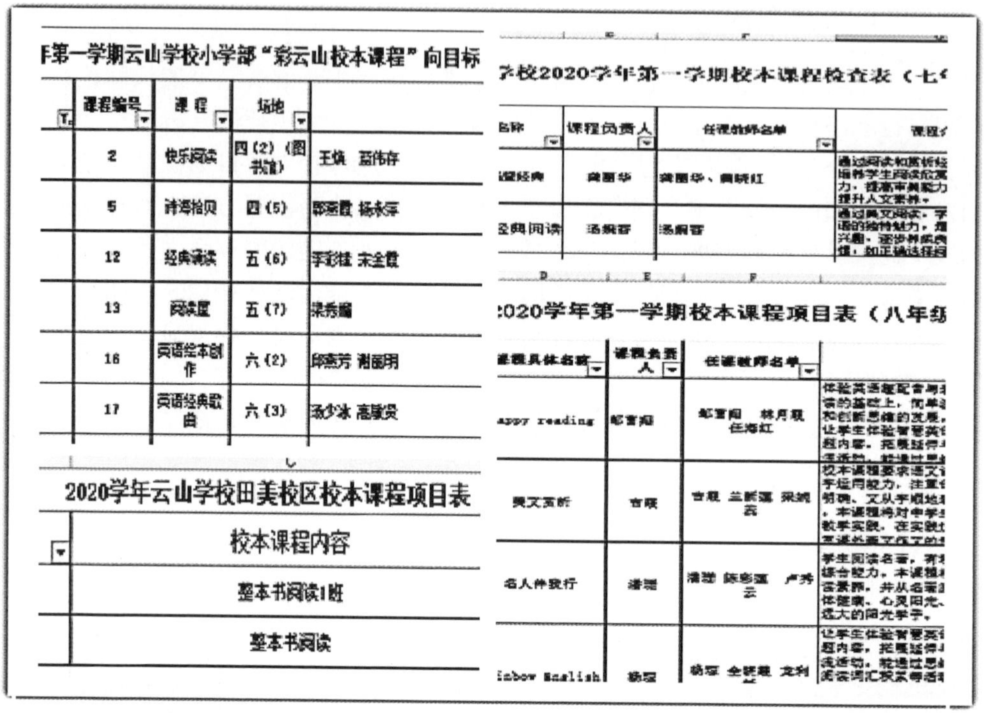

F第一学期云山学校小学部“彩云山校本课程”向目标

课程编号	课 程	场地	
2	快乐阅读	四(2)(图书馆)	王焕 蓝伟存
5	诗海拾贝	四(5)	邢丽霞 杨永萍
12	经典诵读	五(6)	李彩桂 宋金霞
13	阅读屋	五(7)	梁秀娟
16	英语绘本创作	六(2)	邱燕芳 谢丽明
17	英语经典歌曲	六(3)	汤少冰 高丽贤

2020学年云山学校田美校区校本课程项目表

校本课程内容
整本书阅读1班
整本书阅读

学校2020学年第一学期校本课程检查表(七

名称	课程负责人	任课教师名单	课程
课经典	龚丽华	龚丽华、黄晓红	通过阅读和赏析经……培养学生阅读欣赏……力,提高审美能力……提升人文素养。
经典阅读	汤佩香	汤佩香	通过美文阅读,学……语的独特魅力,提……兴趣,逐步养成良……惯,如正确选择阅……

2020学年第一学期校本课程项目表(八年级

课程具体名称	课程负责人	任课教师名单	
appy reading	邹雪阳	邹雪阳 林月银 任海红	体验英语配音与……读的基础上,简单……和创新思维的发展,……让学生体验智慧英……题内容,拓展延伸……活动,能通过思……
美文赏析	古敏	古敏 兰新源 梁婉云	校本课程要求语文……字运用能力,注重……明确,又从字词处……,本课程将对中学……教学实践,在实践……要求必须文作文的……
名人伴我行	潘璐	潘璐 陈彩莲 卢秀云	学生阅读名著,有……综合能力,本课程……著素养,并从名著……体健康、心灵阳光、……远大的阳光学子。
inbow English	杨琼	杨琼 全妍珊 龙利……	让学生体验智慧英……题内容,拓展延伸……流活动,能通过思……英语词汇积累等活……

图3 校本课程的特色阅读课程设置

二、打造“学校—家庭—社区”的阅读空间

阅读空间是指读者在一定空间范围或者区域内进行阅读行为。在过去的1.0和2.0的阅读时代,我们的视野仅仅局限于图书馆或者课堂的阅读。而今,随着社会的发展和人们对教育的需要,3.0的阅读时代已经延展到家庭及社区,使我们的阅读无处不在,逐步形成了“学校(school)—家庭(family)—社区(community)”的S·F·C阅读空间。

(一)学校阅读——图书馆、课堂、课间

学生在学校阅读的场景(见图4)。

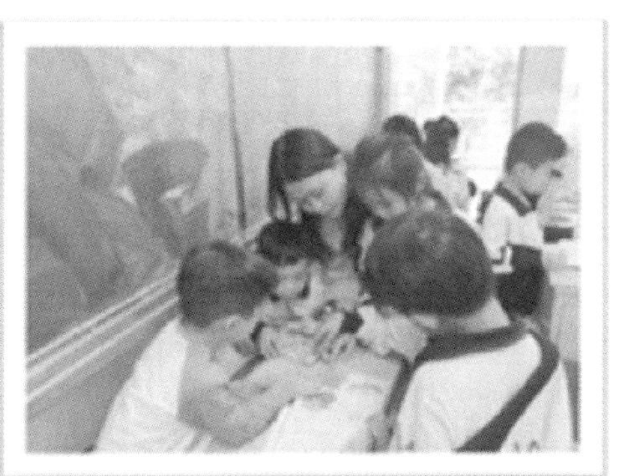

图 4　学生在学校阅读的场景

（二）家庭阅读

学生在家庭阅读的场景（见图 5）。

家庭图书角

与父母共读

家庭读书角

图 5　学生在家庭阅读的场景

三、形成集团办学的阅读流程：集团总校—成员校—图书馆—课堂—课间—家庭—社区

云山学校阅读推广流程如图6所示，流程管理的核心是通过流程周而复始的高效循环使学校管理不断提升价值。利用此原理，我们试图让成员校根据阅读流程进行连续的、有计划的阅读活动。从以往碎片式看书转化为系统的阅读计划，逐步形成云山集团的阅读文化。我们尝试通过开展集团内的项目教研，利用远程线上指导，现场有教师进行讲解的方式，使双师课堂的流程延展到其他学科的学习上，这样不仅节省了教师资源，还使优质的教学资源得到共享，促进了成员校的教师积极思考和大胆表达。

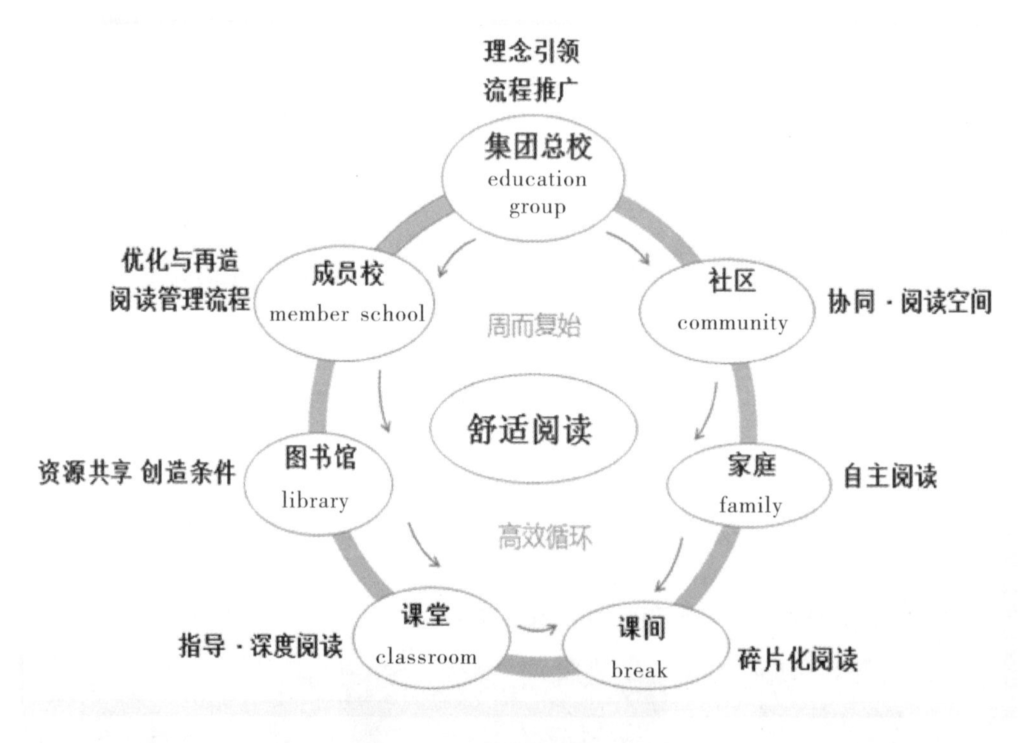

图6 云山学校阅读推广流程

四、提炼阅读的创新概念：舒适阅读

舒适的定义是指个体身心处于轻松自在、满意、无焦虑、无疼痛的健康、安宁状态时的一种自我感觉。舒适的内容包括精神舒适、社会舒适、文化舒适、环境舒适等。怎样才能做到教学主体喜欢、热爱阅读，并使阅读成为一种习惯？教学主体

如何改变以往对阅读的认识，从而使阅读转变为主动的、发自内心的、使人感到舒适的活动呢？我们设计了四个阅读的进阶层面，如图 7 所示。

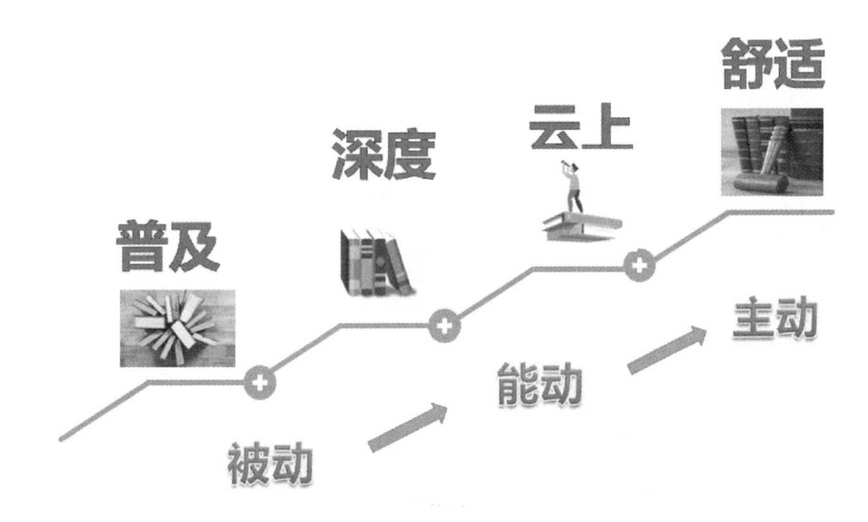

图 7　四个阅读的进阶层面

我们引导学生从阅读空间—阅读方式—阅读体验逐步进阶，在普及阅读的过程中，学生可能是被动的；但在深度阅读和云上阅读时，是学生在任务驱动下的能动性阅读。如图 8 所示，在多元的阅读活动中，学生在不同空间都能主动阅读，这是一种舒适而轻松的阅读行为，更是一种自然取向的阅读行为。这就是我们今天力图打造的一种舒适阅读的概念，是学生高品质集体生活的表现，这种文化的魅力还将延伸到家庭和社区。

图 8　学生在主动阅读

广州市教育研究院在2019年发布的《基于阅读的课堂教学改革广州行动宣言——广州基于阅读的中小学课堂教学变革实践探索》中指出，力求让阅读成为培育时代新人的支撑点，让阅读成为发展核心素养的立交桥，让阅读成为推动课堂改革的快车道。作为学校阅读的推广人，笔者希望点亮孩子们的心灯，为孩子们赋能，培养出知识丰富、内心充盈的新时代少年。习近平总书记曾在《摆脱贫困》一书中指出，弱鸟可望先飞，至贫可能先富。要使弱鸟先飞，还要飞得快、飞得高，就必须发挥贫困主体的能动性并付诸实践。“扶贫先扶志”，良好的精神文化是扶贫扶志的重要保障。阅读改变人生、阅读充盈人生，因此，阅读是“扶贫”的重要途径。

参考文献

［1］水藏玺，吴平新，刘志坚．流程优化与再造［M］．北京：中国经济出版社，2013．

［2］白雪．全面深化素质教育推进教育均衡发展［N］．南方日报，2008－11－21（SC02版：深圳观察·专题）．

［3］冯晓英，王瑞雪，曹洁婷，等．“互联网＋”时代三位一体的教育供给侧改革［J］．电化教育研究，2020，41（4）：42－48．

［4］周海涛，朱玉成．教育领域供给侧改革的几个关系［J］．教育研究，2016（12）．

［5］方晓波，谭健文，袁志芬．《中小学智慧型成长阅读：实践构想与行动路径》［J］．基础教育课程，2019（12）．

［6］广州市教育研究院．基于阅读的课堂教学改革广州行动宣言：广州基于阅读的中小学课堂教学变革实践探索［R］．2019－11－22．

［7］习近平．摆脱贫困［M］．福州：福建人民出版社，1992．

基于钉钉的微课设计与应用

——以“化学能与电能”为例

广州市花都区圆玄中学　郑丽瑜

一、问题的提出

随着大数据、云计算、移动互联等技术的发展与应用，人们越来越多地关注移动学习，“互联网＋教育”使现代信息技术与教育深度融合，促进了教育的改革与创新。很多教师把微课上传到网络教学平台，采用翻转课堂的教学模式，让学生自主预习。这既提高了学生的学习积极性，也提升了教学效率和效果，还拓展了学生的视野。

高中化学教学利用微课进行教学改革，一般采用微信群或者 QQ 群作为教学平台。这两个平台受众面广，有一定的优势，但在使用时用户会发现有不少缺点。例如，QQ 群上传文件总容量仅为 10G，签到统计烦琐；微信群直接上传的单个视频时长不能超过 5 分钟（手机端）或者视频大小不能超过 100M（电脑端），超限量视频要先传到腾讯视频网站，再通过分享链接的方式来共享；信息量大时，信息容易被覆盖。在教学中，当制作的微课项目增多，视频容量变大，并且还需要使用作业提交和考勤统计等功能时，就需要寻找更合适的教学平台进行教学改革。

以钉钉为教学平台，引入微课资源，采用翻转课堂与传统教学模式有机结合的方式开展教学改革，具有以下优势。

1．上传的视频容量能满足教学微课视频容量需求。

2．可以用手机直接登录钉钉，也可以用电脑登录钉钉，并且手机和电脑同步。

3．学生可利用教师推送的学习资源完成课前学习任务。教师可以发布群公告提醒学生查看，而且钉钉能显示群内资源文件的学生的未读人数，以便教师跟踪了解情况。

4．钉钉有直播功能，直播结束后，钉钉会自动生成课堂直播数据的统计，包括观课学生和未观课学生名单、观课学生时长，方便教师掌握授课情况。

5. 利用钉钉家校本布置作业和批改作业，教师可以掌握学生的学习情况，评估教学效果。家校本的作业上交形式多样，可以以纸笔作业拍照、学生题目讲解视频或者语音等形式上交。此外，教师还可以设置优秀作业分享。

二、基于钉钉平台的微课设计与应用

原电池原理是中学化学重要基本理论之一，从反应物之间电子转移的角度看，原电池概念的形成是氧化还原反应本质的拓展和应用。本文以高一化学必修二的化学能与电能中“原电池”的教学为例，进行基于钉钉平台的微课设计与应用实践。

（一）微课的设计

原电池教学的概念图式，如表1所示。

表1　原电池教学概念

原电池：以铜锌原电池（稀硫酸作电解液）为例	
定义	化学能转化为电能的装置
装置	Cu　Zn　稀硫酸
工作原理	负极：电子流出，较活泼，（锌片）：$Zn-2e^{-}=Zn^{2+}$（氧化反应） 正极：电子流入，较不活泼，（铜片）：$2H^{+}+2e^{-}=H_2\uparrow$（还原反应） 总电极反应式：$Zn+2H^{+}=Zn^{2+}+H_2\uparrow$
形成条件	首先，有自发的氧化还原反应。 其次，满足下列条件： ①有两种活动性不同的金属（或一种是非金属导体）作电极； ②电极材料均插入电解质溶液中； ③两极相连形成闭合回路

“化学能与电能”教学属于概念原理课的内容，可将其划分为4个模块的学习内容，分别是：知道原电池的定义、理解原电池的原理、掌握原电池形成的条件和能设计出简单的原电池装置。而在教学中，学生的困惑点主要集中在原电池原理的理解上，即化学能如何转化为电能。因此，本节课笔者共设计制作了1个PPT、1份学习任务单和4个微课视频。实验视频采用直接拍摄的方式，微课录制采用

Camtasia Studio 制作编辑，每个微课视频的容量在 300MB 内，时长 5 ～ 10 分钟，并对视频按内容进行命名。本节课笔者设计制作的 4 个微视频分别是：①用视频展示用橙子给手机充电，激发学生学习的兴趣；②用证据推理和模型认知思路推导化学能转化为电能的过程；③用 Flash 动画展示原电池离子、电子和电流的移动和变化，解释原电池原理；④通过探究实验演示视频归纳原电池的构成条件。

（二）微课的应用

结合钉钉平台的优势，采用翻转课堂的方式，以学习任务单为指导，以微课为载体开展教学活动（见图 1）。教学流程分为课前、课中和课后三部分（见图 2）。课前教师设计微课、发布微课，让学生先学，培养学生自主学习的能力；课中以问题引导，突出学生的合作探究，促进知识内化和吸收；课后利用练习强化巩固、查漏补缺。

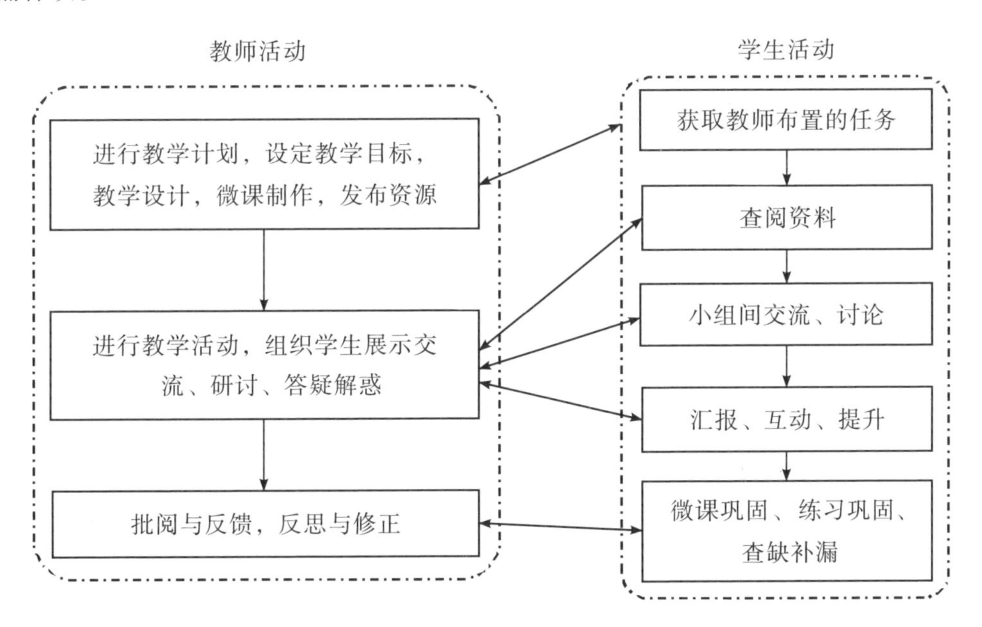

图 1　基于钉钉平台的教学模式

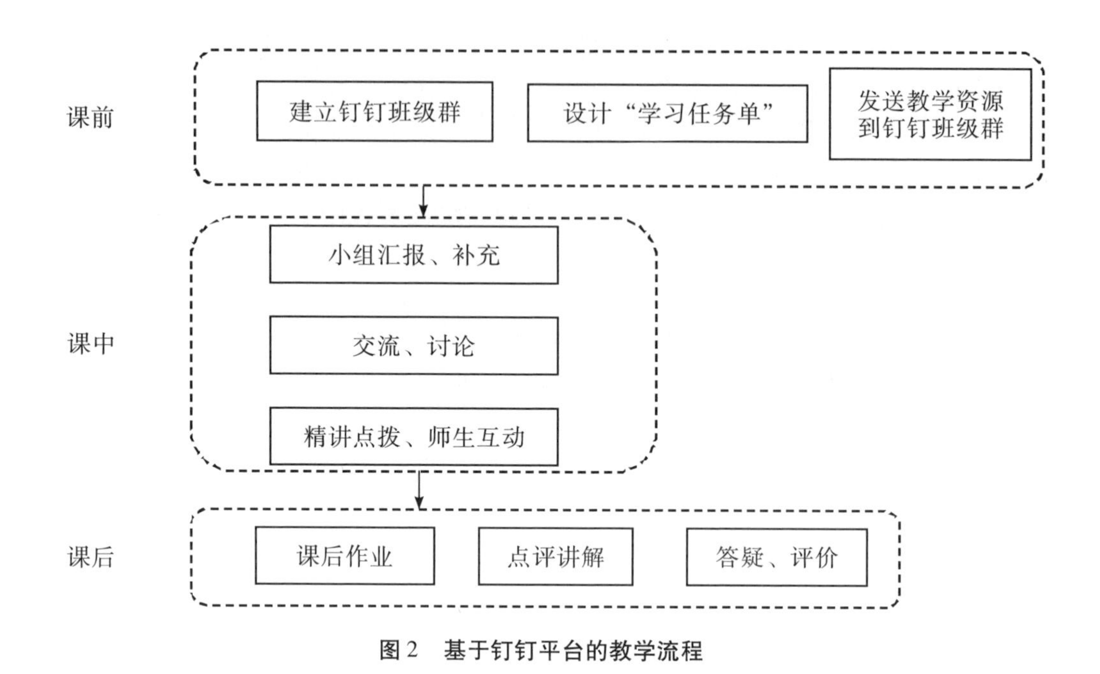

图 2　基于钉钉平台的教学流程

1. 课前自学

首先，教师在钉钉平台申请账号，创建班级群，学生通过教师的邀请进入班级群。接着，教师在平台发布微课视频和学习任务单等学习资源，学生便可在班级群上查看和自主学习。学生完成学习任务单中观看微课和完成配套的预习练习题目的任务，可提出或记录学习疑难，以备在课堂上与教师、同学交流讨论。根据钉钉上的任务完成情况反馈，学生在自学时基本都能按照学习任务单的指引，观看微课视频，做好笔记记录。

2. 课堂互动

通过查阅预习学案发现，能力基础不同的学生对知识的接受程度明显不同，学生的困惑点大部分集中在化学能如何转化为电能的理解上，比如，在实验中锌和铜同时与稀硫酸接触构成原电池，为何锌片上没有气泡，而铜片上产生气泡。因此，教师在课堂上需要重点突破原电池产生电流原理的宏观探析和微观辨析。

教师根据学生学案上提出的问题整理归类出难点，学生在课堂上按小组进行讨论，然后由小组代表汇报展示，每组用时 3 ～ 5 分钟，之后学生和教师针对汇报进行点评和补充。如前文所提及，本节课学生的重难点主要有两个：一是化学能转化为电能的理解，二是设计原电池装置。其中，化学能转化为电能，强调发生的是自发的氧化还原反应，存在电子的定向移动，电子从负极经过导线流向正极，溶液中的阳离子移向正极，在正极上获得电子。

由于学生通过课前预习已经初步掌握了学习内容，课堂上可以有更多的时间用于交流讨论、解决问题等。换言之，教师应以帮助、引导学生促进知识内化和拓展能力为核心来组织课堂活动。学生以学习小组为单位，成员间进行交流讨论、合作探究，对课前预设问题进行展示汇报，对课堂生成的疑难点进行讨论说明。教师作为课堂活动的组织者和引导者，对学生的汇报和讨论进行点评、精讲点拨。下面是学习任务的课堂互动讨论实录。

学习任务1：如何将化学能转化为电能？

①发现问题：火力发电过程中能量是如何转化的？讨论能量转化过程中的弊端，引出如何实现化学能直接转化为电能的问题。

②猜想假设：火力发电中燃烧是氧化还原反应，电子发生转移，产生能量的变化，表现为化学能转化为热能，这是因为氧化剂和还原剂直接接触。若要使化学能直接转化为电能，可假设把氧化剂和还原剂放在不同区域里进行，想办法把还原剂失去的电子转移到氧化剂中来。

③实验验证：

a. 锌片直接与稀硫酸接触。

现象：锌片上有气泡产生，温度计显示温度变化明显。

解析：氧化剂和还原剂直接接触，化学能转化为热能。

b. 加入铜片，因为铜片可以导电，又不得到电子。锌片、铜片同时插在稀硫酸中，两金属不接触，测量液体反应前后温度。

现象：锌片有气泡产生，铜片没有气泡产生，温度计显示温度变化明显。

解析：化学能还是转化为热能，锌失去的电子不能到达铜片，H^+并没有在铜片上得到电子。

c. 思考：如何将锌片失去的电子转移到铜片上？通过连接导线。锌片与铜片用连接有电流表的导线连接，同时插在稀硫酸中，观察电流表指针，测量液体反应前后温度。

现象：铜片上有气泡产生，电流表指针偏转，温度计变化不明显。

解析：锌片失去的电子经过导线转移到铜片上，H^+在铜片上得到电子转变成氢气。电流表指针偏转说明产生电流，温度计变化不明显，实现化学能直接转化为电能。

学习任务2：理解原电池离子、电子和电流的移动和变化，解释原电池原理。

解析：原电池是化学能转化为电能的装置，原电池中，并不是所有的化学反应产生的化学能都能转化为电能，这种化学反应必须是自发的氧化还原反应，因为原电池的本质是氧化还原反应，发生电子的定向移动，从而产生电流，化学能转化为电能。在这个原电池中，锌片失去电子，变成锌离子，发生氧化反应，锌是负极。电子经过导线到达铜片，溶液中的氢离子流向正极，氢离子获得电子变成氢气，发生还原反应，铜片做正极。也就是说，还原剂在负极失去电子，发生氧化反应；氧化剂在正极得到电子，发生还原反应。电子从负极流向正极。

学习任务3：原电池的构成条件是什么?

解析：通过观看微视频，我们记录以下实验结果。

实验条件	1	2	3
1. 不同电极材料	Zn—Cu（H_2SO_4 溶液）	Zn—C（H_2SO_4 溶液）	Zn—Zn（H_2SO_4 溶液）
2. 选择不同的溶液	Zn—Cu（$CuSO_4$ 溶液）	Zn—Cu（橙汁溶液）	Zn—Cu（蔗糖溶液）

装置举例	Zn A Cu $CuSO_4$溶液	Zn A Zn H_2SO_4溶液	Zn A Cu 蔗糖溶液	Zn A Cu H_2SO_4溶液 H_2SO_4溶液
能否构成原电池	能	电流表没有发生偏转，均不能构成原电池		
主要原因解析	能自发氧化还原反应	电极的活动性不能相同	蔗糖溶液不能导电	没有形成闭合回路

由此，可以归纳得到原电池的构成条件是：要求有自发进行的氧化还原反应。

①电极：两种活动性不同的金属（或可以导电的非金属单质）；

②溶液：电解质溶液；

③成回路：形成闭合回路。

3. 课后练习

经过课堂的讨论学习，学生仍然需要完成相关的巩固练习，这样才能更好地对所学知识进行巩固并突破学困点。笔者在批阅练习时发现，大部分学生对于原电池原理的知识点的理解较课前更清晰，同时也发现，有一部分学生后续仍需要强化电极反应式书写和原电池模型的建构。为此，笔者在本节课还布置了一个拓展作业——设计制作一套果蔬电池，以更好地培养学生动手操作和实践的能力。

三、教学效果分析

（一）学生学习满意度的调查

在教学之后，采用访谈和调查问卷的方式调查学生的满意度。从调查结果可以看出，能接受和喜欢用“钉钉班级群”平台进行微课学习的学生比例达到83%，有43%的学生认为微课能提高学习效率，只有6%的学生认为微课不能提高学习效率。同时，有78%的学生认为微课吸引人的地方是可以观看视频；53%学生认为微课视频短、精、小，可以充分利用课外时间学习；88%的学生认可并且认为自己适应微课这种上课模式。对于微课教学与传统课堂教学的区别，大部分学生认为微课教学给了他们独立思考的时间和机会，自身的注意力得到了提升，知识掌握得更扎实，学习能力也在慢慢提高；但同时也指出，微课教学较传统课堂教学占用了其较多的课后时间。

（二）学生学习效果的分析

为了解微课和钉钉班级群的教学效果，笔者安排了同年级同层次的两个教学班作为对照班和实验班，各班人数均为46人，对照班采用传统的课堂教学模式，而实验班则采用微课教学模式。在完成课堂教学后的当天，笔者对实验班和对照班的学生进行检测，考查的知识点覆盖原电池的定义、原理和构成条件，符合教学达标的难度，测试结果如表2所示。

表2　实验班与对照班学生检测情况

教学班类别	平均分	T检验
实验班	88.79	$t=-5.6$
对照班	84.68	$p<0.05$

测试结果显示，实验班平均分（88.79分）略高于对照班（84.68分），并且差异显著，说明本课采用微课教学比传统教学的效果好。

四、结语

在实践中，制作优秀的微课对教师的综合素质提出了更高的要求，教师不仅需要具备扎实的专业知识，还需要掌握一定的信息技术。课堂在不断变革，教师也必须与时俱进。本次课例在实施中也存在着一些问题，比如在前期开发和课例设计上，花费的时间和精力成本较传统课堂高，即虽然取得较好的效果，但推广和持续操作的效益不高。教学的最终目的是学生的发展，在后续的教学研究中，我们可以结合传统教学的优势，完善微课教学，从而更好地达到教学的目的。

参考文献

[1] 丁广大，刘新玉，石磊，等. 浅谈“互联网+”时代教育的新特征和对教师的新要求[J]. 教育教学论坛，2020 (20)：50-51.

[2] 黄毓展，钱扬义，蔡立媚. 基于翻转课堂的元素化合物教学研究：以“无机非金属材料的主角：硅”为例 [J]. 化学教育（中英文），2019，40 (21)：56-61.

[3] 肖飞，吴溢选. 应用微信公众平台的化学教学策略探究 [J]. 化学教与学，2020 (3)：23-26，14.

[4] 高江林. 基于微信技术的“一·三·五”高效课堂教学模式实践与探索：以高中化学教学为例 [J]. 中国教育技术装备，2019 (3)：109-110，113.

[5] 郑丽瑜. 基于科学取向教学论的概念课型教学实践：以人教版必修2“原电池”（第一课时）为例 [J]. 中学化学，2017 (4)：2-5.

借力信息技术手段，优化电视课堂的教学案例研究

广州市花都区花东镇莘田小学　董慧珊

一、概述

“停课不停学”是抗击新冠肺炎疫情期间的重要举措，同时也给学校、教师带来了新的挑战和发展机遇。2003 年的“非典”期间，为了抗击“非典”疫情，中国部分地区也实施了类似的停课举措，但当时的互联网和信息技术没有现在那么发达，电视课堂节目的形式也比较单一。如今信息技术蓬勃发展，改变着人们的生活方式，也渐渐地改变了教师们的教学模式。如何利用好信息技术手段，优化电视课堂教学是本研究的重点。

电视课堂是现代远程教育的主要形式之一，在新冠肺炎疫情防控期间很好地模拟了普通课堂教学。虽然电视课堂的时长比普通课堂短，一般只有 20 分钟的时间，但是它可以通过图、文、声、画等营造更浓厚的课堂学习氛围，以提高教学效果。电视课堂的提前录制使得授课教师减少了一些教学失误，从而提高了课堂质量。电视课堂与平时的普通课堂相比，省去了一些较为烦琐的教学环节，使教师的教与学生的学更直接、更高效。

二、教学内容优化设计

（一）教学内容设计

“把种子散播到远处”是教科版小学科学四年级下册第二单元第四课的内容。这节课在观察了花、果实、种子的基础上，对植物的果实和种子形态特征的进一步研究。结合教材单元内容和电视课堂的教学特点，笔者将这节课的教学重点设置为：认识种子传播的方式，建立植物果实和种子的结构特点与种子的传播方式相适应的观念。

（二）学情分析

在本节电视课播出前，学生已经居家学习了一个月，教师对电视课堂的教学流程也更加熟悉了，但学生由于不能外出，无法到户外对植物进行观察和探究。四年级的学生已经对蒲公英等植物的种子的传播方式有了一些了解，但没有从结构与功能相适应的角度进行系统的认识。学生在三年级植物单元的学习中，已经观察了凤仙花的种植和生长过程，所以学生对凤仙花种子的传播比较熟知，在教学时可由此激发学生的探究兴趣。

（三）教学流程设计

教学流程设计如图1所示。

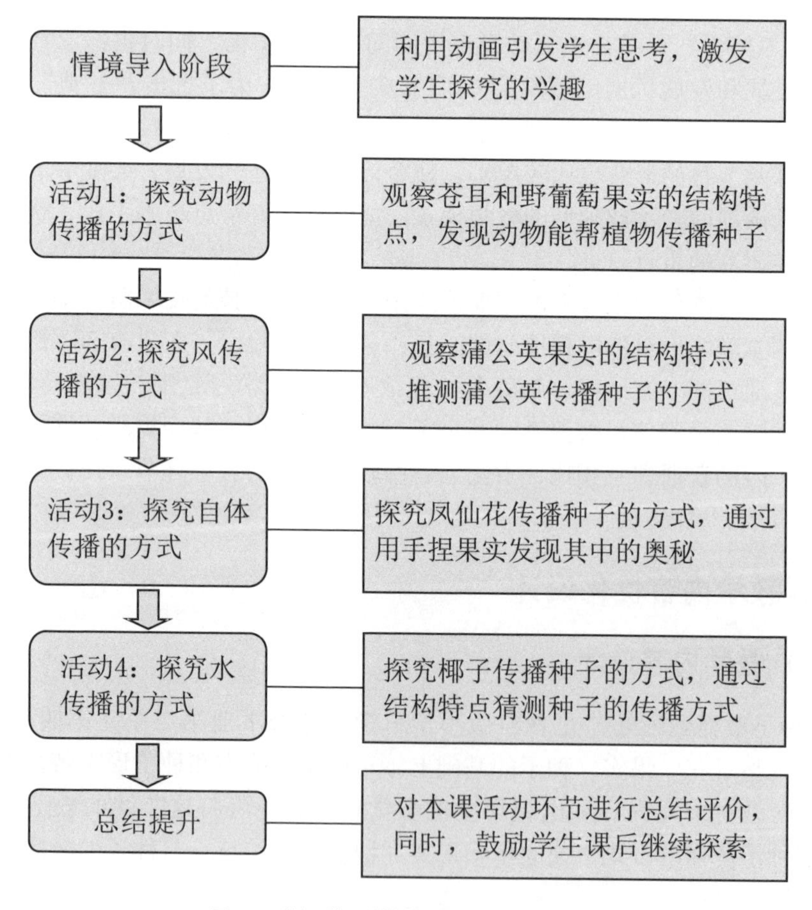

图1　“把种子散播到远处”教学流程

三、借力信息技术手段，优化电视课堂教学

（一）巧用动画素材，激发学生兴趣

与学校学习相比较，学生居家学习很容易分散注意力。授课教师抓住了学生喜欢动画人物的心理特点，采用了轻松有趣的动画导入方式。教师利用视频剪辑软件剪辑制作了一个与本课内容十分贴切的动画片作为导入："动画主人公小米粒去田地里抓蚂蚱，回到家的时候发现身上粘了许多奇怪的东西，指着身上的苍耳问妈妈，这些是什么啊？为什么会粘在衣服上呢？"利用有趣的动画引发学生思考，激发学生探究的兴趣。

（二）巧用图片素材，初步观察植物的结构特点

在学生的好奇中，教师利用小工具将苍耳的图片放大，揭晓问题的答案：这其实是一种植物的果实，这种植物就是苍耳。紧接着向学生展示放大后的苍耳，并提问："为什么苍耳会粘在小米粒的衣服上呢？"图片中，苍耳的果实表面长满了钩刺，这样的结构特点使它很容易粘在人类的衣服上，从而把种子传播出去。学生很容易就能在图片中找到引课时的问题答案，从而明白原来苍耳能粘在人的衣服上是因为果实表面有钩刺，苍耳粘在小米粒的衣服上就可以把种子传播出去了。教师趁热打铁，补充知识：苍耳除了容易粘在人类的衣服上，还容易粘在动物的皮毛上。教师利用图片解说植物可以通过粘在动物身上，把种子传播到很远的地方，扎根发芽，引导学生认识带钩刺的果实有利于通过动物传播种子。

引导学生探究苍耳传播种子的方式后，教师紧接着展示野葡萄等水果的果实图片，向学生提出疑问："一些水果表面没有钩刺，它们能靠动物传播吗？"通过多媒体展示动物吞食野果时果肉被消化，种子随粪便排出体外后发芽，引导学生认识，除了果实有钩刺的植物可以靠动物传播种子外，其他有美味果实的植物也可以靠动物传播种子。这时，教师对活动 1 进行小结并引出第一个学习概念：利用动物传播种子的方式称为动物传播。

（三）巧用音频素材，互动探讨，交流发现

在第二个教学环节中，教师借助动画人物提出新问题："为什么蒲公英身上有这么多的小绒毛？"新问题成为学生探究学习的驱动力。学生在对蒲公英图片进行观察后有所发现。这时，教师通过提前录制好的学生录音，模拟在课堂上与学生交流讨论，展示与学生共同探讨问题的过程。

电视课堂的优点是覆盖面很广，可以最大范围地组织学生在线学习，但师生互

动性较差。为了弥补这一缺点，教师提前对学生进行调查，整合并设计师生对话内容，利用音频来向学生展示师生互动的效果，让电视机前的学生能体验熟悉的“教师课堂提问，学生思考回答”的传统教学模式。最后，在互动引导下，学生不难明白，“小绒毛”携带着蒲公英的种子，绒毛很轻，因而可以靠风把种子传播到远处。这时，教师趁机引出第二个学习概念：利用风传播种子的方式称为风传播。

（四）巧用微视频素材，尝试有依据地进行科学推测

在第三个教学环节中，教师根据学生的前概念提出疑问：“我们三年级科学课认识的凤仙花又是怎样传播种子的?”通过探究熟悉的植物，再次激发学生的探究兴趣，引导学生设计出用手捏凤仙花来探究其果实特点的方法。为了更好地让学生观察到凤仙花弹射种子的现象，教师在原来慢镜头拍摄的基础上调节播放速度，让学生能通过微视频观察得更清楚。

紧接着，教师引导学生根据观察到的科学现象，推测凤仙花种子的传播方式，学生很容易就能根据微视频里的现象，分析出成熟的凤仙花果实具有很薄、很脆、易开裂的结构特点。最后，教师通过微视频的慢镜头，揭晓答案：凤仙花的果实成熟后即使不用手捏，也会自己开裂，它是靠自身力量把种子传播出去的。

（五）巧用 Flash 动画素材，自主分析种子传播的方式

在最后一个教学环节中，教师出示椰子的图片及动图等教学资源，利用情境，引导学生自主分析椰子的结构特点以及它传播种子的方式。为了更好地引导学生探究椰子传播种子的方式，教师利用 Flash 动画向学生展示椰子传播种子的过程，并引导学生发现，椰子之所以能浮在水面上，是因为它的果皮里有一层厚厚的纤维，这种特殊结构不仅使椰子能浮在水面上，而且长时间泡水也不容易腐烂，起到保护种子的作用。利用 Flash 动画的演示，能令学生更直观形象地明白椰子的种子是顺着水流飘到远处的。于是，教师可在课堂中引出第四个学习概念：靠水流传播种子的方式称为水传播。

（六）巧用多媒体技术，强化知识，总结提升

利用多种信息化教学手段，能使学生更容易掌握课堂的重难点。有趣的文字、图片、视频、音频有助于学生在教师的带领下主动学习。学生的眼睛、耳朵、大脑等感官都在不断地接收着学习信息，并主动思考。可见，信息化教学手段可以让学生的多种感觉器官受到新鲜事物的刺激，从而一步步地吸引学生主动学习。在最后的课堂总结中，教师用多媒体演示并总结本课的主要内容。虽然在疫情的影响下，

同学们不方便出门观察更多植物的传播方式，但教师鼓励学生利用信息化手段进行课后探究，如利用互联网查阅相关资料的方式进行课后探究等。

在这节课的教学过程中，教师利用信息技术与电视课堂教学相融合的方法，使课堂教学更直观、更形象，让学生能够身临其境，感受大自然的魅力。通过电视课堂，引导学生以别样的角度探究科学问题，更能激发学生的探究热情。

四、教学效果与特色创新

（一）化传统教学为信息化教学，增强学习体验

随着信息时代的到来，人们的生活和工作方式发生了铺天盖地的变化，学习方式也逐渐被影响，当前的教学模式已经不能满足时代的要求。小学科学教学要做到与时俱进，就要跟得上信息化时代的步伐。目前，网络上涌现了大量的信息化教学资源，这些是教师进行信息化教学的“至宝”。这些视频作为课前导入、课后拓展的资源，在电视教学中更能吸引学生的眼球，能很好地展示自然界中植物如何传播种子。此外，自制微视频更符合教学需要，也更符合学生的学习特点，通过自制微视频能更清晰地教会学生探究的方法步骤和注意的事项。

多媒体技术不仅能很好地展示教学所需的画面和声音，还为科学教学所需的延时摄影提供便利。在户外很难恰好碰到植物传播种子的时刻，但是通过延时摄影可以展示喷瓜果实成熟时喷出种子的那一刻，凤仙花果实成熟时炸裂的那一刻，这样的视频资源就像一部部精美的科幻大片。此外，信息技术与教育教学的融合，是当前电视教学的需要，同时也是新时代的要求，是未来教育发展的必然趋势。信息化资源改变着我们的生活，丰富着学生的学习方式，同时也改变着教师的教学手段，使课堂教学更加直观形象。

（二）化零散为整体，点燃探究热情

教师先在前两个活动中引导学生通过观察、交流，找到植物种子传播方法与它的结构特点之间的联系，再在后面两个教学活动中，一步步引导学生经历推测和自主探究的过程，让四个探究活动变成一个整体的科学探究流程（见图 2），使学生学习循序渐进。教师利用互联网资源创造课堂情境，贯穿课堂始终，将零散的四个探究活动串联为一系列的探究任务，点燃学生探究的热情。

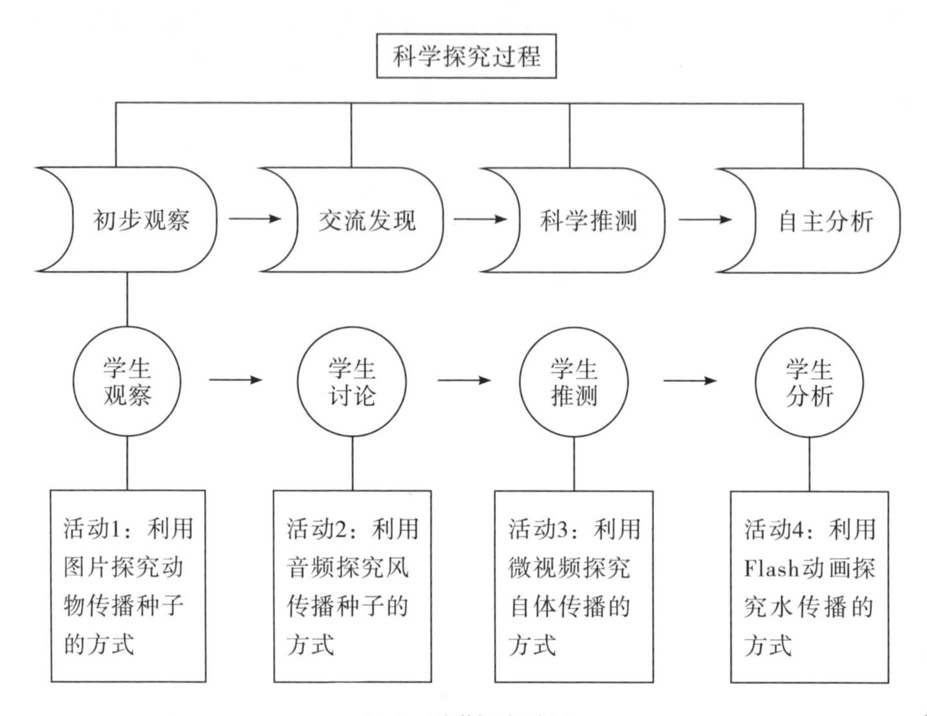

图2　科学探究过程

（三）化室内演示为户外演示，拓展学生视野

在室内教学时，教师通过教学演示使学生能近距离地观察实验现象，但电视教学通过户外搜集素材和拍摄技巧，能达到更加清晰的演示效果。通过户外取材，学生能够清楚地看到教师在户外做演示实验的效果，比如，演示户外的凤仙花是怎样传播种子的。通过户外拍摄和剪辑处理，学生不仅一下子就能明白凤仙花的种子是靠自体传播的，更能直观地感受到植物生存的智慧和大自然的魅力。

（四）化无生课堂为有生课堂，增加师生互动性

电视教学难以进行师生互动，这是让许多教师困扰的问题。在录制教学过程前，教师提前调查部分学生，并对课堂上的师生互动内容进行设计，利用音频来向学生展示师生互动的效果，让电视机前的学生能体验熟悉的“教师课堂提问，学生思考回答”的传统教学模式。通过邀请部分学生进行录音和拍摄视频，不仅可以生动形象地模拟平时学习中的情境，而且能引导学生根据课堂中的思路一步一步完成探究任务，让课堂更加生动、更加顺利。这样，学生在课堂上就能感受到班级集体学习的熟悉感，进而从线上的师生互动发展为线上线下的师生互动模式。

本教学案例通过借力多种信息技术手段，优化了电视课堂教学，为学生呈现了一节直观、形象的科学课。做好疫情期间的线上教学工作是教师义不容辞的责任，引导孩子安心地居家学习新知识，是响应“停课不停学”的要求，也是教师为国家“战疫”出的一份绵薄之力。作为人民教师，我们应该坚守在教学一线，利用好信息技术资源和手段，优化线上教学效果。

参考文献

[1] 焦建利. 疫情防控背景下停课不停学在线教学案例研究 [J]. 中国电化教育，2020 (3)：106-113.

[2] 魏益萍. 信息化教学在小学科学教学中的应用 [J]. 中国校外教育，2016 (2)：119.

[3] 赵怡. “线上课程思政”要从八个方面着力 [N]. 山西日报，2020-03-16 (11).

基于核心素养的在线课程资源开发与应用探究

——以八年级信息技术第二章“程序设计初步”为例

广州市花都区秀全外国语学校　钟惠文

一、概念界定与存在问题

教育信息化新时代以新技术、新媒体促进教育领域的不断发展革新。教育部在《教育信息化十年发展规划（2011—2020年）》中提出，课堂教学的现代化要求要更高、更新、更紧迫，整合师生的需要，建设优质的课程资源。《新课标》指出，凡是对实现课程目标有利的因素都是课程资源。信息技术课程资源就是指有利于信息技术课程的实施与生成的各种物质和非物质的因素与条件。在线课程资源包括如网络资源、课件、微视频、多媒体素材以及信息化教学平台等各种可以利用的资源。《普通高中信息技术课程标准》（2017年版）明确界定了以信息意识、计算思维、数字化学习与创新、信息社会责任为核心要素的信息技术学科核心素养体系。

随着我国5G移动通信技术发展，近年来，以开放、共享为理念的教育资源开发也越来越得到社会的重视。自新冠肺炎疫情暴发以来，国内中小学纷纷开展了“停课不停学”的线上学习活动。但目前国内初中能体现最新信息技术学科核心素养的信息技术在线课程资源很少，且不与教材内容持续同步，普遍存在开发理念滞后、内容陈旧、资源单一零散不成系列、没有规范化、没有形成资源库等问题。因此，在“互联网+教育”这一时代背景下，更凸显信息技术在线课程资源开发的迫切与重要性。本文探究信息技术在线课程资源开发与应用。在线课程资源形式多样，其中微视频是一种视频时长控制在10分钟左右，以“短、小、精、活”为核心的网络教育资源，其更能发挥在线课程资源的作用，让学生乐学、易学，有助于提高学生学习初中信息技术学科的兴趣，培养学生信息技术学科核心素养，实现课程总目标。本文着重探究以微视频为核心，包括配套课件、微练习、学生任务单、信息化平台练习等在线课程资源开发构建策略，以期开发出适合当前信息技术教学应用的在线课程资源，解决信息技术教学中存在的问题。

二、八年级信息技术在线课程资源的设计

（一）立足课标，确立在学科核心素养视阈下的信息技术在线课程资源设计体系

在学科核心素养的课程教学视阈下，信息意识是学科核心素养体系的关键，是统领计算思维、信息社会责任，实现数字化学习与创新的基础。学科核心素养体系内部四个要素呈现：在解决问题过程中信息意识唤醒和统领计算思维、信息社会责任、实现数字化学习与创新的基础，而在计算思维、信息社会责任、实现数字化学习与创新的基础得到发展的同时，又提升发现问题的信息意识水平，最终带动整个学科核心素养的全面发展。信息技术学科核心素养体系模型如图 1 所示。

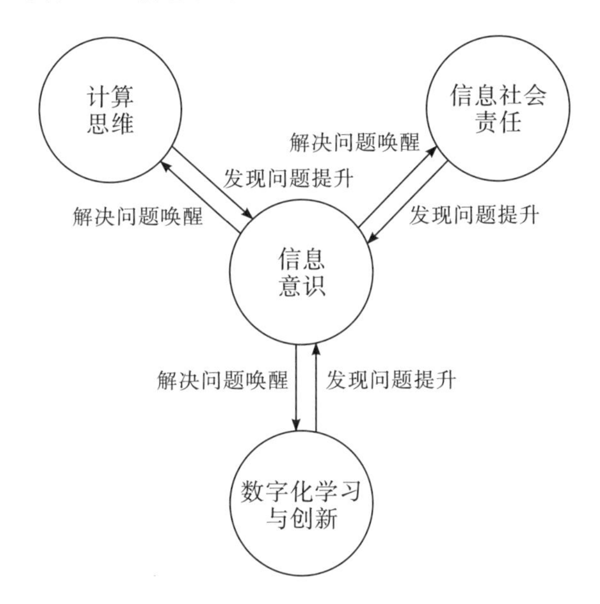

图 1 信息技术学科核心素养体系模型

根据信息技术学科核心素养体系模型，从培养学生学科核心素养四个要素对八年级信息技术在线课程资源进行设计开发，在课程设计中融合培养学科核心素养应有以下着眼点：信息意识，培养学生信息的察觉、判断、反应能力等；计算思维，在发现问题、解决问题、完成任务的过程中发展计算思维的理性、精准性；数字化学习与创新，在一系列的发现、获取、判断、抉择、利用、创新中提高数字化学习能力；信息社会责任，学生为有效完成任务遵循信息道德伦理等责任意识和提高自觉性。此外，资源开发设计还应遵循易于学生使用的原则，让学生在家庭学习环境

中也能完成课程任务，从而培养学生自学在线课程视频的习惯，在学习中提高发现问题以及解决问题的关键实践能力。

（二）在线课程教学资源知识单元划分

八年级信息技术第二章“程序设计初步”课程原共有7个小节，为利于学生理解消化、方便执行操作，笔者根据教学目标、教学重难点、教学方法、教学策略，进行微单元的二次分解，将各章节细化成主题明确、内容清晰的微知识点分支，从而构建出整个课程的知识单元框架，如表1所示。

表1　第二章“程序设计初步”在线课程资源知识单元划分

章节	在线课程资源单元划分
第1节　程序与程序设计	1. 程序与程序设计
第2节　程序中的对象	2. 对象及其属性
	3. 编写事件及事件过程代码
	4. 窗体的打印方法——print语句
第3节　程序的基本要素	5. 数据类型、常量与变量
	6. 函数、运算符与表达式
	7. 程序中的语句
第4节　程序的顺序结构	8. 数据的输入、处理和输出
	9. 顺序结构的应用
	10. 顺序结构易学操作
第5节　程序的分支结构	11. 条件语句的表示
	12. 分支结构的应用
	13. 程序的分支结构习题讲解
第6节　程序的循环结构	14. For-Next循环语句
	15. 同心圆
	16. 循环结构习题
第7节　程序设计的基本方法	17. 程序设计的基本方法

从表1可以看出，在该课程的每个微单元中，学生均有明确的学习任务主题，这些主题各知识点突出，便于学生根据自己的学情进行逐个突破，灵活选择学习内容和进行重复性学习，从而更好地实现了学生的分层教学及个性化学习，很好地调动了学生学习的主观能动性，大大激发了学生的学习动力。

三、八年级信息技术在线课程资源的开发

（一）在线课程资源的开发策略

在课程资源开发上，笔者抓住培养学生学科核心素养这一理念，针对初中学生在线学习注意力受视觉刺激影响的特点，通过运行易于学生理解的生活实例小程序，抓住学生的视线、引入课题，再通过任务驱动、剖析程序，让学生了解编程解决问题的方法和步骤，并利用各种碎片化资源讲解知识点，将抽象、枯燥、乏味的知识通过程序实例和代码的变化进行同步视频演示，为学生营造一个舒适、轻松的信息化学习环境，更好地帮助学生在发现问题和解决问题中培养学科核心素养，完成知识的构建与内化。下面以八年级信息技术第二章第5节“程序的分支结构”教学内容为例，阐述该资源的开发策略。

1. VB程序微资源以生活中“发微信红包”创设问题情景，引出分支结构，如图2所示。

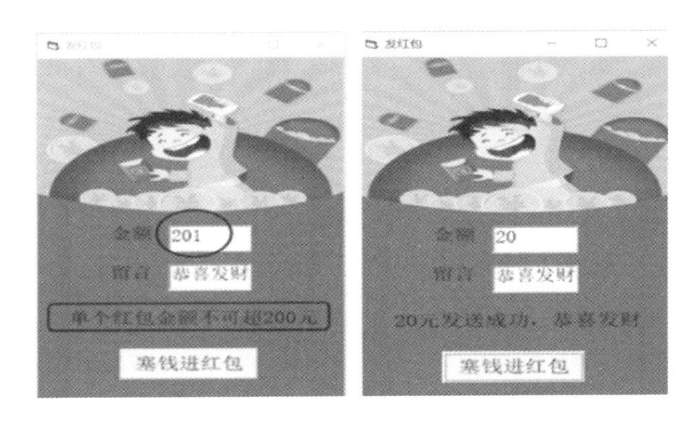

图2　VB程序“发红包”创设问题情景

2. 课程任务单分析问题：用户输入什么数据？程序对输入的数据要进行怎样的处理？处理后会有什么输出结果？引出流程图，如图3所示。

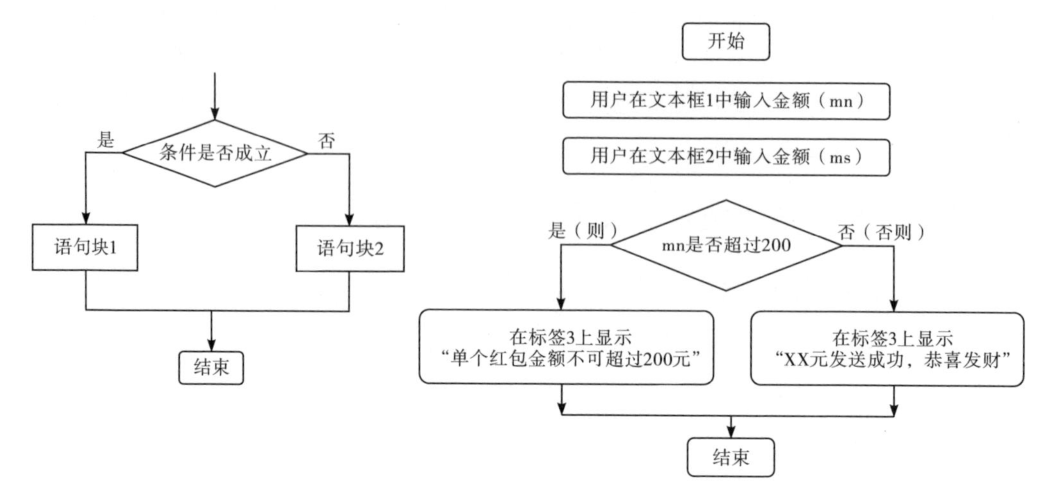

图3　课程任务单流程

3. 微视频播放演示设计算法，实践编写程序，解决问题，如图4所示。

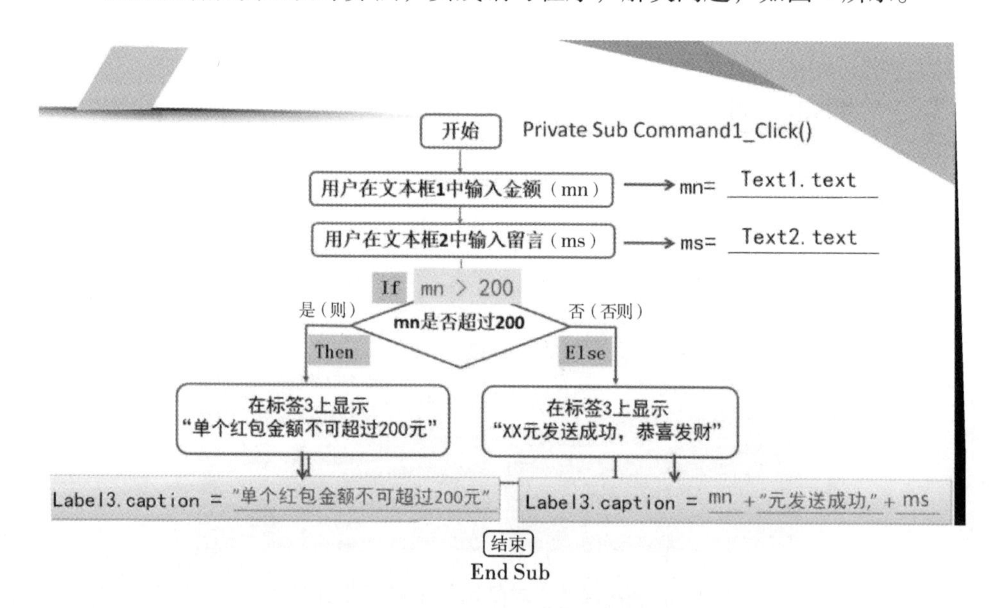

图4　设计算法和编写程序微视频

4. 融合教学辅助系统出题平台，开发练习操作资源题库。如分支结构应用QQ登录系统案例练习，帮助学生巩固掌握条件语句的书写格式，加强理解条件语句的执行过程，通过发现问题提升信息意识，在完成任务过程中发展计算思维等学科核心素养体系，如图5所示。

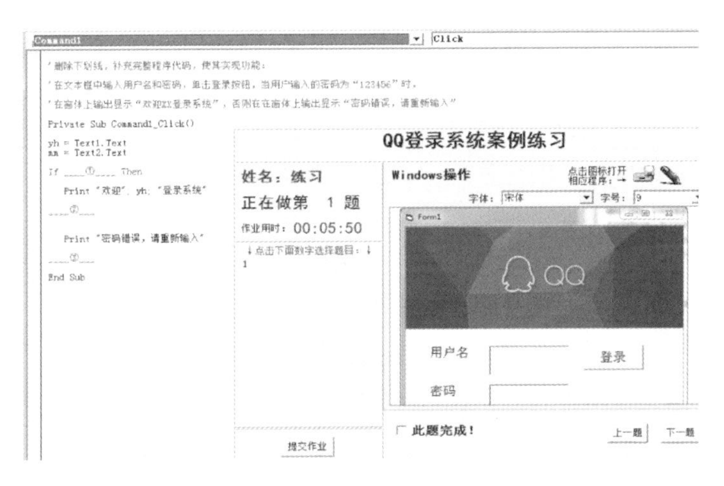

图 5　分支结构应用 QQ 登录系统案例练习

（二）八年级信息技术在线课程资源开发制作流程

八年级信息技术在线课程资源开发依托花都区教育万课网在线课程平台，主要以微视频的方式呈现，因此，微视频的设计与制作是在线课程资源开发的重要内容。课题组以信息技术的程序设计一般过程思路，制定了信息技术在线课程资源开发制作流程，如图 6 所示。

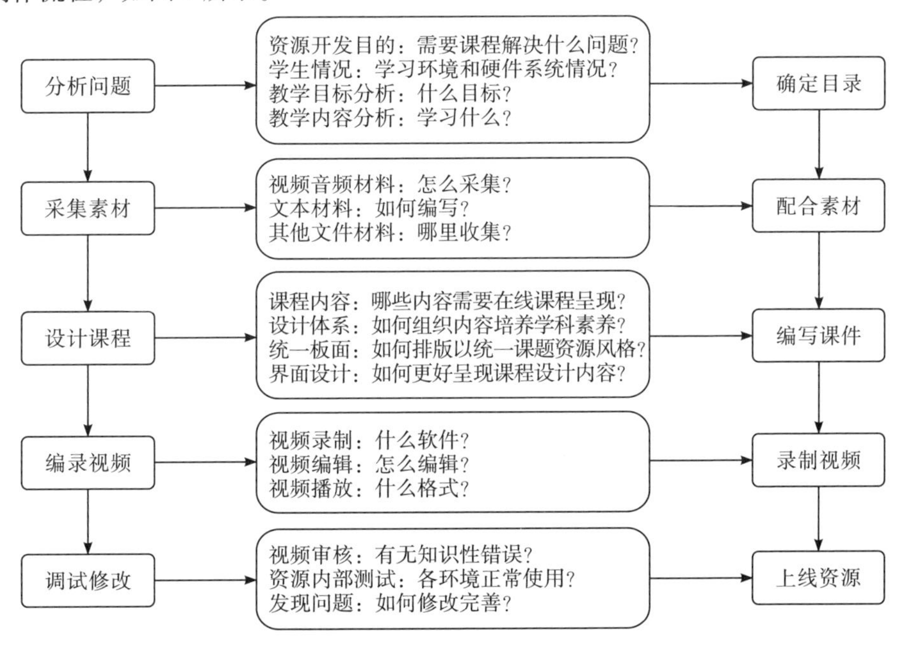

图 6　信息技术在线课程资源开发制作流程

第一步，分析问题。设计单元模块导航目录，根据课程的前期分析，确定微视频的选题，选题时要考虑使用价值高、适合视频传播、信息量不大、相对独立的内容。

第二步，采集素材。汇总整理课题成员多年积累或自主制作的课件、题库、视频、音频、图片、文字等素材。

第三步，设计课程。研讨课程内容呈现设计、编写课件设计、配套辅助练习、学生操作文件等资源设计等问题。

第四步，编录视频。使用 Camtasia Studio 等视频编辑软件，进行 1080P 高清录屏，输出 MP4 可编辑主流视频格式微视频，并开发八年级信息技术在线课程系列微视频。

第五步，调试修改。开发后的课程资源先由制作成员内部测试，每个微视频须经认真仔细审核，确认通过后才上线发布。

四、信息技术在线课程资源的应用

以学生为中心，充分发挥学生学习主动性，“先学后教”，自主学习在前，初步探索出信息技术在线课程资源的应用策略：课前上传资源、微课导学—课中学习微任务、互动反馈—课后练习拓展、线上交流。

（一）课前应用：上传资源、微课导学

将制作好的微视频上传到网络教学平台，同时根据本课的教学知识点，下发学习任务单。学生根据任务完成微课学习，也可借助钉钉、班级微信群等通信平台进行生生间或师生间协作，然后完成学习任务单，还可提出在学习中遇到的问题并反馈给教师。如第 1 节“程序与程序设计”，教师预先编写在线课程使用指南，指引学生进入课程学习的链接。课前，学生点击预习教师提前上传到花都区 vancourse 平台的八年级信息技术微视频，教师通过钉钉班级群发布学习任务单，学生根据任务单步骤完成安装 Visual Basic 完整版和绿色版软件。教师在课前提前布置任务，让学生登录万课网平台学习相应课时的视频资源。同时，教师可以通过学生在平台的点击率以及学生的在线课程学习完成情况等追踪学生的学习情况。

（二）课中应用：学习微任务、互动反馈

首先演示典型的范例程序微资源或展示微视频，创设情境，使学生的思维得到激发，并迅速使其注意力转移到课堂中来，对课堂教学产生兴趣，产生求知欲望。然后引出问题，根据任务单引导学生分析任务，明确要解决的问题。教师通过提问

与即时反馈，提升互动的质和量，设计有竞争性的课程学习活动。如第6节“程序的循环结构”中画多个同心圆程序设计任务（见图7），课程任务要求至少完成四个不同的答案，因而要把全班学生分成四个小组，学生分工协作、集体讨论、自主探究，教师则对学困生进行个别辅导，打造生动、互动、主动的“三动”课程教学。此外，课中同时结合教学辅助系统的反馈统计功能、评价分析服务，即时产生统计报告，深入分析学生学习能力与在线课程资源的教学内容命题质量，验证资源应用的有效性，为改进教学提供有针对性的补救课程资源，实现教学评价的时效性和有效性，把课程资源充分应用到信息技术教学中。

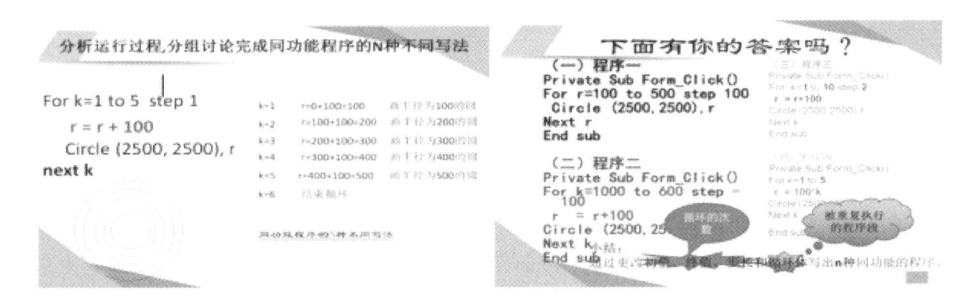

图7 “程序的循环结构”画多个同心圆程序设计微任务

（三）课后应用：练习拓展、线上交流

首先，预设或根据以往经验，针对一些易错、易忽略的知识点，教师制作微练习操作资源或微视频并进行播放展示，方便学生课后实践和回看，从而加深对本节课知识的掌握；引导学生通过对“个别”的认知迁移来把握“类”，由此发现规律，提升信息意识，培养学科核心素养。然后，教师在课后开展线上答疑辅导。学生通过课程资源开展线上学习后，会产生一些需要老师解答的问题，因此，科任老师要在各班微信群和钉钉群在线解答学生的疑问和困难。最后，通过学生问卷调查、评价结果分析等方式，收集学生对教学的评价反馈，并着重评价应用本课程资源后能否有效促进学生信息意识、计算思维、数字化学习与创新、信息社会责任的信息技术核心素养的养成，能否有效提高学生的知识应用能力等。要使课程资源得到充分应用，教师应充分了解在线课程的教学策略，如明确教学目标、教学评价多元化、教学情境多样、促进学生自主学习和竞争学习等。此外，还要改变教学模式，如智慧系统环境下教师的有效调控、课后总结分析等，这些都需要教师在实践中去发现、思考、研究、总结，不断推广信息技术在线课程资源应用。

五、研究结论

本研究在设计和开发信息技术在线课程资源的实践方面做出了有益探索。在VB程序设计课程中应用在线课程资源进行教学，不仅提高了教师的业务水平，而且提高了学生的学习效率，增强了学生的学习兴趣，从而培养了学生的学科核心素养，达到了事半功倍的效果，对后续此类信息技术在线课程资源的开发具有一定的借鉴意义。

参考文献

[1] 招巧宜. 基于计算思维的初中信息技术教学内容重构的探究 [J]. 教育信息技术，2019 (Z2)：29－31.

[2] 石柯慧. 中职《动画制作》在线课程的开发与实践研究 [D]. 四川师范大学，2018.

[3] 孟燕. 基于MOOC的高职“C#程序设计”在线课程开发与实践 [J]. 电子制作，2017 (12)：63－64，66.

[4] 李楠楠. 中小学教师《移动学习教学设计》在线培训课程的设计研究 [D]. 内蒙古师范大学，2019.

[5] 祝倩莹. 在线课程设计模型的教学实例验证 [D]. 上海师范大学，2016.

[6] 童宇阳，贺杰. 基于MOOC的初中生信息技术核心素养提升的实践研究 [J]. 中国教育信息化，2017 (23)：93－96.

[7] 赵恒斌，米珍美，高攀. 基于核心素养的信息技术教学设计研究与应用 [J]. 中国教育信息化，2019 (7)：32－35，81.

[8] 刘炜. 智慧课堂环境下的学习策略探讨 [J]. 广东职业技术教育与研究，2019 (3)：52－54.

[9] 唐烨伟，庞敬文，钟绍春，等. 信息技术环境下智慧课堂构建方法及案例研究 [J]. 中国电化教育，2014 (11)：23－29，34.

混合式教学模式下初中地理有效复习的探索

广州市花都区秀全外国语学校　许志勇

一、前言

2020年初，新冠肺炎疫情暴发，为响应国家"停课不停学"的号召，全国各中小学掀起线上教学热潮。如今国内疫情稳定，全国陆续复工复学，教师的教学工作也由线上教学转为线下授课。由于开学时间晚，特别是八年级第二学期还要应对初中地理结业考的压力，因此，提高初中地理复习有效性成为一个迫在眉睫的重要问题。

在新形势下，随着信息技术的高速发展，线上教学模式与线下教学模式相结合，即在线上线下混合教学模式下，可以大大提高初中地理复习的有效性。

二、线上线下混合教学模式的特点

（一）线下教学模式

线下教学模式就是传统的教学模式，需要学生到教室里与教师进行面对面教学，其特点是学生可以在课堂上直接和教师进行沟通。课堂里，教师对学生可以起到监督的作用，但该模式的学习时间及地点比较固定，自由度小。

（二）线上教学模式

在线教学模式基于信息化技术的高速发展，以互联网为载体，通过各种线上平台（如钉钉、腾讯课堂、微信、QQ等）进行线上的教学或教学任务的布置（本课例的线上教学模式主要是教学任务的前置工作）。与线下教学相比，其特点是教学不受时间和地点的限制，只需在有网络的条件下即可进行，自由度大，还可以循环播放回看，简单便捷。但由于缺乏教师现场监督，需要学生有较强的自律性。

（三）线上线下混合教学模式

线上线下混合教学（以下简称为"混合式教学"）模式是将线下教学和线上教

学相结合的一种教学模式，是一种在“互联网 +”大背景下应运而生的新兴教学模式。线上教学与线下教学相结合可以实现优劣互补，填补学生知识盲区，节约课堂时间，精准复习，提高初中地理复习的有效性。

现以人教版七年级地理上册“地球的公转”为复习教学案例，探讨混合式教学模式下初中地理的有效复习。

三、混合式教学应用的前期准备

（一）教学内容的确定

混合式教学模式并不是所有课时或所有的教学内容都适用的，适合使用混合式教学模式的教学内容应符合以下特点：一是课标层次要求较高的知识点；二是根据学情，挑选学生难理解、遗忘率高的知识点。现对“地球的公转”复习课例进行分析。

1. 课标要求分析。初中地理课标要求：用地理现象说明地球的公转。根据广州市义务教育阶段学科学业质量评价标准进行说明，如表 1 所示。

表 1　达标要求

学习内容	学业水平达标要求	
地球的公转	地球公转及产生的地理现象	目标 1　说出地球公转的周期和方向
		目标 2　能用地球仪正确演示地球的公转
		目标 3　能够绘画简单的地球公转示意图
		目标 4　运用图文资料说明地球公转产生的地理现象

根据科学课堂课标进行目标分析，如表 2 所示。

表 2　目标分析

知识维度	地理知识学习内容	认知过程维度（掌握水平）认知难度：易——→难					
		基础知识和基本技能（新的事实、概念、原理等）			高级技能（运用已掌握的基础知识或运用学习策略）		
		记忆	理解	运用	分析	评价	创造
事实性知识	地理数据、名称、分布、景观、演变	—	—	—	—	—	—
概念性知识	地理概念、地理特征、规律、成因	—	目标 1 目标 2 目标 3	目标 4	—	—	—

通过上面的分析，可以知道地球公转的知识点，特别是地球公转产生的地理现象的知识点属于认知过程维度的较高层次，课标要求较高。

2. 学情分析。为了解学情，笔者利用“问卷星”平台调查学生对七年级相关地理知识的遗忘率。根据数据可知，学生遗忘率最高的知识点是“地球的公转”，遗忘率达到了66.28%。调查数据如表3所示。

表3　七年级相关地理知识点的遗忘率

选项	地理知识点				
	经纬网定位	地球的自转	地球的公转	等高线地形图	世界气候
A. 完全记得	22.09%	27.91%	20.93%	13.95%	15.12%
B. 小部分遗忘	68.6%	60.47%	11.63%	60.47%	54.65%
C. 大部分遗忘	8.14%	11.62%	66.28%	19.77%	24.42%
D. 基本遗忘	1.17%	0	1.16%	5.81%	5.81%

当然，从上面的调查表也可以看出，除了“地球的公转”，“世界气候”“等高线地形图”等知识点的遗忘率也很高。特别是“世界气候”知识点，遗忘率达到了24.42%，其课标层次要求也很高，所以这些内容也适合使用混合式教学以提高地理复习的有效性。

（二）制作微课及配套反馈题

1. 制作微课

目前线上有各种系列的微课资源和教学视频资源，教师可根据课标和学情，对微课进行适当的筛选、拼接或者自行制作微课，发布到平台上，供学生使用。微课应符合以下几点要求：①语言、思路、画面清晰；②通俗易懂；③重难点分析得当；④时间在10分钟左右。本次课例“地球的公转”的微课视频基本符合上面的要求。

2. 制作线上配套反馈题

利用“问卷星”平台，制作配套反馈题。题目应符合以下几点要求：①根据知识点内容筛选题目；②题目不在多，而在于精，只要几道题即可；③题目带图考核，可以防止学生上网搜答案。

四、混合式教学模式的实施与作用

（一）课前运用线上教学模式布置前置学习任务，了解学情，为实施精准复习、提高复习的有效性打下基础

根据教学计划，教师提前一周把制作好的微课和配套反馈测试题发到钉钉群，利用线上平台布置前置学习任务，学生利用在家空余时间在线上完成前置学习任务。教师线上查阅和总结学生学习的反馈情况。“地球的公转”复习课例测试题反馈情况如表4所示。

表4 课例测试题反馈情况

选项	第1题 地球公转位置	第2题 直射点的移动	第3题 昼夜长短变化
A	5.24%	（正确答案）53.90%	（正确答案）58.91%
B	2.60%	34.48%	28.23%
C	（正确答案）90.00%	6.62%	9.18%
D	2.16%	5.00%	3.68%

根据学生答题反馈情况，可以知道，观看了线上微课视频，学生对不同时间地球公转的位置知识点已经基本掌握，但是，从第2题和第3题的正确率可见，有近一半的同学仍不理解“地球公转引起太阳直射点的移动以及地球南北半球昼夜长短的变化规律”。

根据实践，这个学情为线下课堂提供了非常有意义的参考价值。即在线下课堂，教师对学生基本掌握的知识可以少讲，对学生还没理解的知识可以详讲，为教师实施精准复习，提高地理复习的有效性打下基础。

（二）课中根据线上反馈学情数据，调整线下课堂教学重点和策略，节约线下课堂时间，实施精准复习，提高复习的有效性

以“地球的公转”为课例，在线下课堂中，教师根据学情反馈数据，少讲或不讲已经懂的知识，重点讲学困点，如在线下课堂重新演示地球公转视频，重点进行以下的讲解：①了解地球公转时倾斜角度不变；②观察太阳直射点的移动规律；③观察北半球阴影和光亮面比例的变化（昼夜长短变化）；④观察南半球阴影和光亮面比例的变化（昼夜长短变化）。教师与学生一起再次归纳总结规律。最后，教师在课堂上再利用智慧课堂 HiTeach 软件即时反馈器进行习题巩固，即时了解每个

学生学情。图 1 为某班上地球运动复习课时，针对地球昼夜长短变化的知识点的考核反馈情况。

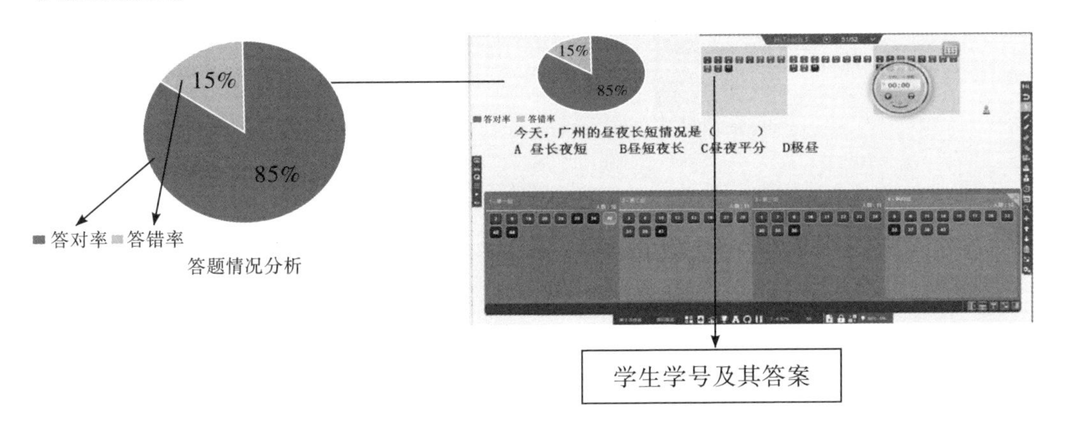

图 1　考核反馈

事实证明，教师根据线上反馈学情数据，调整线下课堂教学重点和策略，结合线下智慧课室 HiTeach 软件的使用，能够精准找到学生的学困点及学生对难点、重点没有掌握好的部分，教师对症下药，不仅可以节约课堂时间，还可以达到事半功倍的效果，提高了地理复习的有效性。

（三）课后根据线下课堂学情反馈情况，精准跟进后进生，督促后进生进行课后线上自主学习，提高复习的有效性

以“地球的公转”为课例，根据线下课堂智慧教室软件 HiTeach 即时反馈学情的分析，教师确定几名后进生，利用钉钉把后进生拉到一个新的地理学习群，在群里开直播播放地球的公转微课视频，要求学生在家观看直播回放（教师可通过钉钉后台数据知道学生有没有看回放，并对没看回放的学生进行钉钉督促），这样能促进后进生进一步掌握难点，巩固知识，提高地理复习的有效性。

图 2 为 8 名后进生的钉钉学习群，命名为“地理顶呱呱群”，以激发学生学习的自信心；图 3 为“地球的公转”微课直播记录；图 4 为直播回放未观看成员（8 人）；图 5 为直播回放未观看成员（0 人）。

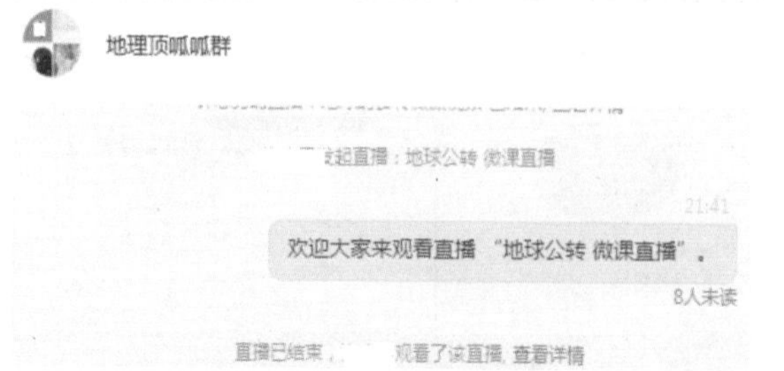

图2　后进生钉钉学习群

图3　“地球的公转”微课直播

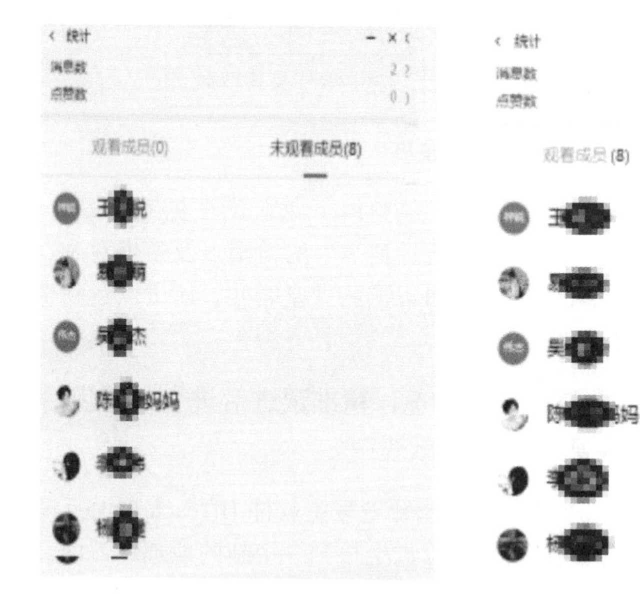

图4　直播回放未观看成员　　图5　直播回放观看成员

此外，除个别后进生需要课后进群观看微课资源，因病、因事请假的学生也可以进群观看，进行对应的学习，巩固知识，达到提高复习有效性的目的。

（四）作业线上提交线上批阅，有利于提高学生的课堂注意力和作业质量，进而提高复习的有效性

事实证明，线上提交课堂作业有以下几方面的优势。

（1）通过线上检查“课堂笔记＋课堂练习”的形式，可以提高学生课堂的专注力和复习的有效性。

地理科目作为非会考科目，教师布置作业应该精简，尽量让学生课内完成练习，不占用课后时间，不增加学生负担。因此，地理作业内容一般为：课堂笔记+课堂练习。这样可以让学生在线下上课时更加专注，更好地落实课堂笔记，降低学生偷懒、分神的概率，有利于学生对知识点进行有效复习，提高复习的有效性。通过线上检查学生的笔记和学生红笔批阅情况，教师就可以了解哪些同学上课不认真，并进行课后跟踪和教育，提高精准复习的效率。

（2）作业上交速度更快，作业交得更齐，作业质量较高。

通过数据统计可以看到，线上上交作业率达98.5%，优秀率达45%，这是传统线下交作业很难达到的高度。图6为“地球的公转”作业上交数据统计；图7为优秀作业展示。

6月8日地理　数据
我 布置于06-08 21:04 | 发送对象 家长
地球运动与笔记

优　优秀作业　119个 >

二年级12班	已提交 42/42 >
二年级11班(煜曦11班)	已提交 42/43 >
二年级10班	已提交 44/44 >
二年级9班	已提交 44/45 >
二年级8班	已提交 45/45 >
二年级7班(翰林7班)	已提交 44/46 >

图6　“地球的公转”作业上交数据统计

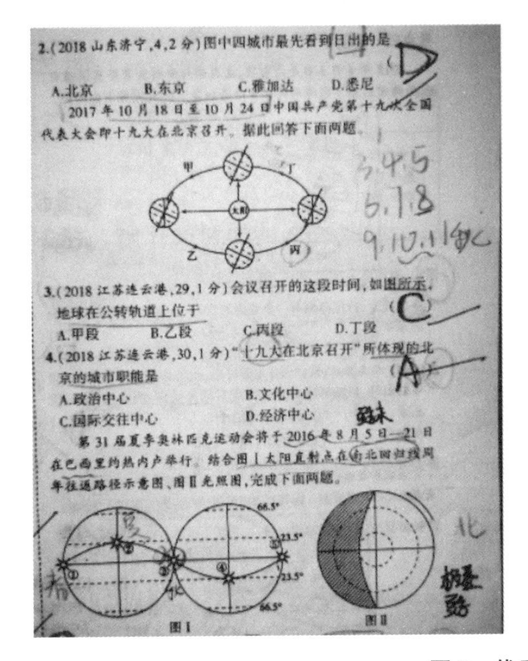
2.(2018山东济宁,4,2分)图中四城市最先看到日出的是
A.北京　B.东京　C.雅加达　D.悉尼
2017年10月18日至10月24日中国共产党第十九次全国代表大会即十九大在北京召开。据此回答下面两题。
3.(2018江苏连云港,29,1分)会议召开的这段时间,如图所示,地球在公转轨道上位于
A.甲段　B.乙段　C.丙段　D.丁段
4.(2018江苏连云港,30,1分)"十九大在北京召开"所体现的北京的城市职能是
A.政治中心　B.文化中心
C.国际交往中心　D.经济中心
第31届夏季奥林匹克运动会将于2016年8月5日—21日在巴西里约热内卢举行。结合图Ⅰ太阳直射点在南北回归线间年往返路径示意图,图Ⅱ光照图,完成下面两题。
图Ⅰ　图Ⅱ

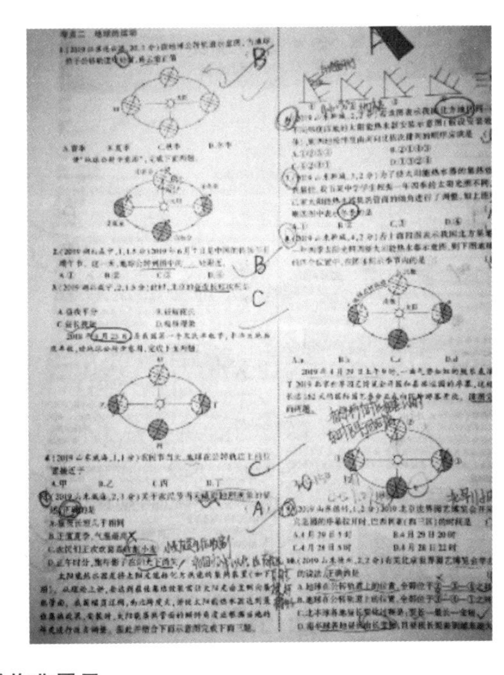

图7　优秀作业展示

（3）利用线上作业批改，收集优秀作业，发挥榜样作用。

教师进行线上作业批改主要检查学生是否自行批改作业，是否做好笔记。同时，教师也应注重对优秀作业的收集，并进行班级分享，发挥榜样的作用。图 8 为优秀作业班群分享。

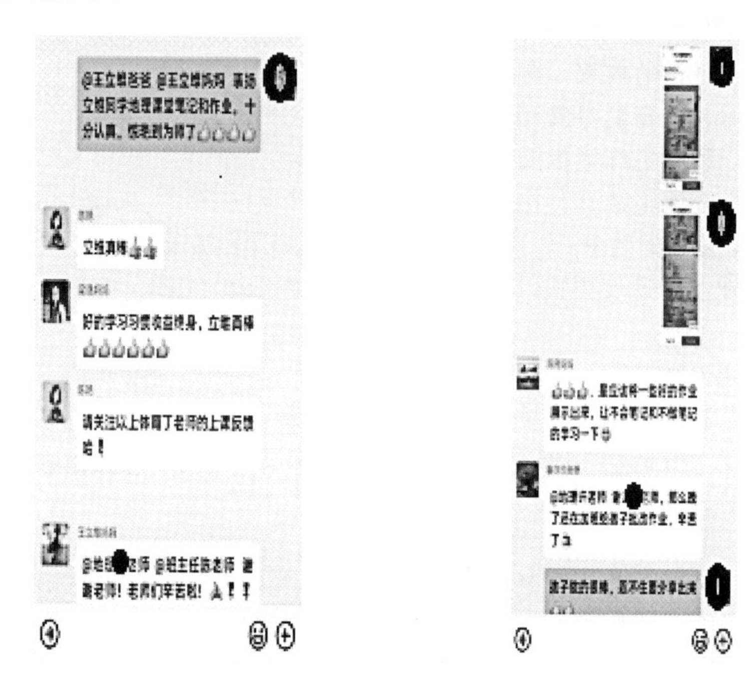

图 8　优秀作业班群分享

（4）疫情期间，学生在线上提交作业，可以减少师生之间的面对面接触，符合国家防疫要求，以确保师生的身体健康。

五、对混合式教学模式的思考

1. 混合式教学的前期准备工作较多，包括学情的调查、课标的研究、课题内容的选取、微课视频的选取和剪切等，对于地理教师较少的学校来说，工作量大，难度也较大。

2. 虽然课前学习任务要求观看的微课仅为 10 分钟左右，课后线上作业的提交只是拍照上传，但还是占用了学生相当一部分时间，地理作为非会考科目，部分家长甚至学校可能不一定支持此教学模式，推广有一定的困难。

3. 学生使用线上教学资源，比如看微课、看直播回放等，都需要使用网络、手机或者电脑，缺乏自觉性的学生容易“假学习真娱乐”，从而造成不良的影响。

因此，要实现混合式教学模式的最大效益，还需要地理教师继续努力地去实践和探索。

六、结语

笔者通过“地球的公转”复习课例的实践证明，教师只要做好充分的前期准备，如学情调查、制作微课内容、制作“问卷星”测试反馈题等，在课前、课中、课后采用混合式教学模式，能大大提高初中地理复习的有效性。

参考文献

[1] 张晓梅. 基于任务型的线上线下混合教学模式研究 [J]. 软件工程，2020 (6).

[2] 孙盾，李天健，邓高峰，等. “电路原理”线上线下混合式教学初探 [J]. 电气电子教学学报，2020 (3).

[3] 张华，经庭如. 课堂革命：“线上” + “线下”混合式教学模式 [N/OL]. http://ah.people.com.cn/n2/2019/0425/c358324 - 32879548.html.

[4] 广州市教育局教学研究室. 广州市义务教育阶段学科学业质量评价标准 [M]. 广州：广东教育出版社，2013.

智慧课堂在初中英语听说教学中的妙用

——以沪教版八年级下册 Unit 7 The unknown world 为例

广州市花都区秀全外国语学校　杜思思　吴映莉

一、引言

《义务教育英语课程标准（2011 年版）》（以下简称为《课标》）提出坚持与时俱进，把新时代的新要求、社会的新变化和科学技术的新进展反映到课堂中，与现实生活紧密联系，传播现代理念、现代知识和现代文化。而《普通高中英语课程标准（2017 年版）》（以下简称为《高中英语课标》）的颁布，凝练了英语学科核心素养，推动落实“立德树人”根本任务。《高中英语课标》指出，英语课程应重视信息技术和现代教育手段的利用，丰富课程学习资源，拓展学习渠道；应根据课程目标与要求，发挥现代教育技术对教与学的支持与服务功能，选择恰当的数字技术和多媒体手段，促进学生有效学习。

听说教学是英语教学的重要组成部分。随着广州市英语中考的改革，英语听说能力的重要性越发凸显。但当前的初中英语听说教学存在许多弊端，具体表现为：听说教学方式沉闷，大多以机械的听力训练为主，削弱了学生的英语学习兴趣，缺乏对学生的高阶思维能力的培养；听说课堂难以设置作业，尤其是前置作业；听说课堂缺乏真实的语言互动，无法体现英语的交际性功能；课堂互动方式单一，以师生互动为主；听说课堂的参与度较低，难以确保每一位学生都积极参与；听说教学的成效难以评价，缺乏科学性等。上述问题均影响了听说教学在实现英语课程目标和发展学生核心素养中所发挥的作用。而智慧课堂的引入能够很好地解决以上问题。

二、智慧课堂的概述与意义

智慧课堂以建构主义学习理论为指导，利用“互联网 +”的思维方式和大数据、云计算等新一代信息技术打造富有智慧的课堂教学环境，在教学决策、评价反馈、交流互动、资源推送等方面实现了数据化、智能化，促进了传统课堂教学内容与方式的全面变革，为智慧的教与学提供了先进的技术支撑。

智慧课堂教学采取贯穿课堂教学全过程的学习诊断与评价，可根据需求实时反馈评价结果，包括课前预习测评和反馈、课堂实时检测评价和即时反馈、课后作业评价和跟踪反馈，从而实现了即时、动态的诊断分析和评价信息反馈，重构形成性教学评价体系。基于动态学习的数据分析，可以为教师提供精准的数据支持，让教师的评价更可靠，让学生的学习表现评价和课堂效果评价更有依据。

智慧课堂依托平板电脑进行授课，有了平板电脑的加入，学生对学习英语的兴趣大大提高。而且，智慧课堂的各种功能对辅助教师教学和促进学生自主学习有积极意义。例如，系统里的作业平台能为学生提供相关知识的课前检测，有利于教师准确把握学情，“以学定教”；讨论功能引发生生互动，促进学生在交流中互相评价；抢答功能有利于人人参与，活跃课堂气氛，凸显个性；随机功能兼顾全员，集中每一位学生的注意力；投票功能有利于促进评价，注重学生的主体地位等。平板电脑的具体功能如图 1 所示。

图 1　平板电脑的具体功能

三、智慧课堂背景下的初中英语听说课教学活动

下面笔者以沪教牛津版初中英语八年级下册 Unit 7 The unknown world 的听说课为例，结合初中阶段英语学习的特点，探讨如何在英语听说课堂中发挥智慧课堂的妙用。

（一）教材分析

《课标》提出，教师要善于结合实际教学需要，灵活地、有创造性地使用教材，对教材的内容、编排顺序、教学方法等适当地取舍或调整。根据本单元各板块之间的关系，笔者将单元教学内容重新整合如下（见图2）。

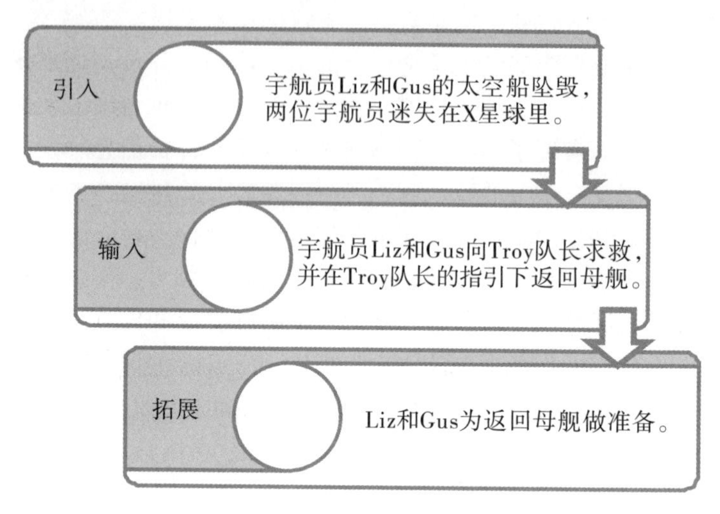

图2　单元教学内容重整

在主阅读篇章，听力、会话、写作和补充阅读板块都有体现。本节听说课的听力板块关于“营救迷路的宇航员”，听力文本是主阅读篇章的延续。由于飞船坠毁，两位宇航员 Liz 和 Gus 在 X 星球上迷失了方向，于是母舰上的 Troy 舰长向两位宇航员发出指令，引导他们返回母舰。而“说”的板块则是为两名迷路的宇航员选择五件能随身携带返回母舰的物品，并阐述理由。本部分的设计要求学生运用原因状语从句或 because of 来陈述原因，支撑自己的观点。

（二）学情分析

本节课的教学对象来自初二的学生，他们的英语能力较好，个性比较外向，学习积极性与自主性较高。“未知世界”这一话题非常有趣，学生对此话题充满兴趣。在日常生活中，学生喜爱看科幻故事与电影，因此，教师可以好好利用学生对话题的兴趣引导他们积极运用背景知识，发挥想象，表达自己的看法。本节课选取的听力与读图有关，由于学生从未接触过录音标识地图的听力练习，而完成此类练习的要点是读懂地图，因此，听前根据地图标识预测相应的地形地貌很有必要。

（三）教学目标

在本课学习结束时，要求学生能够达到以下目标。

（1）通过地图标识预测相应的地形地貌与太空船着陆位置，训练听前预测的听力技能。

（2）巩固根据所听语段内容获取和记录关键信息的听力技能。

（3）在真实情景中使用原因状语从句阐明原因，训练口头表达能力。

（四）教学设计思路

英语听说课以技能训练为主要教学目标，通过一系列的听说活动，让学习者在操练中不断强化某一特定语言行为，是教师帮助学生进行言语行为实践，帮助其获取听、说等语言技能及培养自主学习能力和跨文化交际能力的过程。

本节课的教学设计紧扣 The unknown world 这一主题，教师通过设置看、听、说任务，与学生一同拯救在外太空失联的宇航员 Liz 和 Gus，帮助他们逃离困境。教学设计遵循课前—课中—课后的过程，任务难度由浅入深；听力内容从录音独白到口语化的对话，再到个人观点的完整陈述；听力技能从简单摘录部分关键信息以及读图能力，过渡到真实有意义的互动交流。除了训练学生的听说技能，笔者还引导学生深入思考人类逃离地球的原因，以触发学生对保护环境的思考。智慧课堂技术的引入包括从前置作业检测学生的读图能力，到通过抢答功能以及随机功能进行形成性评价，监控教学进度，再到小组汇报环节，通过投票功能，及时反馈结果。

（五）教学过程

根据前置作业的完成情况（见图3），以学定教。

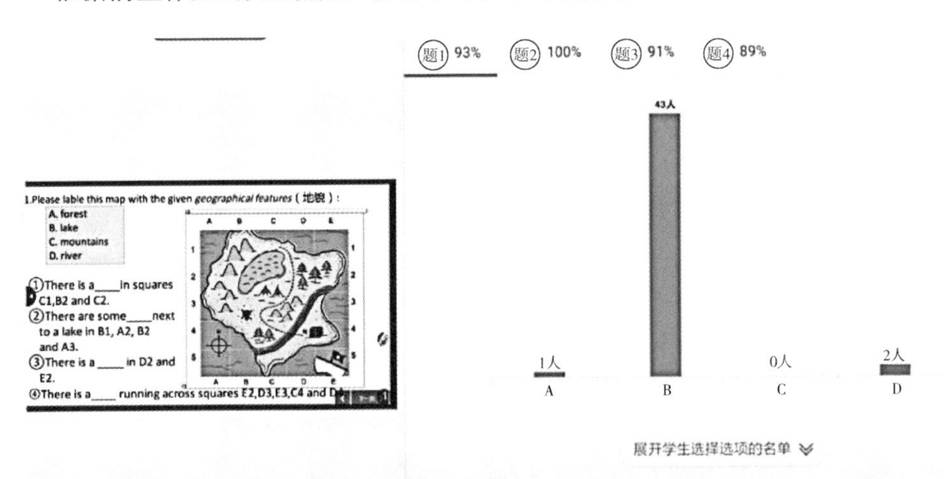

图3　前置作业完成情况

［功能聚焦］

使用智慧课堂作业平台布置作业，教师收集数据并进行反馈。

[设计意图]

课前设置相似的读图作业能够检测学生对英语读图的掌握程度。根据数据反馈，绝大多数学生都能答对，因此，教师可参考结果以调整正式的教学活动，在课堂中关注答错题目的学生。

Step 1　引入话题，创设情境

教师播放两位学生扮演宇航员 Liz 和 Gus 在外太空呼救的视频截图（见图 4）以及课文的图片（见图 5），引导学生回顾故事的内容。

T（Teacher）：Two astronauts，Liz and Gus，are lost on Planet X. They are trying to ask for help. Finally，they are able to contact with Captain Troy！Let's rescue the astronauts！

Ss（Students）：Yes！

图 4　学生视频截图

图 5　课文图片

[功能聚焦]

使用智慧课堂教师机操作 PPT，以及同屏功能播放视频。教师在授课时，通过教师机的控制系统设置同屏，学生机马上与教师机同屏，显示教师机上的内容。

[设计意图]

充分利用教材的插图激发学生对于故事内容的记忆，使用视频更直观地让学生代入角色，进入故事，激发学生的求知欲。同屏功能确保了每一位学生都能够使用学生机清晰地看到视频。

Step 2　巧妙过渡，突出任务

教师布置第一个读图任务（见图 6），并在听前要求学生对地图上地貌以及航空母舰的最佳降落位置作猜测，并说明理由。

T：What can you see on the map? Which place is best for landing? Why?

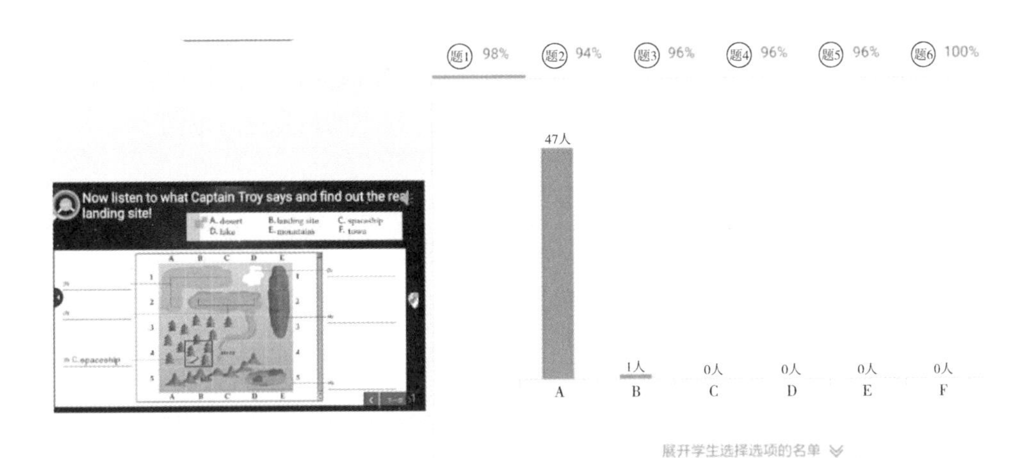

图 6　教师布置的读图任务

［功能聚焦］

使用智慧课堂教师机的全班作答功能。教师在授课时，通过教师机发布“全班作答”任务，然后学生作答，大屏幕显示答题情况。

［设计意图］

本任务重在训练听前预测的听力技能以及读图技能，同时渗透关于解释原因的表达，为下一步语言输出做铺垫。全班作答功能为教师提供数据，可以精准地反馈学生对读图这一技能的掌握情况。教师还可以展开学生选择选项的名单，对比前置作业中出现错误的学生，进行有针对性的追问。

Step 3　听取信息，强化技能

教师布置第二个任务，引导学生看一段来自 Troy 队长的视频，视频中 Troy 队长为 Liz 和 Gus 说明了逃生的地点和要求，学生需要摘录重要的信息。同时，引导学生对不确定的信息提问。

T：At this moment，Captain Troy sends them a video call！He wants to tell Liz and Gus some important things！Please listen and take notes！

T：Because of the alien waves，the call is disturbed！You just get part of the notes！Now you need to ask Captain Troy questions according to the notes！

Ss：When must I get to D1？

Ss：What should I do on this planet？

……

［功能聚焦］

使用智慧课堂教师机的抢答功能。教师在授课时，通过教师机发布“抢答”任务，然后学生抢答，大屏幕显示抢答成功的学生，由他/她回答问题。回答正确时，教师当堂在系统里为学生点赞。在信息核实环节，教师在教师机上安装了微信软件，让学生视频通话连线扮演 Troy 队长的老师，对疑惑的信息进行发问。

［设计意图］

本任务重在训练学生听取主要信息的听力微技能以及做笔记的能力，同时为学生积累与话题相关的语言表达，以及之后需要完成的口头任务提供语言基础。继续使用抢答功能，可为课堂注入游戏和比赛的元素，人人都有机会参与，活跃课堂气氛。学生通过微信与 Troy 队长进行即时的互动，通过互动核实自己所摘录的信息，这样的方式不仅真实，而且能激发学生的兴趣。

Step 4　终极任务，翻转课堂

教师布置第三个任务，引导学生进行小组合作，讨论得出 Liz 和 Gus 返回航空母舰会携带哪 5 件必备物品（见图 7），投票并阐明自己的理由。同时，教师引导其他学生在聆听的同时做笔记，大胆地对汇报同学的观点提出质疑。

T：Finally，with your help，Liz and Gus have collected all the information！They must get back to their mother ship as soon as possible. They have following things，but they can only take 5 of them！

Ss：Dear fellows，we have decided to carry these 5 things：________，________，________，________，and ________．Firstly，we will carry … because/since/as … Secondly，… Lastly，…

☆Have you got any questions?

Ss：Why will you take … with you?

Ss：Because we think …

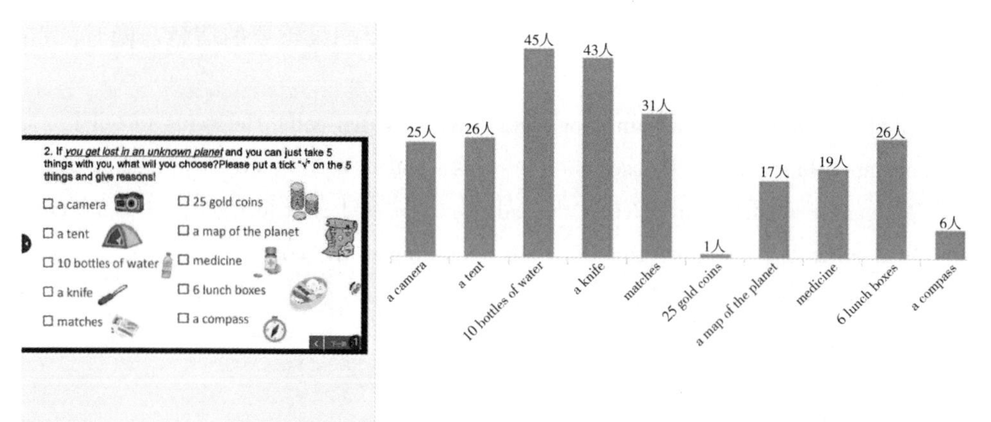

图 7　学生投票选出 Liz 和 Gus 返回母舰的 5 件必备物品

［功能聚焦］

使用智慧课堂教师机的投票功能，让全班学生对自己心目中所选的5样必需品投票，即时在课堂中反馈结果，引导学生关注结果，对得票较多的物品作出评价，对得票最低的物品作出质疑。

［设计意图］

延续故事，将课堂气氛推向最高潮。本任务旨在要求学生说出自己的选择理由，并聆听他人的观点以及进行评价。同时，把课堂时间还给学生，让学生在小组合作以及汇报中进行深层次的生生互动。在生生交流互动与评价的过程中，学生获得了充分的机会去训练核心的语言内容：原因状语从句。而投票功能的加入无疑让此任务更引人入胜，每一位学生投票产生的结果体现了课堂的公平性，同时培养了学生的主人翁意识，也能更好地培养学生倾听、评价的习惯和能力，从而进行更高阶的思维活动。

Step 5　延伸主题，促进反思

教师把故事说完，同时引导学生自我思考并回答问题，让学生想象离开地球时会带的必需品以及阐明原因。教师给出图片作提示。

T：If you have to leave the earth，what will you take with you?

Ss：I will take … because …

［功能聚焦］

使用智慧课堂教师机的讨论功能，让学生使用学生机在讨论区发表自己的意见，同时为其他同学的观点点赞。

［设计意图］

延伸话题，让学生把故事从他人自然过渡到自身，促进学生进行反思。讨论功能能够在同一时间将不同学生的观点和发言展示在大屏幕，而且随着新发言的加入，屏幕上展示的发言不断滚动更新，非常直观、生动。在课堂上使用这样的讨论功能，能够使信息的获取更快速，使动态生成更深入。

Step 6　深化主题，立德树人

教师使用平板电脑播放《流浪地球》的视频做最后点拨，引导学生思考人类不得不离开地球的原因——环境被破坏。

［功能聚焦］

使用智慧课堂教师机播放视频。

［设计意图］

深化主题，使用视频让学生直观地感知地球被破坏，人类被迫离开地球这一惨痛后果，激发学生保护环境、保护地球的意识。

（六）教学反思

经过对授课过程的反思，笔者认为本节听说课在以下四个方面做得比较好。

1. 创新使用信息技术，优化课堂教学

本节听说课以智慧课堂为背景，灵活地将智慧课堂的功能与教学活动融合，不刻意生硬地为用而用，而是真正地让智慧课堂发挥其妙用，让听说课堂焕然一新；改革传统的英语听说教学模式，将学生的学习兴趣从课外延伸到课内。本节听说课有两个突出的亮点：其一是利用数据，以学定教。课前设置前置作业掌握学生对读图的掌握程度，调整教学；课中根据数据反馈，保证全员参与，实现精准评价。其二是利用微信让学生与教师进行真实的互动，充分打通视觉与听觉感官，将课堂内容和语言表达相融合。

2. 注重单元整体教学，整合教学资源

听说教学应重视课堂内容的整合性学习。教学活动应以主题意义为中心，将课堂内容的各要素在学习活动中融合。本节听说课将单元内容整合，虽为听力课，但故事内容主线将阅读、听说与写作串联在一起，灵活使用不同的教学方法，通过不同的师生活动构建串联的任务链，实现了教学资源的优化和重组，打造了逻辑紧密的课堂。

3. 教学任务环环相扣，听力技能训练真实有效

本节听说课设置了三大任务，任务难度由浅入深，从外到内，旨在挖掘听力文本的浅层信息（如地图坐标、地貌、物品）以外的深层次信息（如根据缺失的信息提问以及阐明原因）。课堂任务以真实的互动与交流为主，课堂生成完全基于学生课堂的参与程度，因此，学生在完成任务的过程中，需要获取听力信息并思考各种口头表达。这样的任务有利于促进语言活动真正地发生。

4. 注重立德树人，拓展主题

在本节听说课的最后环节中，教师拓展主题，提出关于人类要到外太空探索、离开地球的原因，激发学生保护环境、保护地球的意识。

四、结语

智慧课堂为教师提供图文并茂的教学媒介，让学生利用多种感官感受知识的魅力。同时，智慧课堂能帮助解决很多传统英语听说教学中的问题，让课堂更有趣，教学设计更精准，教学进程更高效，交流互动更立体，课堂评价更加及时，动态生成更深入，学生更加喜爱英语课堂。

信息技术的加入为传统的课堂注入新活力，但在实际教学中为用而用的情况屡见不鲜，有的课堂教学过分注重功能与技巧的展示而忽略教学的核心，导致学生的学习重心发生偏移。智慧课堂还有很多功能有待开发与探究，本节听说课仅根据教学需要选取其中部分功能辅助教学。教师在课前也必须充分考量信息技术使用的节点，做好教学设计，思考如何将信息技术融合到语言学习的过程之中，将理念与技术相结合，这样才能实现教学效果最大化。

参考文献

[1] 教育部. 义务教育英语课堂标准（2011年版）[M]. 北京：人民教育出版社，2012.

[2] 教育部. 普通高中英语课堂标准（2017年版）[M]. 北京：人民教育出版社，2018.

[3] 林红玉. “畅言智慧课堂”在高中英语听说教学中的妙用[J]. 现代教学，2020（11）：50-51.

[4] 叶汉中. 多模态视觉下高中英语听说教学的探索：以北师大版高中英语教材 Module 2 Unit 6 Lesson 2 Great Buildings 为例[J]. 中小学外语教学（中学篇），2019（1）：60-65.

[5] 张莉. 基于英语学习活动观的初中英语听说教学活动设计[J]. 中小学外语教学（中学篇），2019，19：54-60.

[6] 张莹. 基于主题意义的初中英语单元整体教学实践[J]. 基础外语教育，2020，22（4）：68-75，108.

[7] 张中新. 初中英语听说教学中开展主题意义探究的实践与思考[J]. 中小学外语教学（中学篇），2020（9）：45-49.

[8] 陈春晖，张景顺. 提升初中英语听说课有效性的策略与实践[J]. 中小学外语教学（中学篇），2019（11）：61-65.

信息时代下历史微课的设计与制作

——以部编版七年级历史下册微课“宋代商业贸易的繁荣”为例

广州市花都区秀全外国语学校　余琴

随着互联网的普及和教育信息化2.0行动计划的颁布，教育信息现代化已成为势在必行的教育态势，“微学习”也应运而生，成为今天教育发展的一个“热词”。历史微课是以历史微视频为核心，根据任务和内容的不同，在5～10分钟的时间内，围绕某个历史知识点或教学环节精心设计并及时运用数字化网络的教学资源。一堂优质的历史微课可以深化历史认识，拓展历史视野，还能进一步突破历史教学的时间和空间限制，将线上和线下教学结合起来，实现教学的高效性。本文以部编版七年级历史下册微课“宋代商业贸易的繁荣”为例，从学情调查—选题设计—编写脚本—素材收集和整理—课件制作—微课录制六个方面来探讨信息时代下历史微课的设计与制作。

一、精准研判——学情调查

学情分析指的是教师对学生在学习方面有何特点、学习方法怎样、习惯怎样、兴趣如何、心理认知等进行研判，从而找到学生学习的“最近发展区”。为了制作优质的历史微课，笔者曾对本校七年级的511名学生进行了“微课与七年级历史教学”问卷调查，问卷内容如下。

1. 在历史课堂上，你是否出现过注意力不集中，注意力分散的情况？

A. 经常　　B. 一般　　C. 偶尔　　D. 从没

2. 在历史课堂上，你是否有老师讲解完还有疑问的地方？

A. 经常　　B. 一般　　C. 偶尔　　D. 从没

3. 你认为自己的自主学习历史的能力如何？包括课前预习、课后复习和完成相关的作业并自觉反思和总结。

A. 自主学习历史能力很强，可以自主地完成学习

B. 自主学习历史能力还可以，基本可以自主地完成学习

C. 自主学习历史能力不足，需要向老师、同学或其他人请教

D. 完全没有自学能力，只有在老师指导下才能完成历史学习

4. 老师上课播放的录制讲解视频就是微课。课后，你对微课感兴趣吗？

A. 很感兴趣　B. 一般　C. 不感兴趣

5. 如果可以，你是否愿意使用微课进行历史学习？如课前预习、课后复习巩固、拓展历史视野等。

A. 非常愿意　B. 一般愿意　C. 无所谓　D. 不愿意

6. 你认为在什么阶段观看微课，最有助于你的历史学习？

A. 课前预习　B. 课堂学习　C. 课后巩固　D. 都有帮助

7. 看历史微课时，你的注意力集中吗？

A. 非常集中　B. 集中　C. 不集中

8. 观看一节历史微课，你希望它的时长是多少？

A. 1～2分钟　B. 3～4分钟　C. 5～10分钟　D. 10分钟以上

9. 关于历史微课中老师的提问，你认为以下哪个选项更符合你的想法？

A. 老师在提问后，应留一点时间给我们先思考，再进行讲解

B. 可以不用留时间给学生思考，只要老师讲清楚这个问题就好

10. 你觉得历史微课最吸引你的地方是（多选）

A. 课程时间短，可以充分地利用零碎时间学习

B. 视频形式，观看方便

C. 集中解决一个知识点，有针对性

D. 可以弥补课堂效率不高的问题

11. 从内容呈现上来说，你希望的历史微课要做到（多选）

A. 图文并茂　B. 突出重点和难点

C. 老师语言生动　D. 穿插趣味视频

通过“问卷星”平台对数据的统计分析（见表1），可以得出以下几个要点：①有部分同学存在上课注意力分散和课后有疑惑的情况，这为历史微课开发提供了学情依据；②学生有自主学习微课的环境和能力；③学生愿意接受历史微课这一线上学习方式；④微课的设计与制作应遵循学生的学习需求。

表1 “问卷星”平台统计的结果

题号	问卷结果
1	接近40%的同学偶尔出现上课注意力分散的情况
2	接近50%的同学课后还有疑问的地方
3	接近66%的同学有自主学习的能力
4	66.3%的同学对微课非常感兴趣，30%的同学选择“一般”
5	62.23%的同学非常愿意用微课进行学习，27.2%的同学选择“一般愿意”
6	56.16%的同学认为“都有帮助”
7	99%的同学看历史微课时的注意力“集中”或“非常集中”
8	56.75%的同学认为微课应控制在5～10分钟，27.4%的同学认为应在10分钟以上
9	90.41%的同学认为老师提问时应该给学生一点思考的时间
10	56.95%的同学认为可以利用零碎时间学习，82.58%的同学认为学习形式方便，81.21%的同学认为有针对性，50.1%的同学认为可以弥补课堂学习
11	87.8%的同学希望历史微课能做到所列举的四个选项的内容

二、精准定位——选题设计

（一）依据课标，有理有据

课程标准是国家设置学校课程基本的纲领性文件，是国家对基础教育课程的基本规范和质量要求，是整体历史教学活动的出发点和归宿，是编写历史教材的依据，是组织教学活动的依据，是对历史教学过程与结果进行评价的依据。因此，历史微课的选题一定是基于课程标准的。

（二）精选教学重点、难点

教学重点是学生必须掌握的基础知识与基本技能，是基本概念、基本规律及内容所反映的思想方法。教学难点是指学生不易理解的知识，或不易掌握的技能技巧。由于历史微课的时长一般控制在5～10分钟，内容短小精悍，因此在内容的选择上必须紧扣教学的重点或难点。如历史微课“宋代商业贸易的繁荣”出自部编版七年级下册第9课“宋代经济的发展”，该课主要从农业、手工业和商贸等方面来展示宋代经济的发展。纵观整个中国古代史，宋代经济相对于其他朝代而言，其最显著的是商品经济，且呈现很多新特点，因此，选择“宋代商业贸易的繁荣”作为微课的选题是符合这一原则的。

（三）选择适合多媒体表达的主题

历史微课是以视频为载体，运用技术手段整合图、文、声、像等各种信息，生成视频文件并发布供广大学习者学习使用的教学资源。所以，选题要能充分利用视频媒体的传播优势，发挥其直观性和丰富性，从而最大限度地发挥微课的优势和作用。在“宋代商业贸易的繁荣”这一教学内容中，有大量的文物图片、文字材料、地图、视频和音频素材可以运用到微课录制中。

（四）切合学生的兴趣点

历史微课的选题需遵循以学生为本的教学理念，教师需通过访谈法、问卷调查法、观察法等，搜集和整理出学生的兴趣点，如对某个历史人物和历史事件的解密、某个知识点的解惑、某个历史遗迹的探秘等。只有抓住学生的兴趣点，微课才能发挥更大的功效。

三、精心设计——编写脚本

在正式制作微课视频之前，我们还需要根据微课的课题、教学设计、媒体设计来构思微课的流程，并逐步细化，最终写成详细的脚本文稿，包括画面、解说词、字幕、配乐等。有了详细的脚本，微课制作就可以按部就班地进行了，这样不仅大大提高了制作效率，而且减少了制作过程中出错或者返工等情况的发生。脚本的编写应根据科学性和准确性原则，一般以教材为主、文献为辅，认真研读，梳理教学内容。考虑到微课的时长，解说词一定要做到简洁明了、科学用语。

笔者以微课“宋代商业贸易的繁荣”的脚本作为示例，如表2所示。

表2 “宋代商业贸易的繁荣”脚本

<table>
<tr><td>题目名称</td><td>宋代商业
贸易的繁荣</td><td>所选教材</td><td>部编版七年级下册
第9课“宋代经济的发展”</td><td>对象</td><td>七年级学生</td></tr>
<tr><td>教学目标</td><td colspan="5">1. 能说出宋代商业贸易繁荣的表现；
2. 能归纳出宋代商业发展的新特点</td></tr>
<tr><td>重点</td><td colspan="5">能说出宋代商业贸易繁荣的表现</td></tr>
<tr><td>难点</td><td colspan="5">能归纳出宋代商业发展的新特点</td></tr>
</table>

（续表2）

类别	预习课		
结构	画面	解说词（简略版）	设计意图
第一部分：片头（4秒）	 辽宋夏金元时期：民族关系发展和社会变化 七下历史 第9课 宋代经济的发展 ——商业贸易的繁荣	同学好，欢迎进入历史微课堂，今天学习的题目是“宋代商业贸易的繁荣”	开门见山，直接明了
第二部分：出示学习要点（2秒）	 第9课 宋代经济的发展——商业贸易的繁荣 目录 商业的繁荣 海外贸易的繁荣 纸币的出现	本课的学习要点是“商业的繁荣”“海外贸易的繁荣”和“纸币的出现”	让学生带着主体意识去学习
第三部分：讲述宋代商业的发展（5分35秒）	1. 出示宋代商业发展的文字史料； 2. 播放视频《清明上河图——街铺》； 3. 出示文物图片《清明上河图》《货郎图》和唐代长安城平面图、宋代都城平面图	请同学们仔细研读材料，想一想两宋商业发展的表现在哪里呢？通过与唐朝的对比，宋代的商业发展有何新的特点呢？	运用多种多媒体教学资源，营造历史情境，让学生带着疑问回到历史场景中去思考、去感悟
第四部分：讲述宋代贸易的发展（1分）	播放动态地图	宋代海外贸易设置市舶司，其中广州和泉州是闻名世界的大商港	动态地图可引起学生注意，也能培养其时空观念
第五部分：讲述纸币的出现（1分）	播放小动画《交子》	介绍交子的相关信息	动画直观有趣，符合学生的心理特点
第六部分：小结（1分30秒）	展示经济重心分布图	汉代至宋代的经济发展，尤其是宋代商业贸易的发展，使得中国经济重心南移完成	让学生理解宋代经济在整个中国历史上的地位

四、精选资源——素材收集和整理

历史微课的素材主要有图片、地图、视频、音频、文字史料、动画等类型，其目的是通过多种直观有趣的历史素材来吸引学生的注意力。在收集上述素材时，一定要注意科学、专业、美观大方、清晰明了等。如地图的引用，特别是古代史地图，一定要引用最新、最科学的地图，维护国家的领土主权。视频的收集可以通过中学历史教学园地、中学历史学科网、国家教育资源公共服务平台等。由于微课对时长有限制，所以我们在收集视频资源时，一定要考虑时长，必要时需对视频进行剪辑和处理；同时，应尽量选择高清、思想性高、趣味性强的视频资源，给学生以正确的思想指引，从而达到寓教于乐的功效。文字史料的应用不是越多越好，一定要考虑学生的历史认知水平，要符合学生“最近发展区”，可以直接引用教材和教师用书的文字史料，也可以参阅史学相关著作；背景音乐的选择绝对不能喧宾夺主，应根据微课主题的不同，选择一些古典的音乐，给学生营造历史的场景氛围。

五、精美呈现——课件制作

微课录制形式有很多种，如幻灯片录屏式微课、课堂实录微课、动画式微课、软件合成式微课。本文主要论述的是幻灯片录屏式微课，其中课件的制作是微课录制的重要前提。为了能使微课精美呈现，课件的制作需遵循以下几个要点。

（一）美观简洁的可视化版面设计

学习者在学习微课时是通过视觉和听觉来接收信息的。因此，课件的版面设计不仅要符合学习者的视觉逻辑，还要符合知识的结构化，凸显关键内容，即将文字、地图、图片等版面构成元素合理、有秩序地安放在限定的空间里。如微课“宋代商业贸易的繁荣”选择了以蓝白为底色，配以中国元素的标识，整个课件的底色给人以温馨静谧的中国风氛围，让学生沉醉在历史学科的韵味之中（见图1）。同时，在课件中要呈现所学内容的知识框架，整个知识脉络要清晰明了，可以在有限的时间里，给学生以明确的指引。此外，课件字体的颜色、大小等要有所突出，吸引学生的注意力。每张幻灯片的内容不宜过多，需层次分明，合理布局。

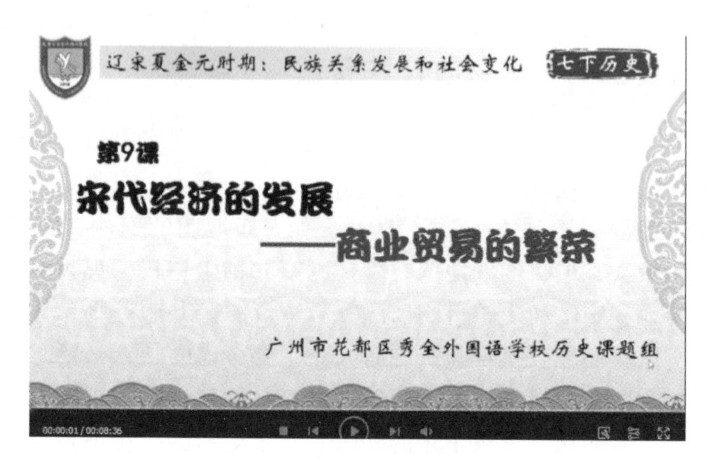

图1　课件的版面设计

（二）创新多样的内容展示

历史微课根据其内容可分为新授课、专题复习课、历史解题技巧课、答疑课等类型，根据其类型的不同，需制作不同类型内容的课件。新授课为了吸引学生的注意力，整个课件内容应运用多种直观有趣的教学素材，通过层层设问，引导学生。主题复习课内容应将零散的知识高度系统化，充分运用图示和思维导图等，由点到线，从中找出历史发展的内在规律，让观者有豁然开朗之感。历史解题技巧课则需从实际的案例出发，由一般到具体总结出解题技巧，然后变式训练和讲解，不断加深学生对技巧的理解和运用。总之，教师应根据内容的差异制作不同类型的课件，做到以小见大，不断创新多样的内容展示。

（三）科学严谨的历史表述

由于线上历史微课具有广泛的受众和快速的传播性，所以课件的制作一定要做到科学、严谨。如历史概念的描述要采用权威的历史研究表述；文字、符号、单位、公式等应符合国家标准，符合出版规范；所选素材无侵权行为，无敏感的内容向导。特别是涉及一些历史观点和历史评价时，一定要遵循历史唯物史观，符合“以德树人”的培养目标，维护国家主权统一和领土完整，具有正确的政治站位。

六、精雕细琢——微课录制

（一）录屏工具的选择

历史微课的录制是最后一个环节，需要将 PPT 配以背景音乐、解说等，所以录屏工具的选择很重要。目前可采用的电脑录屏软件有万彩录屏大师、OCAM 和喀秋莎录屏软件等。笔者所使用的是喀秋莎录屏软件（见图 2），它不仅可以进行电脑的全屏幕录制，还可以根据自己定义的区域进行录制，录制的成品视频不用跳转到其他播放器，可直接在本软件上播放并修改。它还可以导入相机或者手机中的视频、图片以及音频进行编辑，实现基本的视频编辑功能。所以，在进行微课录制的过程中，一线教师只需精心做好 PPT，就可以使用该软件进行录制，并对后期的视频进行剪辑，最后导出分享。

图 2　喀秋莎录屏软件操作界面

（二）声音的录制

为了保证微课录制的效果，需选择一个安静的录制环境，最好佩戴一个专用耳机，减少外界的声音干扰。声音的录制包含两部分：解说词和背景音乐。在录制前，一定要熟悉脚本设计，记住每一张 PPT 的解说内容，语言要规范，普通话需标准，声音清晰，语言富有感染力，注意抑扬顿挫，切忌对着 PPT 念内容，特别在提问后，要稍微留点时间给学习者思考。在录制的过程中，如果不小心将某个字念错了，或者发生讲话时卡壳等意外情况，制作者不要慌张，稍微停顿十几秒，再从头来过，可便于后期进行剪辑。背景音乐的录制，由于部分电脑安装的喀秋莎软件不能直接导入音频，可以用格式工厂转化成软件所匹配的音频格式，再进行导入。另外一种方法是在微课视频录制完后，使用“爱剪辑”导入音频与微课视频进行合成导出。

（三）后期的剪辑修改

在初次录制后，制作者必须一帧一帧地反复认真观看，若发现问题，只需要在时间轴对应的时间区间进行剪辑就可以了；同时，也可以打开音频图标，根据需要调节声音的大小，去除背景的噪音。在剪辑完成后，还需反复观看，在确定没有发现任何差错的情况下导出视频。一个优质的微课视频需要反复打磨和修改。在微课视频录制后，可以让同事观看，针对如动画设置、语言的设计、版面的布局、问题的设置、背景音乐的选用等提出修改意见，然后再次对微课视频进行修改。

总之，历史微课的设计与制作需要从学情调查—选题设计—编写脚本—素材收集和整理—课件制作—微课录制六个方面来进行，每一个环节都要认真地研究和实行。在实践的过程中，教师应遵循以学生为本的设计理念，精选主题，选择恰当的工具，采用科学的制作流程，不断地打磨和修改，不断朝精品微课的方向努力。

参考文献

[1] 何成刚. 史料阅读与微课设计［M］. 北京：北京师范大学出版社，2015.

[2] 丘馥祯，杨上影. 微课设计与快速开发要点：以5分钟学会“教学评价”为例［J］. 信息化教学·微课专题，2019（12）：4.

[3] 胡铁生. 微课：区域教育信息资源发展的新趋势［J］. 电化教育，2011（10）.

[4] 袁从秀. 主题立意：历史微课设计的关键：以《第一次工业革命》的微课设计为例［J］. 历史教学（中学版），2015（2）.

[5] 田红彩. 初中历史微课“知识碎片化”现象的应对策略［J］. 历史教学，2017（1）.

[6] 徐灿华. 以核心素养培养为目标的初中历史微课程设计策略初探［J］. 中学历史教学，2018（9）.

[7] 陈刚. 微课与中学历史教学［D］. 扬州：扬州大学，2016.

混合式教学在初中英语语法教学中的探究

广州市花都区秀全中学　葛小红

一、引言

20世纪90年代初，美国教育界曾对“有围墙的大学是否将被没有围墙的大学（网络学院）所取代”这一问题展开过激烈的辩论。2000年12月，《美国教育技术白皮书》指出，E-Learning（网络化教学）不会取代学校教育，但是会极大地改变课堂教学的目的和功能。这为Blending Learning（混合式学习）这一概念在美国乃至在全球范围的提出与流行奠定了基础。混合式教学就是要把传统学习方式的优势和网络化教学的优势结合起来，即既要发挥教师引导、启发、监控教学过程的主导作用，又要充分体现学生作为学习主体的主体性、积极性和创造性。目前国际教育界的共识是，只有将这两者结合起来，使二者优势互补，才能获得最佳的学习效果。

混合式教学使教师能够高效地利用有限的课堂时空进行有效教学，将教学效果最大化；促使学生能够借助先进的信息技术，打破物理局限，实现任何时间（Anytime）、任何地点（Anywhere）、任何方式（Anyway）的3A式自学，提高自主学习的兴趣和能力。因此，混合式教学的优势为其在教学中的应用提供了先决条件。

此外，为加快教育现代化和教育强国建设，推进新时代教育信息化发展，我国教育部于2018年4月印发了《教育信息化2.0行动计划》。该计划提出要实现“三全两高一大”的发展目标，即教学应用覆盖全体教师、学习应用覆盖全体适龄儿童、数字校园建设覆盖全体学校，信息化应用水平和师生信息素养普遍提高等。国家政策的大力支持为混合式教学的应用提供了重要保障。

二、传统英语语法教学的不足之处

（一）课前：教师基于已有经验设计教学，学生按照指定方式自学

在传统的英语语法教学中，教师主要根据自身的教学经验、现有的参考资料，以及班级中等学生的水平特点设计教学。虽然部分教师会提前一天下发预习导学稿，但是第二天还没有足够的时间批改就已经上课，即使批改了也还要花很多的时间精力才能了解学生的预习情况。

（二）课中：教师讲解语法知识，学生听讲，师生缺少互动交流

由于课堂时间有限，教师主要根据班级中等学生的水平特点进行讲解，所有学生一起被动地听讲，不同层次的学生不能根据各自不同的知识基础、理解能力和接受程度等，选择适合自己的学习内容和学习进度，从而导致不同的能力水平得不到相应的提升。此外，在课中，教师更注重的是语法知识的形式和结构，而忽略了知识的运用迁移及其运用的合适情境，因此，学生即使掌握语言知识的形式和结构，也不懂得如何在真实的情境中恰当运用。

（三）课后：教师批改大量作业，学生缺乏即时有效的反馈

在日常工作中，教师一般每天至少批改100份的作业，劳心劳力。而学生在做课后练习的时候，不确定自己的答案是否正确，当遇到疑难的时候，也不能得到及时有效的帮助。

三、混合式教学的优势

（一）课前：教师基于精准数据设计教学，学生根据实际情况灵活主动自学

在基于信息技术的混合式教学的帮助下，教师可以在课前通过“作业平台”或者其他学习平台推送前测练习，并轻松快捷地得出精准的答题数据。此外，教师还可以通过观察学习平台讨论区的讨论情况，清楚了解各层次学生，尤其是学困生的疑惑，从而进行更精准的教学设计，使后续的教学活动有更强的针对性。微课短小精悍、直观形象、便于理解，教师在混合式教学中可在课前发布微课供学生自学。而学生则可以根据自己的理解能力和接受能力确定自己观看微课的频率和速度。加上课前导学稿的辅助，使学生的自学如虎添翼。

（二）课中：教师主要讲解疑难点，学生有充足的时间进行互动交流

由于学生在课前已经观看教师讲解的微课，具有较为充足的知识储备，教师在课堂上无需再花时间重复微课的全部内容，因此，学生有更多的时间与教师和同学进行互动交流，从而提高学习的积极性和有效性。

（三）课后：教师轻松获得详细的答题报告，学生也可得到即时有效的反馈

作业平台即时生成答题报告，免去教师烦琐的作业批改工作。最重要的是，当学生遇到困难的时候，可以即时点击相应题目的视频讲解，从而快速、高效地解决疑难。

四、初中英语语法混合式教学模式探究

到目前为止，关于混合式教学在初中英语语法教学的探究寥寥无几。笔者在使用智慧课堂的两年时间里，不断思考探索，初步探究得出以下有效做法（见图1）。

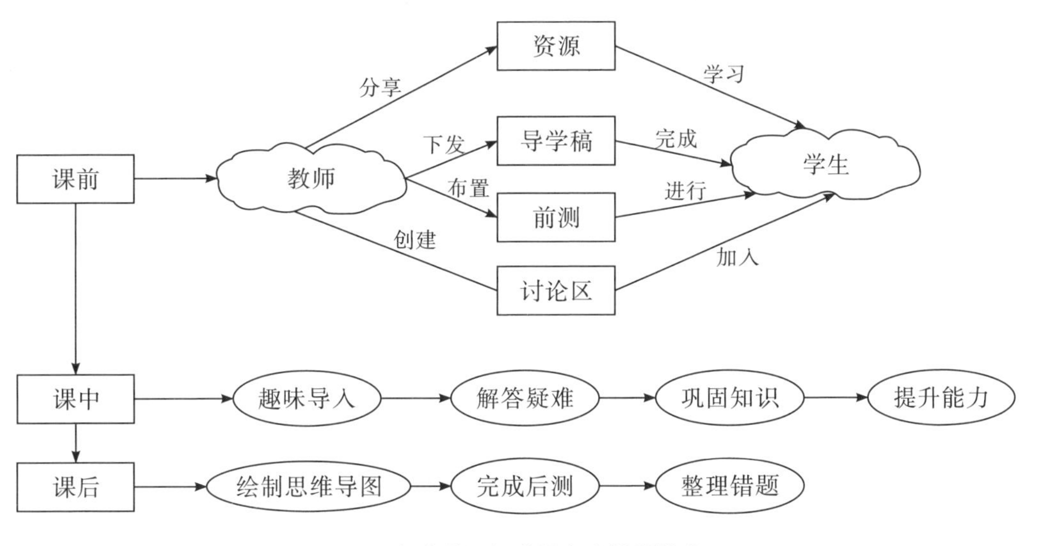

图1 初中英语语法混合式教学模式

（一）课前

（1）教师给学生分享优质的学习资源，如短小精悍的微课或者地道的英语视频供学生自学，力求帮助学生花最少的时间得到最大的收获，从而提高学习的效率。

为了体现学生的主体地位，教师制作的微课主要包括三部分：首先，帮助学生总体了解该语法知识的形式、意义和使用的情境；其次，探究学习语法知识的运用迁移；最后，讲解典型例题，让学生更加清楚所学语法知识的特点。

（2）设计导学稿，帮助学生梳理微课的内容。主要通过思维导图的形式，从形式、意义和用法三方面梳理微课的内容，以辅助学生学习微课并有所收获。

（3）设计少而精的前测练习。教师通过作业平台即时提供的答题报告以及学生在讨论区提出的质疑了解更精准的学情，从而设计针对性更强的课堂教学活动。

（二）课中

1. 趣味导入。教师适当添加新鲜有趣的内容导入新课，以便有效吸引学生的兴趣和注意力，使他们更关注该课的学习内容。

2. 解答疑难。课堂的前10分钟是学生注意力最集中的时间，在这个时候，教师可以引导学生总结自学的情况及点拨学生解决课前自学遇到的问题。通过思维导图梳理所学知识的结构，讨论和解答疑难。此处可以利用“学生讲”的功能，即讲解的学生可以在其学习平板上清晰演示自己的思路，而其他学生则可以在大屏幕或者各自的平板电脑上清楚地观摩。

3. 巩固知识。教师设置较真实的情境，让学生运用所学的语法知识。传统语法比较注重语言形式的准确性，而忽略语言运用的真实性。在混合式教学中，教师可以分享较真实的语言运用情境让学生清楚所学语法知识使用的合适情境。此时，教师可以让学生观看情境视频后完成课前设计保存的“提问”功能的选择题、填空题和主观题等。

4. 提升能力。小组进行情境表演，然后开展自评和互评。在前面教学环节的铺垫下，学生已经掌握该课语法知识的形式、意义和用法，接下来，最重要的输出是通过小组合作的方式，创设较真实的情境进行情景表演，真正做到学以致用。

（三）课后

1. 学生自行设计关于本课语法知识的思维导图。
2. 学生完成后测练习后，观看疑难题目的视频讲解。
3. 学生自行整理错题。

五、混合式教学的案例分析

本研究选取运用混合式教学的公开课为教学案例，对混合式教学在初中英语语法教学中的应用进行探究。文中选取的教学案例是笔者在花都区智慧课堂展示活动中执教的一节观摩课。该课内容为上海牛津版（2013 版）英语七年级下册语法课：感叹句。本班相当一部分学生对英语有浓厚的兴趣，学习热情高涨，乐于参加各种英语活动，能在小组活动中积极与他人合作，互相帮助，共同完成学习任务。但是，仍有部分学生注意力不集中，自我控制能力较差。因此，笔者一方面自创了简单易懂的口诀帮助学生轻松掌握本课的语法知识；另一方面，设置了真实的情境让学生学习和运用该课的语法知识。

（一）课前

基于以上学情分析，笔者设计了详细的教学活动。课前，笔者通过班级空间给学生分享了两份优质学习资源：一份是关于 96 岁军医吴孟超的感人视频，目的是创设情境，培养学生的直观形象逻辑性思维；另一份是笔者自创的微课，以引导学生通过自己的细心观察、认真思考和综合分析，探究得出本课语法知识的规律，并将其提炼升华，创新生成简易明了的“三步口诀法”。通过这两份资料的学习，学生可在课前储备充分的知识。为确保学生认真观看微课并有所收获，笔者设计了帮助学生梳理微课内容的导学稿以及部分少而精的前测练习。此外，为了更好地了解学情，尤其是帮助学生表达自己在课前学习遇到的困惑，笔者鼓励他们在班级空间上匿名提交自己的想法。这样，笔者在备课的时候就有更强的针对性。

（二）课中

1. 趣味导入。为创设情境帮助学生快速思考、感知本课语法知识——感叹句的使用情境以及正确的语法形式，笔者呈现一幅关于国产手机在国外首日发行的壮观场面的图片。看着那长长的排队购买手机的队伍，作为中华民族的一份子，师生都为之振奋，由衷地发出感叹：了不起的中国品牌！伟大的中国人！

2. 解答疑难。在课前自学的时候，部分学生提出对于 what、how 的用法区别有疑惑。笔者首先让学生进行小组讨论，利用“抢答”功能选出两位学生，再利用“学生讲”的功能，让两位学生在其平板电脑上清晰演示自己的思路，其他学生可以在大屏幕或者各自的平板电脑上清楚地观摩。

3. 巩固知识。在这个环节中，笔者又创设了两个情境，以便让学生在比较真实的情境下灵活运用所学的知识。在第一个情境中，笔者播放一则外国人报道港珠澳大桥的视频，通过平板电脑的“提问——填空题”功能，鼓励学生运用感叹句评价港珠澳大桥；在第二个情境中，笔者播放另外一则小视频，介绍一位 77 岁的芭蕾舞表演者，通过平板电脑的“提问——选择题”功能，让学生检测自己在本课的学习效果。

4. 能力提升。笔者鼓励和引导学生通过小组合作的方式，在上述视频中任选一个进行情境表演，然后开展自评和互评。之后，笔者引导学生谈谈本课的收获和感想，如教师微课中的“三步口诀法”、学生所感受到的民族自豪感等。

（三）课后

课后，笔者布置给学生三份作业：一是绘制本课语法知识的思维导图，然后分享到班级空间；二是登录作业平台完成后测练习，然后观看笔者提前准备的关于薄弱知识点的讲解视频；三是整理错题。最后，笔者根据学生在课前、课中、课后的表现，以及平台反馈的数据对学生及时进行形成性评价。

六、结束语

随着科学技术的发展以及国家对信息化教育教学的大力支持，混合式教学模式必然越来越普遍。一线教师应该结合各自学科的特点，注重信息技术的融合，力求探究适合本校本课程实际情况的科学有效的混合式教学模式。“教无定法”，混合式教学没有固定的模式，需要广大教师不断探索，才能发挥它应有的作用。本研究也存在不少需要改进的地方，例如，没有充分利用混合式教学的优势发挥学生的主体作用，没有开展更加有效的交流活动让学生更好地进行英语的输入和输出。今后，笔者将继续探讨适合本校特点的混合式教学模式，从而帮助学生更加科学、有效地提高学习积极性和主观能动性。

参考文献

［1］范菲. 基于信息技术的大学英语混合式教学模式之探索［J］. 读与写（教育教学刊），2019，16（4）.

［2］何克抗. 从 Blending Learning 看教育技术理论的新发展（上）［J］. 电化教育研究，2004（3）.

［3］教育部. 教育信息化 2.0 行动计划［EB/OL］. https://baike. baidu. com/item/教育信息化 2.0 行动计划/22501991. 2018.

［4］牟占生，董博杰. 基于 MOOC 的混合式教学模式探究：以 Coursera 平台为例［J］. 现代教育技术，2014（5）.

［5］杨芳，魏兴，张文霞. 大学英语混合式教学模式探析［J］. 外语电化教学，2017（1）.

［6］姚漫漫，何小妹. 信息技术支持下的混合式教学探究：以英语教学为例［J］. 中学外语教与学，2018（10）.

引导学生进行有效探究的策略

广州市花都区新华街棠澍小学　吴秀娴

小学数学探究性学习，是指学生在教师的指导下，用类似科学研究的方式，经历数学知识的探索、发现过程，从中获取知识、应用知识解决问题的学习方式。在小学数学教学中实施探究性学习，有助于培养学生的创新意识和自主探究精神，促进学生的发展。

一、创设问题情境，激发探究欲望

儿童都有着与生俱来的探究需要、获得新的体验的需要以及获得认可与被人欣赏的需要。教育家苏霍姆林斯基说："在人的心灵深处，都有一种根深蒂固的需要，这就是希望感到自己是一个发现者、研究者、探索者。而在儿童的精神世界中，这种需要则特别强烈。"这些需要的产生与满足，需要一定的教育环境和适当方法。实施探究性学习，首先要为学生提供一个开放的、现实的、有趣的、富有挑战的并能引发学生主动探究的问题情境，从而激发学生主动探究的欲望，变"要我探究"为"我要探究"。比如，在进行长度单位的教学时，教师可以为学生创设这样的问题情境：小明家离学校的距离是1千米，他步行上学的时间是5分钟，骑车上学的时间是2分钟，如果步行上学他平均每分钟走多少米？如果骑车上学他平均每分钟走多少米？如果骑车上学时在骑行1分钟后，自行车坏掉，他需要步行去学校，那么他此时离学校还有多远的距离？这种单位换算以及两种上学方式中所存在的差距让学生在解答的过程中会产生一定的求知欲望。再者，这种上学情境的创设也让学生对问题产生了一定的探究兴趣，在教师提问之后探究的欲望变得强烈，而多个问题之间存在的关系让学生在思考的同时，又回顾了学过的除法知识。此外，教师在学生解答的过程中还可以对问题提出质疑，然后揭示问题中所存在的矛盾，让学生在问题中开始学习，培养学生对问题的质疑能力。

二、挖掘可探究内容，突出探究的重点

教材无非是个例子，我们在平时的教学工作中还要思考什么是值得探究的教学内容？这是教师创造性使用教材的出发点，也是实施探究性学习的前提，因此，需要教师深入钻研教材、仔细分析学生学情，才能更好地把握一节课探究的内容和探究的重点。就一节课的内容而言，我们要思考：有没有可让学生探究的知识？哪些知识值得探究？有几个探究点？哪个点可作为探究的重点？如教学“平移与旋转”一课，学生通过学习要获取的新知识有两点：感知“平移与旋转”的特征，并能正确分辨这两种运动方式；能数出图形平移的距离。第一个知识点属于陈述性知识；第二个知识点属于程序性知识，同时也是学生认知上的难点。当然，这两个知识点的教学，可以都采用接受性的学习方式，也可以都采用探究性的学习方式。但从教学要求和知识特点来看，感知“平移与旋转”的特征，用体验性、接受性的学习方式，更符合学生的认知规律；用讲授法教学，学生更能较好地掌握计算图形平移的距离；但是，如果有策略性知识，采用探究性学习，则更符合学生的发展要求。实践证明，一节课探究的点较为合适是 1 ～ 3 个，且在这几个点中，要有一个探究的重点，并在教学设计和实施中加以突出，这样可为学生提供比较充分的探究空间，让学生比较真实地经历探究的过程，使探究的有效性得到保证。

三、明确探究目标，把准探究要求

探究目标是探究性学习的出发点和归宿，在研究中，有的教师提出的探究目标过于笼统，有的教师提出的探究目标高估了学生的探究能力，还有的教师尚未明确探究的目标和要求，就让学生匆忙上阵。为了避免上述现象的产生，教学中，要让学生能探究而且探究有效，就必须让学生明确探究目标，并把准探究的要求。探究的要求应设在学生的“最近发展区”内，从学生已有的知识出发，遵循学生的认知规律，千万不能以教师的理解代替学生的理解。例如，在教学《圆的认识》探究半径、直径的特征时，教师应明确地提出探究目标——用手中的圆片折一折、画一画、数一数，并思考下面的问题：①在同一个圆里，量一量每条半径的长度，你发现了什么？②在同一个圆里，有多少条直径？量一量每条直径的长度，你发现了什么？③在同一个圆里，直径和半径有什么关系？由于探究的目标和要求明确，学生的课堂参与度较高，收到了良好的教学效果。教师在组织引导学生探究时，除了要让学生明确探究目标，还要把准探究的要求，找准学生实现探究目标的潜在距离，并注意帮助学生经历探究过程，通过课件辅助、板书引导等，让学生明确探究什么、验证什么？另外，学生的探究，不能仅满足于交流时个别学生的正确回答，而应追求学生实实在在的参与、经历探究的过程。

四、选择探究方式，经历探究过程

探究性学习的方式一般有三种：个人独立探究；小组合作探究；全班探究。个人独立探究比较适合所探究的问题较为容易的，即凭学生个体的能力基本可以解决的；小组合作探究则是所探究的问题有一定难度，需小组相互启发、共同讨论才能解决的；全班探究通常是探究的问题难度较大，依靠小组同伴间的互助合作不能很好解决，而需要直接在老师的引导下进行探究的。探究方式的选用直接决定学生参与率及参与的质量，那么，该如何根据所探究的问题的难易程度及学生的实际，选择相应的探究方式，从而确保学生能真正经历探究过程呢？例如，在教学《长方形面积计算》时，当学生猜测长方形的面积是用长乘以宽算出来时，让学生经历如下探究过程。

（1）活动要求如下。

①动手量一量。（每组有 4 个不同的长方形，每人用方格纸或小正方形测量个长方形的面积由组长分工）

②汇报，填表。（每人把测量的结果向组长汇报，由组长填写）

③思考并讨论：每个长方形的长、宽和面积之间有什么关系？

（2）小组探究。

（3）汇报交流。

这个探究过程主要引导学生探究发现“长方形面积计算公式”。探究时，让学生按照用面积单位测量长方形的面积—填写测量的数据—观察发现面积与长、宽的关系的流程，根据探究的要求，开展小组合作探究。这样，每位学生都可以从自己已有的数学事实出发，经历动手操作、观察发现得出结论的探究过程。在这个过程中，学生通过多种研究方式的交替使用、有机融合，从而取得了较好的探究效果。

综上所述，探究性学习是一种打破传统课堂“带着知识走向学生”而形成的“带着学生走向知识”的一种新的教学模式。让探究性学习走进小学数学课堂，是当今课改对教师提出的新的更高的要求。在教学中，要让学生的探索活动服务于教学目标，教师就要在其中发挥应有的组织、引导、调控作用，并亲身参与学生的探索过程，鼓励学生在合作交流中产生思维碰撞，从而达到培养发展学生探索性学习的最佳效果。

第二编　探索之路

——智慧教育管理案例

花都区秀全中学智慧课堂建设与展望

广州市花都区秀全中学　麦前辉

我校作为广州市智慧校园实验校，积极探索智慧教育在课堂教学、校园管理、大数据教育决策等方面的信息化教育2.0模式，并以此全面提升学校的教育、教学质量，提高社会对政府办学的满意度。我校根据自身情况深入课型模式的探索研究、小组学习探索研究、导学案探索研究，努力实现与“互联网＋”前沿技术的完美融合。初中部作为我校信息化校园中智慧课堂的主阵地，推行了一系列措施，并在区内成功组织过多次教研开放活动。以下为2018—2019学年第一学期的推进措施与成果。

一、多重保障，助力智慧课堂的建设

（一）组织与制度保障

按照学期初计划，我校成立了由校长、副校长领导的工作领导小组和研讨制度，给予智慧课堂建设最大限度的保障。领导小组除了领导，还包含由主任、级长及科任教师组成的组员系统。他们都是教学经验丰富的一线教师，且多人曾担任区中心组特约教研员和组员。在智慧课堂与教学融合方面，我校针对平台的特点，结合教学实践，预设了学校与平台结合的方案；在应用实施阶段，根据时间段预设了教学研讨的各项内容，逐步推进并最终形成一套完整的教研和管理制度。

（二）硬件软件保障

硬件保障方面，我校在初中部专门设立了4个课室作为智慧课堂专用场室，并按照项目公司的建议配以千兆网络专线，使得智慧课堂能流畅开展。软件保障方面，项目公司提供1名固定技术人员驻点在学校，能够以最快速度解决智慧课堂中的问题，还能提供一定的备课指导。研讨制度建立后，既有常规的课例研讨，也有利用零碎时间进行的学科研讨。每次研讨必定上报，由年级负责人进行跟进。

（三）政策保障

在花都区教育局和学校的政策支持和指导下，我们得到了各种提升的机会，包括引进专家指导、外出名校学习，每次的培训都使我们在信息化的道路上走得更坚实、更准确。2018 年 10 月，花都区教育局组织我们参加 2018 年中小学信息技术与课堂教学深度融合骨干教师培训班。在成都，我们参观了几所真正意义上的信息化与教育教学融合发展的名校，如成都泡桐树小学、成都天府新区第四小学（见图 1），还认真观摩了天府新区第四小学信息技术与教学融合的公开课“轴对称图形”。

图 1　在天府新区第四小学参观学习智慧校园建设

2018 年 12 月 14 日，广州市教育局、广州市信息中心委托华南师范大学王其云、王冬青两位教授帮助我们更好地理解和建设智慧校园。两位专家在参观完我校信息化校园建设和听取了我们其中一节智慧课堂汇报课后，对我们的智慧课堂给予了很高的评价，也给出了许多信息化校园建设的发展意见，尤其是提出了智慧课堂发展的方向与思路，使我们对智慧课堂建设有了更新的认识。

二、教师积极投入，信息化教研变成常规教研

我校初中部每周都会进行科组集体备课（见图 2）。由于智慧课堂需要结合科大讯飞平板平台，其讲授方式与传统方式有比较大的区别，因此，初一年级专门设置信息化教研计划，并按照开放日任务、学校评优课评比和花都区教学比赛任务来确定每次的研讨主题（见表 1）。教师们积极性高，尤其是青年教师，常常会在课

后进行教学研讨，探讨智慧课堂在学科中的应用，思考如何将信息化与传统教学进行深度融合。

图 2　初中部科组集体备课

表 1　2018—2019 学年第一学期秀全中学信息化教学研讨安排

序号	学科	年级	时间（固定每周三）	研讨主题	地点	应到人数/人
1	英语	七年级	第 5 周	Unit 2 Daily Life	智慧课室 2	10
2	语文	七年级	第 6 周	世说新语·咏雪	智慧课室 2	10
3	数学	七年级	第 7 周	有理数的乘方	智慧课室 3	10
4	综合	七年级	第 8 周	地球的运动——自转	智慧课室 2	10
5	数学	七年级	第 9 周	科学记数法	智慧课室 2	10
6	语文	七年级	第 11 周	狼	智慧课室 3	10
7	数学	七年级	第 12 周	有理数的混合运算	智慧课室 2	10
8	英语	七年级	第 13 周	Unit 7 School Clubs Speaking & Writing	智慧课室 3	10
9	地理	七年级	第 14 周	人口和人种	智慧课室 2	10
10	数学	七年级	第 15 周	全面推广—赛前培训	智慧课室 2	24

三、以学习兴趣为重心，尊重学生身心发展特点

从教育心理学的角度来说，学习兴趣是一个人倾向于认识、研究获得某种知识的心理特征，是可以推动人们求知的一种内在力量。而科大讯飞智慧课堂的最大优势之一就是包含抢答、小组活动、讨论、随机抽取等丰富的课堂互动，学生的兴趣在智慧课堂中能被充分调动起来（见图 3）。智慧课堂的另外一个重要功能是统计数据的快速调动，学生能够通过课堂互动中的提问功能在课堂中及时反馈所学知

识。统计数据可以反映不同学生的掌握情况，因此，该功能除了可以有针对性地提高辅导效率和调整教学重点外，还可以作为一种激励机制，促进学生间的竞争与合作。

图3　利用平板辅助教学

四、师生齐心协力，共创辉煌

师生共同参与，积极投身于信息化辅助学科教学、提高效率的课堂改革中。通过初中部全体老师的努力，尤其是在初一级几位班主任老师的积极推动，一个学期下来，我们多次接待上级领导视察或外校同行学习研讨，承担以“智慧·高效·合作·分享”为主题的教学开放日任务1次，形成展示课课例5节，校级评比课课例2节，区级智慧课堂比赛课例3节，取得了丰硕的成果（见图4）。其中，陈丹虹老师勇于创新，积极实践，将智慧课堂运用于班会课上，得到了区领导和学校领导的一致好评。

图4　智慧课堂教研

五、成果丰硕，更重积累，全面推广学习

经过一个学期的努力，第一批参与学习的几位教师在信息化与教育教学融合上都有自己的个人体会，其个人能力也得到了非常大的提升。随后，我们还将这些资源、课例通过整理，上传网盘。所谓“滴水穿石，非一日之功”，我们知道，想要真正达到信息化校园的目的，积累是必不可少的。

学期后半段，我们将全套24个教师平板电脑都领取到学校，并根据我校智慧课室的布置形式调整思路，重新出发，将智慧课堂的技术运用于课堂。当然，这种形式与信息化教育2.0倡议的泛在学习还存在一定的差距，但我们相信，只要教师们接受了智慧课堂的形式，并将其高效融合到自己课堂中，那么课前、课后两个环节到时候自然也会水到渠成。第二批加入的教师对学习使用智慧课堂的兴致也非常高，在由科大讯飞组织的推广学习中，他们认真钻研，还决定利用假期时间自主学习，争取在下学期开学后能够利用技术为自己的课堂服务（见图5）。

图5　第二批教师智慧课堂培训

六、校内外推广，争取家长支持

我们特别注重对智慧课堂的宣传，希望能够得到学生家长的理解和支持。在举办以“智慧·高效·合作·分享”为主题的开放日活动（见图6）之后，我们及时将此活动报道通过微信公众号推送给家长。通过校内外的推广活动，智慧课堂得到了更广泛的认可，为我校下一步实施信息技术与教育教学深度融合打下了坚实的基础。

秀全中学"智慧课堂"开放日

《课程安排》

学科	老师	时间	地点
数学	[illegible]	8:40	5楼2号室
英语	[illegible]	9:30-10:10	5楼3号室
数学	[illegible]	9:30-10:10	5楼2号室
语文	[illegible]	10:30-11:10	5楼2号室
地理	[illegible]	10:30-11:10	5楼3号室

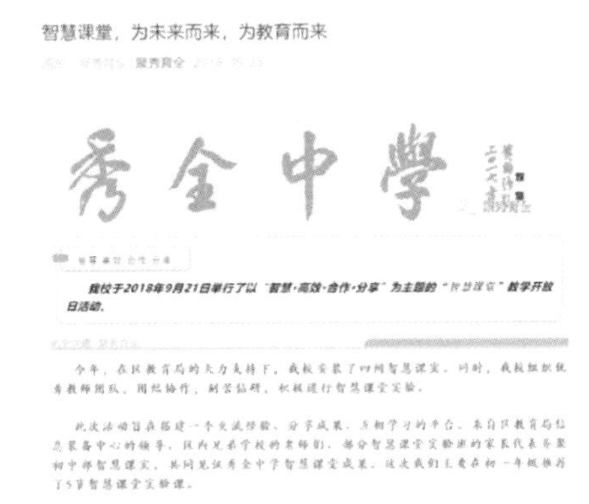
智慧课堂，为未来而来，为教育而来

聚秀育全

秀全中學

我校于2018年9月21日举行了以"智慧·高效·合作·分享"为主题的"智慧课堂"教学开放日活动。

今年，在区教育局的大力支持下，我校安装了四间智慧课室。同时，我校组织优秀教师团队，同伴协作，刻苦钻研，积极进行智慧课堂实验。

此次活动旨在搭建一个交流经验、分享成果、互相学习的平台。来自区教育局信息装备中心的领导，区内兄弟学校的老师们，部分智慧课堂实验班的家长代表齐聚初中部智慧课室，共同见证秀全中学智慧课堂成果。这次我们主要在初一年级推荐了5节智慧课堂实验课。

图6　智慧课堂开放日活动

七、存在问题与展望

当然，项目公司为我们打造的智慧课堂还有许多不尽如人意的地方，如即便使用了专线仍然会出现网络断连的情况；学生应用平板软件偶尔会因卡顿而需要重启软件甚至需要重启平板电脑；在抢答功能的使用中，学生平板电脑网速不同而造成互动上的不公平；下载微课视频时默认在线观看，即使重复观看也需要缓存而影响使用体验。同时，我们自身也存在一些问题，如缺乏融合课堂教学与信息技术的有效方法，教师的研究水平还有待提高，等等。

虽然还存在种种问题，但是，信息技术作为现代科技的产物，教学信息化是时代的大趋势，在未来的教育教学发展中，有着不容忽视的影响。能够作为实验学校首先学习和尝试将智慧课堂技术运用于课堂教学，既是上级领导对我校的信任，也是我校发展的机遇。今后，我校一定会针对仍然存在的问题多向专家学习，使我校的智慧课堂建设之路走得更稳、更远、更好。

建设智慧课堂　促进教学改革

——邝维煜纪念中学智慧课堂工作阶段性总结

广州市花都区邝维煜纪念中学　陈宏

作为广州市第一批智慧校园实验学校，在区教育局的大力支持下，邝维煜纪念中学（以下简称“邝中”）引入移动终端技术，利用智学系统开展课堂教学。软件与硬件的提升，有力促进了学校教育现代化的发展。在教育信息化的引领下，我们一步一个脚印地探索“智慧课堂”的建设与实施，打造高效、灵动的智慧课堂成为我校教学改革的一项重点工作。

我校智慧课堂实验班的教师积极尝试，不断探索实践、研究总结。2018 学年第一学期开学初，我校对教师和学生进行培训后，设备正式投入使用，师生们边学边实验。2018 年 9 月中旬，我校初二级 10 位在 2018 年 5 月才接触智慧课堂实验的教师为全区教师上了公开课，反响很好。一个学期下来，我校教师通过外出学习、校内研讨，不断研磨，部分种子选手已经脱颖而出。

一、学校高度重视，保障智慧课堂工作顺利开展

学校领导高度重视智慧课堂的建设，为保障工作顺利开展，我校成立了智慧课堂实验项目领导小组和智慧课堂实验教研小组。领导小组由林志聪校长亲自挂帅，担任智慧课堂项目组总指导，负责全面工作，且重点在宣传动员、经费保障方面；高秀丽副校长、钟文海副校长担任常务副组长负责制订智慧课堂建设工作实施方案，根据智慧课堂建设工作实施方案制订具体操作细则，统筹组织、协调与落实智慧课堂建设各项具体工作。初一和初二级的两位落级卢伟江副主任、陈宏副主任分别负责七年级和八年级实验班教师的协调、动员、监督工作，总结本年级的智慧课堂实施情况，协调两个年级的互动研讨和经验分享。实验教研小组由分管教学的副校长高秀丽任组长，学校教研室主任、初一和初二两个年级的落级主任为副组长，实验班教师为研究成员。

二、培训研讨成常态，推动智慧课堂的实施

自我校被确定为区“智慧课堂试点校”以来，学校采取“请进来”“走出去”等形式开展实验班教师的培训、研讨学习。初一和初二的教师办公室、“邝中2018智慧课堂学习交流群”成为大家交流学习的主阵地。

（1）2018年5月，2017届初一级有两个班作为实验班先行接触教师机和学生机，项目专业人员分别对教师和学生进行了培训；2018年9月，2018届初一也有两个班作为实验班，项目专业人员对新加入的初一和初二教师进行了培训，教师们初步了解了智慧课堂中教学软件的应用和资源的获取方法。

（2）在大家对智慧课堂有了初步的了解，并掌握了简单的应用方法后，2018年9月初，我们邀请教学教研专家来校对实验班的教师进行面对面指导，同时结合具体课例进行分析，让教师学习如何在课堂上使用功能辅助教学。

（3）2018年9月12日，我校举行了以“智慧·高效·合作·分享”为主题的第一次智慧课堂教学开放日活动，此次活动加强了区域内的校际学习与交流，共同探索了基于“互联网+”的课堂教学模式，也更好地推进了我校智慧课堂教学实验。同日，我们邀请了广州开发区中学龙国明校长来我校作“开智慧教育之先，圆智慧成长之梦”的智慧课堂专题讲座，龙校长根据开发区中学的智慧校园成长经历向我们讲述了智慧课堂建设的实践与思考。同时，龙校长还为我们指点迷津，让我们明白了传统课堂应如何向智慧课堂转变，以及如何让信息技术与教学深度融合，更有效地提高课堂教学效率。

（4）为汲取经验，把智慧课堂落到实处，2018年10月中旬，花都区教育局安排我校实验班级的4名教师远赴成都，参加我区第一期“中小学信息技术与课堂教学深度融合骨干教师培训班”。教师们通过对“智慧课堂”示范课的观摩，真正掌握了智慧课堂的真谛，并在回校后进行了分享。

（5）为了更好地掌握和应用智慧课堂，2018年12月7日，我校智慧课堂实验班的教师汇聚在学校会议厅，在这里召开本学期第二次智慧课堂教学研讨会。会上，高秀丽副校长讲到，信息化是未来教育的趋势，对于项目公司提供的移动终端，我们要带着研究的心态去试验、去摸索，一定要去尝试、去研讨，要让信息技术与课堂深度融合，不能为了用学习机而用，而是要让它的功能有效辅助我们的教学。为了推动大家更好地运用教师机上课，会上要求每一位实验班教师在学期末前上一节研讨课。

（6）2018年12月中下旬，智慧课堂实验班的每一位教师都上了一节研讨课。在此次研讨课上，我们欣喜地发现有不少教师已经能够比较熟练地使用教师机的一

些功能，如互动里的课堂提问、抢答、随机、小组 PK、讨论等，还有拍照讲解、录制微课、发布课前课后作业，对课堂发布的习题能够及时通过数据分析落实讲评，有效地推动了大家运用教师机上课的热情并提高了应用能力。

（7）为了更好地在校内形成教研教学常态，2018 学年第二学期开学初，我校开展了一次关于移动终端教师机常用功能怎样更好地辅助教学的研讨。此次研讨是陈宏老师结合自己平常上课使用教师机功能的心得，采用录制视频、制作动图等形式呈现日常教学的一些片段，现场演示操作。通过此次研讨，大家体会到了一些功能的优点，更增强了使用教师机的信心。

（8）2019 年 3 月 28 日，我校智慧课堂骨干教师 12 人前往长沙学习。在为期 2 天的学习里，我们走访了 3 所学校，通过听课、研讨、听讲座，我们重新认识了智慧教育，收获颇丰。

三、智慧课堂顺利实施，形成教学常态化

2018 年 9 月 12 日，在我校的智慧课堂教学开放日活动中，我们推荐了初二（3）、（4）两个实验班共 10 节智慧课堂实验课。听课的领导和教师们对这些课均给予了较高的评价：文科的课课堂气氛活跃，教师讲课思路清晰，师生互动强；理科的课任老师利用移动终端与学生互动，让学生抢答、拍照讲解，让学生探究未知知识。教师们善于引导学生发现问题、探究问题、解决问题，形式多样，练习及时反馈，学生反响很好。

随后，我校以此为契机，大力推动智慧课堂、智慧教学。经过对智慧课堂实验班教师的多次培训，学校鼓励教师大胆使用教师机上课，让学生用学生机进行课堂互动。现在，智慧课堂实验班的教师们大部分都能够熟练使用相应的教学软件，利用现代化信息资源，流畅地开展教学，并且实现了智慧课堂教学模式在日常教学课堂应用的常态化，使教师课堂教学手段更加现代化。

四、尝试新的教学模式，促进学校课堂教学改革

短短一个学期，智慧课堂的开展就给我们的课堂带来了一些根本性的转变。

（一）教师教学行为的转变

在智慧课堂中，教师真正成为课堂中学生学习的引导者、启发者，教学模式由传统教学模式转变为新课程理念下的教学新模式。此外，教师在课堂教学中能够充分利用各种预置资源，把信息化技术与课程有机结合起来。

（二）学生学习方式的转变

在智慧课堂中，学生利用移动终端，改变了以往的学习方式，形成了自主、合作、探究的学习方式，不仅增强了师生之间的互动性，而且大大激发了学生的学习积极性，在优化的课堂教学情境中，学生的素质得到了较快的发展。此外，学生移动终端的使用，把学生的学习由课内延伸到了课外。学生利用移动终端，在课下、家中都可以与教师进行互动、交流；学生还可以随时对课上没掌握好的知识进行多次学习。

（三）面向全体学生，落实智慧教育在智慧课堂中的体现

智慧课堂不但增加了师生之间的互动与交流，更重要的是其面向了全体学生。课堂上学生利用学习机把自己的学习成果反馈给教师，教师可以直观地了解学生的答题情况，并根据学生的答题时间以及结果，掌握学生的答题速度和准确率，然后进行有针对性的讲解。同时，教师通过反馈可以了解每一位学生的学习效果，并通过数据的处理功能，可以对全班学生的课堂学习情况进行科学性的数据分析，为教师提高课堂教学效率提供依据。

学校也以智慧课堂实验促进课堂教学改革。教学改革首先要求教师转变观念，智慧课堂鲜活的实例让教师们明白教学改革是必须的，同时我们的方法也是可行的。

总之，智慧课堂的实施，为我校的信息化教育增添了活力，使课堂真正成为充满疑问的课堂、凸显探究的课堂、走向生活的课堂、唤醒智慧的课堂。2019 年 1 月，我校有 3 节常态研讨课参与花都区 2018 智慧课堂精品课例大赛，葛小红老师的八年级英语课“Uait 7 Exclamations”获得三等奖，陈宏老师的八年级数学“15. 3. 1 分式方程”获得三等奖，冯丽君老师的七年级英语“Unit 6 Grammar Conditional Sentence”获得三等奖。

智慧课堂，让我们的课堂教学在变、学习方式在变。未来已来，当我们手指轻划，翻看着不断更新的教学学习软件时，我们就想要用它为我们创造良好的教学环境，去行我们的教育教学之事，用探索求变之真理浇灌信息之花。庆幸我们已在路上，尽管会遇到问题和困惑，但它们将会成为我们继续前进的灵感启迪点、生长点。

我们会坚定信念，脚踏实地地一步步走下去，并结合邝中的教学实际，创造出具有邝中特色的智慧课堂，让智慧课堂之花盛开得更加鲜艳。

圆玄中学智慧教育实施经验总结

广州市花都区圆玄中学　许弼秦

2018年4月，教育部研究制定了《教育信息化2.0行动计划》，计划到2022年基本实现“三全两高一大”的发展目标，即教学应用覆盖全体教师、学习应用覆盖全体适龄学生、数字校园建设覆盖全体学校，信息化应用水平和师生信息素养普遍提高，建成“互联网+教育”大平台。2018年5月，广州市花都区教育局根据教育部信息化2.0行动计划的指引，启动智慧教育试点工作，我校被确认为花都区智慧教育试点学校。学校领导高度重视此项工作，积极筹划，仔细部署，认真落实，取得了一定的成绩，现总结如下。

一、拥抱时代潮流，实施智慧教育

（一）打造智慧课堂，实现智慧学习

我校与项目公司合作，借助平板电脑教学，打造智慧课堂，实现了课前学情的精准分析，课中的智能互动，课后练习的精准辅导，以促进学生不断成长。借助教育平台，课堂教学更加生动直观、高效便捷；通过作业软件布置相应作业，实现了数字化的学习。通过近一年的探索，我校的实验年级重新构建了新的学习流程：课前学习—课堂内化巩固—课后提升。

课前，老师通过平台布置导学任务，下发微课或能力提升练习；学生在校借助平板电脑登陆平台接收导学任务，完成对新知识的学习。

课堂成为老师与学生、学生与学生之间互助的场所，答疑解惑，经验分享，使学生在互助、合作、探索中吸收内化新知识。借助实时统计系统的各种统计列表，教师能够全面、及时地了解学生对新知识的掌握情况，并进行针对性教学。为强化学生对知识的掌握，教师还可以利用智慧在线组卷功能编制巩固练习和检测试卷，并推送到学生端。

课后，学生可以登录平台进行新知识练习，巩固已学知识。教师利用平台终端

可以随时批改作业，并依据平台的成绩分析功能，适时调整教学计划。

重构后的学习流程目标清晰，复习检测方便快捷，便于学生学习，更有利于教师真正了解学生的学习情况。

（二）依托大数据，打造精准教与学

在打造智慧课堂的同时，我校还引入了智学网教育平台，要求老师通过智学网平台进行组卷练习测试，积累学生练习数据，借助平台分析能力，对考试进行快速分析，为教师的备课提供数据支撑，帮助教师实现精准教学。同时，智学网还会为学生收集错题，形成错题集，并根据错题的知识点推送同类型的题目，由技术人员打印成个性化学习手册，进行知识巩固，精准帮扶学生的弱项。通过近一年的实践，我校实验年级的测试训练形成了新的流程。

组卷：教师通过智学网平台组卷，题目可从智学网题库中获取，它同时也是校本题库，教师组卷后上传至智学网。

测试：学生可以借助平板电脑完成测试或者在试卷上作答，再扫描上传至智学网平台。

批改：客观题直接由系统批改，主观题由教师批改，教师可在电脑端、平板电脑、手机上进行批改，批改完成后平台自动生成分析报告。

教学：教师查看分析报告，掌握总体情况及每个学生、每个知识点的解答情况，从中精准找出共性问题进行备课评讲，并准备相应练习。

个性化帮扶：系统根据学生的错题集，推送对应练习，形成个性化学习手册，由学生自主完成，并由教师进行个性化指导。

二、不负众望，智慧教育促变化

经过近一年的探索、实践，智慧教育得到了实验年级师生的高度认可，给圆玄中学的教与学带来了诸多变化。

（一）教师方面

（1）提高了教学的精准度，提升了教学的有效性。在教学过程中，了解学情是成功教学的前提。以前由于条件限制，教师只能通过大量批改作业、试卷等来了解学生，工作量大，效果差，对学情的把握总是很难达到精准；而现在有了智慧教育，教师只需在备课时从系统中调取学生的各种分析报告、作业信息，就可以比较精准地把握学情，提高备课的精准度，真正做到“讲在关键处”，从而提升了教学的有效性。

（2）减轻了教师的机械性劳动，使教师能够将更多的精力投入教学研究，提升自我，成就学生。批改作业练习卷、检查学生背诵情况等是教学工作的重要组成部分，是掌握学情的方法之一，而这部分内容大多是一种重复性的、机械性的劳动，耗费了教师大量时间；实施智慧教育后，重复性、机械性的批改部分可以由系统完成，系统还可以帮助教师进行统计，大大减轻了教师的工作量，使得教师有更多的时间去研究教学，提升教学效果。

（3）提升教师个性化帮扶的有效性，同时减轻帮扶的工作量。对学生进行个性化帮扶是教师工作的重要组成部分。而我校一个学科教师面对的学生少则几十人，多则上百人，教师很难准确地掌握每一个学生的具体情况。实施智慧教育后，教师要对学生进行个性化帮扶时，只需要从系统中调取该生的一段时间的分析报告和错题集，就可以准确了解学生的情况，从而提高了帮扶的针对性和有效性。此外，教师的个性化帮扶还可以结合学生个性化学习手册进行，这减少了教师为帮扶准备材料的工作量。

（二）学生方面

（1）数据分析让学生的个性化指导日益加强。智慧课堂和智学网的引入使教师的教学方式发生了很大改变，通过精准的数据分析，教师对学生的关注度空前高涨，更多个性化学习体验有了实现的可能。多了教师的关注，学生的学习体验变得更加丰富了，学生可以随时得到教师的一对一指导。教师即使外出，也可以进行微课指导、在线作业批改等。

（2）精准评价使学生的朗读兴趣日趋浓厚。我校引入的智慧课堂产品，其中最大的一个亮点就在于它的语音分析系统。原先枯燥而又难以检测的朗读作业，现在成为教师布置最多且学生完成得最快的作业。每一次朗读完成后，系统不但会自动评分，还会针对学生的朗读过程做出精准评价。在数据提供的精准指导下，我校学生对语文、英语课的朗读乐此不疲。

（3）收录错题给予学生体贴入微的学习帮助。当学生通过平板电脑提交作业（或者将试卷扫描进系统）时，系统就会为学生收录错题。每一题都保留了原始的错误答案、教师平板电脑批改时的指导批注，以及最终的正确答案。此外，错题集还能自动分析学生错题的知识点，进行相同知识点相似题智能推送，并由技术人员打印成个性化学习手册，使学生进一步对原先未掌握的知识点进行巩固，进行精准化帮扶。

（4）资源整合促进学生的核心素养全面发展。互联网时代是资讯大爆发的时代，在这个时代，学习资源是泛滥的。然而学生鉴别能力有限，面对信息潮无法筛选出有用的学习资源，教师虽具有筛选能力，但因缺乏技术手段往往无法及时将自己筛选出来的学习资源推送给学生。智慧课堂平台的引入，恰恰解决了这个痛点，通过智慧课堂平台，教师可以将互联网上的资源整合并分享给学生。当教师读到好的时政分析文章、美文鉴赏文章时，可以立即分享给学生或者整合到上课资源中，也可以将好的学习视频如实验操作视频、实验现象、自然现象或学习微课等直接推送给学生，还有教师在课堂上通过平板电脑在线直播，将课堂上的优秀操作案例转化为课程资源，开启智慧育人的新模式。因此，在智慧课堂里，学生的学习兴趣浓厚，学习积极性高涨，学习效率也得到明显提高。

三、实施智慧教育面临的问题

在取得诸多成绩的同时，我们也遇到了不少的问题。

（1）实施智慧教育对网络的要求很高。我校原有网络硬件不达标，对智慧教育实施支撑力度不足，改造计划因各种原因一再推迟，对实施智慧教育造成了一定的影响。

（2）教师在智慧课堂平台和智学网平台的使用过程中也存在一些问题：只有智能没有智慧，很多事情还须教师事先准备，特别是老教师较难适应教学资源的准备工作。

（3）现阶段智慧教育投入较大，实施过程中学校和家庭均需要有所投入。我校作为公办学校，经费全靠财政支持，而学生家庭情况不一，大规模实施智慧教育时能否有充足的资金投入也是需要面对的现实问题。

四、着眼未来，持续发展

实施智慧教育，是为了更好地服务教育教学。着眼未来，我校将把智慧教育纳入长远发展计划之中。

（一）构建完善的校园网络

近日，我校总务部门传来了好消息：我校网络改造计划已经进入招投标阶段。在不久的将来，我校将建成千兆网络到班的校园网，并将力争做到校园无线网络全覆盖，为教育教学提供强有力的网络支撑。

（二）加强教师队伍建设

教师队伍的水平，决定教育教学的质量。通过派出教师参加学习培训，请进专家学者开设讲座，教师自身素质不断提升，为教学提供了人才支撑。

（三）加强教学资源的共建共享

今后，我校将加大教学资源建设的资金投入，细化资源共建共享激励机制，建设涵盖全学科完整的教学资源库，为教学提供资源上的强有力支持。

邓小平说过："教育要面向现代化，面向世界，面向未来。"未来的世界是一个信息化、智能化的世界，我们的教育应该要培养学生适应未来世界的能力。这就要求教育工作者要有超前的意识和时代的责任感，用我们的热情和追求去拥抱信息化、探索信息化，努力实施智慧教育，让学生提前置身于信息化、智能化时代中，为学生的人生发展奠定基础，也为推进我区"以教育信息化带动教育现代化"做出应有的贡献。

秀全外国语学校智慧课堂的开发与使用

广州市花都区秀全外国语学校　陈建平

我校实施智慧课堂实验已经两年了，在这两年里，我们经历了很多的探索，也总结了一些经验和教训。

“智慧课堂”和“智慧教室”是两个不同的概念，即智慧课堂是人的智慧，智慧教室是设备的智能化。用人的智慧去调动智慧装备来发展人的智慧就是智慧教育。

智慧课堂是教育发展的未来，将智慧教室交给信息装备，将智慧课堂交给教师，将课堂的教与学跟信息技术深度融合，这才是真正的智慧课堂。

一、我校智慧课堂开展情况

（1）举行了一场校内培训——刘兴老师的讲座。专家的引进使得我们的示范引领具有了一定的高度，让我们在思想转变、备课方法、功能使用等方面都得到质的提升。

（2）组织了两场校外培训——赴成都、长沙学习。外出学习使教师们有了学习的榜样，学校的发展也有了追赶的方向。

（3）平常同事间的交流——日常探讨。我校智慧课堂同科组之间的纵向备课和不同科组教师间的横向备课成为常态。教师充分把握每个学科的特点，积极发挥每个学科的优势进行交叉备课，语文偏重文字的课前预习，物理偏重课中的分享，数学的微课重播给学生带来了不一样的上课体验。

（4）举办开放日对外交流——课堂展示。2018 年 12 月 9 日的校园开放日，我校呈现了 4 种不同教育技术的智慧课堂，其中，依托平板设备的课堂有 3 节，分别是侯芳老师的数学课（见图 1）、陈超燕老师的物理课以及杜思思老师的英语课。3 位老师是平板设备实验班的种子教师，她们勇于创新，敢于实践，与大家分享了 3 节精品课。

图1　侯芳老师在使用科大讯飞智慧课堂上课

使用醍摩豆设备的课堂1节，是林嘉勇老师的英语常态课（见图2）。林老师是我校使用和推广醍摩豆设备的骨干教师，教学技能突出，他的课堂深受学生欢迎。

图2　林嘉勇老师在使用醍摩豆智慧课堂上课

利用互动电子卡片的课堂2节，分别是林毅洽老师的英语常态课（见图3）和陈艳老师的数学常态课。两位老师都是2018年9月入职我校的新老师，他们大胆尝试，努力先行，积极探索课堂高效科学的互动模式，其课堂充满了活力。

图3　林毅洽老师在使用互动电子卡片智慧课堂上课

此外，还有陈建平老师利用 seewo & plickers 展示了一节常态课“测小灯泡的额定功率”（见图4）。其教学方式灵活新颖，让听课者眼前一亮。

图4　陈建平老师在使用 seewo & plickers 上课

二、近两年的使用心得

（一）好的体验

（1）智慧课堂给学生的学习与教师的教学和备课带来了不一样的体验。导学案作为实施智慧教学的载体，突出“导”，不但改变了教学方法，而且改变了教学理念。小组合作有合作解决问题，有“一帮一”的学习，还有学法的赏识和竞争等内容。

（2）平板电脑的使用拓展了日常的教学途径，多媒体的使用、资源库的调用、后台数据报表的呈现均改变了传统的教学途径。

（二）存在的困难

（1）设备成本高。每个班的成本约30万元，这是很多学校难以承受的。

（2）网络要求强。同时满足30台电脑的交互和数据发送必然需要较高的带宽，学校是否能够满足该条件呢？

（3）资源匹配低。除平板电脑外，其他衍生资源匹配不够。

（4）二次备课困难。利用平板电脑进行二次备课对教师的信息技术素养要求较高，教师备课所需的时间也更长。

三、总结

智慧校园的实验学校不应为了技术而使用技术，成为技术的“傀儡”，而应该沉下心来，致力于课堂与技术的高度融合创新，走出自己的路子。智慧课堂是教师运用智慧掌控课堂的平台，教师的智慧是最重要的。打破传统的课堂模式，翻转课堂，任何信息技术都可为教师所用，但最好的资源还是来自学生课堂的生成。

云山学校智慧教育实施汇报

广州市花都区新华街云山学校　黄炜　于彩果

云山学校是一所九年一贯制学校，现拥有多功能室 3 间、学生机 218 台、教师机 201 台，师机比 1∶1，生机比 14∶1，学校拥有校内的校本资源库，实现了课程资源、试题、电子教案的网络共享。近 5 年，我校在校园信息化上投入了大量的技术成本、人力成本和资金，这些硬件设施为学校开展智慧教育打下了良好的基础。

我校以构建生态型智慧校园为目标，从“建成以移动终端、智慧管理、智慧教学为主要标志的智慧校园环境”的高度出发，以“整体规划，分步实施”为原则，实施以自主学习、个性化学习为主要特征的智慧教学和基于互联网、大数据的智慧管理，高标准推进学校信息化建设，创设良好的信息化氛围，引领教师专业发展、促进学生成长，实现学校数字化的跨越式发展，提高学校教育教学质量。

有了目标的引领，我校在建设智慧教育的道路上走得既坚定又有力。经过这几年的努力，我们在智慧办公、智慧教学、智慧科研、智慧环境等方面均得到了一定的收获和经验，下面逐一进行介绍。

一、智慧办公

我校的办公系统实施是基于互联网、大数据、云计算的智慧教育管理新方式，即智慧办公模式，它是将现代化办公和计算机网络功能结合起来的一种新型的办公方式。

2018 年，我校开始尝试用智能化系统进行办公，如对专用场室的管理采用人脸识别系统，减少了教师来回拿钥匙的麻烦；对信息资料的存储，以前使用校内局域网和微信群，在经过不断学习钉钉系统功能和尝试操作之后，大家发现钉钉系统更方便、快捷，又具有稳定性。以前使用微信发送信息刷屏率高，上传校内网信息检搜索功能慢，现在各种信息任务发送、资料上传均采用了钉钉系统。如今，我校正逐步实现高效、快捷的教师自动办公模式。

二、智慧教学

随着社会的发展、信息时代的到来，学生也成为这些先进技术的使用者，而教师、家长对于学生玩手机、平板电脑等像遇到洪水猛兽一样感到头疼。信息技术的发展真的对学生的学业产生不良影响吗？

经过仔细分析后，我们发现，问题的根源在于教师的观念。作为教师，我们应发掘信息技术针对学生学习的强大功能，如大数据分析、资源共享等。

我校顺应潮流，积极思考如何利用平板电脑实现课堂互动，如何利用手机端的作业平台实现对学生作业的监控、数据分析和点对点有效辅导等问题；积极挖掘信息技术有利于教学的功能并为我所用，引导学生利用手机、平板电脑获取有利于学习的信息。

2018 年 9 月初，我校开设智慧课堂的 4 个实验班中每个学生人手一台平板电脑进行上课，刚开始，师生的兴趣都很大，但过了新鲜期之后，大家又感觉不到新技术的魅力了。困难即是挑战与机遇，经过探索之后，我们明确了新的目标和方向。

我校的智慧课堂是以为教学服务为核心目标的。于是，我们就开始深入探索微课、“一对一”数字化学习、差异化教学、基于项目的学习等新型的教学模式，组织开展智慧课堂校本课程、智慧课堂大竞赛等活动，以此促进智慧课堂有序、深入地开展。

智慧课堂与学科教学的有效融合，使我们可以更好地实现对学生课前预习的监控与干预，提高课堂效率和调动学生学习的积极性。同时，使用智慧课堂设备的手机端或平板电脑端还可以实现课后作业的提交、监控、批改、分析、纠正和个别辅导。

将智慧课堂融入教学，使我们的课堂具有以下优势：首先，在教学难点的突破上，更直观，更富有可操性；其次，课堂教学更高效，课堂容量更丰满；最后，实现了教学知识由静态到动态、由抽象到具体的目标。

除了智慧课堂实验班，我校其他的课室都装有集投影、网络、视频音频播放等功能于一体的多媒体播放机，每台一体机都可以联网，为智慧课堂的开展保驾护航。

三、智慧教研

教学研究是教师专业成长助推器，传统的教研最主要的途径是科组开展教研会议。然而随着教师教学任务的加重，教师能够聚在一起进行教学研究的时间越来越少，而且教师还要不停地做笔记，以便记录精华内容。

自从学校开展智慧教育、引入智慧教研，教师们都反映教研越来越有效率。教研前，教师把自己遇到的问题和困惑上传至校内网，教研时直接点开网络，一边讲述问题，一边讨论策略，最后讨论的结果也会被放在网络上共享。这样，教研时教师就可以全身心地投入研究讨论、观察和思考，不用埋头做大量的笔记，便可提高教研的效率。我校每个学科都有专门教学研究室，每间教学研究室都安装了多媒体设备，为高效教研提供技术保证。

此外，我校教师人手一台电脑，并配有专任维修与处理工作人员，为实现无纸化办公提供了条件。以前寻找一份资料需要很多的时间和精力，现在只要在特定的区域进行检索，几分钟内就能找到所需的资料，省时又高效。同时，不同的学科、不同的资料都有专用的数字化存放区域，便于大家更好地进行资源共享。

四、智慧保障机制

我校建立了智慧校园建设工作“一把手”负责制，由校长牵头，制订相关政策、制度和规划。研究智慧校园实施中的重大事项，统筹校园信息化工作，牵头制订智慧校园发展规划和实施方案，协调各部门的信息化建设与应用。

我校还建立了教育信息化专项资金，采用专款专用的管理方式，并不断完善教育信息化经费投入保障机制，不断加大教育信息化投入，以保证生态型智慧校园的建设真正得到实施。

五、智慧环境

学校信息技术中心由专门的校园网络监控室、3 个专用多媒体功能室以及 3 间网络教室组成。学校教室全部配置了互动电子白板，每位教师均配有专用的电脑。学校拥有闭路电视系统、综合广播系统。所有普通教室装有液晶投影、视频展示台等多媒体教学设施，4 个教学实验班的学生人手一台平板电脑。同时，我校还拥有开放式的数字化图书馆、校内的大型 LED 显示屏，这些均为学校管理的信息化，以及在网络环境下开展教学活动提供了有力保障。

六、智慧教育的展望

目前，我校的教学系统、办公管理系统、后勤服务系统等都有自己的数据库，但这些数据库只是常态化应用，急需结合我校实际情况进行相关升级优化，在形成有价值、有特色的教育教学大数据资源方面还需努力。

此外，校园的一卡通系统还未建立。目前，学生证、借书证、消费卡在校园内共存，缺乏利用现有证卡对师生进行集校园管理和消费于一体的综合管理系统。这些都是今后我校实施智慧教育需要解决的问题和努力的方向。

立足校本，面向未来，智慧前行

广州市花都区新华培新中学　李少芬

培新中学秉承“共营共生，和谐发展”的教育理念，在花都区“科学课堂”理念的指引下，借助花都区智慧课堂实验学校的平台，围绕“信息技术与课堂深度融合，提高课堂效率，做智慧型的老师”的核心主题，开展了核心素养视觉下以“共学案”为载体的培新“共学课堂”教学模式的实践与研究，智慧教育成效初显，特色渐成。

一、智慧规划，择高处立

坐落于美丽的花都湖畔的培新中学创办于1985年，起初是一所农村初级中学，在重建和扩建之后，于2005年11月，成为花都区首批广东省一级学校。我校认为：规划，须从高处着眼，择高处而立！

（一）办学理念的智慧

2011年8月，任卫兵校长调任培新中学校长之后，用了半年的时间对学校进行了全面的调研。学校校园环境和教育教学设备设施等硬件建设条件越来越好，但是，办学成绩却从曾经的辉煌，慢慢陷入了低谷期。究其原因，除城区学校不断增加、生源结构发生变化的客观因素之外，还有教师队伍步入职业高原期，囿于经验的故步自封，习惯于反复讲解、反复练习的重复劳动，互助合作的团队意识和创新发展意识薄弱，等等。关于如何不负上级教育部门对学校寄予的厚望，任校长的思考是，带领培新团队，承传革新，构建以“共进团队、共营德育、共学课堂、共乐校园、共育家校”为主要内容的“共生教育”办学模式体系，引领学校创新发展、共生发展。在此基础上，我校确立了“共生”教育理念下的“共学”课堂，其核心理念是“教学合一，互动成长”。

有别于传统的授课方式，智慧教室体现的是未来学校的新理念，是一种新型的教育形式：课前学生提前预习，课中学习分组讨论，随时测试，教师能快速掌握每位学生的学习情况，并可进行针对性指导。智慧教室运用现代化手段切入整个教学过程，让课堂变得简单、高效、智能，有助于开发学生自主思考与学习的能力。任校长颇具前瞻性的教育敏感，不仅意识到在“互联网+”时代，信息技术与课堂教学融合是教育改革的必然，更惊喜地发现，智慧教室这种新型教育形式正是我们“共营共生，和谐发展”的教育理念所追求的。我校“共学”课堂的核心理念“教学合一，互动成长”与TEAM Model智慧课室的核心理念“团队互动合作”竟不谋而合，加入智慧教室实验学校，可以更好地推动“共生教育”办学模式的纵深发展！

2015年，我校成为花都区智慧教室的首批试点学校之一！

有了上级领导的高度重视，硬件投入就有了保障。硬件方面：全校每个教室都配备了65寸液晶显示平台，全部完善了智慧教室HiTeach环境，所有教师均安装了并常态使用手机HiTA软件。同时，我校还分别购买了3套IRS和3套TBL教学互动系统，在教学楼四楼和五楼均配置了可以使用TBL模式的多功能高清录播室。

（二）顶层设计的智慧

在“科学课堂”的区域理念的引领下，我校教学教研工作以课题《学习共同体理念指导下高效课堂模式研究》为依托，以信息技术与教育教学过程的全面深度融合为核心，以提高教学质量为目标，积极开展校本教研活动，促使教师的专业提升和学生的全面发展。我校结合以“共学案”为载体的“共学课堂”模式，参照网奕资讯驻校跟进服务提供的操作手册样式，按照培新课改工作手册、教科研工作制度的规范，统筹了智慧教室的整体规划。同时，我校还制定了完善的实施细则，强化融合应用效能，充分发挥教育信息化在教育改革和发展中的支撑与引领作用，努力为全校师生个性化学习、自主学习、合作学习提供优良的信息化环境和服务，实现“生、师、校”共生发展的目标。此外，我校还成立了由正校长担任组长的“智慧教室”校本推进项目核心领导小组，由教学副校长负责智慧教室教师校本培训和教研推进的组织统筹。

智慧教室项目校本规划的智慧，体现在高瞻远瞩，与时俱进的理念，择高处而立！

二、智慧推进，就平地坐

校本培训是以学校为基本培训单位，以提高教师教育教学能力为主要目标，把培训与教育教学活动紧密结合起来的继续教育形式。其从学校的实际出发，挖掘学校的潜力，充分利用学校的各种培训资源，充分挖掘学校自身的人力资源。我们利用外部资源，让外部资源和学校教师结成“共同体”。

“智慧教室”项目校本推进的智慧，体现在脚踏实地，因校制宜，就平地而坐！

（一）专家助力的智慧

（1）携手网奕资讯公司，获得专业指引。专家团队给我们带来的不仅仅是技术、学术知识，更重要的是营造了一种崇尚信息化教学的氛围，传递了一种正能量。

（2）专业导航。在专家团队的指引下，我们和专家团队确定了系统性的培训课程，分别从技术操作到课堂运用技巧，循序渐进。专家的专业引领有效地帮助了教师理解和把握智慧教室的理念。

（3）氛围营造。专家的加入，为我们学校带来了未来学校建设的最新动向，大大激发了青年教师的探究欲望。为了营造更好的学习氛围，扩大影响力，我们要求教师全员安装手机 HiTA 软件，所有课室实现 HiTeach 环境全面覆盖，并充分利用智慧教师微信群关注学习进程和各小组的活动开展情况。我们的教师总能及时得到专家的释疑解难和点评鼓励，渐渐地，智慧教室的研讨成了师师之间的共同话题。

（4）交流互动。在花都区教育局领导的引领下，借助专家团队，我们的教师多了很多“走出去”的机会。这几年，我们分别组队去山东济南、河北石家庄、四川成都、陕西杨凌、浙江嘉兴、浙江杭州、浙江宁波、深圳坪山区等智慧教育的先进区校观摩学习。此外，我们有的老师还有幸代表花都区与全国的智慧教育名师同台竞技。教师们在这些跨地区的交流活动中，开阔了眼界，增长了见识，磨炼了意志，提升了能力。

（二）梯队建设的智慧

我们学校推进智慧教室项目的做法是，让一部分人先干起来，先强起来。

我们学校的教师队伍由三分之一的“60 后”、三分之一的“70 后”以及三分之一的“80 后”组成。这就意味着，任何一个年龄段的教师在我们学校都是颇有影响力的群体。年轻人乐意接受新事物，学习能力强。所以，我们的思路是先建立一支以“80 后”为主力的骨干团队，给团队骨干压担子、促成长。我们坚信，技能是练出来的，潜力是逼出来的。

第一年，我们先尝试组建了十多个人的骨干小组，陈礼询老师有幸代表花都区到山东济南送课。第二年，我们就成立了以“80 后”年轻人为主力的，以技术引领为主的兼顾不同学科十个小组，共有七十人（约占全校教师总人数的三分之二）参与智慧教师队伍。第三年，我们全员参与，同时优化了骨干队伍，对智慧小组进行重组，把原来注重于技术提升的兼顾不同学科的分组方式改为注重学科提效的以学科为单位的分组方式。

智慧教室软件的使用不断升级：为用而用——为需而用——为我所用，同时也涌现了一批在区内小有名气的智慧名师。连续三年，我校是区内参加全国智慧课室（醍魔豆）创新奖获奖最多、成绩最好的学校。

现在，我校每年都组织教师参与各类的赛课和教学技能展示活动，2019 年和 2020 年，我校两度成功举办了智慧课堂开放日活动，均得到听课专家和教师的好评。为搭建“互联网”教育平台，我校通过视频会议系统、远程智慧教室服务平台实现异地学生智能终端的互动，实现了异地实时教学，促进了跨城市教育研讨和学术交流、共享双方教学经验，形成了互学促学的教育氛围。从 2018 年开始，我们还与深圳中山中学“结盟”，开展了远程共享智慧课堂教学教研活动。

玉经琢磨多成器，剑拔沉埋便倚天。我校就是这样，不断地创新教师专业成长的方式，多渠道搭建平台，让教师永远行进在学习的路上，不断成长。

（三）常态落实的智慧

再好的规划，最优的措施，关键还是要抓落实。落实才是王道！

（1）任务明确。对于小组长和小组成员的参与培训、推门听课、小组磨课研讨、上学校展示课和小组交流课等各项常规，我校均有明确的任务要求。

（2）指引清晰。每周有学校层面的专项培训安排、统一的听评课的表格要求、统一的外出学习手册、课室常态使用登记手册；每个班有小小信息员、规范教学设计模板等，让教师们有规可循，有法可效。

（3）跟踪到位。有校本培训签到表、教师个人听课和评课记录表、小组集体评课记录表等。

（4）考核有据。有教师个体的听评课、小组交流课和校级以上展示课的数量统计和质量评价、期末参与智慧课堂活动的综合考评等。

三、智慧发展，向宽处行

（1）跳出“智慧”看智慧。“智慧教室”不仅仅是一种教学软件的创新，更是一种教育智慧的开发，透过“智慧教室”，我们应该看到的是更宽、更广的现代教育的智慧。学校要实现可持续的智慧发展，应往远处看，向宽处行！

（2）教学成效的智慧。实施智慧教育，提升了课堂教学的效率、教育教学的质量。近三年，我校三个年级的学年考试均保持在区的前十名以内，较之前有了较大的提升。

（3）“共学课堂”的智慧。在我们的“共学课堂”上，信息技术不是手段、不是媒介；信息技术与共学课堂教学是融合，是互相促进。现在，我们已经建构了在

HiTeach 环境下的“个体自主独学，同伴互助对学，小组交流展示，师生互动点评，引导总结提升”三维五步的“共学课堂”模式，实现了在核心素养视角下信息技术与共学课堂深度融合的目标。

（4）教师成长的智慧。在一群好学、睿智的“80 后”青年教师的影响下，我们学校的教师团队变得阳光、上进，有活力！“智慧教室”项目在我校的引进，成就了一批优秀的青年教师，激发了整个学校的教研活力，营造了“团结拼搏，敢于创新”的团队氛围，打造了一支具有创新能力、合作能力的教师团队。

（5）学校成就师生，师生发展学校。智慧教育，让教师和学生遇见了最好的自己。生、师、校因此均呈现“共生”发展的良好态势！学校也因此焕发了新的生命力！

教育信息化是国家信息化的重要组成部分，对于转变教育思想和观念，深化教育改革，提高教育质量和效益，培养创新人才具有深远意义，是实现学校教育跨越式发展的必然选择。教育不是搞花架子，教育需要情怀。信息时代，让我们携爱同行，做教育的智者！

根植智慧课堂　培育智品师生

——花都区金华学校智慧教育实施的经验总结

广州市花都区新华街金华学校　肖玉娴　王志伟

为促进花都区课堂教学和信息技术深度融合与创新发展，全面提升全区教育信息化水平，构建新型教育体系，提高教育效益，花都区在坚持应用驱动、机制创新、开放合作的原则下，从教育理论和教育实践两个层面出发，在智慧教育常态化应用方面进行了尝试和探索。从 2014 年开始，我校作为花都区首批智慧教室试点学校，在智慧教室的学习和探究的道路上，认真落实上级精神及工作要求，以智慧教室的实施为契机，努力实现课堂与信息技术的深度融合，以期更好地实现我校“金色年华，点亮未来”的办学理念，凸显我校探索“智品教育”的办学特色，更好地培养“有梦、有行、有智、有品”的金华学子。在全体师生的努力下，我们走出了坚实的一步，取得了一定的成绩。这里用四个“有”字，对我校智慧教室开展的情况总结如下。

一、智慧课堂有组织

为了更好地促进智慧教室的开展，我校成立了智慧教室领导小组，直接负责智慧教室的各项工作，对智慧教室的开展提供硬件和软件支持。根据领导小组的意见，结合学校的教师情况，我们成立了智慧教室学习小组，以小组为先导，从智慧学习小组范围扩大到各个科组，积极学习和探索智慧教室的使用技巧，使小组内的每一位学员都能够熟练掌握软件操作技能，以达到“由点及面”的目标，提升我校智慧教室的综合水平，并以此为契机，促进智慧课堂建设。

在教育教学中，学校领导高度重视，由教学副校长带头、教导处牵头，推行全员学习智慧教室软件的操作技能，有计划地定期在全校铺开智慧教室的研讨学习。为此，学校层面通过开展智慧课堂评比和“金色年华，点亮未来”的教育教学论坛，鼓励教师积极使用智慧软件开展教育教学。同时，我们选了在软件使用方面比较熟练的几位老师，分别对各个科组进行培训，并将时间定在各个科组每周教研的时间，并在学期末考核智慧教室的理论知识和应用。此外，我们还确定了各个科组的负责老师作为科组的智慧教室尖子，带动科组的学习和交流，通过这些负责人和学科带头人在科组内组织讨论和交流，来辅导其他老师做好智慧教室的学习。

二、智慧课堂有方法

在推广智慧教室使用方面，我校有如下做法和措施。

（1）走出去、扩视野。智慧教室在其他城市的学校已经实践了一段时间，他们积累了丰富的经验。为此，我们也积极派出教师参加各类的交流课、研讨课，互相学习。例如，组织王志伟老师去济南送课并参加了两岸三地“智慧教室”论坛；杨颢莹、徐伟贤老师去西安送课；陈丽娜去石家庄送课；等等。他们的表现得到了全国各个智慧学区同行的高度赞许。我校还经常在区内与兄弟学校交流心得，如派出朱卓妍老师去芙蓉中学，刘巧英、毕晓华老师去榴花中学，黄文兴老师去狮峰中学，等等。在2017年花都区中小学信息技术与课程教学深度融合骨干教师培训中，王志伟老师代表我校做题为“智慧为我，我为智慧”的经验交流和分享，得到了与会专家的肯定。异地教学和参加论坛锤炼了金华教师的“课堂教学与信息技术深度融合”的能力，也更好地促进了花都区智慧教室的开展。

（2）深研讨、提能力。走出去学习，回到学校研讨。每一次外出学习后，我们都会请外出学习的教师在“金色年华，点亮未来”论坛上分享自己的学习心得和学习成果，从而进一步提升全体教师对智慧课堂的认识。教师通过每两周一次的智慧教室小组讨论，既学习了新的技能，又交换了学习心得及使用技巧，为更好地开展智慧教室实践献计献策。教师通过大量的学习和研讨，得到的更多是理论上的知识，想真正掌握智慧教室，还需要和自己的课堂教学相融合。学校在每个学期均举办智慧好课堂评比活动，如结合花都区教育系统“2018质量提升年”这一核心任务，开展了2018学年金华学校“骨干教师智慧好课堂”优质课评比。通过教导处的精心规划、评委组的公正评选、各科组选手的激烈角逐，充分展示了各个科组教师代表的风采，凸显了各教研组的学科教学模式和特色，促进了信息技术与高效课堂教学的高度融合，提高了我校教师学习“智慧教室”软件的热情，是一次教育信息化、优化教学的积极实践。

三、智慧课堂有成效

在开展智慧教室的过程中，我们收获了很多。

（一）学生全面发展，素质教育成效显现

智慧课堂激发学生思维，吸引学生的注意力，也让教师有充足的时间走下讲台，去关注学生、帮助学生。电子白板中的电子笔让教师的板书更直观、多彩；画图等工具可以马上调出我们想要的图形；截图功能轻松地将教师需要的内容提取到电脑屏幕上。通过抢答、抢权、随机选人功能，增加了课堂竞争气氛，为思维活跃的学生提供了展示才能的机会；通过计时器功能，提高了学生的答题速度；通过淘汰赛功能，激发了学生的斗志，使其为了能顺利通关，而认真对待每一道题目。这些功能的灵活运用，让课堂充满激情、充满竞争。通过信息技术进课堂，我们的学生在学习方式和学习理念上有了崭新的变化，如课堂讨论氛围浓厚了，小组合作效果明显了，自主学习的能力更强了，完成学科作业速度快了，学习的积极性更高了，这些都大大提高了课堂的效率，帮助学生取得更好的学习效果，学生各方面素质都得到了提升，朝着“智品少年”的目标迈进。

素质教育成果丰硕。2018 年度，学生在各方面的竞赛活动中获奖共 91 人次，其中省级 1 人、市级 25 人次，区级 50 人次，镇级 15 人次；集体获奖共 9 项，其中学生有 5 项。例如，吕梓康同学在国家体育总局游泳运动管理中心举办的 2018 年全国青少年水球冠军赛（男子少年组）荣获国家级第一名；校篮球社团在 2018 年城区中小学生篮球比赛获中学组第二名、“康源杯”体育道德风尚奖；校语文科组在花都区教育局教研室组织的读书活动评比荣获三等奖；校“车模”社团在“驾驭未来”全国青少年车辆模型教育竞赛活动广州预选赛荣获优秀组织奖，并取得花都区车模赛太阳能动力车直线竞速一等奖。

（二）教师专业发展，促进学校办学品牌提升

智慧教室所包含的课堂反馈和课下反馈清晰、准确，教师可以精准地了解学生的学习情况，也可以更好地通过反思来提升自己的专业素养。在实施智慧教室培训的背景下，我校教师的专业水平得到了更快的提升，快速地成长起来。近几年，教师获奖硕果累累，蔡莹莹、杨松、王志伟、黄敏仪、徐伟贤等教师分别在 2016 年、2017 年、2018 年“一师一优课、一课一名师”活动中荣获省级优课荣誉；王志伟、黄敏仪、徐伟贤、朱和燕、周婷、黎雨宁 6 位教师在 2018 学年“一师一优、一课一名师”活动中获市级奖；数学科组长徐桂欣老师被评为第五届广州市骨干教师；等等。

智慧教室的实施，也让我校的教育教学质量迈上了一个新台阶。2018 年毕业班的中考成绩与 2017 年相比取得了很大的进步，并荣获花都区初中毕业班教学质量

二等奖；语文科组在花都区教育局教研室组织的读书活动评比中荣获三等奖；2018年我校荣获“一师一优课、一课一名师”优秀组织奖，广州市大课间一等奖。

四、智慧教室有展望

结合我校所取得的进步和成绩，针对现存的问题和遇到的困难，在接下来的工作中，还需重点开展以下方面的工作。

（1）扩大智慧教室的使用面及提高使用率。通过“以点带面”，让小组成员带动科组成员，从而扩大智慧教室的使用面和使用率，提升为我校课堂服务的效益。

（2）继续举行智慧课堂展示课评比。通过小组成员的带动，在校内开展智慧课堂展示课评比，让更多的教师接受并掌握智慧课堂软件。在各级公开课上，鼓励教师使用智慧课堂软件；在有条件的情况下，和兄弟学校联合举办此类活动，更好地做到相互学习、相互借鉴。

（3）推行智慧科组建设。每学期设立智慧科组评选工作，根据科组内教师的智慧教室使用率、公开课的使用效果等，评选智慧科组；同时，选择一个或两个科组作为龙头科组，交流经验，指导其他科组开展相关教学，使用率及使用情况列入优秀科组评比计分。

（4）加大平板电脑的投入。为了进一步拓宽视野，我校计划采购一批平板电脑，以便智慧教室小组成员进行更深入的探究和学习。

“路漫漫兮修远，吾将上下而求索”，让智慧唤醒课堂，让课堂教学焕发生机与活力，让智慧引领教师专业发展，是教师专业成长的需要，也是新时期教育教学改革的需要。金华学校将继续积极探索和实践，努力实现课堂教学与信息技术的深度融合，使课堂更有效、更科学、更智慧，培养学生终身发展和社会发展所需要的必备品格和关键能力。

骏威小学智慧课堂管理与实施

广州市花都区骏威小学　毕婉敏

新的课程理念指出，课堂教学不是简单的知识学习的过程，它是师生共同成长的生命历程，是不可重复的激情与智慧综合生成的过程。课堂教学的改革就是要超越知识教育，从知识教育走向智慧教育。

一、启动机制，建立团队

（一）建立机制，规划先行

我校非常重视智慧课室的建设，严格按照区教育局信息中心等主管部门的要求，积极筹划，建立机制，仔细部署。项目公司工作人员多次进校，与校领导及主要管理人员交流智慧教室的建设，讨论实施方案。放假期间，学校进行了网络升级改造，并安装了课室设备。为了更好地推进智慧课室，我校制订了详细的建设方案，明确了我校开展试验的指导思想、主要目标、创建基础、实施步骤和保障措施等，初步搭建了智慧课室的教学框架。同时，确定了以校长为组长，分管信息化和主管教学工作的副校长任副组长，由中层、学科骨干教师和信息技术员担任组员的工作领导小组，明确其工作职责，使智慧课室的各项工作能够精细管理、落到实处。

（二）精选实验班级

我校成为实验校后，最初挑选了四、五年级各两个班级开展研究，因为各种客观因素的影响，只进行了硬件基础设备的建设以及师生的培训。2018—2019 学年第一学期开学初，我校召开工作会议后，参照了实验学校的经验做法，果断将实验班全部放在了三年级。为什么是三年级呢？原因有三点：一是方便管理，利于研讨。二是三年级全部使用部编版教材，新教材最大的特点体现在三个转变，即从以教为中心向以学为中心转变，从以知识传授为主向以能力培养为主转变，从以课堂学习为主向多种学习方式转变。这三个转变让智慧课堂下的学科个性化教学探索更显研究价值。当然，还有最重要的一个原因就是，三年级有一个较好的师资队伍。其中，刘冠男老师是小学语文学科带头人，曾获广州市阅读教学大赛特等奖；张秋霞老师是广州市数学骨干教师；宋媚老师是花都区英语科中心组成员；邝婉梅老师曾获广州市一课多教教学二等奖，多次承担花都区、广州市的公开课；何亚枚老师是花都区数学科骨干教师，多次承担区级公开课。这些教师的专业素养较高，为实验研究的可行性、有效性提供了人力保障。

（三）建立教师核心团队

2018 年 10 月，校长以及两位骨干教师到成都参观学习，回校后马上进行了工作整改。为了更好地发挥骨干教师的力量，我们在原来实验小组的基础上，扩大了研究的队伍，包括实验班级人员及各学科的骨干教师，并对智慧课室核心团队提出了具体的要求和工作指引，要求他们参与实验班的课堂研磨，参加相关的培训学习活动，积极探索信息化环境下的教育教学活动，为下一年的研究提供后备的教师梯队。当天，项目公司的几位工作人员还开展了专项讲座，对新增成员进行了培训。

（四）争取家长支持

在推进这个实验班之初，有很多来自家长方面的压力和阻碍，有部分班级的家长不理解、不认同，还通过各种各样的观点向我们论证使用平板电脑的利弊。为了让实验班工作顺利推进，争取家长的支持与配合，我们利用家长会，对智慧课堂的基本情况以及智慧课堂在教学上的运用进行了介绍，项目公司的工作人员也到现场解惑答疑。通过亲手操作与体验，家长对智慧课堂有了全新的认识，大部分家长表示认可。家长们对一些功能及课堂效果尤为赞赏，比如数学课上学生现场答题后可以立即展示到大屏幕，教师针对错题进行讲解，有效地提高了学生的听课效果；英语课的听、读、写改变了传统模式，极大地提高了教学实效。现在，家长在家里能够很好地引导孩子合理地使用平板电脑，家校之间经常进行线上互动。

二、加强学习，转变观念

参与智慧课堂的研究，有些教师是被动的，也有些教师有畏难情绪。但伴随着智慧时代的到来，智慧课堂已经成为未来智慧教育重要的组成部分，我们必须顺应时代的发展要求，努力做出变革。学校推进实验的第一步，就是更新理念，转变教师们的观念，让他们的行为变成内需驱动。

（一）“走出去”

区教育局除了加大区内的校际教研活动，还提供了很多机会让我们“走出去”，拓宽教师们的教育教学视野。我校参加信息化方面的学习人数就有58人次，很多教师参观学习后，触动很大，观念也有了很大的转变。

（二）“请进来”

智慧课堂教学的组织和实施的关键在于教师，因此，学校多次组织全体实验老师进行智慧教师教学的培训。通过培训，教师们掌握了设备的基本操作，见识了“互联网+”课堂教学带来的变化。项目公司还派了一名技术人员到我校驻点，全程全方位的培训为实验提供了充分的技术和信息支持，并做到随时到班听课，随时解决问题，随时在线解惑。

（三）同伴学

独行快，众行远。作为一种新的教学形态，一项复杂的变革实验，只有实验教师之间互学、互助、互提醒，真正建构一个学习、发展的共同体，才能更好地构建智慧课堂。

三、掌握技术，研磨课堂

基于数据学情下的智慧课堂，教学关系正在重构。教师怎么更好地教、学生怎么更好地学，这些都是我们需要正视的问题。把教学实践活动和人工智能更好地融合起来，让它实实在在地产生价值，这是一门技术活。

经调查，在平板电脑功能中，教师使用最多的是电子课本、拍照讲解、作业情况反馈、提问、抢答功能和作业平台。其中，使用频率最高的是电子课本，教师基本上都能利用里面的课件库和书库的资源进行教学。其次是拍照讲解功能。例如，讲课时遇到一些难题，但这时用的课件里没有准备这些题，就可以用拍照讲解功能，打开题目时，就会用到里面的画笔，进行书写批注等，而且里面有一个对比评比功能，可以把两种答案进行对比评讲，使学生更容易理解和接受。教师们非常认同平板电脑教学的交互性。例如，教师利用平板电脑在课堂上即时分发选择题目，学生的选择能被即时接收并得到反馈，教师通过数据，立即可以了解全班学生的参与情况以及知识的掌握情况，并通过直观的柱状统计图知道学生的错误集中在哪里。此外，教师还能在学生作答的过程中即时了解到每位学生的掌握情况。教师通过调用和监控学生的平板电脑，可以轻松掌握每一位学生的学习细节，从而给出具有针对性的学习建议，实现个性化教学。

作业平台的使用则实现了学生在家和课堂教学的场景有效融合。教师可在线上布置作业，及时批改，后台有可以处理、分析的数据。教师根据过程性数据分析，可以对学生的知识点掌握情况进行有效的记录和追踪，系统地记录每一位学生的个体认知掌握情况，从而方便教师进行有针对性的指导，对学习不扎实的知识点强化练习，多加讲解；对已经掌握的知识点，可以少讲，甚至不讲。教师将有限的时间用在必要的知识讲授上，实现连接教和学的精准讲解，然后以学定教，真正提高了课堂的教学效率。

线上作业减轻了教师的工作负担，学生完成线上作业的积极性也很高。同时，通过系统的评价，还可以实现学生对自己学习过程的可视化，学生之间你追我赶，形成良性竞争。

如何优化智慧课堂教学效能，让各种功能用得巧、用得妙？宝剑锋从磨砺出，好课精自磨中来——学校开展“精品”研磨活动，要求每一位实验教师都要研磨一节好课。通过研讨，教师充分认识和了解何为智慧课堂教学以及充分感受新生态课堂给师生带来的便捷、高效、精准的效果。

学校开展智慧课堂后，学校对教师们进行了专项的问卷调查，以便更好地调整管理策略。以下是他们对课堂变化的描述。

张秋霞老师：在课堂上使用平板电脑后，学生的专注力更集中。例如，三（6）班有一个学生上课特别容易走神，在使用平板电脑后，他的学习注意力集中了，并且有时会参与抢答；其他同学也想得到抢答权，所以也会用心听课，积极参与。

高惠容老师：将平板电脑引入课堂可以极大地激发学生学习的兴趣。平板电脑可以上网查找资料，可以拍照、录像、手写输入，学生们都非常乐意使用这些设备。因此，可以利用平板电脑进行高效学习。

刘燕媚老师：智慧课堂可以让我精确诊断学生的能力倾向、知识结构，了解学生学习的困难点以及形成原因，进行有针对性的练习与辅导。这种精确导向的练习辅导可以避免重复、无效的练习，还可以降低学生作业与考试的总量，从整体上减轻学生负担。

何亚枚老师：让学生做某些客观题的时候能够快速了解学生课堂的学习情况，及时调整教学的进度和难易程度，教师备课心中有数，比较容易把握重难点。

宋媚老师：学生比较积极完成线上作业，觉得趣味性强，乐意去展示自己，并大胆模仿，比在传统课堂上更主动、更自信。家长普遍都能配合，但会要求教师控制学生使用平板电脑的时长。

刘冠男老师：学生觉得线上作业趣味性强，并积极完成作业。

任玉平老师：学生对使用平板电脑产生很大的兴趣，朗读作业得到很好的反馈，对于平时不开口读书的学生起到了很好的督促作用。

通过教师的这些亲身感受，我们看到，教师们发自内心地认可并使用现代信息技术。通过数据引导实现因材施教，是指日可待的事情。

四、存在问题

（一）学校层面

教学设备陈旧老化，没有流程便捷的网络环境，导致教师的人机操作非常不顺畅，还有个别班级没有设备，基础条件有待改善。

（二）教师方面

教师对设备的操作还不够熟练，需要花很多时间去熟悉系统和准备资源。对智慧课堂的解读不透彻，不懂得如何灵活地运用手上的教师机与学生机更好地为教学服务。教师还需加强智慧校园的理论学习，以全面提升自身的信息素养。

（三）技术方面

英语的语音识别系统功能有待改进，线上资源不够丰富；英语朗读评分有点苛刻，特别是对一些缩写词的朗读，学生很难获得高分；学生机的音质有待提高。

五、努力方向

智慧课堂的发展是无法逆转的，不管教师们愿不愿意，未来已来！人工智能的发展，不断地推动学校前行，与其被动地接受，不如主动拥抱，引导学生积极、广泛而有意义地开展学习。虽然我校的起步有点晚，正摸着石头过河，未来等着我们的将是一个长期、艰巨的工程，但是我们相信，只要努力前行，我们的目标与理想就一定能实现。

破除因循守旧，紧随革新步伐

——风神实验小学2018—2019学年第一学期智慧教室工作总结

广州市花都区风神实验小学　谢韵菲

白驹过隙，在匆匆忙忙中，又一个学期结束了。我校智慧教室工作在教研室的指导下，正逐步破除教学上或管理上的因循守旧，紧跟新时代信息化教育的步伐，并取得了一定的成绩。

一、保障硬件设施，优化智慧软件

为确保硬件设施的正常使用，我校与一家科技公司签署协议，每天都有专门的信息技术人员在校值班为全校的硬件设施保驾护航。技术人员还为我校每一间场室的电脑进行升级优化，让每台电脑拥有适合的系统环境，同时更新升级智慧教室软件。

二、加强组织与管理队伍的建设

我校始终坚持统一规划，分步实施。在学校层面上，成立了智慧校园领导小组。同时，我校还成立了一支智慧教室骨干教师队伍。他们年轻好学，有很好的教学能力，当中包含曾参加智慧好课堂团队竞赛并获奖的教师，这是一支先头部队，也是一支示范部队。他们承担着探索智慧课堂的重任，关于智慧课堂的使用策略，这支队伍提出的意见起着重要作用。在一次“锐学堂”智慧软件的宣讲中，智慧课堂骨干教师队伍认真参加学习，积极讨论，发现“锐学堂”智慧软件并不适合小学年段使用，于是马上将意见反馈给学校，学校经研究后便不考虑“锐学堂”智慧软件在我校的使用。另外，在“晓黑板”引入我校前，骨干教师队伍也对比试用过“晓黑板”和“钉钉”两个软件，从家校沟通以及给教师减负的角度考虑，发现“晓黑板”更适合我校使用，因此，本学期我校大力推行“晓黑板”的使用。

三、提高教师技术，积极开展培训

我校不仅邀请有过硬技术的培训师给全体教师们进行培训，还开设了“风神讲坛”，让参加过智慧课堂比赛或外出学习智慧课堂的教师分享其经验和技术。我校教师对智慧课堂的学习热情高涨，同时也把学到的运用到自己的教学中。例如，在熊淑贞老师分享TEAM Model的CPT教学模式后，语、数、英综科组根据此教学模式帮助参加全国TEAM Model好课堂大赛的代表教师共同修改了教案，结合苏格拉底教师教学行为分析系统，与参赛教师进行反复磨课，最终把代表教师最优质的一次课上传到比赛平台。功夫不负有心人，我校荣获了2018年TEAM Model智慧课堂全国赛一等奖。

四、提高教研力度，落实信息化教学

我校各学科在每学期都会开展关于智慧课堂专题的教研活动，如智慧课堂骨干教师在科组内进行智慧课堂的专题讲座。此外，每学科都会上一节优质的智慧课堂课程。教师们都在这个相互学习、共谋进步的团体中努力探索前进。通过学科教研的熏陶，大部分教师都认识到了信息化教学的好处，从而积极地参与到学校智慧课堂建设中，纷纷在自己的常态课中运用HiTeach智慧软件。数学学科还将“智慧”延伸到课前和课后。课余时间，教师们巧妙地运用微信、Umu互动等软件开展了翻转课堂，并以此为研究内容，申请了课题。随着教师对智慧软件技术认识的提高和灵活运用，教学不再限制于课堂的四十分钟，学生在校外也可以进行移动学习，并能及时收到教师的评价。例如，大多数语文、英语教师运用“晓黑板”中的打卡功能，在寒假给学生布置了每天阅读打卡的任务，让学生通过发视频或发音频等形式交作业，教师还可以给学生进行点赞、评价。假期结束，教师则可以根据软件统计的数据，总结学生打卡情况，落实和追踪学生在假期的真实阅读情况。

智慧教室是教育发展的大势所趋，也是学校工作的重要组成部分。今后，我们将不断提高对智慧教室建设工作的认识，奋斗今天，思考明天，与时俱进，把我校的智慧教室建设工作做得更好。

携手打造智慧校园

——棠澍小学智慧课堂试点项目工作总结

广州市花都区新华街棠澍小学 李彩萍

随着21世纪互联网技术的普及，特别是在习近平主席于2016年乌镇第二届国际互联网大会上发表关于大力实施网络强国战略、国家大数据战略、“互联网+”行动计划的重要讲话后，“互联网+”和大数据时代正式来临，我国步入了信息技术飞速发展的时代，一大批应用于教育的软件也应运而生。特别是大数据技术在教育上的应用，教师能够利用时下热门的移动智能电子设备了解每一位学生的学习情况——设备把收集到的学生资料反映在教师端上，教师只需点开储存学生资料的文档，就能马上知道学生对知识点的掌握情况，然后通过云端对学生进行精准推题，让因材施教成为可能。同时，学生也能根据自身学习情况，随时随地从云端数据库中获取所需的一切学习资源，让学习无处不在。

大数据在教育领域的应用，不但改变了传统的教学方式，而且对学习者的学习行为产生了深远的影响。自2013年开始，我国教育工作者就从不同角度开展了教育大数据的研究工作。2018年5月，我校引入了智慧课堂项目，以期通过教育大数据的分析，及时了解学生的学习情况，制订专属的学生个性化教学方案，让每位学生都能借助信息技术之力提升学习能力。从上学期的初步接触到这个学期的深入运用，教师们在利用数据优化课堂教学、创建智慧课堂教学模式的实践上做了很多的尝试，也取得了一定的成效。

一、制订计划，落实措施

为实现现代教育技术环境的优化和信息技术在课堂应用的实践与尝试，深化课堂教学改革，促进信息技术与学科教学的深度融合，提炼独具棠澍特色的智慧课堂教学模式，提高课堂教学效益，从项目落实初期起，我校就根据花都区每学期的智慧课堂工作计划及通过与项目工作人员的深入沟通，有效地开展智慧课堂项目的具体实施方案。结合花都区每学期的智慧课堂研讨活动，切实开展我校每两周一次的教研活动，做到每次活动都有主题、有落实，实施课例研讨与常规应用交流相结合的创新教研模式，并按要求做好教研记录。

二、积极培训，形成常规

为了让智慧课堂项目更好地落实与推进，我校由最初的 4 个实验班 9 位教师参与教学试验，扩大到 4 个实验班 9 大学科同时开展教学研究。项目团队不定期派出教育专家及技术专家到我校为实验班教师进行教学与技术应用的培训，日常提供驻校服务，全方位为我校智慧课堂项目的推进保驾护航。自项目开展以来，项目团队共派出教育专家刘兴到校培训与指导 3 次，技术专家刘超和林斌到校对教师和学生各进行了应用技术培训 2 次。每次培训，我校实验班教师和学生都能积极参与其中，取得了较好的培训效果。

三、以课促研，提升技能

根据每学期初的工作计划安排，我校有序地开展了“每师一课”活动及优课评选活动，每位实验班教师都积极参与到智慧课堂模式的研究中，通过日常的使用及反复的磨课，形成了初步的教学模式框架，系统中各项数据的使用率也在逐步提升中，接下来将会继续加大系统中各项功能的应用及其与其学科的深度融合的尝试。从 2018—2019 学年第一学期起，实验班的 17 位教师每学期都会上交“每师一课”、一份教学设计和一份教学课件，学校还会组织相关学科负责领导及骨干教师开展优课评选，并上送区教育装备中心参加区智慧课堂优质课例的评选。

四、收获与工作展望

通过近一年来对智慧课堂项目的有效推进，教师和学生对技术的掌握加快了、加深了，对智慧课堂系统的使用表现出了更大的兴趣和期待。

下一阶段，我校希望能充分挖掘智慧课堂系统的各项功能，并尝试将其应用于不同课型的课堂实践中，提炼出我校独具特色的智慧课堂教学模式，为后续的技术推进服务。同时，还要落实好让学生把平板电脑带回家应用的相关事项，进而有效地利用好科大讯飞的作业平台，把科大讯飞软件中还没运用到的功能全部应用起来，从而真正发挥网络学习的优势，以期实现时时、处处皆可学习的愿景。

乘智慧东风打造“云上跑的新雅校园”

——新雅小学智慧教育实施阶段性总结

广州市花都区新雅街新雅小学　吉庆燕　李静

新雅小学（原云峰小学）是一所于2015年9月正式开办的公办全日制小学。学校现有教学班10个、学生402人、专任教师23人。建校伊始，便规划创立了以“善德求新、雅正至善”为顶层特色办学理念和校训的“新雅教育”特色文化体系，规划和制订了《新雅小学中期特色规划与发展（2016—2020年）》《新雅小学智慧校园建设方案》，以扎实推进“雅润身心、笃行向善”品行养成教育和“智慧课堂和智慧阅读”等教育创新实验，全面致力培育“求真创新、德高气雅”的新时代师生团队，努力办好一所既传承中华优秀文化又放眼世界未来的“在云上跑”的现代化智慧学校。

一、文化定位，全面规划新雅智慧教育体系

2018年，根据国家《教育信息化十年发展规划（2010—2020年）》《教育信息化“十三五”规划》等现代教育信息化发展规划和学校“新雅教育”特色文化办学目标要求，为全面促进“新雅教育”特色发展、建好一所既传承中华优秀文化又放眼世界未来的现代化智慧学校、培育“求真创新、德高气雅”的师生团队作有力支撑，我校在充分展开调研和学习的基础上，全面规划和制订了《新雅小学智慧校园整体建设方案》及其实施方案，计划用三到五年的时间，努力以文化融合和创新育人为目标，以变革学习、智慧应用为核心，以环境搭建和创新治理为基础，整体规划建设具有校本特色的新雅智慧教育体系，并计划通过分阶段推进实施“新雅智慧环境、新雅融合创新、新雅泛在学习、新雅生态治理、新雅智慧安防、新雅协作社群”六大智慧工程，努力实现大数据、人工智能、物联网、虚拟/增强现实、区块链等现代人工智能技术与教育教学和与校园治理的融合创新，实现标准化、精细化、智能化的教育管理和科学决策，力争建成“智能感知、数据分析、学习干预、

行为自愈”的生态型智慧校园，全面构建一个互联化、泛在化、智能化、人本化而且有文化的智慧学校体系，打造一个“在云上跑的新雅校园”（见图 1）。2018 年，我校成功创建为广东省教育信息化中心学校、广州市智慧阅读成长实验学校、花都区智慧课堂实验学校，并努力带领全体师生开展了智慧课堂、智慧成长阅读、PBL（Project - Based Learning，项目式学习）等教学创新项目实验工作，在区内取得了较为突出的成绩。

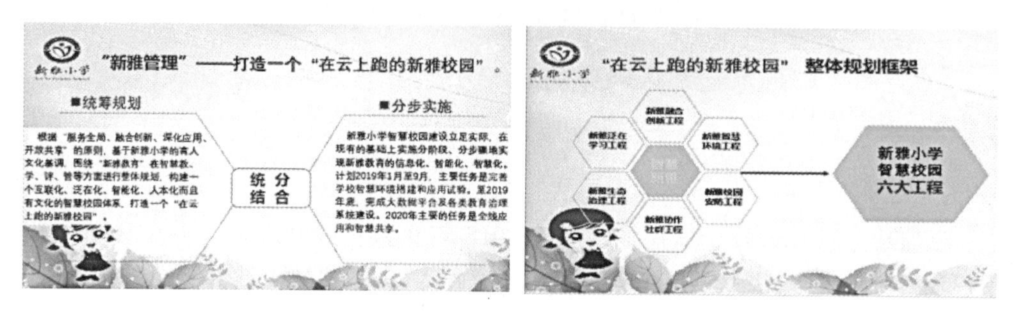

图 1　新雅小学智慧校园规划

二、培训先行，统一思想意识

改革要务，培训先行。作为目前只有 10 个教学班、23 名教师的学校，我校根据自身特点，采取“一大一专”的教研模式，即每周四下午举行一次全校全教研，对信息化融合教学的理论通识技术进行全员培训（见图 2）；利用业余的时间，领导带头学习，并请来荔湾区教研员李宏贞老师两次到校指导以学为主的教学设计，肇庆农业学校张玉茹老师到校指导微课设计，华南师范大学陈斌教授两次到校指导项目式学习在智慧课堂环境下的教学实践，项目首席教研员刘兴老师多次到校开展信息化与教学深度融合的讲座，以及试点产品技术培训人员到校开展技术和教学实践备课磨课指导。此外，我校不定期地举行校本教师的教学实践案例反思分享等，结合每周一次分科组小教研，针对学科特点，围绕教学目标进行集体备课和研讨（见表 1）。除了“请进来”，我校还鼓励教师“走出去”，多看多学。2018 年 9 月，校长带领骨干教师到华南师范大学参加“省信息化中心校”信息化应用能力提升工程培训。同年 11 月，校长参加 2018 年广东省信息化中心校、融合创新项目培训；其间，在局信息装备中心的组织下，校长还带领教师到深圳、成都、重庆、顺德等地市参观考察智慧教育先进经验，深圳小学、深圳香山里小学、成都泡桐树小学、重庆树人景瑞小学等学校的先进做法为我校智慧校园规划建设和智慧教育的开展提供了很多新思路和新启发。同时，智慧教育考察培训在思想意识上对教师的传统教育教学理念产生了冲击，这些都是我校实践改革创新的良好开端。

图 2　教师培训

表 1　新雅小学 2018—2019 学年智慧课堂校本教师培训学习安排

时间	地点	培训内容	主讲人
2018 年 4 月 16 日	教师会议室	智慧课堂实施动员培训	吉庆燕
2018 年 5 月 12 日	教师会议室	智慧教育理念培训	吉庆燕
2018 年 5 月 29 日	三（1）班教室	智慧课堂系统互动功能的使用	刘超
2018 年 6 月 5 日	三（1）班教室	使用巩固、课后功能及新功能介绍	刘超
2018 年 6 月 14 日	多媒体教室	磨课老师分享“地球是大家的”心得体会	徐丽贤
2018 年 6 月 21 日	多媒体教室	智慧课堂的使用思考以及案例学习	刘兴
2018 年 6 月 28 日	三（1）班教室	蓝鸽智慧课堂系统使用操作和认识监控系统	杨丽英
2018 年 9 月 11 日	三（1）班教室	复习智慧课堂的相关功能	李静
2018 年 10 月 11 日	三（1）班教室	智慧课堂新作业平台培训	林斌
2018 年 10 月 18 日	多媒体会议室	PBL 项目式学习认识	陈珷 吉庆燕
2018 年 10 月 25 日	三（1）班教室	智课公开课入门指南	李静
2018 年 11 月 15 日	三（1）班教室	微课制作和应用	张玉茹
2018 年 12 月 18 日	教师会议室	思维导图在教学中的应用小讲座	陈亚茹
2018 年 12 月 27 日	多媒体会议室	PBL 项目式教学	陈珷
2019 年 2 月 26 日	多媒体会议室	项目教研团队携手新雅小学智慧课堂同课异构研讨活动	刘兴 吉庆燕

（续表 1）

时间	地点	培训内容	主讲人
2019 年 3 月 4 日	多媒体会议室	以学为导向的教学设计——如何设计一节有趣又有效的课	李宏贞
2019 年 4 月 11 日	教师阅览室	分学科集体备课磨课智慧课堂课例	各科组长
2019 年 4 月 25 日	教师阅览室	分学科智慧课堂课例试教评课	各科组长

三、常态应用，“三新”智慧课堂教学模式初现

在充分培训以统一思想行动的基础上，新雅智慧课堂教学应用逐渐走上常态化，教师能对信息化应用适度取舍，懂得什么需要用，什么时候适合用。我校实现了 100% 班级教师使用平板电脑移动教学，且教师使用活跃度达 100%，6 个试验班的所有学生配备了学生平板电脑，师生课堂学与教的方式正在悄然发生变化（见图 3）。借助智慧课堂和教师集备等信息化资源，学校引领教师们通过课前预置任务、线上导学，收集学情数据；课中加强互动功能有效应用，积极组织合作与探究；课后布置平台作业，精确测评学习结果，努力提升信息技术赋能下的学与教的精准化和个性化程度，积极探索信息技术与学科教学融合下的先学后教、以学定教等翻转课堂新样态，并根据实际使用情况初步建构校本特色“人工智能技术 + 新雅课程”的新雅智慧课堂教学模式——“三新”智慧课堂教学模式（更新—拓新—立新）。其一，更新——课前自主学习。学生课前充分利用作业平台或 App，通过提供学习任务，更新知识点，强调任务驱动、问题导向，由教师和学生共同创建导学单，包括对重难点的讲解、易错题的分析等。其二，拓新——课中合作探究。学生以小组合作的形式，在自主探究中拓展新的知识领域，质疑释疑、互动研讨。在教师的点拨下，全体学生一起解决某些疑难问题，再形成系统的知识体系。其三，立新——课后测评总结。测评可以在学生之间或师生之间进行，可以通过书面或口头，以个人抢答、小组竞赛等形式呈现。教师对本节课学生所需掌握的知识进行总结，使学生在头脑中建构新的知识系统。目前，使用智慧课堂的教师都能够熟练使用相应的教学软件，利用现代化信息资源，流畅地进行教学，并且实现了智慧课堂教学模式应用于日常课堂教学的常态化，基本实现教师课堂教学手段的现代化、信息化和智能化，大部分教师的现代教学理念、信息技术融合水平和课堂教学效率明显提升。

图3 智慧课堂学生上课情景

四、勇于实践与反思，敢立改革实验潮头作先锋

为配合区推动智慧教育发展，构建智慧课堂模式，发挥智慧课堂试点学校的辐射带动作用，2018 年 7 月 3 日，因我校智慧课堂试点工作突出，区教育局在我校举行“花都区智慧课堂试点工作阶段性总结现场会”。会上，我校李静等老师为区教育局信息中心、教研室及全区 9 所试点学校领导和教师展示了 8 节实验观摩课（见图4），徐丽贤、吴海燕、陈亚茹、林格 4 位老师在大会分享了教学反思，吉庆燕校长代表学校做了题为“智慧课堂　新雅初探——新雅小学智慧课堂实施项目阶段性小结”的报告，受到了与会领导和试点学校同仁的一致好评。此外，我校每学期都承担语、数、英各科的区级公开课。2018 年 11 月，张晓卉老师的“海滨小城”一课参加了在骏威小学举办的区小学语文智慧课堂“同课异构”教研活动。张老师在导学单设计上巧花心思，通过课前预习、数据统计分析学情，课中有针对性地教授重难点，充分发挥了智慧课堂的优势，大大提升了课堂效率，得到了区教研室的好评。2018 年 12 月，梁倩怡副校长在区教研室组织的 2018 年第一学期小学数学教学与信息技术深度融合教研活动上了一节四年级数学课。梁校长先深入研读教材、理顺教学思路，再从教学环节中选取一两个点，结合智慧课堂的多媒体手段，突破重难点。2019 年 4 月，我校语、数、英三科老师参加区智慧课堂课例研讨活动，三年级语文老师孔燕好的“花钟”、三年级数学老师黄慧的“面积和面积单位”、林婷婷老师的四年级英语课“Unit 7 What do you do when you have free time?”均在区内

展示，获得同行的一致好评。李静老师在2018年“一师一优课”评选活动中荣获省级优课荣誉，平板课例“太空生活趣事多”在“一师一优课”中被评为“区优课”；吴海燕老师的平板智慧课堂公开课“几分之几”在“一师一优课”评选中被评为“区优课”；徐丽贤老师的班会课在“一师一优课”评选活动中被评为“区精品课”。在2018年区智慧课堂教学设计比赛中，我校有两位老师获一等奖、一位老师获三等奖。在转变学与教方式的过程中，吉庆燕校长正牵头组织教师开展应用信息技术打破学科壁垒、实现学科课程整合的探究，并以《PBL项目式学习在智慧课堂环境下融合共生的实践研究》为题积极申报省级规划课题实施研究。

要更有效、持续地开展智慧课堂教学，充实教学资源库尤显重要。我校要求每个教师提交公开课资源一套（教学设计、课件、视频），每个科组建立“课前任务单、微课库、课件库、检测单”资源库，以初步建立学校的教学资源库，并把完成情况纳入年终考核。

图4　智慧课堂研讨观摩课

五、融合创新，线上线下阅读成效显著

2015 年 9 月，我校创建成为花都区“互联网 + 阅读”实验学校；2018 年 7 月，学校正式获批成为广州市智慧型成长阅读实验学校。在此三年间，我校紧紧围绕“互联网 + 儿童阅读”开展了一系列卓有成效的工作。

（一）平台线上导读，线下阅读

学生进入“广州市智慧阅读”App 或“一起阅读”平台，按照每月主题阅读平台推荐的书目（或自选其他书目）阅读。这些书可由教师做推荐计划，也可由学生自己自建计划，即通过“教师推荐 + 学生自选”，既能引导学生阅读，又尊重学生的个性化阅读感受。通过导读功能，激发了学生阅读的兴趣；再通过读纸质书与在平台上完成“打卡、留言写读书笔记、研读任务”等，实现了线上和线下相结合的阅读模式。

（二）借助“平台数据”精准掌握阅读情况

从平台上看学生的选书情况，我们发现学生的阅读呈分级状态。学校根据调查所得，适时调整阅读指南的书目，同时，分别给每个年级的图书室适时增添相应读物，以避免学生阅读片面化。另外，通过数据我们还可以了解学生阅读的积极性和理解情况，并及时给予指导。学生在平台上进行阅读打卡，平台会根据学生的阅读时长、阅读数量分成不同的等级，激发学生积极阅读，从而形成不甘落后的阅读氛围；在平台上或分享朗诵，或分享读书，或分享读书笔记，制作如思维导图、鱼骨图、批注等，实现了学生在互联网中能时时、处处分享自己的阅读所得，在分享中相互学习、共同促进。

（三）阅读成果展示网络化

即通过“班级空间”、微信群或班级微信平台展示好书推荐、阅读写作成果。我校在寒暑假中别开生面地推出“寒暑假综合作业”自选超市，学生结合自己在假期里的生活实践、旅游研学的所见所闻，制作亲情图谱、讲述 2017 年我家的 10 件大事、制作春节影像等，一份份制作精美的小册子上都有一个二维码，只要扫一扫，二维码背后的生动的寒假活动、丰富的生活、有趣的旅行、温暖的故事即可呈现在眼前（见图 5）。这样便打通了文本阅读和视频阅读的界限，让分享加倍、乐趣加倍！

图5　作业码书

六、反思不足，扬蹄奋进

（1）教师以教为主的思维和教学行为定势依然存在，在教学设计和实践中还难以跳出原有框架。组织学生开展自主、合作和探究性学习，设计和践行“以学为主”的课堂教学还亟待加强培训和指导。

（2）小部分教师仍未树立正确的现代教育观和教学观，实践智慧教育较为被动，教育信息素养和教育融合信息化技术应用水平提升难以达到智慧教育改革试验的要求。

（3）学校规模小、人员少，年轻教师居多，骨干教师力量有限，集体研发和制作课程教学资源难度大、任务重。

（4）需继续加强指导学生管理和使用信息化设备，培养和提升学生良好的信息化素养。

第三编　创新整合

——智慧课堂教学设计

牛津英语（广州版）七年级上册
Unit 7　School Clubs Speaking & Writing 教学设计

广州市花都区秀全中学　徐尤

Teaching Material

This class is the 5th class of Unit 7 in Oxford English Book 7A. The topic of this unit is *school clubs*. In the class, students are required to learn to talk about the activities in the school clubs, know about the four elements in making posters and try to make and share their posters. This is also the most important task in this class.

Teaching Objectives

1. Students can learn the new words and phrases, e. g. insect; butterfly; draw pictures/ take photos of them; listen to a talk about; look up etc.

2. Students can learn and master the way of designing the school club poster. And pay attention to the four parts that should be included in it: a headline; important information; some interesting photos and some more information.

3. Students can learn to describe the activities that organized by the school clubs with the simple past tense so that students can communicate with others in their daily lives.

Key Points and Difficult Points

1. Learn to design a school club poster.

2. Describe things happened in the past by using the sentences of the simple past tense.

Analysis of Students

The students are in Grade seven. Although they started to learn English in primary school, the basic knowledge is not solid. Therefore, in this class, students are required to learn the tense and how to use the simple past tense to write a passage. And the key point of this class is to learn how to describe the activities with the simple past tense and master the structure of a school club poster. What's more, students could communicate with each other about their club activities by learning the sentence patterns and the simple past tense.

Use of Media

PPT, Changyan Smart Class

Teaching Process

Step I　Warming up

1. Greetings.

2. Play a video to introduce the topic. Then teacher tell students that the Insect Club wants to make a poster to attract new members, but it needs their help. It is to create a situation for the class and arouse their interests.

Step II　Discussion

1. Show them the poster on P95 and let them read it. Then learn the new words, e. g. ant, butterfly and bee.

2. Ask students one question: what should a poster contain (have) and let them discuss.

Step III　Finish the exercise

1. Ask some students to think about *what can we do in the Insect Club*? and discuss it.

2. According to the expressions: draw pictures/ take photos of them; listen to a talk about; look up etc., let students finish *Recent club activities*.

Step IV　Group work and presentation

1. Teacher divide students into four groups according to the categorizations of the clubs: science, music, sports and art. Let students design a complete school club poster

and discuss with partners.

2. Have a game: Let students share their posters and ideas and the rest of the students choose which one they want to join.

The sentences students might use:

1) The... Club is coming. / We are the... Club.

2) In our club, you can...

3) We went to.../ did interesting things, for example...

4) We are sure you'll... in our club.

5) Come on! /Welcome to our club.

Step V　Conclusion

Remind students of the four parts of a poster and using the simple past tense to describe the club activities.

Step VI　Homework

Writing: 上周末，你和你的同学参加了摄影社团组织的一次活动，请根据表格中所提供的信息，把当天的活动写成一篇日记。

时间	上周六，12月13日
地点	广州图书馆（Guangzhou Library）
活动内容	参加了一个讲座（lecture），讲座上，老师教我们如何拍照片； 参观照片展览（photo exhibition），展览上有各类动物的照片，如蜜蜂、狮子、蝴蝶
感受	1. 看到这些令人惊奇的照片真是太棒了； 2. 学习了很多关于摄影的知识，很兴奋

要求：1. 日记应包括表格中所有内容。

2. 要求60词左右。

3. 开头已给出的不计入词数。

Dec. 13　　　　Saturday　　　　Sunny

I took part in an activity in Guangzhou Library with my classmates in the Photography Club today, ____

____

____

____

Teaching Reflection

In this English class, all of the students were very active and most of them had grasped all the knowledge effectively in this period. To some extent, the use of the video and pictures of the insects could cultivate students' interest and they were quite exciting when students saw them during the teaching. During the teaching process, the students cooperated well. In my teaching process, I felt it a pity that the class was overtime, which I thought I should keep in mind for future teaching.

Board Plan

Unit 7　A School Club Poster

the Insect Club

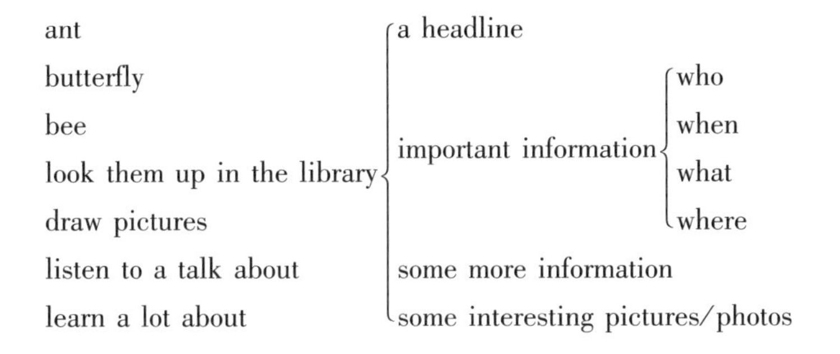

牛津英语（广州版）七年级下册 Unit 7 Exclamations 教学设计

广州市花都区秀全中学　葛小红

一、教学内容

牛津英语（广州版）七年级下册 Unit 7 Exclamations。

二、学情分析

经过将近一年的初中学习，本班大部分学生对英语产生了浓厚的兴趣，学习热情高涨，乐于参加各种课堂活动，能在小组活动中积极与他人合作，互相帮助，共同完成学习任务。但仍有部分学生注意力不集中，自我控制能力较差；有部分学生不理解英语语法知识的规律及其形成的原因，更不懂得如何正确、恰当地在日常生活中灵活运用。英语语法教学的根本目的，不是让学生不断地刷题，而是“为用而学、在用中学、学以致用”。因此，笔者一方面循循引导学生归纳得出自创的“三步口诀法”，帮助他们更轻松地掌握本课的语法知识；另一方面，设置真实的情境，让学生学习和运用本课的语法知识。

三、教学目标

（一）语言能力

1. 理解 what 和 how 引导的感叹句表达强烈的喜怒哀乐等感情。
2. 准确区分 what 和 how 引导的感叹句的用法。
3. 能在特定的情境中合理运用 what 和 how 引导的感叹句。

（二）思维品质

1. 通过引导学生体验“直观形象感知—归纳概括规则—抽象演绎到运用”，培养学生的逻辑性思维。

2. 通过区别 what 和 how 在感叹句中的用法，培养学生的批判性思维。

3. 通过创设情境以及引导学生自编故事、扮演角色和情境表演，培养他们的创造性思维。

（三）文化意识

通过让学生观看中国国产手机在法国巴黎发布会的盛况以及港珠澳大桥的报道视频，培养学生的民族自豪感。

（四）学习能力

1. 分享课前微课，让学生根据自身的理解能力和认知水平自学。

2. 通过分享原汁原味、贴近学生生活的最新视频，帮助学生拓宽学习英语的渠道。

3. 通过引导学生观察语言现象、探索规律、运用语言及其规律，帮助他们提高学习效率。

四、教学重难点

（一）重点

感叹句的句型结构、意义和用法。

（二）难点

1. what 和 how 引导的感叹句的区别。

2. 在特定的情境中合理运用感叹句。

五、教学辅助设备

科大讯飞智慧平台（班级空间、作业平台、互动—学生讲、互动—提问）。

六、教学过程

（一）趣味导入

1. 展示图片：法国民众在巴黎排队购买中国国产手机。

2. 播放视频：中国国产手机在法国巴黎发布会上的盛况。

3. 呈现语法。

   What a long queue it is!

   How crazy they are!

（二）分享交流

1. 分享自学收获。
2. 提出课前疑难。
3. 合作探究疑难。

（三）学以致用

播放港珠澳大桥的报道视频，合理运用感叹句。

（四）归纳总结

引导学生回忆本课的重点内容。

（五）布置作业

1. 完成后测练习。
2. 写作：介绍令人惊叹的人或事。（用一到两个感叹句）

教学流程如图1所示。

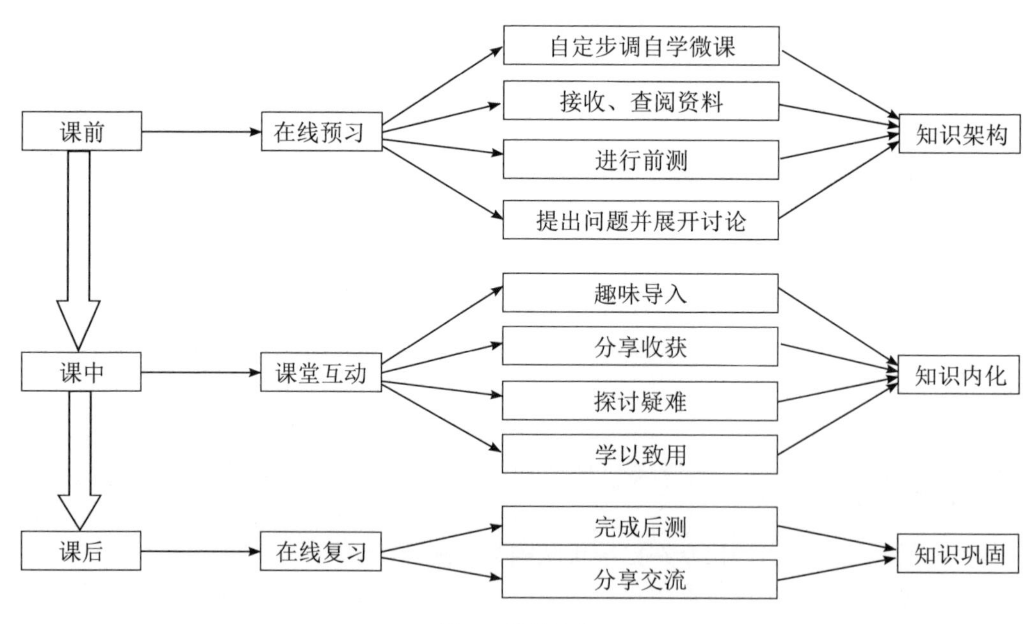

图1　教学流程

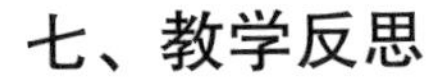

七、教学反思

（一）立足核心素养，促进思维品质的形成

为培养学生的核心素养，促进其思维品质的形成，笔者引导学生通过自己的细心观察、认真思考和综合分析，探究得出本课语法知识的规律，创新生成简易明了的“三步口诀法”。

（二）利用数字资源，提高语言输入的质量

语言知识应该“用中学”，“为用而学”。本课介绍的是“感叹句”的语法知识，笔者让学生观看与本课相关的最新、最震撼的视频，如港珠澳大桥的开通，让学生真正有感而发，既顺理成章地运用了本课的知识，又提升了民族自豪感。

（三）运用教学策略，培养不同层次学生的学习兴趣

1. 引趣激趣策略：设计多种活动激发学生的学习兴趣。

2. 任务型活动策略：设计情景让学生在做中学，在做中运用。

3. 尊重差异的策略：微课录制以及题库的设计方便学生根据自己的实际情况进行相应的有针对性的复习巩固。

八、板书设计

感叹句

The Hong Kong-Zhuhai-Macau Bridge	港珠澳大桥
It is a great bridge.	陈述句
The Chinese are great.	陈述句

陈述句转换成感叹句：	三步口诀法
一分：将主谓部分与句子其他部分分开。	It is / a great bridge.
二移：将主谓部分移到句末，改小写。	a great bridge it is
三加：前加感叹词，后加感叹号。	What a great bridge it is !

what 和 how 的区别：

一分：将主谓部分与句子其他部分分开。　________ great / the Chinese are!

二看：看主谓部分之前有没有名词。

三加：有名词的话加感叹“What”，没有名词的话加感叹词“How”，后加感叹号。

How great the Chinese are!

What great people the Chinese are!

“电能的输送”教学设计

广州市花都区圆玄中学　徐国治

一、教学内容

“电能的输送”是人教版高二物理第五章第5节的内容。本节要求学生运用所学过的电磁学方面的知识解决一个实际问题——电能的输送，应使学生明确，电能的输送是一个理论性和技术性都很强的复杂的系统工程，属于电力工程的一个分支。教学要围绕电能输送的可靠、保质、经济展开。第一，怎样减少电能的损失？第二，怎样既经济又保质地将电能输送给用户？第三，输电电压并不是越高越好，要综合考虑各种因素，防止看问题片面化和绝对化。

二、学情分析

本节课内容是在学生已经学习了“变压器”的前提下，对电能输送这一实际问题进行的研究。本节课需要用到变压器、电功率、焦耳定律、电阻定律、欧姆定律等知识规律。

三、学习目标

1. 了解交变电流从变电站到用户的输电过程。
2. 知道远距离输电时输电线上电能的损失与哪些因素有关，理解高压输电原理。
3. 知道远距离输电线路的基本构成，会对简单的远距离输电线路进行定量计算。

四、重难点

1．通过“思考与讨论”归纳远距离输电方法——高压输电。

2．结合输电过程示意图，分析在升压过程和降压过程中，电压、电流及功率的关系。

3．科学态度与责任：理想变压器在电能输送中的应用。

五、教学辅助设备

1．平板电脑；

2．多媒体平台。

六、教学过程

（一）自主学习

1．利用平板电脑观看微视频并思考以下问题。

（1）输送电能的基本要求有哪些？

（2）有什么方法可以使经济效益最大？

（3）如何降低输电损耗？

①输电线上的功率损失：$\Delta P=$________，I 为输电电流，R 为输电线的电阻。

②降低输电损耗的两个途径。

a．减小输电线的________：在输电距离一定的情况下，为了减小________，应当选用________的金属材料，还要尽可能增加导线的________。

b．减小输电导线中的________：为减小输电________，同时又要保证向用户提供一定的电功率，就要提高输电________。

（4）电网供电。

①远距离输电的基本原理：在发电站内用________变压器________，然后进行远距离输电，在用电区域通过________变压器降到所需的电压。

②电网：通过网状的输电线、________，将许多电厂和广大用户连接起来，形成全国性或地区性的输电________。

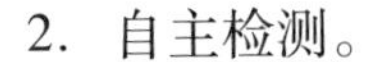

2. 自主检测。

（1）（多选题）远距离输送交流电都采用高压输电，我国正在研究用比330 kV高很多的电压进行输电，采用高压输电的优点是（　　）。

A. 可节省电线的铜材料　　B. 可根据需要调节交流电的频率

C. 可减少输电线上的能量损失　　D. 可加快输电的速度

（2）输电导线的电阻为R，输送电功率为P。现分别用U_1和U_2两种电压来输电，则两次输电线上损失的功率之比为（　　）。

A. $U_1 : U_2$　　B. $U_2^1 : U_2^2$

C. $U_2^2 : U_1^2$　　D. $U_2 : U_1$

（二）合作探究

主题一　降低输电损耗的两个途径

【问题探究】

在如图所示的输电示意图中，假设两条输电线的总电阻为R，输送的功率为P，发电厂输出的电压为U，送电电流为I。

试结合上述情景，讨论下列问题。

1. 减少输电线上的功率损失的途径有：________________。

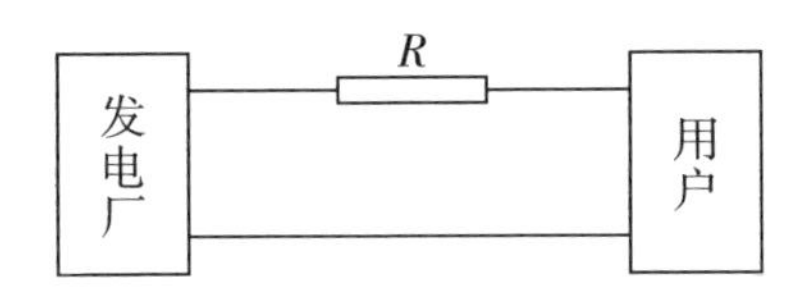

2. 减少输电线上的功率损失为什么要依靠高压输电？

3. 什么是输电线路上的电压损失？怎样减少电压损失？

【探究总结】

1. 降低输电损耗的方法。

2. 减小输电线路上功率损失的方法主要有两种。

（1）减小输电线的电阻R，根据R = ________可知：①减小输电线________，由于输电距离一定，所以在实际中不可能用减小导线的长度；②减小________，目前一般用电阻率较小的铜或铝作导线材料；③增大导线的________，这要耗费更多金属材料，增加成本。

（2）减小输电电流I，根据I = ________可知：提高输电电压U，在输送功率P一定，输电线电阻R一定的条件下，输电电压提高到原来的n倍，P损 = ________。

主题二　电网供电

【问题探究】

以下为远距离输电的基本过程示意图。

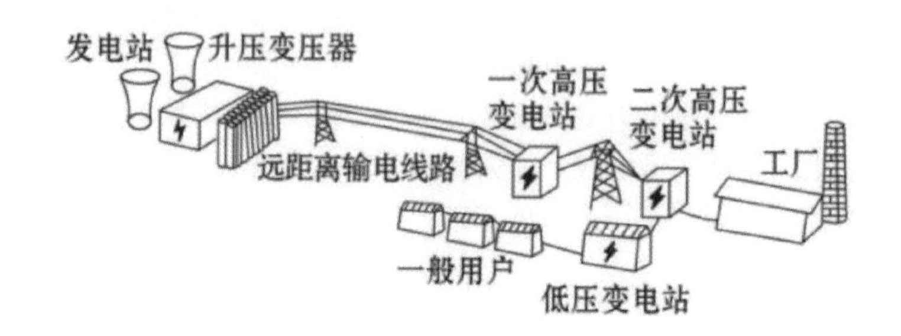

试结合上述情景，讨论下列问题：

1．一般远距离输电电压要经历几次变化？

2．最简单的远距离输电电路是如何构成的？

如图所示，最简单的输电电路的构成：________________________。

【探究总结】

1．远距离输电电路的特点。

远距离输电的简化电路原理图，可以划分为三个回路，如下图所示。

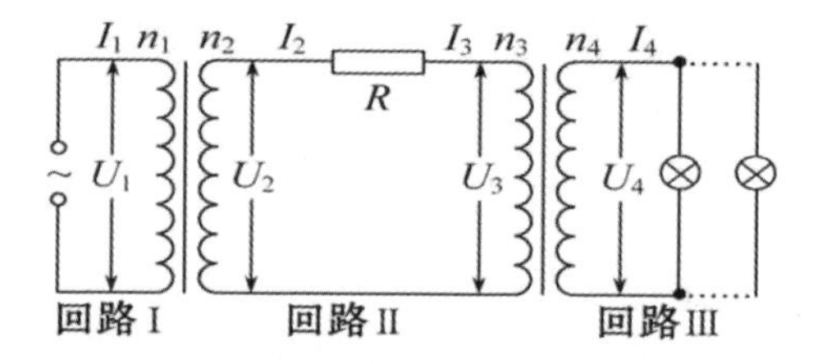

2．远距离输电线路的三个回路、两个联系和一个定律的关系。

回路物理量	回路Ⅰ	回路Ⅱ	回路Ⅲ
三个回路中电压、电流及功率间的关系			

【典例示范】

（多选题）如图所示，某发电站输出的交流电压为 $U_1=4000$ V，输送的功率为 $P=4000$ kW。经变压器 T_1 升压后向远方输电，输电线路总电阻 $r=500\ \Omega$，到目的地经变压器 T_2 降压后获得 220 V 的电压。若在输电线路上消耗的功率为输送功率的 5%，变压器均为理想变压器，则（　　）。

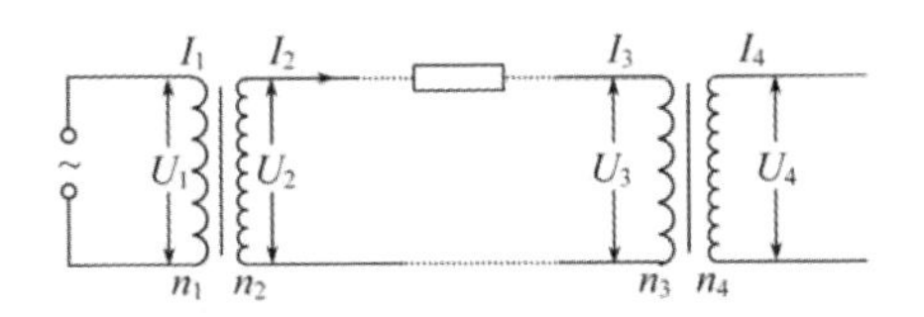

A. 输电线上的电流 I_2 的大小为 20 A

B. 输电线上的电流 I_2 的大小为 1000 A

C. 降压变压器 T_2 输入线圈与输出线圈的匝数之比为 9500∶11

D. 降压变压器 T_2 输入线圈与输出线圈的匝数之比为 10000∶11

（三）交流点拨

1. 学生汇报主题一，总结变化规律。课件出示输电过程要用到的公式，引导学生得出结论：要减少电能损耗有两种方式，即减少输电线电阻和电流。

2. 学生汇报主题二，总结变化规律。例如，输电电网的构成，功率的变化，变压器规律，电压和电流的变化，等等。

3. 学生对例题进行讲解和分析，教师统计答题正确率。

（四）探究训练

电机输出功率为 100 kW，输出电压为 250 V，用户需要 220 V 的电压，输电线电阻为 10 Ω，若输电线损失的功率为 4 kW，求升压和降压变压器原、副线圈的匝数比。

沪教2011课标版初中英语八年级上册 Unit 6 Ancient Stories 教学设计

广州市花都区秀全外国语学校　杜思思

一、课题

Unit 6 Ancient Stories。

二、教材

沪教2011课标版初中英语八年级上册。

三、课型

Speak up：role play 展示课。

四、课时

40分钟。

五、英语课程标准的理念体现

（一）语言能力

具有初步的英语语感；获得义务教育阶段要求的英语语言知识（含语音、词汇、语法、语篇和语用知识）；在戏剧中，能运用重音、语调、节奏等比较连贯和清晰地表达意义、意图和态度；在熟悉的语境中，较为熟练地使用已有的英语语言知识去传递信息，表达个人见解和情感；在人际交往中，尝试构建恰当的交际角色和人际关系。

（二）文化品格

能够运用简单的英语进行戏剧表演。通过戏剧演绎，对中西文化做比较，理解和包容不同文化。

（三）思维品质

注意观察语言知识的各种现象，通过比较，识别各种信息的异同（观察与比较）；根据不同的环境条件，客观分析各种信息之间的关联和差异，发现产生差异的基本原因，并从中推断出他们之间形成的简单逻辑关系（分析与推断）；根据所获得的信息，提取共同特征，形成新的简单概念，并试用新概念解释新的问题，尝试从另一个角度认识世界（归纳与建构）。

（四）学习能力

认识到英语的重要性并对英语学习感兴趣；掌握英语学习的方法和策略；虚心学习并向他人求教；有较强的合作精神。

六、教材分析

本单元以古代故事为话题，以木马计的故事为主线，学习关于特洛伊战争中的木马计故事，了解古希腊人通过计谋赢得战争的过程。学生可从故事中吸取特洛伊人失败的教训：一是智慧比武力更重要；二是不要以貌取人；三是做事要谨慎。

在课前学生已观看过特洛伊木马电影，对木马屠城的内容尤其感兴趣。该故事情节紧凑，内容有趣，适合学生以小组形式进行角色表演。由于学生对内容比较熟悉，因此，教师鼓励学生对木马屠城故事进行改编，通过改变结局来加深对故事的感受。

七、学情分析

学生在本单元中第一次学习了西方古代故事，此前学生并未对故事有很深刻的了解。绝大部分学生都对演绎故事有浓烈的兴趣，也对其中的文化差异表现出较强的学习欲望。

本班一共 49 名学生，学生普遍英语能力较好，个性比较外向，角色扮演是学生特别喜欢的英语学习活动，因此，学生的学习积极性与自主性较高。表演戏剧能够帮助学生更好地理解故事，同时提高口语水平，增强学好英语的信心。

八、教学目标

By the end of the class, students are able to:

1. Act out a role play in a group.
2. Comment on others' performance.
3. Express ideas on the question: "Who should be blamed for the lost of Troy?"
4. Build up confidence in communicating in English.
5. Listen to others with respect.

九、教学重点

Act out a role play in a group.

十、教学难点

Express ideas on the question: "Who should be blamed for the lost of Troy?"

十一、教学过程

Step 1 Orientation

Explain the marking criteria before role plays and require students to take notes when needed.

[设计意图] 给出评分标准，让表演更有目的性和可评价性；帮助学生对其他同学的表演进行点评。

[平板电脑功能] 抢答，分享，速记。

Step 2 Role play

Set task to let students act out the role play one by one.

[设计意图] 使用抢答功能保证每一个小组获得公平的表演机会；增加学生使用英语表达的机会，增强学生说英语的信心。

[平板电脑功能] 抢答。

Step 3 Evaluation

Ask students to give feed-back according to the marking criteria.

[设计意图] 多元评价（小组互评、学生互评以及教师评价）促进学生反思，

在提高学生分析理解能力的同时，让学生成为更好的聆听者。

［平板电脑功能］投票，随机选人。

Step 4 Reflection

1. Ask students to express their ideas on a question;

2. Comment on students' answers.

［设计意图］针对故事的结局提出疑问，培养学生的批判性思维。利用讨论互动让学生畅所欲言，保证每一位学生参与到课堂中。

［平板电脑功能］讨论。

Step 5 Discussion

Ask students to discuss in groups on what they have learned from the story.

［设计意图］小组对文章大意进行讨论，形成观点，在全班分享。

［平板电脑功能］讨论，拍照上传。

Homework: Rewrite the ending of the story.

附：

Marking Criteria（评分标准）

item（项目）	requirement（要求）	score（分数）	group（组）	group（组）	group（组）
1. content（内容）	Healthy, positive, energetic and connected with the topic firmly; creative idea and with reasonable structure.（作品内容紧扣主题，积极健康，充满青春活力，有创意，结构合理）	30			
2. language（语言水平）	Clear pronunciation.（清晰的发音） Proper voice.（合适的声量） Proper speed.（合适的语速）	20			
3. performance（表演）	Natural, completed, full of emotion, active body language and facial expression.（表演真实，完整，自然，感情充沛）	20			

（续表）

item （项目）	requirement （要求）	score （分数）	group （组）	group （组）	group （组）
4. effect（舞台效果）	Costume and prop: meet the need of the scenes and plots.（服装、道具运用得当，充分结合场景需要，符合剧情）	20			
5. cooperation（合作）	All members work together well. （全体成员合作无间）	10			
总分		100			

“整式的加减（1）——合并同类项”教学设计

广州市花都区新华街云山学校　王惠群

一、教学内容

本节是初中数学一年级上学期第二章第二节的内容，安排在学生学完了有理数的运算之后。因为在合并同类项过程中系数的合并要用到有理数的运算方法，同时合并同类项也为后续章节进一步学习整式的加减奠定了基础，所以这一节课在内容上起着承上启下的作用。同时，合并同类项是学生在数学学习中接触到的第一种代数恒等变换，也是最基本的代数恒等变换，其重要性不言而喻。

二、学情分析

刚升入初中阶段的学生，其数学思维正处于从形象思维到抽象思维的过渡阶段，在学习过有理数的运算后，在算式中加入字母，升级为整式的运算，从具体到抽象，学生在理解上面临着较大的障碍。但同时，七年级学生思维活跃、课堂表现积极热情，这是要他们的优点。

三、教学目标

（一）知识与技能目标

理解同类项、合并同类项概念，熟练掌握运用合并同类项法则化简多项式。

（二）过程与方法目标

1. 通过由生活实际到数学理论的类比探究学习过程，培养学生用数学的眼光看问题、用数学的思维方式解决实际问题的核心素养。

2. 使用探究学习、自主学习、小组式学习的学习方式，并结合智慧课堂信息化设备，使学生由被动的知识接受者变为主动的知识探索者，增强学生的学习兴趣。

（三）情感、态度与价值观目标

在活动中培养学生乐于探索、合作学习的习惯，使学生在解决问题的过程中体会数学之美，感受数学学科的魅力。

四、教学重难点

重点：同类项的概念；合并同类项的概念；运用合并同类项法则化简多项式。
难点：锻炼探究、归纳、迁移、应用思维。

五、教学辅助设备

学案，教学 PPT，平板电脑。

六、教学过程

（一）初学

1. 教学目标：类比探究、归纳出同类项的概念，会根据同类项的概念判定同类项。

2. 教学策略：引导学生通过类比“物以类聚”的生活常识，得出同类项的概念，并进行同类项概念的辨析。通过平板电脑的“抢答”功能，调动学生的学习积极性，增强学生的课堂专注度，从而提升教学效果。

活动一：生活中的数学（物以类聚）。

（1）3 🍎 +2 🍎 = __________；

（2）3 🍌 +2 🍌 = __________；

（3）3 🍎 +2 🍌 能合并吗？　答：__________。

活动二：类比探究，获取新知。

（1）$3a+2a=$ ______；

（2）$3b+2b=$ ______；

（3）$3a+2b$ 能合并吗？　答：__________。

(4) 写两个你认为可以合并的单项式，思考什么样的单项式才可以合并？

答：________ 和________。

3. 归纳同类项的概念：所含字母 ________________，并且相同字母的指数也______________的项，叫作同类项。

活动三：判断题。

(1) $-2x$ 和 $3x$ 是同类项。（　　）

(2) x^3 和 y^3 是同类项。（　　）

(3) $2m^2n$ 和 $2mn^2$ 是同类项。（　　）

(4) $3a^2b^3c$ 和 $-2ca^2b^2$ 不是同类项。（　　）

(5) πx^2 和 $2\pi^2x^2$ 不是同类项。（　　）

(6) 2 和 -4 是同类项。（　　）

（二）深学

1. 教学目标：探究合并同类项的法则，运用合并同类项法则化简多项式。

2. 教学策略：引导学生利用乘法分配律进行合并同类项的计算。引导学生总结出合并同类项的法则，并运用法则进行多项式中合并同类项的计算。通过平板电脑的实时反馈功能，了解学生对合并同类项计算的掌握情况，进一步巩固合并同类项的计算。组织各组小组长检查该组全体成员的学习情况，对不会做的同学进行辅导。教师在巡堂的过程中搜集典型错误进行对比讲解，进一步规范解题步骤和纠正错误。

活动四：合并同类项（抢答）。

(1) $t+\frac{1}{5}t=$ ____________ $=$ __________；

(2) $3x^2-4x^2=$ ____________ $=$ ____________；

(3) $3m^2n-4m^2n-m^2n=$ ____________ $=$ ____________。

3. 归纳合并同类项法则：合并同类项后，所得项的系数是合并前各同类项的________，且字母连同它的指数 ________。

活动五：合并同类项。

例题：

$-3x^2y+2xy^2-5+3x^2y+3xy^2+2=$ ___________。

巩固练习：

(1) $5ab-8ab^2+3ab-ab^2=$ ___________。

(2) $-2x^2+4x+9-x^2-7x+1=$ ___________。

变式练习：

求多项式 $3a+abc-\frac{1}{3}c^2-3a+\frac{1}{3}c^2$ 的值，其中 $a=\frac{1}{2}$，$b=-2$，$c=-3$。

（三）拓学

1. 教学目标：合并同类项的巩固提升与应用。

2. 教学策略：通过一个有趣的数学游戏，引发学生的好奇心，进而引导学生用数学语言说明游戏背后的奥秘。增强学生的兴趣和数学的应用能力。当堂检测，拍照上传，及时反馈课堂效果，为课后的针对性辅导做准备。

活动六：进行一个数学游戏。通过这个游戏你有何发现？能用已学的数学知识说明吗？

1、任意想一个数
2、加上2
3、乘以2
4、减去2
5、除以2
6、减去步骤1想的数
7、你的答案是：------

数学游戏

活动七：谈谈本节课你学到了什么？

活动八：当堂检测。

合并同类项：

（1）$10x^2-8x^2=$ ________。

（2）$-3m^2-3m^2=$ ________。

（3）$-8a^2b+5a^2b=$ ________。

（4）$2a-3a+\frac{1}{2}a=$ ________。

（四）作业

完成《课堂作业本》第26页习题。

七、教学反思

本节课是结合智慧课堂的一节概念规则课，整节课的教学流程比较流畅，师生合作、生生合作到位。学生参与度较高、积极性高，能结合智慧课堂进行抢答、加分、课堂小测实时反馈。但智慧课堂的应用尚处于初级阶段，还有很多功能有待开发利用，如在合并同类项的法则引入环节中过渡稍快，应更加详细一些。

沪教版英语七年级上册 Unit 6 Travelling around Asia：Writing 教学设计

广州市花都区新华街培新学校　林月玲

一、教学内容

Unit 6 Travelling around Asia：Writing。

二、内容分析

主阅读篇章是以独立的景点为小标题分别进行介绍的，各小段描述了该景点的位置、景色、特点等内容。听力板块的听力文本从各个城市的饮食习惯、特色景点或旅游胜地、游客可以进行的活动等方面进行了介绍。学生在阅读和听力板块已掌握了如何介绍城市的词汇和句型，为写作做好了准备。写作板块的旅游指南要求学生对城市旅游围绕“方位”“天气”“购物”“饮食”“观光”“感受”六个方面展开介绍。

三、学情分析

维果斯基的“最近发展区”理论指出：学生存在两种发展水平，一种是现有发现水平，即已经发展的水平；另外一种是潜在发展水平。学生目前已经达到的水平与潜在可能达到水平之间的差距就是“最近发展区”。这两个发展水平之间的状态是由教学决定的，即教学可以创造最近发展区。依据维果斯基的理论，如果教师在写作教学中，基于学生现有能力和认知水平，巧搭支架，就有可能帮助学生突破“最近发展区”，也就是超越他们当前的认知局限，从而提高写作能力。

本班大多数学生思维活跃，英语学习兴趣浓烈，乐于参与课堂活动，但是英语水平参差不齐。基于学生的基础，本节课首先从创设情景支架入手，利用 HiTeach

软件 IRS 投票、抢答、二次作答等功能激活课堂气氛，激发学生对话题的兴趣。在阅读活动中，通过平板电脑的“作品观摩”功能呈现学生的作品，构建结构和词汇支架，为写作降低难度。然后，再次使用“作品观摩”展示习作，并使用 HiTA 微视频播放学生讲评赏析习作，培养学生的批判性思维能力。

四、教学目标

（一）语言能力

掌握旅游话题相关的词汇和句型，如“in the centre of”“places of interest”“if … it's adj. to do sth.”。

（二）学习能力

1. 能运用所学知识从方位、天气、名胜、美食、购物等方面描述自己喜欢的城市。
2. 能在教师指导下对习作进行同伴互评和修改。

（三）思维品质

1. 能通过精读阅读材料获取描述喜欢的城市的语言，培养逻辑思维能力。
2. 通过对同伴习作的赏析，启发批判性思维。
3. 通过润色作文，制作旅游指南，增强创新思维能力。

（四）文化品格

通过编写旅游指南，关注生活中美好的事物。

五、教学重难点

（一）教学重点

能运用所学知识从方位、天气、名胜、美食、购物等方面描述自己喜欢的城市。

（二）教学难点

能根据具体的写作标准对同伴的习作进行赏析。

六、教学辅助设备

PPT、HiTeach3 软件、手机 HiTA3 助教、平板电脑、IRS 反馈器。

七、教学过程

Lead-in

【教学流程】

1. Greeting.
2. Show students the teaching goals.
3. Make a survey: Which city do you like best? Why?

   A. Hong Kong　B. Guangzhou　C. Shanghai　D. Another city

【科技应用】

计分板，IRS 选择，统计图，智慧挑人。

【教学评量】

To arouse students' interest in the lesson and have a general idea of students' favourite city.

Pre-writing

【教学流程】

1. Have a quiz.

   Q1: Where is Guangdong Museum?

   A. In the Zhonghua Square.

   B. In the Huacheng Square

   C. In the People's Square.

   Q2: Which is in Guangzhou?

   A. The Palace Museum　B. The West Lake　C. Canton Tower

   Q3: What is Guangzhou famous for ?

   A. Dimsum　B. Sushi　C. Roast Duck

【科技应用】

二次作答，抢权，智慧挑人，计分板。

【教学评量】

To check students' knowledge of Guangzhou with the help of HiTeach.

【教学流程】

2. Read an article about Guangzhou and answer the following questions.

   Q1: How many paragraphs are there in the article?

   A. Two　B. Three　C. Four　D. Five

   Q2: Which is not mentioned in the article?

A. Weather B. Sightseeing C. Shopping D. Culture

Q3: What is the last paragraph about?

A. To introduce the location of Guangzhou.

B. To ask visitors to come to Guangzhou.

C. To tell readers the weather in Guangzhou.

D. To introduce the shopping, sightseeing and food in Guangzhou.

Q4: What tense is used in the article?

A. The simple present tense.

B. The simple future tense.

C. The simple present and future tense.

【科技应用】

抢权，智慧挑人，二次作答，计分板。

【教学评量】

To help students have a better understanding of introducing a city.

【教学流程】

3. Work in groups and share: summarize the aspects to talk about a city and learn how to make a travel guide from the beginning, body and ending.

【科技应用】

作品观摩，HiTA 微视频，计分板。

【教学评量】

To help students grasp some key phrases and sentences so as to improve their writing.

While-writing

【教学流程】

Your class is holding a competition to make a travel guide to introduce your favourite city. Describe the city you like best in 7 minutes.

【科技应用】

计时器。

【教学评量】

To improve students' writing skill within the limited time.

Post-writing

【教学流程】

1. Students learn how to correct their own articles according to the standards given.

Students exchange articles with each other and give them marks.

【科技应用】

计时器。

【教学评量】

To guide students from what ways to evaluate an article.

【教学流程】

2. Students recommend the best work in groups and send them to the screen with the help of the iPads. Invite students to give comments to the article.

【科技应用】

作品观摩，HiTA 微视频，计分板。

【教学评量】

To cultivate students' ability in critical thinking.

八、教学反思

信息技术作为一种必备的教学手段，在初中英语教学中已经得到广泛应用。信息技术的应用，能够丰富课堂教学资料，开阔学生的视野，增加学生的知识含量。而将信息技术应用在英语课堂上，能够提高课堂的趣味性，激发学生浓厚的学习兴趣，锻炼学生自主探究、自主学习的能力，从而保证初中英语课堂的教学效果，同时提升学生的英语核心素养。

九、板书设计

Unit 6　Travelling around Asia：Writing

	content	structure
A city	1. location	beginning：one of the + adj.（最高级）
	2. weather	If …，you will/ can …
	3. sightseeing	body：There are…
		ending：have a wonderful time
	4. shopping	a good place to visit
		why not
	5. food	

“多位数乘一位数”的整理与复习

广州市花都区骏威小学　何亚枚

一、教学内容

人教版三年级数学上册第75～76页整理复习和练习十六。

二、学情分析

本单元学习内容以计算为主，学生比较容易掌握，但知识点较多，学生可能会将多个知识点混淆。因此，本节课让学生系统地整理出本单元的知识，在整理过程中让学生全面回忆知识和方法，特别是计算过程中需要注意的地方。

三、教学目标

1. 在教师的引导下，学生经历知识整理的过程，建立知识结构，进一步明确本单元的知识及相互联系。

2. 通过复习，学生进一步理解算理、掌握算法，能正确熟练地进行口算和笔算，会根据具体题目选择恰当的策略解决问题，提高解决问题的能力。

四、教学重、难点

重点：能正确熟练地进行口算和笔算，解决实际问题。

难点：根据不同情境选择恰当的方法进行估算，解决问题。

五、教学辅助设备

“多位数乘一位数整理与复习”教学课件，教师、学生平板电脑。

六、教学过程

（一）课前

1．翻阅教材，回忆梳理，学生尝试制作思维导图。

2．学生在平板上完成以下题目。

口算乘法：

$30\times5=$　　　$6\times5=$　　　$12\times2=$

$300\times5=$　　　$6\times50=$　　　$12\times3=$

$3000\times5=$　　　$6\times500=$　　　$12\times4=$

3．解决问题：选择合适的方法解决问题。

（1）每套课桌椅坐 2 个学生，学校新买来 200 套课桌椅，一共可以坐多少个学生？

（2）阳光小学每个年级都是 136 个学生，全校 6 个年级一共有多少个学生？

（3）小军家距学校有 400 米，他每分钟走 65 米，从家到学校 7 分钟能走到吗？

（二）课堂设计

1．回顾与梳理

（1）反馈课前任务，明确复习内容。

师：课前同学们已经尝试对本单元的知识进行回顾和梳理，下面我们一起欣赏同学们的作品（拍照功能）。

（2）分类进行复习，巩固基础知识。

师：同学们用不同的方法整理这个单元的知识，真不错，下面请谁来给我们汇报一下这个单元的第一个知识点（请学生拍照分享）。

教师在与学生交流的过程中相机板书以下知识点。

①复习口算：

让学生汇报口算乘法并举例介绍方法。

教师分享学生课前口算作业反馈分析（作业分析）。

在口算时，怎样才能更简便？要注意什么呢？

②复习笔算：

拍照分享学生课前梳理的图，请学生汇报。

交流笔算的计算方法，并展示错题，提醒容易出错的地方。

重点强调因数中间有 0 和末尾有 0 的乘法。

③复习解决问题：

学生汇报“解决问题”这个知识点。

教师分享学生课前作业反馈分析（作业分析）。

课本第 75 页第 2 题：选择合适的方法解决下面的问题。

针对学生的作业反馈正确率情况，教师详细讲解学生难理解、易错的题目。

交流后得出：第一题适合口算，第二题适合笔算，第三题适合估算。

教师强调：在解决问题中，口算、笔算和估算都是重要的解题策略。我们要根据题目的具体情况灵活选择合适的策略解决问题。

④复习归一和归总问题：

a. 把 3 本相同的书摞起来，高度是 15 毫米。30 本这样的书摞起来是多少毫米？

b. 一批电脑捐给希望小学。如果每班 3 台，正好可以分给 15 个班，如果每班 5 台，可以分给几个班？

思考后，同桌交流并汇报：每道题先算什么？再算什么？两题的区别是什么？

2. 呈现思维导图，再次回顾内容

我们对本单元知识进行了梳理，形成了一个这样的知识地图（在屏幕上出示图），这样的知识地图能把我们学过的单一知识点串起来，便于我们发现知识间的联系。

3. 评价检测，提高能力

（1）口算：课本第 76 页练习十六第 1 题。开火车汇报。（随机挑人）

（2）选择。

①$125+125\times0$ 的得数是（　　）。（随机挑人）

A. 0　　　B. 125　　　C. 250

②$25\times4$ 积的末尾有（　　）个 0。（抢答）

A. 0　　　B. 1　　　C. 2　　　D. 3

③乘积最接近 900 的算式是（　　）。（抢答）

A. $303\times3=$　　　B. $80\times9=$　　　C. $89\times9=$

【设计意图】第①题：考查学生对综合算式运算顺序及 0 的计算的掌握情况和学生做题的细致程度。第②题：考查学生对末尾有 0 的乘法的掌握情况及做题的细致程度。第③题：考查学生的估算能力，培养孩子的估算意识和数感。

（3）先估算，再笔算。

96×4　　　905×9　　　670×7　　　234×9

请学生在练习纸上做一做，再请学生在黑板上做，并请学生当小老师讲解过程。

【设计意图】检测学生的笔算能力，注重培养学生的估算意识和表达计算过程的能力。

（4）解决问题。

①一年级准备租车去秋游，每辆车限乘 42 人，一年级共有 115 人，估一估租 3 辆车够不够？

②韵律操比赛中，同学们站成 4 排，每排 12 人。变换队形后，同学们站成了 6 排，每排有多少人？

③超市搞优惠活动，24 元钱 3 盒牙膏。张阿姨买了 15 盒这样的牙膏，用了多少钱？

【设计意图】检测学生运用估算解决实际问题和归一、归总问题的能力。

学生在练习纸上完成，教师巡视，平板拍照上传分享部分学生做法，请学生讲解题思路，并说说错题是错在哪，同时订正错误。

（5）拍照上传（3）、（4）题，学生互相评价、点赞。

【设计意图】欣赏和学习别人优秀的做法。

4. 全课小结、完善梳理表格

学生之间相互交流自己的收获与不足，同时评价自己的思维导图，并在课后加以完善。

七、教学反思

“多位数乘一位数”属于数与代数领域中数的运算的内容。计算教学相比其他内容比较枯燥乏味，计算内容的复习课更是如此，因此，精心设计安排数学活动，能让计算课变得生动，是笔者课堂设计的一个出发点。借助智慧教室平板电脑，先分享学生的课前内容，不同方式的整理图同时呈现在屏幕上，每个学生都能清晰地欣赏，这在很大程度上激发了学生的学习兴趣，使学生能有效地进入学习。然后，利用平板电脑的数据分析能力，把课前的练习反馈给学生，让学生更深刻地了解和注意口算时的易错点。最后，利用平板电脑的随机和抢答功能以及拍照上传点评功能，大大激发了学生的学习欲望，使学生的学习热情高涨，从而为复习课添色增彩。

八、板书设计

“多位数乘一位数”整理和复习

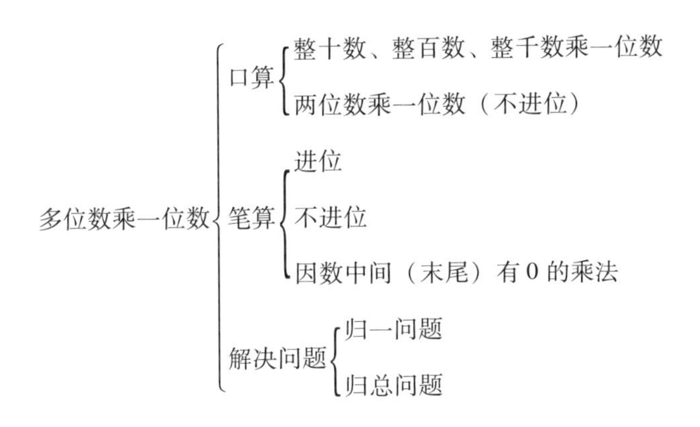

“分数的初步认识”教学设计

广州市花都区骏威小学　张秋霞

一、教学内容

人教版三年级数学上册第 90 ～ 91 页例 1、例 2。

二、学情分析

三年级学生在以往的学习和生活中接触分数的机会很少，而分数的含义、读写方法等内容与学生熟悉的自然数又有很大的差异。在此之前，学生在生活中可能接触过二分之一这样的分数，但并不理解它的含义。更多的印象来源于生活实例，如 10 的一半是 5，2 的一半是 1，依然停留在整数阶段。分数的产生是从等分某个整体的单位开始的，学生生活中也有这样的经验。例如，妈妈把一个月饼平均分成两半给弟弟和妹妹。但学生不会用分数来表述。所以，笔者在教学中特别注意从学生已有的生活经验出发，在丰富的操作活动中主动去获取分数的相关知识。

三、教学目标

1. 进一步理解平均分的含义，初步认识分数，会读写几分之一，能用分数表示图中一份占整体的几分之一。

2. 通过一系列的数学活动，培养学生的动手操作能力、观察能力及数学思考与语言表达能力。

3. 让学生充分感受数学与生活的联系，激发学生对数学学习积极、愉悦的情感。

四、教学重难点

教学重点：在具体情境中，通过操作活动初步认识几分之一。

教学难点：建立几分之一的分数模型。

五、教学辅助设备

利用智慧课堂进行教学，学生每人一台平板电脑、一份课件。

六、教学过程

（一）课前欣赏，引出课题

课前三分钟请大家欣赏同学们的七彩作业（有关分数的认识的图片/音频/视频等），看来有部分同学已经对分数有一定的认识了。今天我们就一起来学习分数。看着这个课题，你想学习什么呢？想知道什么呢？我们这节课就从同学们的问题开始吧。

（二）动手操作，探索交流

1. 故事引入，激发兴趣（课件出示，例1）

一天，唐僧师徒几人去西天取经，走着走着，又累又饿，突然，师傅看见前面有一棵桃树，师傅就想考考八戒，把4个桃子分给你和猴哥，可以怎样分？1和3，这样分公平吗？要怎样分？如要平均分，该怎样列式？

走着走着，又看见前面有一棵苹果树，又想考八戒，把2个苹果平均分成2份，每人几个？该怎样列式？

现在问题来了，看到前面一个西瓜，把一个西瓜平均分成2份，应该怎样分呢？八戒看到西瓜口水都流了，说：我要大份、我要大份。这样分公平吗？要怎样分才公平？每份的大小应该是怎么样的？

2. 演示

把一个西瓜平均分成2份，1份分给八戒，1份分给猴哥，应该怎样分呢？把你们的想法在黑板上显示出来吧。（生1：用贴图表示；生2：用分数表示；……）大家请看这些表示法，都跟什么有关系呢？（生：跟分东西有关系。）

指着分数$\frac{1}{2}$的横线，问：这小小的横线表示什么呢？它表示平均分，叫做分数线。平均分成2份，就在分数线下面写“2”，我们把它叫做分母；每人分到的都是2份中的1份，就在分数线上写“1”，我们把它叫做分子。那么，$\frac{1}{2}$这个数就读作：二分之一。现在同学们都明白分数是什么了吗？在分东西的过程中，当得不到整数的结果时，我们就把分数请来了。这样，分数就闯进了我们的生活，来到了我们的身边。

3．动手操作，发现分数（折分数，例2）

①展示作品。（特别介绍同一种图形的不同折法）

$\frac{1}{2}$可以长成这样，也可以长成那样，那什么是$\frac{1}{2}$呀？（出示表示$\frac{1}{2}$的各种演示图）

同学们对分数有点感觉了吗？如果我不平均分成2份，而是平均分成好几份，取其中的一份呢？应该怎样表示？

用纸折出其他分数。

②交流成果。

同学们发现了这么多分数，都是把一个物体平均分成若干份，任取其中的1份，就是几分之一。

（三）巩固练习，拓展深化

大家认识了分数，认识了几分之一，想不想到分数王国里面进行一些闯关游戏呀？

1．第一关：课本第91页“做一做”。（抢答功能）

2．第二关：课本第94页第1题。（判断功能）

3．大家很棒，都顺利闯关了。其实在我们的生活中，有很多很多的分数，只要你留心，生活中处处有分数。

又如，今天我们讲的课本第90页里面的分月饼。你能完成剩下的内容吗？（拍照上传）

4．拓展与延伸：分数的由来。

（四）总结反思，评价体验

这节课你们有哪些收获？还有什么疑问？

（五）送学生的一句话

天才是百分之一的灵感加上百分之九十九的汗水。

七、教学反思

1．课前。起止时间：0′00"—3′51"，时间为4分钟左右。运用平台作业功能，欣赏学生的作业。通过作业欣赏，激发学生的学习兴趣，能有效地引入课题。

2．课中。起止时间：3′51″—27′56″，时间为24分钟左右。运用同屏功能讲授新课，配合故事引入，激发学生学习数学的兴趣，突破重难点。

3．课后。起止时间：27′56″—39′42″，时间为11分钟左右。运用抢答功能和做题功能。抢答功能能激发学生回答问题的欲望；而运用平板电脑做判断题，教师能马上得到数据分析，并可以知道哪些知识学生已经掌握，哪些知识学生还没有掌握。

4．运用同屏功能进行课外知识延伸和总结。起止时间：39′42″—40′00″，时间为1分钟左右。运用同屏功能，向学生展示分数的由来，还原数学的生命，丰富学生的课外知识。

在使用过程中，最大的问题是网络的连接问题，总有几个学生连接不上网络，或在上课过程中网络中断，因而无法达到理想的教学效果。

“图形的旋转”教学设计

广州市花都区风神实验小学　熊淑贞

一、教学内容

人教版五年级数学下册“图形的运动（二）”。

二、学情分析

学生在二年级下册“平移和旋转”这一单元初步认识了生活中的旋转现象，能够较为准确地判断出某一物体的运动现象是“平移还是旋转”。但是，二年级出示的生活旋转现象不够典型，容易淡化概念本质，甚至产生歧义。五年级的教学内容“图形的旋转”在此基础上利用旋转不够360度的典型例子进一步明确旋转的含义，探索旋转的特征和性质。

三、教学目标

（1）进一步认识图形的旋转，明确其含义，感悟其特征及性质；能够运用数学语言清楚描述旋转运动的过程；会在方格纸上画出线段旋转90度后的图形。

（2）通过观察实例、操作想象、语言描述、绘制图形等活动，培养学生的推理能力，积累几何活动经验，发展空间观念。

（3）体验数学与生活的联系，学会用数学的眼光观察生活、思考生活，体会数学的应用价值。

四、教学重点

用数学语言清楚描述旋转运动的过程。

五、教学难点

在方格纸上画出线段旋转 90 度后的图形。

六、教学辅助设备

HiTeach 智慧教室、IRS 反馈器、已安装好 HiTA 智慧助教 App 的手机。

七、教学过程

（一）创设情境，引出问题

1. 猜猜我是谁

出示图形，先让学生猜猜这是什么，然后再一步一步地旋转成风车图形，让学生说说风车的图形是三角形通过怎样的运动得到的。

2. 学生举例，温故引新

师：我们学过旋转吗？你在生活中见过哪些旋转的现象？（学生举例）

3. 呈现生活实例，引出研究问题

师：你觉得下面物体的运动是不是旋转？（课件展示生活中的旋转现象：风车、道闸、秋千、钟摆）

让学生逐一判断这些物体的运动是不是旋转，有学生会对道闸、秋千和钟摆的运动持不同的意见，选其中一个物体的运动用 IRS 反馈器进行投票统计，并用智慧挑人功能，让意见不同的学生说出自己的想法，从而引出研究的问题：图形的旋转。

（二）自主探索，认识旋转三要素

1. 借助第一关闯关游戏，理解旋转三要素

师：我们生活中每天都看到旋转的现象，譬如早上去上学，我们推开家里的门时，这扇门在做什么运动？（旋转）我们推开门，迎接我们的是冲关游戏。我们有四关的游戏，有信心闯关成功吗？（有）

师：让我们带着信心进入第一关游戏——拿钥匙。这个转盘上有三把钥匙，按顺序拿到钥匙就可以通过第一关，转盘上的指针怎么转动才能指向第一把钥匙并且拿到第一把钥匙？我请一位同学来说说。（应用 HiTeach 的智慧挑人功能来选择学生回答问题）

根据学生的回答，课件动画逐步展示，明确旋转中心、方向和角度：指针从不是绕中心旋转调整到绕中心旋转；指针旋转方向的描述从向左向右的方向规范为顺时针方向，反之为逆时针方向；指针旋转的角度由不确切的角度到确切的角度。学生通过自己的慢慢探索，总结出描述在旋转运动时必须要说清楚的三要素：旋转的中心、旋转的方向和旋转的角度。

接下来，学生小组讨论：指针怎么转动可以拿到第二把钥匙和第三把钥匙？（应用 HiTeach 的智慧挑人功能来选择学生回答问题）

拿第三把钥匙有两种不同的方法：指针可以绕中心顺时针旋转 180 度，也可以逆时针旋转 180 度。学生汇报两种不同的方法时，教师通过动画验证两种方法都是对的。由此，学生意识到解决问题的方法不只有一种或两种，可能会有很多种。

师：游戏结束，恭喜孩子们第一关闯关成功。

2. 回顾实例，解决疑问

让学生对道闸、秋千和钟摆的运动是否旋转进行二次作答，并用 HiTeach 的智慧挑人功能选出更改了答案的学生来说说他为什么要更改答案？

（三）动手操作，感悟旋转性质

1. 借助第二关闯关游戏，研究线段的旋转

师：我们拿着三把钥匙找到了三个宝箱，打开三个宝箱，拿到三样东西，它们是一张方格纸，一支笔和一把三角尺。

（1）模拟操作。

师：咦？方格纸上有什么呢？原来是刚才转盘上的指针。如果把指针看作一条线段 OA，想想看，线段能旋转吗？可以怎么旋转？拿出一支笔表示线段 OA ，在

桌面的方格中感受一下可以怎么旋转?

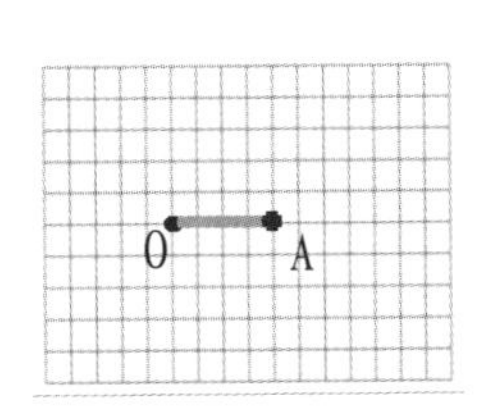

学生汇报时进行课件演示：线段能进行旋转，既可以绕点 O 旋转 ，也可以绕点 A 旋转；可以顺时针旋转，也可以逆时针旋转。

（2）画中理解。

师：既然线段可以旋转，我们进入第二关游戏——画线段。想象一下，线段 OA 绕点 O 顺时针旋转 90 度会旋转到什么位置，请把它画在方格纸中。

（教师用手机里的 HiTA 智慧助教拍照推送）展示几份学生作品，让学生选择一份你认为正确的，并解释为什么。

（3）辨析深化。

师：（课件演示线段旋转）线段 OA 绕点 O 顺时针旋转 90 度之后，什么不变，什么变了?

小结：中心点 O 的位置不变，线段 OA 的长度不变，而线段 OA 的位置变了。

2. 借助第三关闯关游戏，研究面的旋转

（1）模拟操作，类比迁移。

师：既然线段可以旋转，那我们来大胆猜测一下，由线段围成的图形可以旋转吗?（可以）我们进入第三关游戏——转图形。由三条线段围成的三角形绕点 O 顺时针 90 度会旋转到什么位置?请用三角尺在方格纸上试一试。

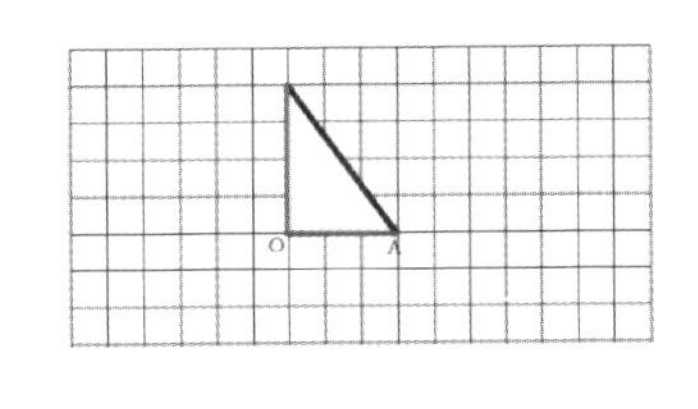

（教师用手机里的 HiTA 智慧助教拍摄学生操作录像，并即刻上传到电脑）展示学生旋转三角尺的视频。

展示完后，教师再用课件演示一遍并让学生思考：把三角形的每条边绕点 O 顺时针旋转 90 度，什么没变，什么变了?

经小组讨论后，学生汇报：旋转后的三角形的形状、大小都没有发生变化，只是位置变了。

（2）展开想象，激活思维。

①师：如果三角形绕点 O 顺时针旋转 90 度三次，三角形会到达什么位置?请你用三角尺试试。同时想象一下，最终会旋转成一个什么图案?

学生回答后，课件动态演示风车形成过程。

小结：像这样用三角形经过几次会旋转出风车图案，所以我们说三角形是风车图案的基本图形。

②课件演示由同一个三角形通过旋转得到两个不同的图案。

师：这两个图案都是由同一个三角形旋转而成的，为什么他们形成的图案不一样？（旋转中心不同）

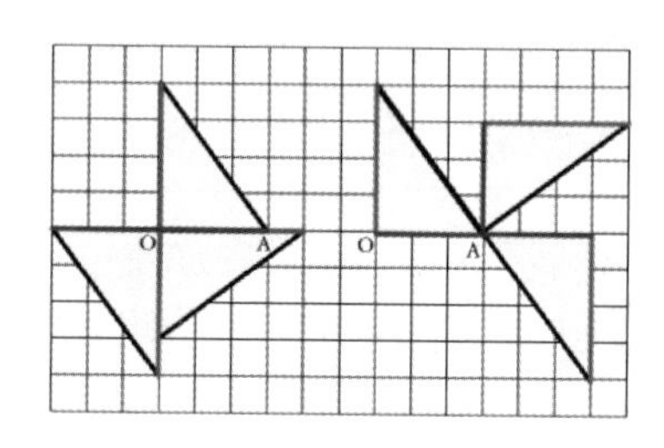

（四）练习反馈，巩固新知

师：通过第一关游戏，我们知道了怎么描述物体的旋转，通过第二、第三关游戏，我们知道了旋转的特点，现在考验我们的时候到了。我们进入第四关游戏——我会做。同学们准备好了吗？

（1）（用IRS反馈器抢答）如图 ，在盘子里放4千克的物品，会使指针顺时针旋转（　　）度。

（2）（用IRS反馈器抢答） 右侧有车通过，车杆要绕点（　　）按（　　）时针方向旋转90度。

（3）（用IRS反馈器选择）如图，下面哪个图形是 通过旋转得到的？（　　）

（统计选择的结果，根据结果用智慧挑人功能挑选学生回答选择该答案的原因）

（4）（用IRS反馈器选择）如图 ①号长方形通过（　　）得到②号

长方形。

①绕点 A 顺时针旋转 90 度　　　　②绕点 B 顺时针旋转 90 度

③绕点 C 顺时针旋转 90 度　　　　④绕点 D 顺时针旋转 90 度

（根据学生第一次的选择情况，如果争议较大，可以在讨论后进行二次选择，并用 HiTeach 的智慧挑人功能挑选学生说明更改答案的原因）

（5）（课本第 85 页第 1 题）下面的图案分别是由哪个图形旋转而成的？找到了我们就能闯关成功。

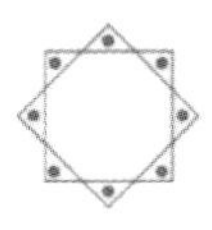

（对学生拍照推送上传的不同答案进行展示对比，并在学生说出原因后用课件演示）

（五）感受旋转在生活中的应用

（1）欣赏图案，感受旋转创造的美。

师：恭喜同学们闯关成功！我们拿到了一个宝箱，打开宝箱，我们看到一些美丽的图案，这些图案是图形通过什么运动形成的？（动态呈现由旋转而成的美丽图案）

（2）拓展延伸，感受旋转变换在生活中的应用：地毯、陶瓷、地砖等。

（六）回顾反思，自主评价

谈谈这节课你有什么收获？

八、教学反思

在“图形的旋转”一课中，笔者设计了有趣的游戏，环环相扣、层层深入，而 HiTeach 智慧教室系统整合互动电子白板、IRS 即时反馈系统和 HiTA 智慧助教等教学辅助工具，不仅为课堂教学的互动提供了技术支持，活跃了课堂气氛，激发了学生学习的兴趣，而且帮助教师更快、更好地了解每一个学生，正确、科学地掌握学生的学习情况，并根据学生的情况调整教学的策略，对学生进行有针对性教学。HiTeach 智慧教室系统与小学课堂教学有效结合，具有以下特色。

（一）互动学习全员化

传统的教学师生间、生生间的互动较少，通常是一问一答，学生参与率较低。而 IRS 即时反馈系统的应用，可以做到“一呼百应”，它让每一个学生都可以参与到课堂活动中来，加强了生生间思维的碰撞交流，激发了学生强烈的求知欲望，活跃了课堂气氛。

例如，在教学“图形的旋转”时，学生对道闸、秋千和钟摆的运动是否旋转持不同的意见，教师设计巧用 IRS 即时反馈系统马上组织学生对钟摆的运动是不是旋转进行即时投票表决：“1”表示是旋转，“2”表示不是旋转。投票之后，利用条形统计图把握学生的整体回答情况，再通过“翻牌功能”具体了解到每个人的选项。教师根据学生的回答，进行智慧挑人，挑出选“是”和选“不是”的学生，让他们说说他们各自的理由，引发学生思考。

（二）评价反馈即时化

电子白板能通过不同形式把学生的见解即时展示出来；IRS 即时反馈系统可以对一个问题进行即时投票表决，并通过条形统计图反馈学生的整体回答情况，还可以通过“翻牌功能”帮助教师具体了解到每个人的选项，从而帮助教师正确、科学地掌握学生的学习情况，并根据学生的情况调整教学的策略，对学生进行有针对性的教学。即时生成的资源触发学生的主动学习、合作学习、探究学习。

在“图形的旋转”一课探究线段的旋转时，教师让学生探究线段 OA 绕点 O 顺时针旋转 90 度会旋转到什么位置，并把它画在方格纸中。教师在巡视的过程中，把学生典型的错误画法和正确画法通过拍照迅速导入 HiTeach，通过互动电子白板展示出来。学生对展示的作品进行对比后，可以利用 IRS 选择一个自己认为对的作品。根据学生的答题结果，教师进行智慧挑人，让选择正确的学生谈谈自己的想法，并说出其他答案错在哪里。

（三）成果呈现智能化

HiTA 智慧助教不受空间的影响，能够在课堂上随时随地将学生作品拍照上传或录制即时影片上传，从而直观反映小组探究的过程及其思考过程，引导学生自主表达看法。

在探究“图形的旋转”时，教师使用 HiTA 智慧助教把学生的操作过程拍视频即时上传，让学生直观、及时地看到操作的过程，加深了学生对知识点的理解。HiTA 智慧助教的使用，打破了传统展台的局限性，不但节省了时间，而且增强了课堂的互动性。

科技是一把创新的钥匙，要合理掌握才能打开通向美好未来的大门。HiTeach 系统与小学数学的有效结合，有赖于教师对教材的理解、对课堂的组织和对学生的关注，只有找准使用这些技术的时机，做到有的放矢，才能打造智能高效的课堂。

九、板书设计

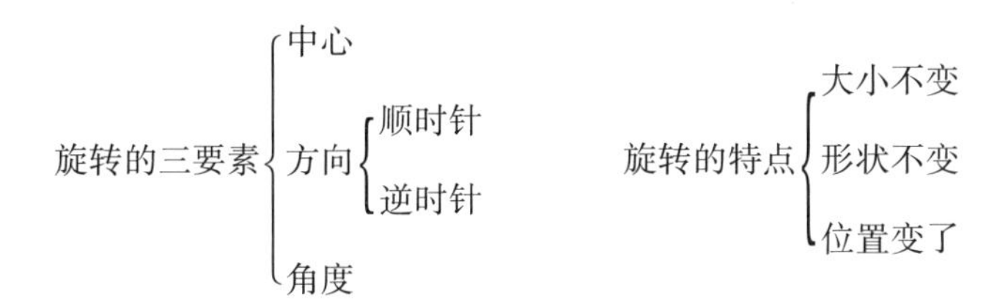

科教版四年级英语上册 Module 1 ～ Module 2 复习课 Dream House 教学设计

广州市花都区新华街棠澍小学　方渊霭

一、教学内容

本课是科教版四年级英语上册 Module 1 ～ Module 2 的复习课。Module 1 的主题为 My bedroom，Module 2 的主题为 My house，两个主题紧密联系，从局部到整体学习如何介绍一所房子。本课作为两个模块的综合复习课，将以 Dream House 为主题，在复习旧知识的同时，适当拓展与主题密切联系的文本，发展学生的阅读素养，同时通过自主设计自己的 Dream house 来展现所学的知识。

二、学情分析

本节课是 Module 1 ～ Module 2 的复习课，学生在此之前已经掌握了这两个模块的单词、词组和句子。由于这两个模块讨论的话题与学生的日常生活息息相关，因而学生对此十分感兴趣。

三、教学目标

目标 1：学生能够巩固两个模块所学的单词和词组并进行分类。

目标 2：学生能够理解 There be 句型的用法。

目标 3：学生能阅读及理解与课文难度相当的故事，并提取相关信息，复述文本。

目标 4：学生能根据语言架构，介绍自己的 Dream House。

目标 5：学生能够发挥想象，自信大胆地展示自己。

四、教学重难点

（一）教学重点

1. 学生能够巩固两个模块所学单词和词组并进行分类。
2. 学生能阅读及理解与课文难度相当的故事，并提取相关信息，复述文本。

（二）教学难点

学生能根据语言架构，介绍自己的 Dream House。

五、教学辅助设备

畅言智慧课堂系统、触控一体机、教师教学平板电脑、学生学习平板电脑。

六、教学过程

Lead-in

1. Free talk.

What's in a house?

What's in your bedroom?

What do you like to do in your bedroom? /...

【设计意图】通过自由交谈环节加强与学生的互动，营造轻松的学习氛围，同时也通过谈论与主题相关的内容激发学生的旧知。

2. Watch a video about fantastic houses.

3. Make our class a house together.

【设计意图】呈现奇特的房子吸引学生兴趣，引入主题，通过学生接力创造这一节课的奇特房子。

Practice

1. Task 1: Words.

【设计意图】通过对单词的分类来巩固单词，同时也让学生清楚单词的词性和分类方式。

【设备应用】分享单词和词组到学生平板电脑，学生借助平板电脑能够更加便捷地进行分类。同时，教师利用画笔进行勾勒标记，可以更加清晰地让学生注意到单词。

2. Task 2：Minion's dream house.

（1）Introduce Minions.

【设计意图】呈现学生喜爱熟悉的角色，吸引学生兴趣。

（2）Brain storm：What do you want to know about Minion's house?

【设计意图】培养学生思维能力，让学生积极动脑思考，并通过回顾两个模块的句型来进行提问。

（3）Let's read.

【设计意图】通过阅读篇章，培养学生对篇章的理解能力，同时渗透阅读技巧，通过划出重点词句来寻找答案。

【设备应用】借助抢答功能、随机选人功能来挑人回答问题，激发学生的学习积极性，活跃课堂气氛，一些平常比较少主动回答问题的学生也会主动抢答问题。

（4）Fill in the blanks and try to introduce.

【设计意图】通过表格的形式进行复述，为接下来的学习做好铺垫。

（5）微课 There be 句型用法前置性作业反馈：There be 句型练习。

【设计意图】检测前置性作业，观看微课 There be 句型用法，通过练习题来检查学生对知识的掌握情况。

（6）Group work：Let's think more.

Q：How is each room?

Q：What's in each room?

Q：What can you do in each room?

【设计意图】通过小组合作，扩充词汇量，为学生接下来表述自己的梦想房子做好充足的词汇储备。

【设备应用】推题功能，推送预存的题目给学生，根据系统反馈的报告进行针对性讲解。

Production

1. Group work：Introduce your dream house to your group members.

【设计意图】通过层层铺垫，借助表格和思维导图的帮助，学生能够整合两个模块所学的内容进行介绍。

2. Introduce your dream house.

3. Choose the dream house you like.

【设计意图】展示自己梦想的房子并进行介绍，自信大方地展现自己。

【设备应用】拍照上传学生的梦想房子作品，全班同学都能很清晰地看到，同时也方便学生在全班同学面前进行介绍；投票功能允许学生在观看同学的介绍后选择自己最喜欢的房子。

Sum up & Homework

1. Use the mind map to sum up.
2. Homework:
(1) Share your dream house with your father and mother.
(2) Finish the exercise.

【设计意图】总结今日所学，通过作业平台进行布置，加强对重难点的训练。
【设备应用】利用作业平台针对本节课的重难点布置作业。

六、教学反思

通过本节课的学习，大部分学生能够通过一步步的学习来描述自己的梦想房子。在学习过程中，多彩奇异的房子深深吸引学生的兴趣，学生对自己的梦想房子亦有很多的想法，能够设计出各种各样的房子。在介绍房子环节，通过思维导图的辅助，学生能够有条理地从房子的各个方面进行介绍。但在介绍过程中，因学生设计的房子各式各样，有很多奇思妙想，故还未能够用正确的英文进行全面的表述。教师在此过程中应给予指导，帮助学生顺利展现自己梦想的房子。同时，在畅言智慧课堂系统的帮助下，通过加分、投票等功能活跃了课堂氛围，通过即时上传、习题评讲等功能提高了课堂效率，学生也乐在其中。

七、板书设计

Module 1 ～ Module 2　Dream House

bedroom, study...
How many rooms?
TV,
What's in the room?
Dream House
How is the room?
big,
What can you do in the room?
read books, ke a shower...

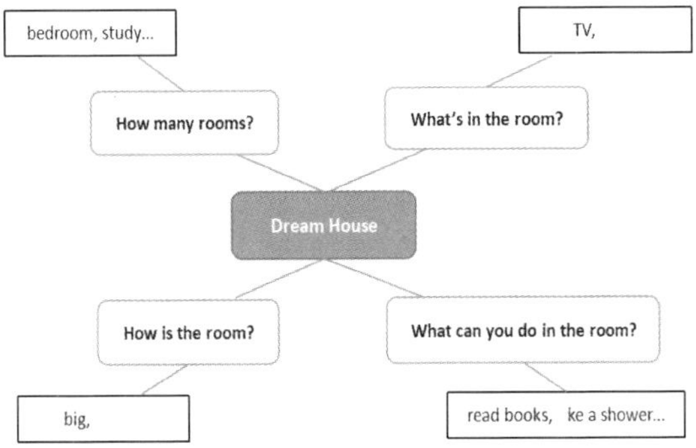

花都区第二届智慧好课堂团体竞赛参赛教师教学设计

广州市花都区新华街第三小学　黄春霞

一、教学内容

教科版四年级英语下册 Unit 8 What are you doing 第三课时。

二、学情分析

通过前面两个课时的学习，学生对现在进行时已经有了初步的认识，但由于学生第一次接触这个语法，对现在进行时的理解还比较模糊，对句型结构也欠充分的理解。所以，本节课将总结并巩固学生对现在进行时的含义、句型结构、现在分词的构成规则和 be 动词的搭配选择的认识，同时拓展现在进行时的一般疑问句形式。

三、教学目标

1. 学生能深刻认识现在进行时的含义。
2. 学生能掌握现在进行时的语法结构。
3. 学生能运用现在进行时的句法进行动作描述。

四、教学重难点

1. 现在分词的构成规则。
2. be 动词的搭配选择。

五、教学辅助设备

课中自主学习任务单、文本阅读资料，TBL 智慧教室（HiTeach 系统、学生每人一支 IRS 反馈器），安装好 HiTA 软件的手机。

六、教学过程

Warm-up

观看时区视频，让学生知道在同一刻，地球上不同国家的时间是不同的。

【科技应用】插入时区视频。

【设计意图】为学生利用现在进行时描述中国、巴西、澳大利亚的人们在同一时刻正在进行的动作做铺垫。

Presentation & Revision

1. 从中国开始，带领学生突破现在进行时的重难点——现在分词的构成规则。

首先，教师问学生“What time is it now?”，接着问学生“What are you doing now?”“What is Summer doing now?”，以此让学生明白现在进行时指的是此刻正在进行的动作。

教师出示三个小学生此刻正在进行的动作图片，让学生利用 IRS 进行选择作答，旨在让学生注意现在分词的构成规则。

让学生自行总结现在分词的构成规则，并把单词根据规则进行分类。

2. 接着来到巴西，以中国时间为基准，巴西此刻是夜晚。

Summer 老师有一个巴西朋友，以朋友从巴西拍回来的视频为素材，带领学生突破现在进行时的另一个重难点——be 动词的选择搭配。

以选择题的方式，让学生利用 IRS 进行抢权作答，以检查学生对知识点的掌握程度。

3. 接下来是澳大利亚，仍然以中国时间为基准，澳大利亚此刻是正午。

给学生提供图片及阅读文本，利用现在进行时的一般疑问句形式考查学生对文本的理解程度。

【科技应用】计时器→拖曳功能→分类用 IRS 反馈器进行选择→统计数据→二次作答→IRS 抢权回答→遮挡功能→计时器。

【设计意图】①让学生明白现在进行时指的是此刻正在进行的动作。②带领学生突破现在进行时的重难点——现在分词的构成规则和 be 动词的搭配选择。③拓展现在进行时的一般疑问句形式。

Practice

教师对语法点进行归纳，并让学生完成现在进行时的语法题。

【科技应用】用 IRS 反馈器进行选择→统计数据→二次作答→智慧挑人。

【设计意图】检测学生是否掌握语法点。

Development

以中国时间为基准，教师首先展示其他国家的人们此刻正在干什么，给出写作模板，再让学生在小组内自行完成用现在进行时对句子进行描述，最后在小组内从be动词选择、现在分词构成等方面讨论同伴是否写得正确，教师随机抽取小组作品进行讲评。

【科技应用】计时器→拍照上传。

【设计意图】检测学生是否掌握语法点，是否能将之运用于写作中。

Summary

教师播放叙利亚孩子的现状。由于战争摧残，叙利亚的孩子此刻无家可归，无书可读，相比之下，我们国家的孩子此刻正过着幸福的生活，希望以此让学生懂得活在当下，珍惜幸福生活，更加努力地学习。

【科技应用】插入叙利亚战争视频。

【设计意图】主题升华，情感升华。

Homework

1. 家听 Unit 8 单词。
2. 用现在进行时对课本第46页的两幅图片进行口头描述。

七、教学反思

本节课首先以小诗热身，调动学生的学习兴趣，接着以旅游为话题，从我们国家出发到巴西，再到澳大利亚等国家，不仅复习并巩固了现在进行时的含义、句型结构、现在分词的构成规则和be动词的搭配选择，而且拓展了现在进行时的一般疑问句形式。在这过程中，通过运用智慧课堂的多项功能，如计时器、统计数据、二次作答、拍照上传等，极大地调动了学生的学习积极性，做到以学生为本，教学效果良好。

八、板书设计

Unit 8　What are you doing? Period 3

现在进行时

主语 +	be 动词 +	动词 ing
单数 He/She/It	is	1. 一般情况下，在动词后直接加 ing
I	am	2. 以不发音的 e 结尾，去 e 再加 ing
复数 We/You/They	are	3. 以辅音字母结尾的重读闭音节，双写最后一个辅音字母，再加 ing

“几分之几”教学设计

广州市花都区新雅街新雅小学　吴海燕

一、教学内容

人教版三年级数学上册第92页例4、例5。

二、学情分析

学生在以往的学习和生活中接触分数的机会很少，而分数的含义、读写方法、计算方法等内容与学生熟悉的自然数又有很大差异。从整数到分数，学生将要在数学学习中建立一个新的数概念，这是对数的认识的一次质的飞跃。因此，学生在学习分数时会有一定的难度。

通过本课的学习，可以加深学生对分数含义的理解，有利于学生利用刚刚掌握的分数的含义，结合已有的整数除法知识解决简单的实际问题。并在此基础上，再循序渐进地进行“几分之几”的学习。

三、教学目标

1. 初步了解几分之几的含义，分子和分母表示的含义。
2. 能够用分数表示一个被平均分成若干份的整体的其中一份或者几份。

四、教学重难点

认识几分之几。

五、教学辅助设备

课件、学具、教师平板电脑、学生平板电脑。

六、教学过程

（一）创设情景，引入新课

1. 前一天晚上布置课前作业：①根据自己对几分之一的理解，在家中寻找可以用几分之一表示的物品，说明是怎样用分数表示的，一边说一边拍摄小视频；②把小视频分享到班级空间，相互点评。

2. 课前5分钟，点评学生的小视频，总结关于几分之一的理解要点。

【设计意图】让学生从生活实际出发，把知识灵活运用，以小视频的方式复习几分之一的含义，为后续学习几分之几做准备。小视频拍摄和班级空间的运用能给孩子们提供一种新的知识呈现模式和评价互动平台，有利于学生间的交流。

（二）活动探究，总结概念

活动一：初步感知几分之几（例4）。

【活动过程】

1. 每人发一张长方形纸，请学生折出这张纸的1/4。
2. 学生给其中的几份画上阴影，想画几份就画几份。
3. 学生把阴影部分用分数表示出来。
4. 学生写完后拍照上传。

【学生任务】

1. 完成活动过程。
2. 写完后拍照上传。

【教师任务】

1. 解释活动任务。
2. 用教师平板电脑拍摄学生的精彩瞬间，或者将片段录制成小视频。
3. 向学生提问，请他/她用数学的语言将自己的作品表述出来。
4. 挑选学生作品进行展示，并对几分之几的概念进行总结。

【设计意图】通过学生自己动手将一个整体平均分出特定的几分之一，对几分之一的概念进行回顾，并由此引申出几分之几的概念。

活动二：深入探究几分之几（例5）。

【活动过程】

1. 以四人小组为单位，每个小组发一条分成10份的纸条。
2. 小组长随机提问组员，让组员在纸上写出几分之几。

【学生任务】

1. 完成活动过程。

2. 小组长随机提问组员，让组员在练习纸上写出几分之几。

【教师任务】

1. 解释活动任务。

2. 挑选有代表性的小组展示并进行分享。

3. 总结。

【设计意图】增加难度，用分母为10的分数作为例子，深入学习几分之几，并帮助学生进行总结。

（三）巩固理解，灵活应用

活动三：大闯关（练习巩固）。

【活动过程】

1. 第一题由学生在书本上完成，教师拍摄有代表性的答案进行展示、评讲。

涂一涂（课本第94页第4题）。

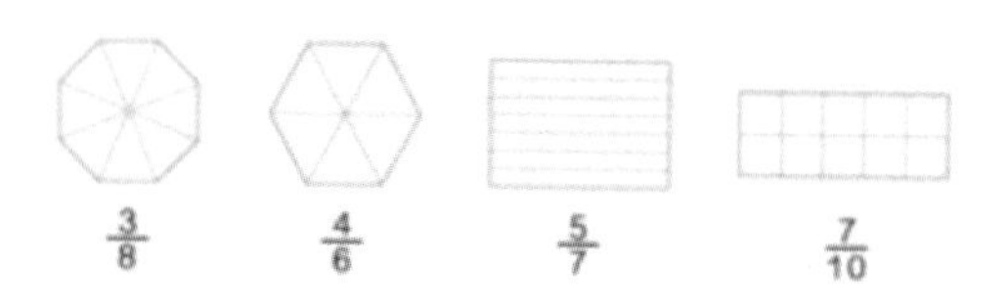

2. 第二题由教师发布给学生，学生完成后拍照上传，教师进行点评。

用分数表示下面各图的涂色部分和没有涂色部分（课本第95页第5题）。

涂色部分				
没有涂色部分				

3. 第三题请学生先思考，并使用准备的教具把图案进行重组；教师使用实物展台的功能向全班学生进行展示。

涂色部分是整个图形的几分之几？（课本第96页第8题）

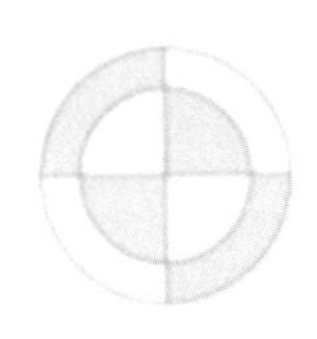

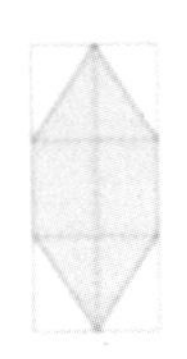

【学生任务】完成练习。

【教师任务】

1．布置活动任务。
2．展示学生的练习完成情况。
3．点评学生的回答。

【设计意图】通过练习，检验学生对知识的掌握程度。

（四）全课小结

（五）布置作业

1．线上作业。
2．课本作业。

七、教学反思

按照本节课的预先设想，笔者想达到两个“放手”的目标，即放手给学生、放手给小组。因此，本节课设置了学生动手操作的环节“活动一”和小组活动的环节“活动二”。在这两个环节中，通过学生使用平板电脑，笔者能及时掌握学生在“活动一”中的完成情况，并进行针对性点评。同时，在“活动三”中的练习巩固环节，笔者能在课堂上对学生的总体情况得到最准确的反馈，从而实施精准教学，这是传统教学无法做到的。

另外，笔者认为本节课最大的不足在于“活动二”中四人小组的反馈环节。传统的上讲台演示的方式不能很好地体现小组合作的过程。因为有很多知识点的内化和拓展都可以由小组合作学习来完成，且展示合作的过程应比展示结果重要，所以在小组讨论的时候，教师用平板电脑录制讨论的过程并选取精彩的部分马上播放，效果可能会更好。

当然，信息化的使用还有更多的可能性，还能与本学科进行更深度的融合，以提高教学的效率，这就是我们要努力的方向。

八、板书设计

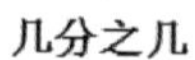
几分之几

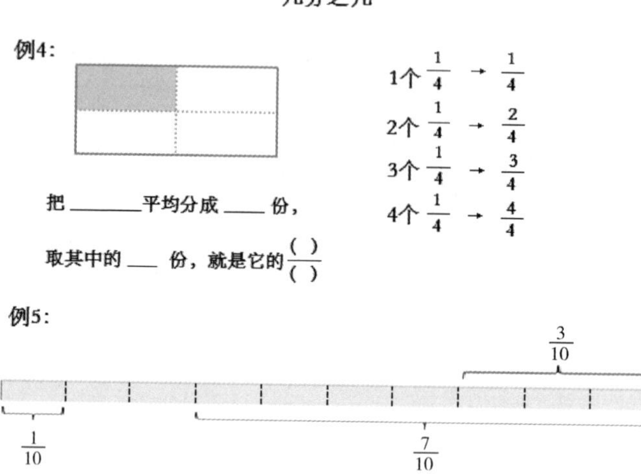
例4:
1个 $\frac{1}{4}$ → $\frac{1}{4}$
2个 $\frac{1}{4}$ → $\frac{2}{4}$
3个 $\frac{1}{4}$ → $\frac{3}{4}$
4个 $\frac{1}{4}$ → $\frac{4}{4}$
把 ______ 平均分成 ____ 份，
取其中的 ___ 份，就是它的 $\frac{(\ )}{(\ )}$
例5:
$\frac{3}{10}$
$\frac{1}{10}$
$\frac{7}{10}$

第四编　拓展视野

——智慧教学交流文章

中小学信息技术与课堂教学深度融合骨干教师培训心得

广州市花都区秀全中学　刘逸梅　麦前辉

为提升花都区智慧教室试点学校的管理水平，提高骨干教师的实践能力，推动信息技术与课堂教学深度融合创新，打造一支信息技术素养较高的教师队伍，提高课堂教学效率，提升教学质量，以教育信息化推动教育现代化，区教育局于2018年10月15—19日组织了成都中小学信息技术与课堂教学深度融合骨干教师培训班。笔者有幸参加了此次培训。

虽然从广州去成都路途遥远，但求知的渴望让我们忘记了疲劳。此次培训遵循“理论升级、应用导向、学用结合”的原则，采用理论引领、案例观摩、参观体验、实战演练、研讨交流等方式，让笔者收获颇多。

一、要转变观念

成都市龙泉驿区教育科学研究院的朱远平专家给我们作了“信息技术环境下教师教研能力提升策略”的专题讲座，使我们深刻懂得了进入教育信息化2.0时代，在教育领域，信息技术对课堂教学的深层次变革作用日益凸显，信息化的重要意义已经得到了世界各国的普遍认同。通过提升教师教研能力，转变教学方式以提高课堂质量，是本轮基础教育课程改革要着力解决的核心问题。其中，我们应特别重视PBL教研方法在信息技术环境下的运用。2017年被称为人工智能产业化元年。教育部杜占元副部长将人工智能对教育带来的变革称为“零点革命”，并认为将会由此对师资结构、思维方式和学生能力带来诸多影响。而人工智能技术是促变教育信息化的核心技术，具备促变教学的潜能。

为此，我们也要紧跟时代的步伐，及时转变观念，在教学研究过程中运用智能技术，开展智能教育，实现智慧教育的能力。信息技术对教育发展具有革命性的影响。教师应该为未来而教，学生应该为未来而学，这是信息技术环境下提升教师教研能力的核心理念。我们应该大力推行PBL教研模式，促进信息技术与学科教学的深度融合，实现深度学习的技术整合教育。

二、学习借鉴提升

在培训学习的几天里，我们参观了几所信息化与教育教学融合发展的名校。如成都泡桐树小学，该校办学特色包括谐动课堂、信息技术融合教育、智慧HiTeach课堂、家校共育、心理健康教育、中医药认识教育等。成都泡桐树小学秉承“教育质量优，管理效益高，经营品牌活，协调关系佳”的治校方略以及“尊重主体人格，满足主体需要，挖掘主体潜能，促进和谐发展”的主体思想，塑造了泡桐树小学在教育界的良好形象，使其成为全国现代教育技术实验学校、四川省现代教育技术示范学校、四川省校风示范学校、成都市九年义务教育示范学校，教育教学质量闻名遐迩。2003年，在青羊区教育局的领导下，成都泡桐树小学明确了“一所学校三个校区”的发展规划，制定了“做大、做强、做精”的措施，开创了泡桐树小学发展的新局面，通过建一流的设施、施一流的管理、荟一流的师资、行一流的服务、育一流的学生，来创建全国知名、全省一流的现代化小学。

同时，我们还观摩了成都天府新区第四小学二（7）班公开课“轴对称图形”。该公开课向我们展示了利用信息技术支持课堂教学改革，尤其是利用醍摩豆（TEAM Model）评价分析教师的课堂，进一步提升了课堂教学质量。该校非常重视信息技术助力教育改革和融合创新，目前利用醍摩豆之苏格拉底教学行为数据分析系统推进课堂教学改革，通过大数据的收集，实现对学生课堂达标情况的精准反馈和个性化帮扶，提升教育质量。笔者认为，这种“信息技术融合创新的听课评价方式”最大的优势是把技术评分和专家引领有机结合，从而实现网络教研、突破时空的专家引领和大数据分析支持！

对智慧课堂的重新认识

广州市花都区邝维煜纪念中学　陈宏

什么是智慧课堂？怎样的课堂才算是智慧课堂？怎样才是信息技术与课堂教学的融合？带着这些问题，2019 年 3 月 28 日，我校智慧课堂实验班骨干教师 12 人前往湖南长沙学习。此次主要是到长沙市明德华兴中学和长郡双语实验中学学习，这两所学校经过几年的实验，智慧教育已初见成效，并在这一领域形成了自己的特色。3 月 30 日早上，我们还到湖南师范大学听了张青博士题为“与初中新课程深度融合的智慧课堂与智慧教学——当前误区与设计策略”的报告。此次长沙学习让笔者对智慧课堂、智慧教育有了新的认识，也解开了很多疑惑，同时还认识到翻转课堂、慕课、微课给教育带来的变化。我们要不断学习，才能更好地适应信息化教育，才能更好地做到智慧教育。

一、明德华兴中学逐步推进智慧课堂，稳步发展

明德华兴中学的教学副校长何建平谈到，学校是从 2014 年开始进行尝试建设智慧课堂的，2015 年组建了智慧课堂团队，并开始一个班的实验。2018 年，这个实验班毕业，该实验班和非实验班的考试数据对比说明，智慧课堂是有效果、有优势的。

随后，2016 届初一有 2 个班加入智慧课堂实验，2017 届初一又增加 2 个实验班。因 2015 届的一个实验班看到了成效，2018 届初一有 4 个班成为实验班。经过 3 年的实验，何校长觉得智慧课堂的推进有“三难”。

（一）应用信息化（平板电脑、多媒体）技术上课，结合容易，融合难

应用信息化技术上课很容易，但能够用技术来辅助教学，并将技术用得恰到好处就比较难。融合指的是教师上课能够很流畅地运用信息技术上课，而且课上得有深度，能够培养和提升学生的思维能力。

（二）信息化技术上课演示容易，常态化难

这点的关键在于教师的观念、教育理念要转变，而且学校要稳步推进，不能一下子全面铺开。因此，学校层面要过三关：教师关、学生关、家长关。只有教师和学生愿意用、积极用，家长支持用，我们才能用得好。

（三）用信息化技术上课，听起来容易，落实起来很难

用信息化技术上课，听起来容易，只要是用了技术就行，但智慧课堂不是为用技术而用技术，而是大家发自内心地觉得它好，想用、肯用。应用信息化技术上课，一定要掌握使用方法，熟练技巧，恰到好处地运用，才能有效提高我们的课堂教学效率，提高学生的学习成绩。

在推进的过程中，要关注学科特点，不同学科、不同课型可以选择性地使用。该校的做法是让教师每周推送学习资源给学生，每两周最少使用一次。这样做的目的是促进教师周期性地用，学生长期性地用，这样就能达到熟练使用，并且形成常态化。学校在刚开始时不强推，而是选学科，选教师，以点带面。

经过三年的实践探索，何校长深刻认识到，一堂课成不成功不是看你用了什么手段，而是看目标是否达到。智慧课堂并不是说用了信息化的技术就是智慧课堂，我们要明确为什么要用：用，能够使信息化技术发挥不可替代的作用；用，可以让我们传授知识更快捷、更精准。

二、长郡双语实验中学智慧教育初见成效，成果显著

在长郡双语实验中学，我们先听了一节用希沃白板上的语文综合性学习课，接着，学校教科室崔应忠主任给我们作了题为"'互联网＋'时代的教师专业发展"的报告。崔主任向我们介绍了学校信息化校园建设的基本情况，并从学校智慧教育的发展、智慧教育成果的取得等方面为我们讲述了如何才能做好智慧教育。在"互联网＋"时代背景下，学校要积极探索创新形式，促进信息化技术与学校发展深度融合，不断加强课程建设，才能有效推进活动课程化。崔主任说："2030 年的学校会是什么样？创新是未来教育的主题，在线内容将成为最重要的知识来源，教师角色将转变为学生自主学习的指导者，未来课程将更加注重满足每位学生的个性化需求，大数据将在教育中大有可为。"怎样才能适应未来教育？崔主任从教育资源的获取途径、教育资源的加工处理等方面与我们分享了如何快速成长为智慧型教师的方法，还通过案例说明了如何实现技术与教学的深度融合。

3 月 30 日，我们一大早就来到湖南师范大学，教育科学研究的张青博士给我们

做了题为“与初中新课程深度融合的智慧课堂与智慧教学——当前误区与设计策略”的报告。张教授的报告让笔者感觉醍醐灌顶。自从开始智慧课堂实验以来，笔者一直在思考：“到底什么是智慧课堂？难道用了教师机、学生机上课就是智慧课堂？”张教授说：“只是更新了课室与设备的教育不是智慧教育，不是教室里堆满了现代化的设备就是智慧教育，没有智慧教师就没有智慧课堂，有智慧的教师才能有智慧的教学设计、教学目标，才能决定你是否是智慧教育。智慧教师要有信息的品味、要具有应用信息的能力，而且速度要快，要能流畅运用，不被技术绑架。”所以，我们首先要有智慧的教学设计和明确的教学目标，其次要熟练运用信息技术，最后还要合理应用技术来辅助教学，实现教学目标。

智慧课堂，以师为本。技术与教学的融合，关键在于教师信息化素养的提高。这次学习让笔者明白不是用了信息化技术的课堂就是智慧课堂。智慧课堂的关键在于有智慧的教学设计和教学目标，还有智慧的技术支撑以实现目标。这次学习也让笔者明白了微课不是照搬课本，不是为了做微课而做微课。要成为智慧型的教师，打造好智慧课堂，教学需要有设计，上课需要有创意。

对用信息技术辅助中学数学教学的思考

——长沙智慧课堂学习心得

广州市花都区邝维煜纪念中学　顾红梅

2019 年 3 月 29 日上午，我校承担智慧课堂实验的老师们来到了湘江河畔长沙市明德华兴中学初中部学习交流。明德华兴中学是一所百年老校，历史底蕴深厚。该校语文学科赵老师为我们展示了一堂“写人物的个性”的作文公开课，向我们展示了信息化教育在教学中的优势。3 月 30 日上午，我们又聆听了湖南师范大学张青博士的讲座“与初中新课程深度融合的智慧课堂与智慧教学——当前误区与设计策略”。

经过几天的学习，笔者体会到信息技术在创设问题探究情境、提高学生学习兴趣、增强课堂教学效果、培养学生能力、提高学生学科素养等诸多方面都有着其他教具无法替代的作用。以下是笔者想与大家分享的几点心得。

一、教师要更新教育观念，迎接教育革命

信息技术的出现、网络技术的运用——信息时代的到来正在给教育带来深刻的变化。教育技术的不断更新，使教师的传统教学观念受到了不小的冲击，而教学手段、教学方法、教学模式的逐渐改进，导致了教学内容、教育思想、教育理论，甚至教学体制的变革，最终将引发一场教育革命。正如比尔·盖茨曾说：“你们的工作场所和你关于教育的观念将被改变，也许被改变得面目全非。”以使用信息技术为核心的辅助教学的研究正在兴起，但是，我们不应夸大使用信息化手段的作用，以为使用信息化手段就能够完全代替传统的数学教学，更不应采取抵制态度，忽视信息化手段在教学中的作用，而应该采取积极的态度来迎接这场教育革命。

二、使用信息化手段辅助中学数学教学，不要搞“花架子”

在智慧课堂中用到的平板电脑作为一种教学工具显然是一种教学手段，可以用

它来培养学生的能力、提高学生的素质，也可以用它搞“满堂灌”，增加学生的负担。十年前笔者曾在深圳举办的全国素质教育研讨会上听过一堂课，整堂课教师没写一个字，全部由电脑和幻灯展示，教师只动动鼠标，播放幻灯片。教师的讲解变为电脑的播放，课堂上似乎也挺热闹，但教学效果却没有达到预期的教学目标。笔者认为，使用信息化手段辅助数学教学，其辅助的地位不能变，无论平板电脑有多么强的交互性，“人机对话”决不能代替“人际对话”。教学过程是一个十分复杂的、细腻的过程，如果忽视了教师与学生之间的情感交流在教学中所起的作用，必将把“使用信息化手段辅助中学数学教学”引向反面。为此，笔者认为在使用信息化手段辅助教学时，应注意教师与学生的情感交流，如教师应重视板书、解题的演算过程和规范的语言表达等。教学中，只有必须使用信息化手段才能讲清楚的地方才用，能用黑板讲清楚的问题，就不要去使用信息化手段。也就是说，教学应始终坚持学生是学习的主体，但也不能忽视教师的主导作用。

三、关于优势互补

在信息化手段与数学教学的整合过程中，经常遇到的问题是如何看待使用信息化手段和教师的作用，如何评价使用信息化手段辅助教学和传统教学。对此有两种极端的意见：一种是过分夸大信息技术与使用信息技术辅助教学的作用，甚至有人提出信息时代的教学应该与粉笔和黑板说“再见”了！持不同意见的人则认为传统教学培养了一代又一代人，实践已经证明了这种教学是成功的，为什么要否定行之有效的传统教学呢？特别是传统教学有训练人的抽象思维和逻辑思维能力的作用，他们担心信息技术的引入可能会带来负面影响。笔者认为以上两种意见都有一定的片面性。事实上，教育需要技术，信息时代的数学教育需要使用信息技术，但是任何先进的技术都不能取代教师；至于使用信息化手段辅助教学与传统教学，也不是非此即彼，而应该优势互补。

实践表明，不同的教师即使使用同样的软件，也可能产生完全不同的教学效果。在这里，教师的数学修养、教学经验、教育理论水平等都起着重要的作用。不同的教师会有不同的创意和教学设计，使用信息化手段技术与教师的各方面的素养比较起来，后者显然是更关键的因素。当然，我们也不应低估信息技术在数学教学中的作用。

以上便是笔者在长沙智慧课堂学习的一点心得以及在使用信息化手段辅助中学数学教学方面的一些思考。

探索智慧课堂，助推教育提升

——智慧课堂学习心得

广州市花都区邝维煜纪念中学　利凤鸣

2019 年 3 月 28—30 日，笔者有幸能作为校智慧课堂骨干教师赴长沙优质智慧学校参加培训学习。三天的听课培训，让笔者这个对“智慧课堂”有些许抗拒的中年语文教师得到很大的触动。

首先，两节智慧课堂的语文课让笔者受益匪浅。因为在此之前，笔者一直认为智慧课堂模式不合适语文课，容易使其失去“语文味”，而明德华兴中学的赵老师给我们展示了一节“写出人物个性”的作文指导课，课上既能调动同学们开口讲、动笔写，又能利用平板电脑及时把学生们写的文章推送给同学，广泛地发动每一个同学进行直观、到位的互改和点评，让师生和生生之间得到最全面、最有深度的交流和提升。另外一节则是长郡双语实验中学的黄老师给我们展示的“守卫蓝色地球”语文综合性活动课。黄老师是一位相当年轻的老师，在信息技术应用上很娴熟，课件制作得也很精美，课上使用了很多例如希沃白板、UMU 等信息技术手段，呈现在前测任务、动图、投票点赞等环节，既生动又高效，是一节让人大开眼界、“语文味”浓、生活气息强的高效语文课。

想想笔者自己为什么一直很抗拒上语文的智慧课堂呢？其中很重要的一点是不了解智慧课堂，而且不懂如何去应用。因为这种拒绝封闭的心理，笔者从一开始就没有真正走进智慧课堂的学习和应用。这两节课直接明了地向笔者呈现了智慧课堂的优势，它在资源共享和即时分享、广泛深入交流上有着传统教学模式不可替代的作用，能使我们在教学上更快捷、更精准。无论是前置性的学习、课堂的交流互动还是课后的反馈，它都能实实在在地提高课堂效率，提升教学水平。

正如明德华兴中学的校长所说的，我们只有从观念上改变了，敢于走出第一步，从旁观者转到问题的研究者，再成为行动的实践者，这样才能稳步顺利地推进智慧课堂的改革。遇到问题、解决问题、形成模式，这才是我们应该坚持的方向和道路。而要迈出第一步，实现智慧课堂模式应用常态化，我们就要将教学和信息手段融合起来，如果对这种模式不熟悉，使用的方法不得当，就没有办法发挥信息技术在教学上应有的作用，更谈不上提升教学质量了。当然，常态化使用不等于每个年级、每个学科、每个课型和每种内容都使用智慧课堂模式。站在语文教师的角度，能落实学生的听说读写、能切实地提升学生的语文素养的教学模式，就是应该使用和推广的好模式。一节课成功与否，不是看手段，而是看目的是否达到。

带着对智慧课堂的重新认知，笔者又听了湖南师范大学张青教授的“与初中新课程深度融合的智慧课堂与智慧教学——当前误区与设计策略”的讲座。张教授从一个很小众的角度带领我们冷静地思考“何为智慧课堂”。张教授说，并不是广泛地使用信息技术手段，使用了多媒体、平板和各种平台就是智慧。没有智慧的教师不可能有智慧的教育，也不存在智慧课堂。新媒体时代，跳跃型的思维，破坏的是孩子们的阅读能力和专注力，让孩子们失去思维的深度和严谨。这个时候就更加需要教师要有信息的智慧，包括信息品味（分辨信息的好坏）、信息能力（运用信息解决问题），以及使用信息技术的速度（熟练的程度）。媒体要服务于教学，不要被技术绑架，只有智慧的教师才能用好的媒体教出智慧的学生。

最后，借用张青教授的一句“无论什么样的技术，都是学科教学目标和教学设计的背景音乐，超越了这个界限，就成为人类的灾难”来再次指明我们在智慧课堂探索路上的方向，让我们不仅走得更好，还走得更远！

智慧课堂源于智慧的教师

——长沙智慧课堂学习心得

广州市花都区邝维煜纪念中学　冯丽君

2019 年 3 月 28—30 日，我们在学校领导的组织下，一行人来到湖南省长沙市明德华兴中学以及长郡双语实验中学进行学习观摩。两所学校均为成熟的智慧校园，不仅拥有先进的教育教学设备，更为可贵的是，他们拥有前沿、领先的教学理念以及专业素质极高的教师队伍。本次学习主要听了两节语文课，两位授课老师以饱满的热情、动人的表达、娴熟的教法、科学的设计刷新了笔者对语文课的认识。听着老师们的娓娓道来，笔者仿佛穿越了时空，重温了求学时期的时光，更让笔者深深地体会到，唯有智慧的教师才能创设出智慧的课堂。

一、没有精准的教学定位，高尖设备也只是摆设

所谓的智慧课堂，并非指设备有多先进、网络有多神速，而是在于教师的教学理念有多先进，教学设计有多智慧。首先，两位授课老师的教学定位都很高，他们围绕着布鲁姆的教学目标分类进行分层设计，从理解—应用—分析—评价—创新层层铺开，充分调动了学生的学习积极性，让学生在整堂课的学习中不停地进行头脑风暴，一刻也停不下来。在授课过程中，智慧设备也发挥了良好的辅助作用，投屏、展示、评价让整节课锦上添花，高效实施。我们可以看出，学生在一节课的学习中，思维能力、应用能力、创新能力都得到了锻炼和提升，这离不开教师有目的性的引导。更难得的是，教师在教学中还非常注重对学生人文品德的塑造，以发现身边的问题为线索，以小组团体为依托，引导学生积极思考解决问题的办法，最终实现情感的升华。反思我们的教学，是否过于注重知识的讲授？目标是否定位得太低阶？教学活动的设计是否欠缺鼓动性？教学活动是否不够放开，还未能充分发挥学生的能动性？对人文思想的引导是否被忽略了？媒体资源是否在一定程度上被滥用了？这些都是笔者日后需要继续探究的问题。

二、唯有更新教学观念，方可实现教学的华丽转身

目前，各种在线学习平台、慕课、云平台学习充盈在教育行业，不但资源丰富，而且趣味性高，互动性强，很多学生和家长趋之若鹜。学校教育面临着巨大的挑战。这些学习平台都有共同的特点，更直观、更便捷、更有趣，学生在课后接受了这些个性化的教育之后，回到课堂，还能兴趣盎然地听教师“一言堂”，专心致志地做笔记吗？因此，我们的教学观念也应该随之改变，应改变长期以来以教师为主导、忽略了“学生才是学习的主体”这一不争事实的观念，否则，我们赖以生存并引以为傲的教学方式会被信息时代的潮流越冲越远。在长沙的两所中学，笔者发现教师们在教学观念上领先的一面，他们不再停留于对知识的机械性讲解，而是往更高阶的分析、运用、评价、创新方向发展，并且注重人文思想的引导。反观自我，我们要学习的道路还很长，唯有思变，才能实现教学的华丽转身。

本次长沙之行收获颇丰，既让笔者见识了教育平台的更新换代，也让笔者体会到自己的教学之路仍有相当长的路要走。笔者将不忘初心，继续学习，超越自我，实现智慧教学。

学“智”之行，悟智慧之道

——“智慧课堂”培训体会

广州市花都区邝维煜纪念中学　曾美颜

很荣幸，笔者参加了2019年3月28—30日为期3天的智慧课堂教学培训，观摩了两位教师风格不一的课堂教学，也聆听了两位专家教授的理论讲座，对智慧课堂有了全新的认识，受益匪浅。在享受着培训的快乐和冲击的同时，也留下了一些自己的反思和感悟。

什么是智慧课堂？所谓智慧课堂，是依据知识建构理论，基于动态学习数据分析和云加端的应用，所构建的信息化、智能化的课堂教学模式。

那智慧课堂怎么操作？人机如何更协调以落实教学任务？智慧课堂与平台PPT演示有何不同，哪个更有实效？带着种种疑问，笔者听了两节课。

第一节是长沙市明德华兴中学赵洁老师的语文课：“写人物个性”的写作指导。该课的中心任务是：通过细节描写突出人物个性，要有语文特色，要调动学生的听说读写，要把信息技术融入课堂。赵老师是这样进行教学设计的。①出示数学佘老师的素描画像，布置写作任务：描写一个表现佘老师个性的片段，完成后拍照上传，字数100字左右，限时10分钟。②学生作品展示，选出两名同学的片段，其他学生点评。③向课文学写作：阅读课文《回忆鲁迅先生》一文，你认为哪些描写最能体现鲁迅先生的个性，在课文中圈划出来。要求学生先自学2分钟，接着小组讨论3分钟，然后提问学生的学习结果。④概念解释：细节描写。⑤知识应用，用学到的知识，重新修改刚刚写的片段。要求：抓住典型细节来表现人物个性，限时8分钟。⑥互批互改。通过平台随机分配给每一位同学一份其他同学的作文片段，提出评分标准。⑦分享学生作品——数学科代表眼中的数学老师。⑧出示数学佘老师的素描像和近照，感受老师的个性。这是一节充满“语文味”的语文课，整节课紧扣主题，各项活动均围绕细节描写进行，主题鲜明。此外，赵老师充分利用平板电脑的功能，拍照上传作品，既便于教师查看，又便于同学之间分享、互评，能即时反馈，大大提高了课堂效率以及学生的课堂参与度。赵老师的设计也很有心思，从学生身边熟悉的人物出发，寻找写作素材，使高深的理论、枯燥的写作课变得深入浅出，变得生动有趣，学生乐于其中，积极参与。整节课流畅自然，加之赵老师个人素养水平高，转承过渡自然，声音抑扬顿挫，让人如沐春风。

第二节是长沙长郡双语学校的语文综合性学习课“倡导低碳生活，守护蓝色星球”。这节课最大的特点是学生活动多，有诗文诵读、湘江的清理垃圾活动、动图选词、低碳生活小故事分享、为低碳生活写标语等，学生轮番上台发言展示，课堂热闹；还有选用的材料贴近时事热点，如电影《流浪地球》、地球熄灯一小时等，反映出授课老师敏锐的触觉，能极大地吸引学生的注意力。但是，笔者却觉得这一节语文课没有“语文的味道”。如果没有授课老师最后的自我介绍，我还以为这是一节地理课，或者是综合实践课。另外一个不足是：对于这课的主题“标语的写作特点”，授课老师只是略提了一下，对学生写出的标语也没有做点评，学生是否掌握知识点也没有反馈，没能利用平板电脑的功能做检测。还有就是每个环节过渡不自然，让人感觉比较牵强。这是一节翻转课堂，使用了现代科技，应如何体现它的优越性呢？它与传统课堂又有何区别呢？

最后，听了湖南师范大学教科院张青博士的讲座“与初中新课程深度融合的智慧课堂与智慧教学——当前误区与设计策略”，里面的一些观点可能可以解开笔者以上的疑惑。①“媒体是人体的延伸”，扩大和提高了人的感受和思维能力，打破了感官的平衡，每一种媒体都有缺陷与优势。②高效课堂有三个要求：目标精确、内容精当、方法精准。在一节课上教师要花多少时间让学生做多少事，完成的质量如何，都要有目标要求。一堂课成功与否，关键看设定的教学目标是否达到。③真正的智慧课堂不应追求形式上的热闹，而应注重培养学生的倾听习惯、表达能力、操作技能，拓展思维的深度和广度，让学生真正参与到课堂教学中。④对于智慧课堂的理解和把握，应突出“智慧”和“课堂”两个方面：一是要抓住课堂这个出发点和落脚点，结合学情，选择教学内容，做好环节设计；二是在此基础上，要充分发挥教师的教育智慧，在教与学的互动过程中通过创新方法来展示智慧教育。⑤所有的新工具媒体都要靠教师的智慧发挥出来，教学设计的智慧才是智慧课堂的关键。

互联网改变着世界，也改变着教育，信息技术应用到课堂教学活动已从理论走向实践，走向发展。技术代替不了教师，但会技术的教师一定能够代替不会技术的教师。把学习还给学生，把思考还给学生，才能点燃学生的智慧！

教育路上，唯有不断学习，才不会被潮流埋没，才能不辱传道授业之重任！

参观学习“智慧课堂”教学心得体会

广州市花都区圆玄中学　廖锋

通过到南沙中学参观学习智慧课堂教学，笔者感觉获益良多。智慧课堂功能应用主要有三大模块：课前——备课及预习；课中——互动及反馈；课后——作业、辅导任务。这次我们主要参观学习了课中和课后模块，并听了两节课。课堂上，南沙中学的教师为我们展示了以下智慧课堂功能。

一、课中——互动及反馈

（1）一键截屏提问。教师通过截取屏幕任意位置的题目一键发送给学生进行作答，学生答完之后，教师可实时进行点评讲解；对于客观题，系统还可自动统计学生的答题正确率及其分布。

（2）即时随堂测验。课堂上，教师可以将平台备课的测验题一键发布给学生作为随堂测验，同时，学生的答题结果也会实时反馈并自动记录，便于教师和学生课上讲解和课后回顾。

（3）趣味问答之随机挑人。以往教师通过点名的方式直接选取某个学生回答问题，而教师点名首先存在着自己的主观性；其次，教师通常会经常点成绩好的学生回答问题，而这种做法显然对其他学生来说是不公平的。通过智慧课堂的随机挑人功能，教师可以随机挑选一名学生回答问题，既解决了教师选人的困难，也确保了所有学生参与课堂的公平性。

（4）趣味问答之抢答。我们知道，比较害羞或者担心回答错误的学生，往往都不敢举手回答问题。智慧课堂的抢答功能，不仅提高了课堂互动的趣味性，而且可让更多学生敢于参与到课堂问答中来。

（5）实时屏幕共享。传统课堂中，坐在教室后排的学生常常会看不清教师的板书或者多媒体的内容。智慧课堂则为教师提供了一键将授课端屏幕实时传送至学生端的手段，让教学更加公平和多样。

（6）学生演示。智慧课堂为学生展示自己的成果提供了实时、便捷的手段，通过学生端可将答题结果或实验成果等实时展示给教师和全班同学，这就免去传统课堂学生需要走上讲台去书写答题结果的烦琐过程。此外，该功能还可以将多个学生的成果轮流展示出来，便于教师进行对比和讲解。

（7）文件共享。智慧课堂文件共享功能，让教师可以将备课课件等学习资料一键共享给所有学生，免去学生需要使用 U 盘拷贝的麻烦。

二、课后——作业、辅导

智慧课堂为教师提供课堂分析、作业发布和辅助批改客观题的功能，大大提高了教师批改作业的效率，且能实时统计，便于教师掌握每位学生的情况。

通过以上的课堂展示，笔者认识到，使用智慧课堂确实可以大大提升课堂效率，并且能加强师生的互动。但同时，笔者也发现其存在如下问题。

（1）网络的网速问题。只有通畅的网络才能保障智慧课堂的流畅。

（2）智慧课堂软件功能较多，需要师生多摸索、多使用。

（3）师生在课前要做好充分准备，才能真正发挥智慧课堂的作用。

（4）对学生的平板电脑及充电设备等的管理还有待加强。

总之，熟练使用智慧课堂对提升教师的教学效率、提升学生的学习兴趣还是非常有效的，值得我们大力推广。

顺德一中“智慧课堂”学习心得

广州市花都区圆玄中学　任俊婷

2019 年 2 月 27 日，在花都区教育局陈老师的带领下，笔者有幸到佛山市顺德区顺德第一中学（以下简称“顺德一中”）听课学习，此次学习的主题是“智慧课堂的开展”。顺德一中推广使用智慧课堂已有几年时间，取得了很好的成效，此趟学习使笔者收获良多。

乘车到达顺德一中后，笔者首先被学校的外观震撼了——学校没有围墙，校园很大（见图 1）。我们一行人在项目公司工作人员的带领下进入会议室，并在顺德一中副校长的介绍下深入了解智慧课堂。据顺德一中副校长介绍，智慧课堂的特色是教师和学生均使用平板电脑进行课堂学习，它可以提高课堂效率，规范答题，尤其在理科教学方面效果最为明显，但同时也要辩证使用，不能过分依赖，毕竟高考还是采用纸笔答题的方式，学生的答题仍然要回归纸质作答。经过副校长的一番介绍，我们对智慧课堂有了进一步的认识，在接下来的听课学习使我对智慧课堂的感悟更加深刻。

图 1　顺德一中校园环境

进入高一（10）班课堂，我们便看到学生正在利用平板电脑跟读杜甫的《登高》，语文老师亲自朗诵，富含情感，抑扬顿挫，十分精彩。这种视觉和听觉的冲击，已经让笔者感受到它的不一般。如图2所示，课堂中，学生利用平板电脑积极参与课堂，即时在平板电脑上传贯穿整节课的小组讨论和个人评论的观点，教师根据学生的观点进行点拨总结。每学习完诗歌的一联，教师马上利用平板电脑的提问功能请学生当堂朗读诗歌，学生参与的积极性非常高。教师还利用平板课前发布跟读的作业，课堂即时讨论朗诵，课后推送文章、布置作业。整节课在平板电脑的辅助之下，教学内容丰富，教学手段多样，学生参与度非常高，既培养了学生的学习能力，又提高了学生的写作能力，还增加了学生的课外阅读量，教学效果非常好。对于笔者来讲，不仅上了一节非常有意思的语文课，还感受到了智慧课堂的魅力。

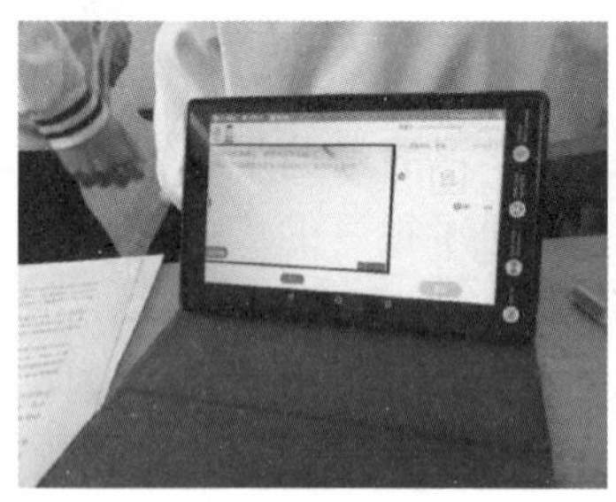

图2　智慧课堂观摩

课后，我们与授课老师以及几位代表老师进行了交流，收获满满。对于智慧课堂的开展，每位教师都应该从心里接受它、肯定它。万事起头难，对于新事物的使用，在初期必然会遇到一些困难，我们要正确对待这种困难并有克服困难的决心。大数据时代之下，课堂的改变是必然的，传统教学方式不够完善，利用智慧平板辅助教学，教学效果将会更好。优秀文章的推送、教学资料的分享、优秀作业的展示、微课的录制、高效课堂小测的设计、课堂小组讨论或个人观点发表、课后学生的解疑、作业的批改等，都可以通过平板电脑操作，教师还可以根据自己的情况使用更多的功能，实现高效教学。另外，学生平板的使用管理、学校网络的稳定、技术支持等，也是开展智慧课堂需要统筹的问题。

智慧课堂的开展，既是学校的事情，也是每位教师的事情。相信在区教育局的大力支持下，我校智慧课堂的开展一定会取得成功。

有道者术能长久，无道者术必落空

——智慧课堂学习思想沙龙

广州市花都区秀全外国语学校　智慧课堂实验组

展娜：我们欢迎各种先进技术，拥抱各种先进设备，但我们首先要改变自己的观念。真正的智慧课堂，它的智慧在于教学设计的智慧，在于教师头脑的智慧。以教学之大道为体，技术为用。有道者术能长久，无道者术必落空。一切技术都是为了学生更好地学，更接近核心素养。

敏莹：以前我认为，所谓的智慧课堂就是一所学校拥有先进的信息化多媒体设备。但本次培训却让我明白，不管信息化多媒体设备有多高端、多先进，它们都只是教学中的“背景音乐”，精准科学的教学目标、教学设计和对学生综合素质的彰显才是智慧课堂的灵魂。成功塑造智慧课堂的前提，是自己首先成为一个智慧教师。

叶松：智慧课堂必将走进课堂并逐步常态化，只是时间问题。随着5G时代的到来，现在阻碍我们的“瓶颈”——硬件设施等问题终将得以解决。我们现在要做的就是教师本身的观念转变及综合素质的提高及储备，与时俱进。

小雨：智慧课堂的根本并不在于采用了什么手段、运用了什么样的高科技，更不在于使用多媒体的种类和频率，而在于是否将科技与教育融合，是否在最恰当的时机让多媒体成为推进教学的重要媒介。智慧课堂是运用教师的智慧，让教学更科学、更高效。从认真做好一件事开始，做一个善思考会研究的智慧教师，用智慧教学，实现智慧课堂。

伟坚：智慧课堂，不在乎设备条件的是否先进，而是需要有智慧的教师。时代发展需要我们作为学生智慧成长的引导者、促进者和自我智慧成长的反思者、实践者。作为一名教师，不仅需要广博、专精的知识，更需要机敏、豁达的智慧，要用智慧的心灵去点燃学生智慧的头脑。

惠文：智慧课堂由硬件和软件系统两部分支撑发展，硬件体现设备建设，软件体现互联网新时代人类信息素养，而智慧课堂的软件就是教师们的信息核心素养。今后，我们的课堂必将离不开智慧教学。我们要成为智慧教师，迎接新时代智慧课堂的到来。

李强："智慧课堂非因拥有先进设备，而一切设备都是背景音乐"，这句话提醒我们在使用设备时一定要恰到好处！它还告诫我们，智慧课堂需要有智慧的教师。一个墨守成规的教师会阻碍学生个性的发展，扼杀学生的童真、天性，我们应该做学生智慧成长的引导者！用广博专精的知识、聪颖的智慧去点燃学生智慧的灵魂，使我们课堂打破传统的"知道、理解、应用"，上升至"分析、综合、评价"。

余琴：这次培训使我进一步加深了对智慧教育的认识——智慧教育的根本还是教师，所有的教育技术必须服务于教学目标，而教学目标的制订不能仅停留在低水平的层次，还需体现在分析、综合、评价和创造。这才是教学素养的终极目标，才更能体现智慧教育！

翠婷：智慧课堂的培训让我认识到，智慧课堂应该是师生共同发展的课堂，它不仅注重学生知识的生成过程，更注重对学生的情感体验和能力的培养。先进的设备能为我们的课堂增加亮点，但智慧课堂更需要发挥教师的智慧。因此，我们在教学中对教材的处理、教学过程的设计以及评价的方式都要以学生的发展为中心，以实现学生的全面发展为宗旨，以培养学生的核心素养为最终目标。因此，我想在今后的工作中一定要不断提高自己的业务水平，努力打造智慧型的课堂。

开源：真正实现智慧课堂的关键是成为智慧教师。为此，我深深地意识到自己的不足。一是缺乏真正的研究意识。虽然，我们无时无刻都在研究学生、学习、教学等问题，例如，这个学生怎么老是捣蛋？但我们仅有脑海中一闪而过的想法，而没有真正深入地思考怎么解决它，缺乏真正的研究意识。二是缺乏真正的成果意识。我们平时做的工作多停留在表面和浅层次，没有进行深入地、系统地、全面地整合和融合，没有形成真正意义上的成果。

诗苑：长沙之行，收获满满。专家的讲座如拨云见日，他们用理论和实例深度为我们解析了目前在思想上和技术上的应用难题，告诉我们如何把课堂从传统的重建设轻应用、重技术轻教学转移到应用驱动和深度融合上来。要求教师们深化课堂改革，要从以教师为中心转变到以学生为中心；要从以讲授为中心转变到以探究为中心。智慧课堂的关键是智慧的教师，只有这样，才能让学生学会主动学习、深度理解、高阶思维、批判精神和团队合作；只有这样，才能提高学科教学质量，提升学生的核心素养。另外，观摩的两节语文课也让我开始反思自己的课堂。课堂每分钟都是师生间进行深度的高质量的对话时间，课堂是我们共同成长的舞台，我们不要急，要慢慢来！

老罗：读万卷书，不如行万里路，行万里路，不如名师指路。这次学习，兼有行路和指路的收获。行的收获是，先走进有深厚文化底蕴的明德华兴中学，小小的学校，竟然出了十几位院士，真的让人很震惊，使我感受到了学校文化的力量；后走进极具现代气息的，跟我校一样年轻的长郡双语实验中学，在校长介绍中，我震惊于他们已经培养了多个北京大学、清华大学的学子，不由让我心生敬意。走出去，才知道天高地厚。我的收获是，听了两节课、两个讲座，我对智慧课堂的认识更加清晰，也更加完整了。真正的智慧课堂，其核心是教师的智慧。智慧是人的智慧，技术是为人（教学）服务的，主次要分明。但这并不代表技术不重要，工欲善其事，必先利其器。理想的智慧课堂，应该是智慧的教师，掌握智慧的工具，培养智慧的学生。

秋愉：师者思变。这次的长沙智慧之行收获满满。长郡双语实验中学崔老师的关于"互联网＋"时代的教师专业发展的分享让我受益匪浅：顺应潮流—资源整合—高效运用—教研为本。张青教授让我继续思考技术应如何更好地为教学服务，并启发、引领我们一线教师转变教学思路，进一步深入研究课堂教学，培养学生的高阶思维。在教书育人的旅途中，成长永远在路上。

唐丽芳：本次智慧课堂学习之旅，我最大的收获是认识到什么是真正的智慧课堂与智慧校园。智慧教师要有信息品味、信息能力、信息技术，实现信息技术与课堂的自然融合。其归根到底还是要以人为本，运用教师的智慧，结合先进的科技，提高教学的效率，点燃学生的智慧。

丽妹：这两天的智慧课堂学习，使我受益匪浅。在现今的大数据时代，智慧教室是数字教室和未来教室的一种形式。我很认同张青博士说的"智慧在于教师，先有智慧教师，才有智慧教室"。确实，所有的智慧课堂最终应该都是服务于我们的课堂，应以教师的智慧，合理进行教学设计，恰当运用多媒体，利用智慧教室运用现代化手段切入整个教学过程，让学生亲自经历获得知识的过程，在开发学生自主思考与学习能力的同时，让课堂变得简单、高效、智能。

叶雯：现在是一个大数据的时代，大数据早已应用于国防、经济，用于教育则是必然趋势。大数据能帮助教师分析学生的知识漏洞，更全面、更有效地了解学情，从而实现精准教学，做到因材施教，这是这个时代各种智慧设备能帮我们实现的。教师需要具备或者熟知信息技术，才能在常规教学中充实教学过程与教学方法，实现培养学生的高阶目标。在这个过程中，势必要借助现代媒体电子设备去辅助我们实现教学情境的创设。

小麦：新时代要求培养学生核心素养，要求学生形成适应个人终身发展和社会发展需要的必备品格和关键能力。要培养学生核心素养，离不开教师的深度教学，而深度教学的实现离不开智慧的教学。本次的学习让我意识到智慧课堂并不是盲目地运用信息技术进行教学，信息技术必须要为教学目标服务。要让信息技术能够跟教学深度融合在一起，这要求教师准确确立教学目标，并进行教学预设，要有智慧型教学设计，并让信息技术为我们课堂增添艺术性，打造智慧型、艺术型的课堂，让知识源于生活，同时回归生活，让学生的深度学习真实发生。

雅晴：本次学习，我最大的收获是理解了什么是“智慧课堂”。智慧课堂的智慧不在于有多么先进的教学设备，而是在于人的智慧。教师作为学校活动的组织者，其无限的智慧是所有先进机器设备无法替代的。当然，智慧课堂肯定是离不开先进的教学设备的。所有的教学设备都应该为教学目标和教学设计服务，是教学目标和教学设计的“背景音乐”，它可以让教师的教学活动锦上添花。但是，我们不能把智慧课堂误以为就是拥有先进教学设备的课堂，否则就如同将“背景音乐”无限放大，导致本末倒置，掩盖主角的光芒。只有结合自己的学科特点和教学内容，把信息化教学很好地融入我们的教学教育，并使之常态化、自然化，这样才能称之为“智慧课堂”。

文女：我的感受是，不虚此行，受益匪浅。智慧的课堂需要有智慧的教师，一个墨守成规的教师会阻碍学生个性的发展，扼杀学生的童真和天性。在大数据时代，需要我们成为学生智慧成长的引导者、促进者，并在智慧课堂的践行中不断克服各种困难。

妙姐：三天的智慧课堂培训活动，让我们从不同的角度看到教育信息技术对教学、对教师、对学生的不同影响。如果说明德华兴中学、长郡双语实验中学两所学校带给我们的是在教学实践中探索，是学科课例上的体现，那么，张青教授则是从经验的总结，在理论的提升方面给我们做了点拨。他用了两个例子来说明微课并不是要将知识、概念进行陈述。真正的智慧课堂应该在高阶思维方面进行教学目标、教学方法的有智慧的设计。讲到底，智慧的是我们的大脑，技术只是课堂教学的“背景音乐”。

静怡：智慧长沙，勤而学之。智慧课堂不只是提供先进的设备，更是教师的智慧！张青教授深入浅出地为我们详细论述了问题式教学、教学目标、教学设计，以及新媒体融入教学过程等问题。作为新时代的教师，要做一个智慧型教师，教师不能被技术束缚，技术应该是课堂教学的“背景音乐”，而教学目标决定着教学技术。

建平：首先，我们应该要将“智慧课堂”和“智慧教室”这两个概念区分开，智慧课堂是人的智慧，智慧教室是设备的智能化。用人的智慧去调动智慧装备来发展人的智慧，这才是智慧教育！很多时候，我们听了专家的讲座后总是觉得茅塞顿开，这种突然的共鸣是因为我们在使用的时候没有主动去接受、去改变。一节语文课就用了两次平板电脑，这节课一样赢得了大家的赞许，其中重要的原因是授课老师的智慧而不是因为用了平板电脑。所以，智慧课堂的建设归根结底在人，信息化设备仅仅是基础的物理构架。智慧课堂是教育发展的未来，将智慧教室交给信息装备，将智慧课堂交给教师，将二者的融合交给人的智慧，这才是智慧课堂。

龙国勇：我们学校一直在进行智慧课堂的教学探究，还为师生提供了教学软件和教学设备。但是，由于本人总觉得这些设备在课堂中使用不方便，无法提升课堂效率，也担心降低自己的教学效果，所以很少使用。这次听了明德华兴中学一堂常规的智慧课堂教学及其校长的经验介绍和理论分析，使我有种豁然开朗的感觉！

关于智慧课堂的一点感想

广州市花都区秀全外国语学校　罗金友

本学期，笔者被安排在学生拥有平板电脑的初二级两个班任课，自然也“被动”地成为智慧课堂实验班里的一员。

虽然刚开始笔者内心是被动接受的，但转念一想，使用计算机技术作为教学的辅助手段，用它来支持教学，提高教学的精确性和有效性，这是一个大趋势，任何教师都不应该拒绝新技术，要思考的应是如何利用好这一新技术的问题。既然这样，笔者便抱着不妨一试的心态去接受它，并尝试将平板电脑应用于教学中。正好，笔者要上一节学校的公开课，为了给年轻老师做一个榜样，笔者决定用平板电脑来上这节公开课。

进行教学设计时，笔者并没有从如何使用平板电脑这方面去进行设计，而更多地从学生的角度考虑，即如果笔者是学生，如何才能让自己学有所获？事实证明，这种想法是对的，做任何事情，都不能本末倒置，技术是为教学服务的，一切要先从教学出发，而不能反过来先考虑使用哪些技术，否则就会适得其反。智慧课堂的核心价值绝对不是技术的使用，其只是以计算机技术为手段，打造更加科学、灵活、教学效率更高的课堂，真正的智慧，仍然在于教师，仍然是人的智慧。常规的教学设计完成后，笔者再去设计哪些地方可以用到项目公司软件来辅助教学，哪些地方可以用到平板电脑去更好地为学生服务，这让笔者更加精准地掌握学生情况，从而提高课堂效率。经过认真分析，笔者认为平板电脑教学有两个突出的优势：一是在做选择题时可以利用平板电脑发布共享，然后让学生即时上交答案，软件可以及时提供精确的反馈，准确到个人，这是一般课堂所不具有的功能；二是平板电脑的拍照上传功能可以将学生的答案拍成图片，上传到平台，进行对比分析，比实物投影有更强大的功能，可以在同一屏幕上展示多张图片进行对比讲解，同时不影响学生作答。所以，在这节公开课上，笔者主要使用了这两种功能，教学效果也比较理想。技术用得好，一定可以让工作更轻松、更高效。但前提是技术要应用得好，所谓“好”，笔者的理解是：一是应用得当。比如，想准确了解学生对某个知识点的掌握程度，用选择题检验时，就可应用计算机技术，准确统计学生的答题情况，这是利用了计算机技术中的数据功能；又如，在一些物理实验无法现场真实操作时，可以利用录课功能提前录制好微课，放映给学生看，或用计算机技术做仿真模拟实验。二是应用适度。技术并不是应用得越多越好，应用得太多，会有喧宾夺主之嫌，反而不利于学生的思考，不利于学生的深度学习，特别是使用平板电脑过多，对学生的视力也会造成一定的影响。

这节利用平板电脑所上的公开课，与不用平板电脑所上的课相比，笔者觉得最主要的优点是：利用数据统计功能、拍照上传功能等，可以对学生掌握知识的情况了解得更加准确，有利于教师及时调整自己的教学，提高教学的精确性，从而提高教学的有效性。

课后随想：智慧课堂不应该只是指使用了计算机技术的课堂，它更应该是一种利用计算机技术（将技术作为工具）为教学服务，更加充分体现教师智慧的课堂。真正的智慧课堂是先进的教学理念、匠心独运的教学设计、引人入胜的问题导引、开启思维的实验设计、灵动机智的课堂生成、风趣幽默的教学语言，再辅以现代先进的教育应用技术。记得一位名师曾经说过：理想的教育不会有，但追求教育的理想却应该有，高山仰止，景行行止，虽不能至，然心向往之。笔者深以为然。

成都智慧课堂培训学习心得体会

广州市花都区新华街云山学校　危燕琼

2018 年 10 月 15—19 日，我们参加了花都区教育局组织的“2018 年中小学信息技术与课堂教学深度融合”骨干教师培训班。此次研修培训突出了信息技术和课堂教学深度融合的主题。在这五天时间里，我们聆听了专家讲座，到学校参观体验，进行案例观摩、实战演练和研讨交流。这次培训使我们受益良多，现从以下四个方面进行小结。

一、校园文化与班级文化建设

我们参观的各所学校都有一个共同特点：学校在通过课外活动宣扬校园文化精神多元性的同时，调动广大学生和家长的自主性，使其共同参与到校园文化建设中。这样不但可以提高学习的效果，还给学校注入了新鲜活力，形成了良好的学习氛围。

以成都天府新区第四小学为例。学校建立了各种各样的校本课程，包括系鞋带课程（学习如何系鞋带，由学生和家长共同完成，学校采取考核评比评价）、叠衣服课程（体育老师负责）等，以激发学生的兴趣，培养学生的良好行为习惯和良好品格，取得了明显的效果。

成都天府新区第四小学在筹建的时候就把讲台撤掉换，只摆一个课桌，给老师临时放一些物品，另外在教室的一个角落，设有班主任办公桌椅。班主任在教师办公室有桌椅，同时班上也有办公桌椅，只要班主任有空，就到班上这个办公桌椅批改作业，与学生保持零距离接触，这种设计是非常切合如今的学生教育需要的。

学校还开设了非常有创意的劳动实践课程：学校把不同的区域包干给每个班，让每个班来布置所负责的区域的植物种植等，使学生有劳动和锻炼的场地。

二、信息技术与校本特色课程

现实中，许多学校建立起来的校园网由于缺乏充实、全面、系统且实用的教学信息资源，而难以在教学与科研中发挥应有的作用与效益，造成了高科技设备的大量闲置与浪费。而我们参观的各所学校以更具人性化的应用方式推动着教育信息化的飞速前进。通过校园网络的广泛建立，为教学现代化提供了坚实的硬件基础。

（1）学校利用信息化技术实现课程设置的个性化（见图1）。

（2）学校利用信息化技术建立自己的资源库（见图2）。

（3）学校利用信息化技术实现校本课程的选课、管理、评价和推广的信息化（见图3）。

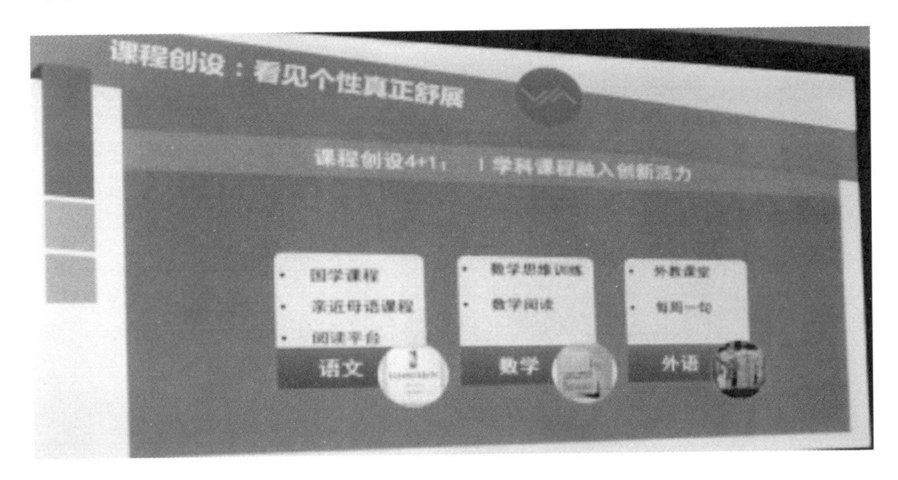

图1 学科课程融入创新活力

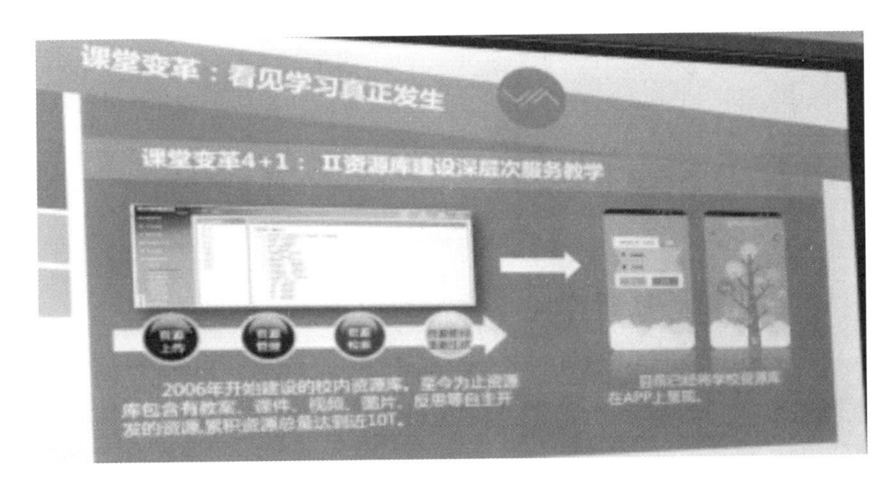

图2 资源库建设深层次服务教学

图3　对课程创设的信息技术支撑

三、从学科角度谈智慧课堂

成都之行让我们认识到智慧课堂不只是信息技术在课堂上的应用，它更多地体现出一种教学的智慧，一种教师运用先进的信息技术实现教育教学效果最大化的智慧。信息技术平台的运用，使教师的课堂不再局限于课堂的40分钟，也使学生的学习不再局限于课堂的40分钟，从而实现学生“人人时时处处”皆可学、教师“随时随地”皆可教的打破时间和空间的现代化教学方式。

对于智慧课堂的实现，我们建议采取以下的手段和方式。

（1）课前：利用微课和作业平台实现“翻转课堂”。

（2）课中：利用平板的互动、讨论、拍照讲解的功能实现课堂效率的最大化。

（3）课后：利用作业平台来监控学生课后的作业；根据平台对学生作业的分析，教师可以录制有针对性的微课，或者向学生发送有针对性的练习，让学生对知识掌握得更牢固。

四、在信息技术环境下提升教师教研能力

信息技术环境下教师教研能力的提升策略，其实质是提升教师在教学研究过程中运用智能技术、开展智能教育、实现智慧教育的能力。信息技术对教育发展具有革命性的影响。教师应该为未来而教，学生应该为未来而学，这是信息技术环境下提升教师教研能力的核心理念。我们应该促进信息技术与学科教学的深度融合，实现深度学习的技术整合教育。

此次出外学习使我受益匪浅。在以后的教学中，我们将继续实践、努力探索。

用智慧，增智慧

广州市花都区新华街金华学校　王志伟

作为花都区第一批智慧教室试点学校，我校从硬件准备、软件更新、人员配备等各个方面都细心对待，力争让一位教师都能够理解智慧教室的理念，掌握智慧教室的技能，从而实现课堂效率的提高。

在校内，我们组织并成立了智慧教室学习小组，以小组为先导，积极学习探索智慧教室的使用和技巧。在学校领导的大力支持下，我校智慧教室学习小组积极开展相关技术培训，使小组内的每一位学员都能够熟练掌握软件技能，从而达到“以点带面，全面铺开”的目的。此外，我们还邀请成都和济南的名师来我校做交流学习，增强我校使用智慧教室的综合水平。

在校外，我们积极参与智慧教室的各类活动。在学校领导的大力支持下，我们积极组织王志伟老师去济南送课并参加了两岸三地智慧教室论坛、杨颢莹老师去西安送课。他们的优异表现得到了全国各个智慧学区同行的高度赞许，其中，王志伟老师以智慧教室为载体的公开课还被评为“一师一优课，一课一名师”广州市优课。在区内，我们也积极参与教育局领导组织的各类交流课，如朱卓妍老师参加芙蓉中学的同课异构、刘巧英老师和毕晓华老师去榴花中学送课，他们的努力和付出，为花都区建立智慧学区做出了较大贡献，更得到了试点学校的一致好评。

在开展智慧教室的推广和实践中，我们收获了许多，一批批教师在实践中成长了起来。技术是把双刃剑，技术有时可以让我们的课堂精益求精，更上一层楼；有时也可能会束缚我们的手脚，降低课堂效率，影响教学效果。因此，在每一次讨论交流中，我们都会反复思考“在哪个环节使用智慧软件”“如何用”“用了效果如何”“能否提高课堂效率”；课后没有产生预期效果，是智慧教室的问题，还是专业的问题，抑或是融合的问题。我们刨根问底，科学分析，弄清楚问题所在，然后去解决它，以达到课堂效果最优化。

有志者，学无涯。在以后的智慧教育实践中，我校将继续努力探索，积极研究，发扬教师团队精神，发挥教师所长，挖掘智慧教室的最大功能，让信息技术助力课堂教学效率最大化，促进学校整体教育教学质量的提升！

“信息中心校　融合创新”学习心得

广州市花都区骏威小学　刘冠男

2018年12月9—11日，由广东省教育厅主办、中国移动通信集团广东有限公司承办的“2018年融合创新项目信息化中心校培训班”在杭州举行。广东省教育厅基础教育与信息化处副处长赵琦出席了开班仪式并讲话。笔者很荣幸有机会参加这次培训活动。

一、领导关怀，高屋建瓴

赵处长指出，此次培训的主要任务是深入学习贯彻全国教育大会精神和习近平总书记关于教育工作的重要论述，充分借鉴全国特别是长江三角地区教育改革创新的成果和经验，研究部署融合创新项目和信息化中心校建设，打造一批广东新时代新教育示范校和标杆项目，加快推进我省基础教育与信息化工作的创新发展。同时，他还从“为什么做、做什么和怎么做”三个方面，和培训学员分享了教育厅部署和推进融合创新项目、中心校建设两个项目的考量。他说，当前教育信息化的工作重心已不再是建设和技术的问题，而是教育教学的创新和人才培养的问题，教育信息化已经从重视硬件和软件系统建设，进入到以人才培养模式、教育治理模式和教育供给模式创新为重点的2.0时代。他对全体学员提出了三点建议：一是认真贯彻全国教育大会精神，以时不我待的紧迫感和舍我其谁的使命感，加快推进基础教育与信息化创新发展；二是深化改革创新，重点从“新学校、新课程、新课堂、新教师、新学生、新家长、新评价、新治理”八个方面着手构建“广东新时代新教育体系”，形成德智体美劳全面发展的人才培养体系；三是重点突破，切实推进项目培育和示范。强调落实以立德树人为根本任务和“一把手”责任，加强重点突破以及强化示范培育，以“钉钉子”精神狠抓改革落实，出效果、出成果、树标杆、当标兵。

二、专家引领，明确方向

培训班按照每个项目的建设任务进行分班，在内容安排上，既有现场的分享对话、课堂观察，也有集中的主题报告、前沿报告、政策解读。培训班聚焦课程改革、课堂教学改革、教师发展和教育治理四大核心，邀请相关领域的知名专家、优秀成果的主持人授课。

笔者印象最深的就是林君芬博士的报告。林君芬是教育技术学博士，硕士生导师，广东省基础教育与信息化研究院副院长、广东省基础教育未来课程研究中心执行副主任，对教育的动态、未来的发展、教育的根本有着敏锐、清晰的洞察力。她声音清亮，笑容亲切，语言幽默，气场十足。她以生动的案例、专业的视角、精辟的分析、全新的理念，为教师们拨开层层迷雾，还原了信息技术条件下智慧校园的样貌，呼吁教育者应该用人文的视角、教育的视角去看待技术。

“智慧校园不是物和技术的校园，而是人的校园。”林君芬博士认为，教育连接着技术，技术的背后是有温度的教育。智慧校园应该让每个孩子都有获得感、体验感、参与感和成就感。那如何使用技术来提高学生的学业表现呢？林博士支招：要让孩子眼中有世界——学会互联网思维，充分利用一切资源，以网状思维代替传统的线性思维；脑中有逻辑——倡导用思维导图等方式来培养学生的思维能力，引发对话，培养高阶思维。教师要通过找教育的“痛点”，运用锚点思维，让技术赋能教育，从而使课堂教学从“离身取向”到“具身取向”，做到技术与教学本身无缝融合，实现知识可视化。因此，教育教学改革要指向核心素养，要强调学科实践，倡导综合性学习，做到因材施教。

林君芬博士还勉励教师走专业化道路，阅读如《教出有智慧的学生》《银汤匙》等经典教育论著，借助技术实现教学从方式的优化走向方式的变革再走向课程系统的变革，以使我们的教育能指向培养有尊严、有能力、有福祉的21世纪的人。

三、行稳致远，笃行不怠

此次培训会内容丰富、形式多样，为学校把握时代脉搏，把握信息时代、大数据时代、智能时代的新特征，用新的思维、新的模式、新的路径、新的机制破解课程与教学改革中的瓶颈与难点提供了一个很好的学习平台。

“未来已来，你来不来？时代已变，你变不变？”教育只有顺应这一时代的需求，持续不断地进行创造变化，才能走向新的境界。面对“互联网＋”时代给出的新机遇、新挑战，我们必定要解放思想，锲而不舍，全力打造出课堂的“新范式”，做未来教育的先行者。

参加花都区第一届智慧好课堂团队竞赛总结与反思

广州市花都区风神实验小学　胡淬砺

一、赛前准备

接到参加花都区第一届智慧好课堂团队竞赛的任务后，我们从思想上、行动上都非常重视这次活动，把它当作一次学习、交流的机会。对这种与信息技术紧密结合的比赛，我们最担心的就是教师们对技术手段运用不熟练，在教学中不能合理运用。所以，让参赛教师尽快熟悉设备功能，成为首要的任务。

小学组的比赛分 4 个学科进行，由语文、数学、英语及综合学科各选 1 名代表参赛。根据智慧好课堂比赛的规则与学校教师的实际情况，我们做出了大胆的策略：给年轻教师一个锻炼的机会，4 个学科全部由年轻教师参赛！（见图 1）其中，语文科组选派的是楚涵老师（教龄未满 1 年），综合学科选派的是美术老师谢韵菲（教龄未满 3 年），数学和英语分别选择的是“80 后”的年轻教师林毅仪和刘雯雯。信息技术老师黄永嫦（教龄未满 1 年）成为导师，主要利用其专业特长为参赛教师们进行技术指导。

图 1　年轻的参赛教师们

参赛人选定下来后，我们便定下每位参赛教师使用设备的时间，并建立了智慧好课堂微信群，大家在上面分享使用心得。就这样，我们的团队就在磨练中磕磕绊绊地探索前行。

二、团队磨课

由于参赛的都是年轻教师，因此，在探索技术上占有较强的优势，对设备的使用也较为熟练。此外，青年教师有朝气，知识底蕴丰厚，容易与学生打成一片。

我们还为每位参赛教师指定了“师傅”协助。备课过程中，参赛教师在“师傅”的指导下精心选题，巧妙科学地设计教学，深入钻研授课内容，做了充分的准备工作。在前后几次的磨课中，参赛教师们都很注重研究教材教法，注重把知识和能力既深入浅出又扎扎实实地传授给学生，注重在多媒体和网络环境下进行教学，达到了既生动形象又节奏快、效率高的教学效果。

由于楚涵老师完全没有上公开课的经验，我们为她申请了去西安参与智慧课堂学习的机会。在“师傅”们的帮助及其个人努力下，楚老师终于圆满完成了送课任务。经过这一次锻炼，她无论是在个人综合素质、教材把握能力，还是在课堂驾驭能力上，和以往相比都有了长足的进步，为比赛奠定了良好的基础。

黄永嫦老师与谢韵菲老师此前从未参与智慧课堂的学习，因此，我们组织她们去观摩4月底在杭州进行的海峡两岸智慧好课堂团队竞赛。她们非常好学，每一节课都听得特别认真。从杭州回来后，她们在全校教师会议上分享了学习心得，并对学到的新的技术手段及其运用做了介绍（见图2）。

图2　出外参加智慧课堂培训的教师在教师例会上与全体教师分享学习心得

根据出外学习收获的最新资讯，4位参赛教师都调整了自己的教学设计，前后进行了反复磨课。笔者作为此次比赛的领队，全程参与了语文、英语学科的备课，也听了4个学科的试教，感觉都很满意。万事俱备，只欠东风。

三、正式比赛

2017年5月4日，比赛正式拉开帷幕。4位参赛教师虽然是第一次站在区教学比赛课的讲台前，但均以不俗的表现，给评委留下了深刻的印象。参赛教师们的课型选材广泛，教学内容丰富，条理清晰，目标准确，实践性强。他们在整个课堂教学的组织上不慌不忙、张弛有度、收放自如，设计的问题合理科学，针对性强，都能把握重点和难点，解决核心问题，更重要的是，他们对智慧课堂设备的使用操作比以前均有了不同程度的进步，整体信息处理能力明显增强。

楚涵老师选择的语文略读课文讲解有一定的难度，她详略取舍得当，在开展学生自读自悟时，注重引导学生通过不同角度来体会主人翁的精神品质，以培养学生独立思考、合作探讨、展现自我的能力。林毅仪老师的数学复习课借助“最强大脑”的形式，对主干知识的梳理脉络清晰，一线贯穿，整个教学过程流畅而完整。谢韵菲老师的美术课，教态亲切自然，能够积极地鼓励和引导学生，充分调动学生学习的自觉性。刘雯雯老师的英语课活动内容丰富多样，活动类型各异，学生参与面广，积极性高，达到了真正的师生互动。这种流畅的教学过程，正是较强的课堂驾驭能力的体现。(见图3)

图3　赛课掠影

当然，我们也必须看到在本次教学活动中我校参赛教师暴露出来的一些问题：由于年轻教师们在实际教学中存在过于依赖教学预设，对课堂上动态生成的随机事件反应显得有些“迟钝”，容易出现对学生的反馈不注意倾听的现象；也有的教师为了取得较完美的教学效果，在一节课教学时间里安排了过多的内容，加上设备出现问题，导致完成效果不太好。我们认为，在今后的课堂教学中，新教师在继续探索智慧课堂设备的同时，也要逐步提高自身的教学组织能力，增强对整个课堂的掌控力，以不断提高自身教学素质乃至课堂教学水平为己任，进一步提高实际教学中的教学效率，从而达到更好的教学效果。

四、赛后反思

这次参赛让我们的教师团队受益匪浅，令我们又一次提升了自我。我们最大的收获不是输赢，而是在相互切磋的过程中，学习到对手的优点，发现自身的不足，并从中获得新的知识和经验。参赛教师们也真正体会到只有真心付出，才会有丰硕的果实；只有经历过，才会懂得其中的辛苦，才会理解收获的喜悦。

本次比赛增强了教师的团队凝聚力，为教师们在阅历上增添了精彩的一笔。人生道路漫漫，对智慧课堂技术和教学水平的探索永无止境。比赛虽告一段落，但这并不意味着探索与实践的结束，智慧课堂学习的征程才刚刚开始。今后，我们仍将继续努力提高自身潜力，加强对信息技术手段的学习与运用，争取更上一层楼！

“三高”与“三惑”

——观摩智慧课堂教学的体会

广州市花都区风神实验小学　邓琳

2016年5月，笔者前往浙江宁波、绍兴观摩“2016第一届两岸智慧好课堂邀请赛”，听了几节示范课和讲座，目睹了先进的现代技术融入日常教学，让笔者耳目一新，获益颇多，深感智慧课堂的优点突出，具有明显的“三高”。

一、学生参与课堂的积极性高

语文教学内容繁杂，很难调动学生学习的积极性。而智慧课堂能将枯闷的语文知识用鲜活生动的形式展示给学生，为学生所接受。利用人手一个的遥控器，小组抢答、个人表态等环节使学生融入课堂教学。

二、学生在课堂获得展示的公平性高

通过抢答获得回答或展示的机会，解决了“为什么老师只叫班上的几个同学回答”的难题，从而体现出提问的相对的公平性。

三、教师及时掌握教学效果的效率高

板书、绘图、批注等教学轨迹，检测结果用柱状图来显示学生掌握的情况，等等，这些课堂大数据在智慧课堂上都能够得到非常完整的记录和非常直观、便捷的提取与呈现，让教师能及时知道学生反馈的情况，这是常规课堂无法比拟的。

当然，对新技术在常规课堂上的应用，笔者也有一些思考和困惑，即“三惑”。一是会不会加重了教师在备课中的负担？笔者在所听的每一节课中都能感受到执教老师课前所做的大量工作，如熟悉设备的使用、教学PPT的素材搜集与媒体的使用等。二是会不会误导教师过分倚重技术呈现而淡化了对教材的解读和设计？笔者认为，真正的“智慧”应该体现在教师的课堂设计和引导上。三是会不会引发简单技

术应用上的“审美疲劳”？如遥控器用多了，学生会不会产生“审美疲劳”，使课堂又归于沉寂。

综上所述，我们是不是都应该思考以下这个问题：越来越先进的技术应用就是“智慧”吗？笔者认为，这只能算是“智能”，真正的“智慧”应该体现在教师的课堂的设计和引导上。

因此，我们切勿把“智能”当作“智慧”，为使用软件而设计教学，而是要让“智能”方便我们的教学，让它成为我们“智慧”的一部分。

“第一届两岸智慧好课堂邀请赛”观摩心得

广州市花都区新华街第三小学　卢朋君

2016年5月26日，第一届两岸智慧好课堂邀请赛在浙江宁波拉开帷幕。本次邀请赛邀请了宁波、绍兴、济南、成都、台北、香港六大城市在智慧课堂、智慧学区方面具有丰富成果与经验的智慧课堂专家参赛。通过智慧课堂竞赛活动，展示与分享各地最优秀的、最具有学科代表性的、可复制、可扩散的TBL（Team-Based Learning，团队合作学习）智慧课堂模式，以促进现代教育理念的实践与推广。笔者有幸观摩此次邀请赛的智慧课堂，着实受益匪浅，也切切实实感受到智慧课堂的“智慧”所在。

首先，智慧课堂真正地实现了高效。所谓高效，即学生在课堂中用较少的时间获取尽可能多的智能增长和情感体验。高效课堂是把课堂教学的教、学、资源、环境等要素加以精准整合，使课堂教学的效能最大化。

而智慧教室真正实现了上述的高效目标。电脑、投影机、液晶电子触摸屏、实物展台及IRS即时反馈系统的有效整合，构成了智慧教室。这是一个全新的、智能的好助手，能帮助教师更好地完成呈现教学材料、创设教学情境、及时反馈讲解、分析整理数据等工作，更能实现学生的全员参与、集中注意力、互动合作的目标，让科技走进课堂，给传统的课堂增添智能色彩，从而大大提高了教学的效益。

本次参赛的教师都是具有丰富成果与经验的智慧课堂专家，他们采用的都是“小组合作，互教互学”的智慧模式。此智慧模式以基于TEAM Model教学专家系统的TBL智慧教室作为教学支援系统，大致通过三方面来完成，即小组合作会话交流、外化展示分享智慧、合作探究质疑辩难。通过小组合作，学生能在自主学习的基础上，交流个人思考的疑点、重点、难点问题，经组内进行讨论后，再寻求个体和小组问题的答案，从自我体验和同伴展示中汲取智慧。小组合作学习的益处多多，加上智慧软件中的IRS、抢权、通用笔及飞递等教学科技功能的辅助，小组合作、互教互学的教学模式能最大限度地彰显出其“智慧”所在。

笔者在刚开始运用智慧模式时，存在各种各样的问题，也有过很多疑惑。经过这次观摩学习，笔者深刻感受到执教教师充分的赛前准备、自信的迎战态度、感人的课堂氛围以及完美的课程呈现，这对笔者而言无疑是一种触动和提升。今后，笔者将努力提升自己，争取提炼具有教学展现力、学习洞察力与课堂调和力的智慧课堂，为传播可复制、可扩散的 TBL 智慧课堂与 TBL 智慧教室创新教学模式付出自己的一分努力。

第五编　践行成效

——智慧教育活动剪影

智慧课堂，为未来而来，为教育而来

广州市花都区秀全中学　麦前辉

我校于2018年9月21日举行了以“智慧·高效·合作·分享”为主题的“智慧课堂”教学开放日活动。

在花都区教育局的大力支持下，我校建设了4间智慧课室。同时，我校组织优秀教师团队，团结协作，刻苦钻研，积极进行智慧课堂实验。

此次活动旨在搭建一个交流经验、分享成果、互相学习的平台。来自区教育局信息装备中心的领导、区内兄弟学校的教师们、部分智慧课堂实验班的家长代表齐聚初中部智慧课室，共同见证秀全中学智慧课堂成果（见图1）。这次我们主要在初一年级推荐了5节智慧课堂实验课。

汪隽璁老师的课在导学案和智慧型设备的辅助下，营造了紧贴课程主线并建立了高效师生沟通渠道的课堂氛围，使学生理解并掌握了有理数混合运算的三大重点：先处理括号内部运算，先乘方再乘除后加减，同级运算从左到右。（见图2）

图1　信息装备中心领导莅临指导

图2　汪隽璁老师——“有理数的混合运算”

徐尤老师的课堂导入部分新颖自然，易让学生接受，从而引出单元主题“Daily life”（见图3）。上课过程中，徐老师的教学思路多样，充分利用选择题、主观题等促进学生对文章的理解，注重提高学生的阅读理解能力（见图4）。

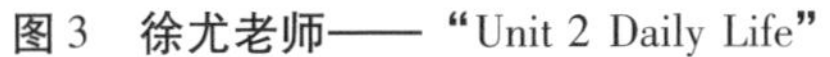

图 3　徐尤老师——“Unit 2 Daily Life”

图 4　学生上传英语主观题

杜艳芬老师的课堂形式新颖有趣，能激发学生的学习兴趣，启发学生开展独立思考，提高学生的参与度，同时能充分利用智慧课堂的优点，根据学生的反馈及时调整教学计划，生成新的数学课堂教学资源，为学生提供反思学习过程的机会。（见图 5）

陈丹虹老师的课堂气氛活跃，学生人手一部平板电脑进行课堂练习、练后反馈、数据分析、课堂活动抢答、小组 PK 等，教学环节紧凑，通过有效的合作交流和自主探索，把文言文教学变得轻松愉悦。（见图 6）

图 5　杜艳芬老师——“科学记数法”

图 6　陈丹虹老师——《世说新语·咏雪》

麦前辉老师的课从天文观测的情境引入，合理利用智慧课堂的投票、抢答、随机挑人等功能，充分调动学生学习积极性；运用组卷和提问等功能，让学生进行小组合作和自主学习。课堂中，麦老师还结合传统的板书和学生地球仪演示，呈现了多样化的地理课堂。（见图 7）

图7　麦前辉老师——“地球的自转”

据悉，我校智慧课堂将以云端建构为依据，以大数据、云计算、物联网等新一代信息技术为手段，探索智能高效的智慧课堂。我们将建构基于“云、网、端”的常态化智慧教学，构建智慧课堂教学理论和实践应用策略，大胆创新，批判性地学习和继承大量应用实例和教育教学案例，从而实现云端构建、先学后教、以学定教、小组合作的目标。

智慧·高效·合作·分享

——记邝维煜纪念中学智慧课堂教学开放日活动

广州市花都区邝维煜纪念中学　朱志文　陈宏

为加强区内的校际学习与交流，共同探索基于“互联网+”的课堂教学模式，更好地推进我校智慧课堂教学实验，打造信息技术与教学深度融合的智慧课堂，我校于2018年9月12日上午举行了以“智慧·高效·合作·分享”为主题的教学开放日活动。(见图1)

图1　学校开放日活动邀请海报

此次开放日活动邀请了区教研室、区教育局信息装备中心领导来我校参与听课、评课，吸引了区内30多间兄弟学校共200多位领导、教师参加，还有部分智慧课堂实验班的家长代表也前来听课。

这次我们主要在初二（3）、（4）两个实验班推荐了10节智慧课堂实验课。(见表1)

表1　2018年9月12日邝维煜纪念中学智慧课堂开放日上课安排

上课教师	科目	上课时间	上课地点	上课内容
陈　宏	数学	第一节（7:50—8:30）	初二3班	多边形的内角和
邵亚丽	英语	第一节（7:50—8:30）	初二4班	写作课：a baby dinosaur
黄丽玲	政治	第二节（8:40—9:20）	初二3班	合理利用网络
毕妙婉	语文	第二节（8:40—9:20）	初二4班	唐诗二首
王　瑞	历史	第三节（9:30—10:10）	初二3班	第二次鸦片战争
周婉明	生物	第三节（9:30—10:10）	初二4班	扁形动物
葛小红	英语	第四节（10:35—11:05）	初二3班	语法课：some，any，something，anything，anybody
苏敏茹	物理	第四节（10:35—11:05）	初二4班	声的利用、噪声的危害和控制
杨丹丽	地理	第五节（11:15—12:05）	初二3班	行政区划
具剑毅	数学	第五节（11:15—12:05）	初二4班	多边形的内角和

尽管我们的第一节课是从7:50开始，但这丝毫不影响听课老师的热情，还没开始上课，两间课室就已经坐得满满当当。（见图2、图3）

图2　课室里的学生

图3　课室坐满了听课的领导、老师

此次活动，我校领导高度重视，校行政会进行了专题研究部署。活动当天，学校全体行政领导参与了听课、评课。（见图4）

图4　来自区教研室的两位主任课间与我校林志聪校长、高秀丽副校长交流

我校教研室副主任陈宏也参与了实验展示，并上了第一节公开课。陈主任用心地制作了精美的课件，课上大胆放手让学生探究，发散学生的思维，使智慧课堂充分体现了教学的智慧。（见图5）

图5　陈宏副主任的数学课“多边形的内角和”

王瑞老师讲课富有激情和感染力，课程条理清晰，逻辑严密，关注学生的学情，精心设问，层层推进，在讲述知识点的同时渗透了爱国主义教育。（见图6）

图6　王瑞老师的历史课“第二次鸦片战争”

文科的课堂气氛活跃，授课老师讲课思路清晰，师生互动强通过使用智慧课堂以及“互联网+”，充分调动了学生的学习积极性。(见图7至图10)

图7　毕妙婉老师的语文课“唐诗二首”

图8　葛小红老师的英语语法课
“some，any，something，anything，anybody”

图9　邵亚丽老师的英语写作课
“a baby dinosaur”

图10　黄丽玲老师的政治课
“合理利用网络”

理科科目的授课老师利用移动终端与学生互动，让学生通过抢答、拍照讲解，探究未知知识。授课老师们善于引导学生发现问题、探究问题、解决问题，形式多样，学生反应很好。(见图11至图13)

图11　杨丹丽老师的地理课“行政区划”

图 12　周婉明老师的生物课“扁形动物”

图 13　苏敏茹老师的物理课
“声的利用、噪声的危害和控制”

由于我校智慧课堂实验开始的时间不长，当天的公开课也存在一些不足，如有的授课老师在课上未能充分利用好教师机、学生机的功能以有效提高课堂教学效率等，但听课的领导和老师们还是给予了我们很高的评价，家长们也表示很满意。

当天下午，我们还有幸邀请到广州开发区中学龙国明校长来我校作智慧课堂专题讲座。（见图 14）

图 14　龙国明校长作《开智慧教育之先，圆智慧成长之梦》的讲座

龙校长的讲座主题是“开智慧教育之先，圆智慧成长之梦”，他以广州开发区中学建设智慧校园的实践为例，谈了自己对智慧校园建设的一些思考。他说：“智慧校园是信息技术高度融合、信息终端广泛感知的数字化校园。智慧学校，智慧课堂是核心。”他还讲到全效共振高效课堂的“十六字”教学理念（先学后教，以学

定教，合作探究，当堂达标），并指出智慧课堂是当前大数据环境下的必然产物，是大势所趋，因此，大家要改变观念，敢于挑战。

一个多小时的讲座，区内兄弟学校的智慧课堂实验班教师和我校全体教师都听得特别认真，大家都觉得收获满满。（图 15）

图 15　教师们认真听讲座

此次的智慧课堂教学开放日活动为我校智慧课堂实验班教师提供了一个展示教学风采的平台，也为所有参加活动的教师举办了一次互相学习交流的盛会。同时，此次活动促进了我校实验班教师的成长，加强了校际沟通，形成了专业合力，加快了我校智慧校园建设和智慧课堂教学模式探索的进程。

智慧校园，我们在行动

广州市花都区秀全外国语学校　茹施华

当朝阳映照在学校综合楼最高的楼层时，校园内传出了琅琅的读书声——现在正是早读的时间，一切似乎与平日里没什么两样。此时，却有一群人在综合楼忙碌着；综合楼一楼小广场签到处，上百张凳子一摞一摞地摆放着，静静地等候着前来参观我校智慧课堂开放日的花都区教研室、各兄弟学校的同行们。（见图1）

图1　参观开放日的同行们签到并领取资料

图2　我校发布的电子邀请函

遵循“信息技术支持学习变革与创新”的原则，我校坚持立足课堂，以智慧教育改革课堂教学模式，实验先行、以点带面、辐射推广。经过大半个学期的筹备，我校举行此次以“锐意进取，开拓创新”为主题的智慧课堂开放日，诚邀兄弟学校的同行们莅临指导。（见图2）

当天，我校呈现了4种不同教育技术的智慧课堂。其中，依托平板设备的课堂3节，分别是侯芳老师的数学课（见图3）、陈超燕老师的物理课（见图4）以及杜思思老师的英语课（见图5）。3位老师是平板设备实验班的种子教师，她们勇于创新，敢于实践，为大家提供了3节精品课。使用醍摩豆设备的课堂1节，是林嘉勇老师的英语常态课（见图6）。林老师是醍摩豆设备使用和推广的骨干教师，教学技能突出，课堂深受学生欢迎。利用互动电子卡片的课堂2节，分别是林毅洽老师的英语常态课（见图7）和陈艳老师的数学常态课（见图8），2位老师都是2018

年9月入职我校的新教师，他们大胆尝试，努力先行，积极探索高效科学的课堂互动模式，使课堂充满了活力。此外，还有陈建平老师利用 seewo & plickers 展示了1节常态课“测小灯泡的额定功率”，教学方式灵活新颖，让听课者眼前一亮。

图3　数学侯芳老师平板精品课

图4　物理陈超燕老师平板精品课

图5　英语杜思思老师平板精品课

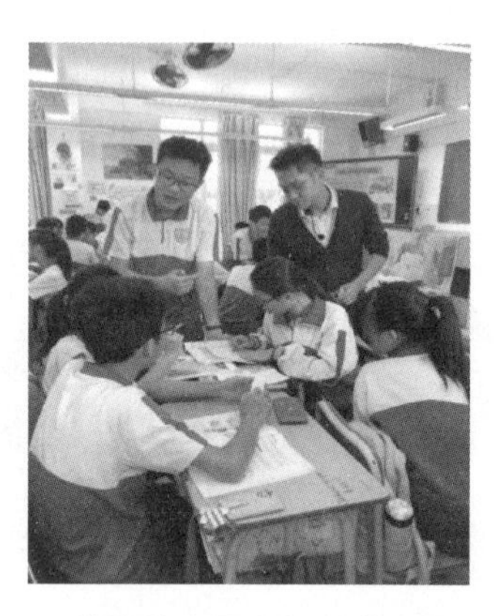

图6　英语林嘉勇老师醍摩豆常态课

图7　英语林毅洽老师互动课堂常态课

图8　数学陈艳老师互动课堂常态课

展示课结束后，所有授课老师和观摩老师在我校综合楼一楼的智慧教室进行了研讨。首先，我校汤勇军校长对学校的智慧校园和智慧课堂建设做了简单的介绍

（见图 9）。作为规划中的省信息化中心校，我校努力打造具有秀全外国语学校特色的智慧校园，做好区内引领，辐射全区，乃至省市。随后，区教育信息装备中心骆应灯主任勉励智慧校园的实验学校和老师，不要为了技术而使用技术，应该沉下心来，致力于课堂与技术的高度融合创新，走出自己的路子（见图 10）。区教研室副主任汤少冰认为，智慧课堂是教师运用智慧掌控课堂的平台，教师的智慧才是最重要的，应打破传统的课堂模式，翻转课堂，任何信息技术资源都可为教师所用，但最好的资源来自学生课堂的生成（见图 11）。最后，区物理教研员夏上老师、英语教研员黄彩娇老师分别对今天的课进行了点评，让在座的老师受益匪浅（见图 12）。

图 9　汤勇军校长做智慧课堂建设的介绍

图 10　区教育信息装备中心骆应灯主任发言

图 11　区教研室副主任汤少冰主任发言

图 12　部分与会领导与授课老师合照

共生课堂·智慧融合·精彩绽放

——“信息技术与共学课堂深度融合”智慧课堂教学开放日

广州市花都区新华街培新学校　张妍瑜

我校作为花都区智慧教室实验学校之一，已全面试行智慧课堂教学。为进一步深入探索智慧课堂教学模式，提升课堂教学质量，同时促进与区内兄弟学校的交流与合作，我校于 2019 年 4 月 30 日上午举行了以“信息技术与共学课堂深度融合”为主题的智慧课堂教学开放日，花都区教研室副主任汤少冰及各兄弟学校领导、教师莅临听课指导。

我校以《基础教育课程改革纲要》为指导，坚持“培养学生核心素养”的发展理念，注重学校的内涵发展、特色发展；努力践行“共营共生，和谐发展”的办学理念；遵循教育规律和学生成长规律，以人为本，全面发展，扎实各项教学常规，积极推进“核心素养视角下信息技术与共学课堂深度融合”的教学实践与研究，努力提升教育教学质量。

在本次智慧课堂教学开放日上，我校各学科积极探究信息技术与共学课堂深度融合的智慧课堂，积极开展集体备课和二次备课，呈现了一节节精彩的展示课和常态课。课后，各学科组与调研员、听课老师开展了评课交流活动。

以下是开放日精彩课堂巡礼。

第一小组：语文

张妍瑜老师执教《驿路梨花》。课堂上，情境导入让学生迅速进入课文学习状态，环节清晰，互相勾连，目标指向明确。限时阅读、抢权作答、小组计分、IRS 和平板飞递等智慧技术科学合理的植入，扩大了学生的参与面，激发了课堂活力。学生通过独立思考、小组讨论、小组作答呈现逐步理解和把握文本内容及写作构思特点，达成学习目标。课堂注重现代文阅读中略读方法的指导，搭建阅读支架，落实意识强。学生们大胆表达，开启思维，训练有素，学有所获，为大家呈现了一堂

精彩的现代文阅读课。(见图 1)

图 1　张妍瑜老师执教《驿路梨花》

杜慰仪老师、邓玉欢老师分别执教“现代文阅读概括题的策略与提升”。通过期中考试数据分析，八年级备课组抓住学生的能力薄弱点，有针对性地设计了本次课堂教学内容。在课堂上，学生积极探讨、分析概括题中不同得分的答案示例，归纳失分原因。授课老师们依据归因分析，明晰概括题的阅读思路并指出阅读策略，学生在方法和思路的引领下再次进行同类题型的有效训练，提升作答的准确性。整个课堂重视方法的指导，作答截图呈现得清晰明确，讲练结合，重点突破，高效推进。(见图 2)

图 2　杜慰仪老师、邓玉欢老师分别执教“现代文阅读概括题的策略与提升”

第二小组：数学

在刘碧茹老师执教的八年级数学“常量与变量”智慧课堂展示课上，刘老师以师生互动探究的教学模式展开，遵循“教为主导，学为主体”的教学思想，以自主探索和合作交流为主，引导学生亲身实践知识的发生、发展、形成的认识过程。同时，借助智慧教室软件，刘老师使用视频插入、抢权、挑人、即问即答以及计分板等功能促进了课堂的公平性，调动了学生的积极性，激发了学生的学习兴趣，让课堂更有活力。（见图3）

图3　刘碧茹老师执教“常量与变量”

第三小组：英语

七年级备课组熊艳映老师的信息技术素养极高，运用智慧软件技术娴熟，很好地做到信息技术高效地辅助课堂，给听课的老师们留下了深刻的印象。（见图4）

林素玲老师根据花都区下发的一模数据，分析诊断出学生的阅读失分点在考查主旨大意、判断推理、作者意图态度等的题目。根据学情，林老师决定上一节记叙文阅读与思维品质展示课，通过剖析语篇的故事寓意和人物品质，培养学生的创造性思维和批判性思维。整节课教学流程清晰，环环相扣，学生通过独立思考、小组合作、大胆展示的方式加深了对语篇的理解，进一步训练了阅读微技能。同时，借助智慧教师软件，林老师使用抢权、挑人、计分板的等功能促进了课堂的公平性和活力；采用平板电脑推送的方式，让小组的智慧得到了展示；通过 IRS 投票的方式，优秀的学生作品得到了全体同学的认可，极大地提高了课堂效率。（见图5）

图4　熊艳映老师执教

图5　林素玲老师执教

第四小组：物理

在物理课“透镜及其应用”中，朱慧珊老师首先与学生一起解读教学目标，以明确中考对这节课内容的要求，使学生对这节课的内容有了一个整体的把握。课堂上，朱老师注重细节和学习物理的仪式感，帮助学生尽快进入课堂学习状态，并善于把科技与教学相结合，利用大数据分析反映学生的答题情况，高效地完成了教学任务，得到了区教研员的充分肯定。同时，朱老师还使用了本科组自己录制的微课，从而突破这节课的教学难点。整个课堂学生参与度高，学生能大胆自信发言，清晰表达自己的观点，他们都表示收获满满。（见图6）

图6　朱慧珊老师执教

第五小组：化学

邓薛青老师上课的主题是“酸碱盐性质与宏观微观符号表征”。课堂上，邓老师采用小组合作、互助互学的教学模式，将智慧课室软件与教学内容有机融合，充分体现高效课堂模式，展示了教师在新课改和现代技术下的风采。（见图7）

课后，区教研室的教研员江老师，中心组成员吴老师、陈老师均给予这节课较高的评价与肯定：①备课组充分发挥集体备课优势，能根据学情整合教材；②课堂教学的生成有效，点拨精准，重视学生的知识落成；③教学方式灵活多样，充分发挥智慧课室软件优势，课堂氛围积极活跃。最后，江老师还针对我校化学的一模情况，提出了有针对性的复习建议，对不同层次的学生在后期复习教学中目标的确立和达成提出了一些具体做法。

图7　邓薛青老师执教

第六小组：综合

肖帮妮老师在课堂上通过视频导入，激发了学生的学习兴趣；在学习歌曲环节中，肖老师将智慧游戏环节与教学内容有机地结合起来，让学生实现“玩中学，做中学”（见图8）。在多媒体与智慧软件的操作下，通过人机互动，及时反馈，调动了学生的积极性，激发了学生的学习兴趣，从而进入重难点的学习；慢速唱谱，再配以手号相结合的方法，让学生去感受、模仿、体验，熟练后再加入歌词；在反复的聆听中，感受歌曲中的情感，引导学生在正确发声的前提下，用轻柔的声音去表现歌曲。调研员与科组老师认真观摩智慧课堂，并给予了很高的评价。

图8　肖帮妮老师执教“多年以前”

花都区教研室副主任汤少冰在认真听取了我校以“立足本来，吸收外来，放眼未来”为主题的本学期阶段教学工作汇报后，首先肯定了我校主动求发展、坚持走课改的正确办学理念。一个学校要发展，就必然敢于不断打破平衡，面对不断出现的矛盾，迎难而上，促进新事物的发展。同时，她也给学校提出了中肯的发展建议：找准课改“切入口”——如何更好地把信息技术融入教学，从而形成符合本校实际的教学模式，推动本校的教育教学工作。（见图9）

放眼未来，我校将继续在教育教学改革中勇立潮头，创新发展，致力于培养学生核心素养，打造高品质共生学校。

图9　花都区教研室副主任汤少冰认真听取我校副校长李少芬的汇报

智慧花儿绽放骏威，经验积累共提升

——骏威小学智慧课堂“同课异构”研讨活动

广州市花都区骏威小学　黄小宇

近年来，“智慧课堂”成为教育领域一个热门话题。在杨秀红校长的带领下，骏威小学在教育信息化的引领下，一步一个脚印地践行智慧课堂的建设和应用，打造高效、灵动的智慧课堂成为我校教学改革的一项重点工作。2019 年 2 月 27 日，刚刚开学第二周，骏威小学便紧锣密鼓地开展了智慧课堂“同课异构”教学研讨活动。

“草长莺飞二月天，拂堤杨柳醉春烟。”冬去春来，我们和智慧课堂的专家刘兴老师的相约如此而至。

本次的教研活动由刘兴老师和刘冠男老师进行“元日”的“同课异构”现场教学（见图 1）。两位老师将智慧的火花又一次点燃了整个校园。

刘冠男老师若百花园中沉静的木槿花，似百鸟中不张扬的白鹭，在智慧课堂中总保持着自己的思想，努力践行尊重学生、发展学生的教学理念。其智慧课堂教学的精彩展示，让在场的老师受益匪浅。（见图 2）

图 1　刘兴老师和刘冠男老师合影

图 2　“同课异构”教研活动集体照

刘兴老师的智慧课堂展示，创设情境，在情境中学习故事，把古诗写成对联张贴在黑板上，做到情境创设的极致。以问导学的课堂机构 + PBL 项目式学习模式贯穿其整个课堂，一系列的追问带来惊喜的效果，惊喜源于学生的思考，使得智慧课堂找到了“燃点”。(见图 3)

图 3　“同课异构”上课情景

“横看成岭侧成峰，远近高低各不同。”两位老师用不同的方式向我们展示了她们的教育智慧。课后，两位老师还就这节课的理解、教学思路、重点把握与突破、预计达成度分别谈了自己的看法。(见图 4)

图 4　刘兴老师作指导点评

让智慧唤醒课堂，让智慧引领教师专业成长，是时代的呼唤，是课堂教学焕发生机与活力的契机，也是新时期教育教学改革的重大使命。课堂是一门艺术，理想的智慧课堂是骏威人的梦想！

构建智慧课堂，创新教学模式

——风神实验小学荣获区第二届智慧好课堂团队竞赛一等奖

广州市花都区风神实验小学 汤丽敏

2018 年 5 月 16—17 日，由花都区教育局教研室举办的 2018 年花都区第二届智慧好课堂团队竞赛如火如荼地进行着。比赛设团队总分奖和学科单项奖，来自花都区内的 7 所学校参加了小学组的比赛。小学组的比赛分为语文、数学、英语和综合科，分别安排在新星小学、新华街第三小学、棠澍小学和风神实验小学举行。

经过两天半的激烈角逐，一、二、三等奖名单出炉了，我校荣获多个奖项：团体总分一等奖（见图 1），梁秋菊老师、熊淑贞老师分别获得语文、数学单科一等奖，彭瑶瑶老师、韩丹丹老师分别获英语科、美术科二等奖。

图 1 风神实验小学代表上台领团体冠军奖

比赛过程中，我校语文科组的梁秋菊老师凭借执教“西门豹”参加语文单科的比赛。在比赛课堂上，梁老师灵活而有序地组织学生利用抢答器答题。新颖、独特的教学形式，梁老师扎实的教学功底、匠心的教学设计、潜心的点拨引导，获得一众评委的好评，最终，她获得了语文单科一等奖。（见图 2）

熊淑贞老师执教五年级数学课“图形的旋转”。通过动画的演示，学生感知和认识了旋转的概念；通过练习演示，学生理解和加深了对旋转的认识，并归纳出旋

转三要素。师生的互动充分体现了熊老师深厚的知识底蕴，她不负众望，夺得了数学单科一等奖。（见图3）

图2　梁秋菊老师执教“西门豹”

图3　熊淑贞老师执教“图形的旋转”

英语科组的彭瑶瑶老师执教“Who is this cute baby”。彭老师通过课件、IRS、Flash 动画等形式，以及她富有情趣的教学语言、富有感染力的教学激情，深深地吸引了学生们的注意力，调动了学生们的学习积极性，让课堂充满了浓浓的趣味。（见图4）

美术科组的韩丹丹老师执教“弹涂的乐趣”。韩老师从教学手段的运用到教学环节的设计都做了精心的准备，其上课形式独特、新颖，课堂精彩纷呈，使学生畅游在美妙的课堂氛围里，有辨析与交流，有感悟与体验，有欢笑又有惊喜。（见图5）

图4　彭瑶瑶老师执教“Who is this cute baby”

图5　韩丹丹老师执教“弹涂的乐趣”

通过这次比赛，每位老师都受益匪浅。本次比赛引发了教师们对课堂教学深层的思考，促进了我校教师的专业发展，实践了先进教育理念和教学模式，也给我校今后的教育教学工作注入新的生机，带来新的活力，促使我校教学水平和教学质量不断提升。

数学课程教学情况交流活动

广州市花都区新华街棠澍小学 张丽童

棠澍小学与香港广东道官立小学缔结下姊妹学校的情谊已历三年。在这三年多的时间里，两校之间共通合作，积极交流，在学校的行政管理工作、教育教学研究、学生素质培养等方面互相学习和促进，取得了良好的效果。

2018 年 12 月 12 日，棠澍小学举行了粤港两地数学课程教学情况交流活动。这次数学课程交流，由棠澍小学杨小凤老师执教“条形统计图”（见图 1），来自香港广东道官立小学的 30 名学生也一起参与到课堂中。教学过程中，杨老师将数学教学与智慧教育技术进行巧妙的整合，让学生采用小组合作的方式利用软件里的拍照功能上传小组作品。学生则通过对小组作品进行分析、对比，掌握条形统计图的特点。整个活动过程充分体现了学生的学习主体地位，课堂氛围浓厚，使所有学生都能全身心投入学习，积极主动进行合作、交流（见图 2）。

图 1 杨小凤老师执教“条形统计图”

图2　学生们融入课堂，积极探讨，踊跃发言

课后，教师们围坐一起，结合课上内容进行数学的研讨交流。首先，由我校任俏婷老师进行数学科组建设工作汇报（见图3）。任老师指出了我校践行知行课堂的五个“必须”：必须有自学思考题、必须有自学环节、必须有小组合作、必须有自学汇报、必须有“学以致用”，归纳了我校数学课堂的特色：思考、探究、操作、创新。接着，杨小凤老师执教的课堂引发了两校老师对数学课堂深入的探讨和研究。大家一致认为：在当前的课堂教学中引入智慧教室，可以把课堂还给学生，让课堂充满生命气息，交互式多媒体教学系统将会成为课堂技术化教学及课堂信息化教学的重要技术（见图4）。

图3　任俏婷老师进行数学科组建设汇报

图4　香港广东道官立小学袁霭仪校长对两校教学研究进行总结发言

正当两校老师讨论得如火如荼时，香港广东道官立小学的学生正饶有兴趣地沉浸在我校乐高机器人的体验学习中。王老师及实验班的同学不仅向香港广东道官立小学学生展示了如何利用编程控制碰碰车，还让他们体验了如何利用信息技术实现机器操控。（见图5、图6）

图 5　香港广东道官立小学学生对使用偏程操控的机器人充满了好奇

图 6　我校学生热情地与香港广东道官立小学学生分享如何编程

最后，江艳芳副校长代表我校向香港广东道官立小学师生赠送了纪念品，两校师生合影留念，留下了我们教研的足迹，也见证了两校的友谊（见图 7）。本次智慧课堂的教研促进了校际交流和联系，加强了学科教学的互动与分享，促进了教师间的智慧交流，集思广益，众多想法碰撞出了智慧的火花（见图 8）。我们相信，教研的双手会因此越牵越紧，我们的课堂效率也会随之有突破性的进展。

图 7　江艳芳副校长代表我校
向香港广东道官立小学师生赠送了纪念品

图 8　两校师生合影留念

名师进课堂，助力创精品

广州市花都区新华街棠澍小学　郭丽丽

随着大数据及AI人工智能在教育上的应用越发普及，我校也紧跟时代的步伐。2018年5月，智慧校园项目正式落户我校，标志着我校朝着创建智慧校园的目标又迈进了重要的一大步。

为了使教师们更好地实现信息技术与学科教学的深度融合，在2017—2018学年第二学期语、数、英三大主科率先在四个实验班开展试验后，从2018—2019学年第一学期起，我校对四个实验班实现了智慧课堂的全学科覆盖。

2018年9月4日下午，开学的第二天，资深的智慧课堂教育专家刘兴老师走进我们的校园，给实验班教师带来了一场题为“新时代的教学反思”的精彩讲座（见图1）。刘老师讲述了AI人工智能技术发展的历程及在教育中的应用，介绍了利用信息技术辅助教学的科学目标，为我们提供了全面的信息技术与学科教学结合的指导。

图1　刘兴老师向全体实验班教师作题为“新时代的教学反思”的精彩讲座

9月5日上午，刘兴老师和技术人员不辞劳苦地再次来到我校，帮助唐秦子老师磨课，力求打造一节高质量课例，并为新加入的智慧课堂实验班术科老师提供课前技术应用指导（见图2）。经过一个半小时的努力，老师们较好地了解了智慧教学平板的各项功能及掌握了课前备课所需的一些基本应用。与此同时，刘老师和唐老师共同打造的“鲸”这一课的教学设计也终于出炉，刘老师还亲自运用AI六步教学法给大家讲解了“鲸”这一课的设计思路、教学步骤和教学过程（见图3）。

通过两天半的培训学习，相信我们的“智慧”教师们会很快成长起来，成为我校的又一批教学骨干，更好地推动我校的智慧校园建设。

图2　技术人员给老师们进行课前技术应用指导

图3　刘兴老师运用AI六步教学法介绍设计思路、教学步骤和教学过程

推进智慧课堂　探索智慧教学

广州市花都区新华街第三小学　王安琪

课堂是文化传承的核心地带，也是课程实施的主要渠道。为进一步探索课堂模式的变革和创新，促进现代教育理念与信息技术和学科教学的深度融合，推进“智慧课堂”在我校的应用，近日，我校参加了由花都区教育局主办的“2018 年花都区第二届智慧好课堂团体竞赛”。作为参赛的七支队伍之一，我校还承担了作为数学科赛场的重要任务。为了更好地了解并学习智慧课堂系统，我校组织了几位参赛教师到浙江嘉兴进行学习、观摩（见图 1、图 2）。

图 1　参加 2018 智慧教育高峰论坛

图 2　观摩 2018 第三届两岸智慧好课堂

经过一个多月的努力，我校一举夺得了小学组团体竞赛季军（见图 3）。我校取得此次可喜的成绩源自我们这个充满活力又精诚团结的教师团队。四位参赛教师勇于接受挑战，积极参加、精心准备了这次比赛。同时，各科组教师积极建言献策、集思广益，对参赛教师的参赛课进行多次听课、磨课，有时还为此加班到深夜，给她们提出了许多宝贵的意见，使课堂不断改进，精益求精。四位参赛教师虚心学习、勤奋努力，最终以自己的风格将课堂呈现在大家面前，很好地展示了我校的风采。

图3 2018年花都区第二届智慧课堂——荣获团体季军

为了使比赛顺利开展，我校各科组均成立了“智慧课堂教研团”，与参赛教师共同设计、共同研讨（见图4）。

图4 参赛教师集体备课

参赛教师感言
语文科组

这次代表我校语文科组参加“2018 年花都区第二届智慧好课堂团体竞赛”，我是怀着“三颗心”的。

第一颗心——感恩之心。首先，感谢学校对我的信任，把语文科赛课的任务交给我。其次，感谢校领导们和师父们对我的关怀和帮助，在我迷茫的时候，你们总能为我指引方向；“上课—听课—评课—修改”是我们这一个多月以来不断循环的工作模式，但是就算再累，我的身后总有你们当我最坚强的后盾。

第二颗心——学习之心。对于一个资历尚浅的年轻教师而言，每一次磨课都是一种成长。漫长的磨课和修改教案的过程，使我一次次地突破自我、实现自我（见图 5）。相比奖项，我认为更重要的是在这个过程中学习到的很多知识。

第三颗心——热爱之心。我想，一直以来的坚持，就是因为热爱。因为热爱教师这个行业，因为热爱这些学生，因为热爱这间学校。我相信，只要我热爱教育事业，肯于钻研，我一定会学有所得。

今后，我将继续努力，争取向优秀教师队伍行列靠拢，成为一个更加自信从容、成熟稳重的教师。

（王安琪）

图 5　王安琪老师磨课试教

数学科组

五月，带着花香、带着泥土芬芳的季节。怀着对教育的虔敬，我参加了2018年花都区第二届智慧好课堂赛课（见图6）。一开始，我凭着自己对智慧教室的初步认识做好教学设计，并请王岗老师根据我的想法设计好教学课件。直到听了成都师范学院附属实验学校刘彬校长的讲座，我的思路发生了大转弯。智慧教室引领我们要站在学生的角度去思考，激发学生的动机，让学生主动地参与学习，学会思考，乐于交流，从而使学生的学科能力素养得到提升。有了这样的方向，我与科组的黄卫玲、杜婉明、李焕娣、王岗等老师多次根据试讲的效果，修改教案与课件，设计"六维一体"的专题系统化教学：目标—能力、知识—关联、学生—特点、环境—技术、活动—方法、评价—综合。最后，我要感谢给予我支持与帮助的领导们、老师们；也感谢与我一起参赛的三位老师，我们一直互勉、互助。一路走来，我收获了许多！

（彭小红）

图6　彭小红老师比赛现场

英语科组

首先，很感谢学校领导对我的信任，让我代表英语科组参赛。接着，说说自己教学经验长"智慧"的过程。相对于以前的公开课或赛课，这次的比赛要求更高，不仅要在教学设计方面创出一个新高度，而且要把现代信息技术与教学内容深度融合。就在这时，在刘主任的带领下，"智慧"的英语科组给了我极大的支持与帮助（见图7），尽管那段时间大家都忙得不可开交，但每位老师还是用自己最大的"智慧”帮我出谋划策，渡过难关：有的在教学思路与教学设计上给予我点拨和指导；有的帮我找合适的背景音乐素材合成视频；有的不辞辛劳地帮我裁剪上课要用的任务卡片；有的不厌其烦地听我的试教课，为我指出不足……终于，功夫不负有心人，最后我以英语学科个人一等奖的成绩为大家交出了一份满意的答卷！这所有的一切，单靠我一个人是不可能做到的！所以，在此我要再次对帮助我、支持我的领导们、同事们说：“谢谢你们！你们辛苦了！有你们真好！” （黄春霞）

图7　黄春霞老师与英语科组集体备课

美术科组

首先，我要感谢学校给予我这次学习与锻炼的机会，感谢在这次赛课准备过程中帮助过我的同事，还要特别感谢我的团队——美术科组（见图8）给我的支持、鼓励与指导。每一次的备课、磨课、听课、评课，每一次的课件修改，他们都给我提出了宝贵的建议，甚至还放弃周末的休息时间加班与我讨论到深夜；在我彷徨的时候，他们给予我最大的鼓励。正是团队的力量，让我取得了好成绩。

我认为，每一次经历都会变成宝贵的经验，是成长的必然。这次参加智慧课堂比赛也不例外。赛课结果不重要，有所收获才是我所追求的。我觉得只要经历了、尝试了，教学能力也会有所提高。对于我来说，这不只是一场比赛，更是一个愉快的学习过程和一次特别的体验，是在教学工作中一次很好的锻炼机会和成长历练。作为一名资历尚浅的教师，我要时刻保持一颗积极进取的心。比赛准备过程虽然艰辛，但回想比赛的历程，一路上得到各位前辈的专业指导，与大家一起学习、共同进步，我觉得所有的付出都是值得的。在准备比赛的过程中，所收获的知识是终身受用的，所收获的团队精神是珍贵的，希望以后能继续和大家一起学习，一起进步。

（毕韵婷）

图8　毕韵婷老师与美术科组集体备课

花都区智慧课堂试点项目阶段性工作总结会在新雅小学召开

广州市花都区新雅街新雅小学　孔燕好

2018 年 7 月 4 日下午，花都区教育信息装备中心在新雅小学召开区智慧课堂试点项目课堂观摩暨工作研讨交流活动，总结本学期试点开展情况并研究部署下阶段工作。区教育局副局长梁国洲、区信息装备中心主任骆应灯、区教研室副主任汤少冰、区教育信息装备中心和区教研室相关人员，以及八所试点学校的项目负责领导和实验教师参加了活动。活动按以下议程进行。

一、各参会人员在新雅小学老师的带领下，观摩各班级智慧课堂（见图 1）

图 1　参会人员观摩智慧课堂

二、新雅小学的教师分享心得体会

徐丽贤、吴海燕、林格、陈亚茹四位老师分享了自己在开展智慧课堂时的心得体会，例如，在课堂中是如何利用信息化技术与教学相结合的，以及为达到教学目

标做出的一些新尝试。（见图 2 至图 5）

图 2　徐丽贤老师

图 3　吴海燕老师

图 4　林格老师

图 5　陈亚茹老师

三、新雅小学和棠澍小学做阶段性工作汇报

新雅小学校长吉庆燕与大家分享了本校在智慧课堂上的做法及心得：首先，学校各行政领导深刻领悟教育信息化变革趋势，重视智慧课堂应用教学，以身作则，模范带头，落实应用。其次，在管理层面上，校内研讨学习制度化、试点培训分享专题化。学校每周定期自主开展智慧课堂技能学习、备课研讨、案例分享，使技术与课堂深度融合，提升教师信息化教学技能。最后，教师们积极主动，认真学习，敢于创新，勤于实践。在智慧课堂使用的过程中，教师们不断尝试摸索，虚心学习、分享经验，互帮互助、共同成长。

据统计，从2018年5月智慧课堂进校园至今，新雅小学全体实验教师100%应用智慧课堂，授课数为1005次，课堂互动数为1898次，师生互动提交量为7177次，利用智慧课堂布置线上作业数为110次。

棠澍小学副校长白文蓬针对其学校的智慧课堂开展工作进行了总结，质疑辨惑，展望未来（见图6）。

图6　白文蓬副校长汇报

四、区教育信息装备中心主任骆应灯做工作总结

会上，区教育信息装备中心主任骆应灯分析了各试点学校智慧课堂的使用情况、应用效果及教研培训情况，指出了存在问题并提出了下一步工作建议，希望各校能总结经验，做好下阶段的工作计划。（见图7）

图7　骆应灯主任发言

五、区教研室副主任汤少冰发言

区教研室副主任汤少冰首先肯定了信息技术对推进智慧课堂的作用，同时也提到，教师应有自己的思考，用智慧来上课，以学定教，先学后教，以更好地促进学生的全面发展。（见图 8）

图 8　汤少冰副主任发言

六、城区教育指导中心主任张帜发言

城区教育指导中心主任张帜分析了部分学校推行智慧课堂较缓慢的原因，他希望八个试点学校，特别是城区指导中心下的新雅小学、棠澍小学等学校能够更加大力地推动智慧课堂的试点工作，为“互联网＋教育”的工作做出更多的尝试。（见图 9）

图 9　张帜主任发言

七、区教育局副局长梁国洲发表言

区教育局副局长梁国洲指出，在《教育信息化 2.0 行动计划》的大背景下，各学校、各教师要改变观念，进行一场“信息革命”，加强融合和应用创新，即加强传统教学手段与现代信息技术的融合，加强各学校实际应用功能的融合，最大化地利用人力资源，有智慧地用好智慧课堂。他还指出，在接下来的工作中，花都区将会给予试点学校专业的引领、技术与经费的支持，增加智慧课堂的教研培训，增强校际的交流分享，各试点学校应思考如何创新融合，用好智慧课堂；在项目公司层面上，应加大培训力度，加强售后服务，完善系统，并按照各学校的需要设置相应的资源库；最后，学校应使学生养成良好学习习惯，争取家长对智慧课堂的认同。（见图 10）

图 10　梁国洲副局长发言

信息技术的发展正在引起教育的一场革命，它使教育生态发生了变化：学习环境在变化，学习内容在变化，学习手段在变化，师生关系在变化。但是，教育的育人本质不会变，立德树人的目标不会变。

教育 + 互联网——未来已来，我们开始走在路上！

新雅小学智慧课堂同课异构研讨活动

广州市花都区新雅街新雅小学　宣传组

为进一步加强对智慧课堂的研讨，提升新雅小学的整体教学水平，2019 年 2 月 26 日，项目教研团队携手新雅小学在新雅小学一楼多媒体室开展智慧课堂同课异构研讨活动。（见图 1）

图 1　参加活动人员合照

研讨流程：①新雅小学杨倩妮执教“元日”；②教研团队刘兴教授执教“元日”；③两位执教教师分别进行课后反思；④吉庆燕校长进行活动总结。（见图 2、图 3）

杨倩妮老师的课堂氛围民主、轻松，活泼又不失秩序，整堂课思路清晰。她从揭题导入，明确任务、初读古诗，感受节奏、了解诗意，想象春节画面几个环节展开教学。课前布置学生观看微课，完成预习单；课中注重诗歌的朗读指导，小组合作完成思维导图；课后完成练习，以承接下节课的学习内容。杨老师从学生的学情出发，准确把握课程目标，充分调动了学生学习的积极性。

刘兴教授一上课就为学生创设春节情境，举行班级春节晚会，激发学生学习的兴趣，课堂通过一问其意、二问其志、三问我思、四问我用，串起课堂教学的主线，充分发挥了学生学习的自主性。

图 2　杨倩妮老师及刘兴教授同课异构

刘兴教授认为，第一，学习古诗要为学生创设情境，在情境中学习古诗，做到情境创设的极致，让学生想象自己就是作者，在什么样的环境背景下，带着什么样的心情，触发了什么样的深思？第二，运用问导学的课堂结构 + PBL 项目式学习模式：设计由浅入深的问题来引导学生自主探究，带着问题完成学习上的知行转换，一系列的追问会带来惊喜的效果，这些惊喜来源于学生的思考，从而使课堂找到燃点。当师、生、作者达到内心的交流，经历一场痛快的文本解读的“思想澡”，素养教育便水到渠成了。

通过今天的活动，老师们对信息技术与教学融合有了更清晰的了解和认知。但是，我们教学实践的脚步将永不停驻，接下来，我们要努力把智慧课堂的理论转变为实践，摸索先学后教的学习方式，促进学生的自主、合作、探究学习。相信今后在探寻智慧课堂的过程中，我们能欣赏到更加美丽的教育风景。

图3　吉庆燕校长总结

花都区小学数学教学与信息技术深度融合教研活动在新雅小学举行

广州市花都区新雅街新雅小学　宣传组

为贯彻落实教育部《教育信息化2.0行动计划》等文件精神，推动花都区智慧教育发展，构建智慧课堂模式，发挥智慧课堂试点学校的辐射带动作用，提高教师信息技术与教学融合创新的实践能力，区教育信息装备中心联合区教研室组织开展了花都区小学数学教学与信息技术深度融合教研活动。参加本次活动的有华南师范大学穆肃教授、区教育信息装备中心主任骆应灯及花都区小学四年级数学老师代表。（见图1）

图1　参加活动人员合照

研讨流程：①新雅小学梁倩怡副校长执教“商的变化规律”并进行课后反思；②东边小学罗成艳老师执教“商的变化规律”并进行课后反思；③棠澍小学杨小凤老师执教“条形统计图”并进行课后反思；④华南师范大学穆肃教授点评；⑤区教

育局信息技术中心骆主任进行活动总结。(见图 2 至图 4)。

梁倩怡副校长执教的“商的变化规律”，让在座的老师们感受到了智慧课堂理念下的信息技术与教学融合的实践与创新。梁校长认为，引入信息化设备，旨在改变以教为主的教学模式，采取以学为主的教学模式，教师应设计好学习任务，有针对性地教学，让不同水平的学生得到适应性发展，才是“智慧”所在。

图 2　智慧课堂执教情况

图 3　穆肃教授精彩点评

图 4　骆应灯主任总结活动